BASKETBALL

NBA 2020. Stars · Teams · Legenden

riva

Inhalt

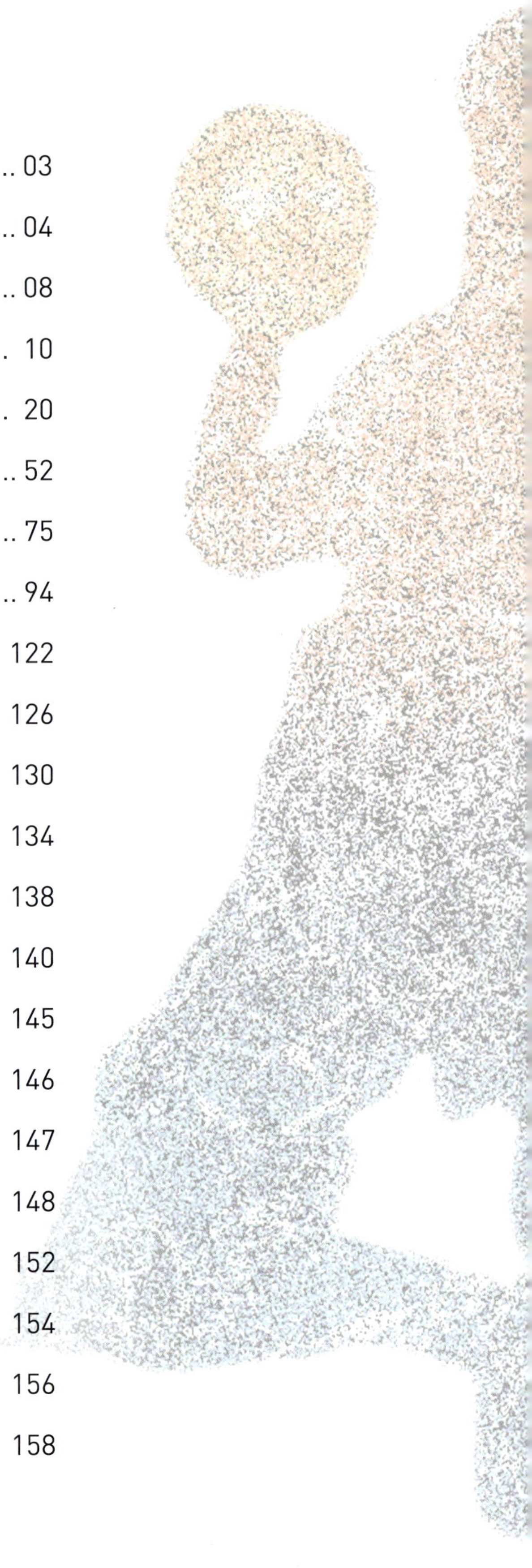

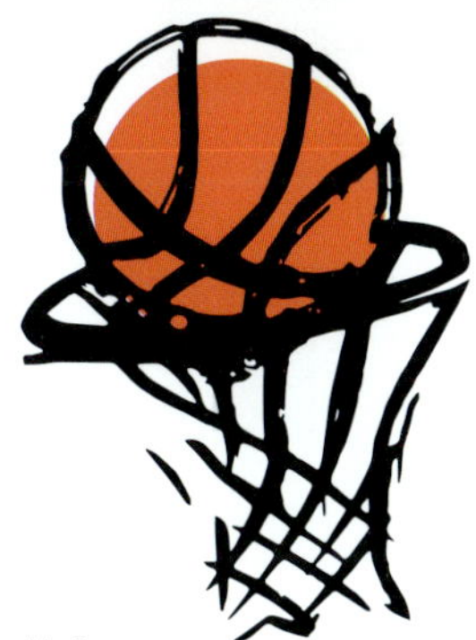

Vorwort

Liebe Freundinnen und Freunde des orangefarbenen Freudenspenders, Basketball ist eine relativ einfache Sportart. Meist lang geratene Menschen rennen auf einer kleinen Fläche hin und her und versuchen, den Ball durch einen Ring zu werfen, an dem ein Kleid von Lady Gaga hängt. Soviel muss man wissen. Für die, die dann doch etwas tiefer schürfen möchten, gibt's dieses Buch.

Als ich in den 70ern des letzten Jahrhunderts begann, beim Dribbeln was anderes als meine Füße zu treffen, war die NBA ein weit entfernter Zirkus. US-Austauschschüler berichteten von phänomenalen Sportskanonen namens »Magic« oder »Larry«. Die sahen wir aber in hiesigen Sportsendungen weit seltener als z. B. die Gebrüder Pospisil beim Radball. Wir hatten das Gefühl, als lebten wir hinter dem Korb. Die NBA stellte für uns ein unerreichbares Sonnensystem dar, das sich zu unserem Basketball in Göttingen verhielt wie Marilyn Monroe zu der flotten Lotte aus der Parallelklasse.

Seitdem hat sich sehr viel verändert. In Göttingen, bei »meiner« BG, spielte bis vor kurzem der Sohn der NBA-Legende John Stockton. Das Internet hat für eine Rundum-Verfügbarkeit der besten Basketball-Liga der Welt gesorgt: jedes Spiel ist on demand abrufbar, auf Youtube erreichen Filmchen der überdrehtesten Dunkings millionenfache Klickzahlen, Social-Media-Kanäle lassen uns an der Tattoo-Auswahl präpotenter Jungmillionäre teilhaben.

Die Globalisierung und Marketing-Professionalisierung haben das Produkt NBA-Basketball zu einem integralen Bestandteil der weltweiten Unterhaltungsindustrie aufblühen lassen. So nüchtern kann man das sehen. Ich als Romantiker sehe es so: was für ein geiler Sport! In der NBA messen sich die Besten. Wenn dem Meisterteam dann der Titel »World Champions« angehängt wird, dann ist das so zutreffend, wie 1.000 Gramm eben ein Kilo sind.

Wer durch die deutsche Vereinsbrille guckt, rüffelt gerne das geschlossene Franchise-System der Liga. Vorbildlicherweise sorgen aber die Methoden »Draft-Auswahl« und »Salary-Cap« für einen Wettbewerb, der europäischen Fussball-Ligen längst abhanden gekommen ist. Der SC Freiburg wird so wahrscheinlich Deutscher Meister wie Boris Becker Finanzminister. Wer in dieser NBA-Saison aber als Fußabtreter ganz unten ist, kann in wenigen Jahren schon wieder um den Titel mitspielen.

Großartigerweise hat sich auch die Kluft zwischen dem europäischen und dem NBA-Basketball verringert. Es gibt junge Erwachsene, die haben noch nie eine Saison ohne Dirk Nowitzki erlebt. Als einer der bedeutendsten deutschen Sportler der Geschichte hat er das Spiel verändert, in seinem Sog sind scharenweise Burschen vom Balkan, Bosporus und auch aus Braunschweig ins Mutterland der hoch hängenden Reuse gezogen. Vielfalt ist die Würze des Lebens!

Im Zusammenhang mit kommerzialisiertem Sport wird ständig über Geld gesprochen. Ich hatte während meiner Zeit bei Sat.1 die außerordentliche Freude, sechs Herren aus der Top Ten der NBA-All-Time-Scorerliste kennenzulernen. Für nicht einen von ihnen war Geld auch nur im Ansatz ein treibendes Motiv. Was sie gut und besser werden ließ, war schlicht und einfach die Liebe für dieses Spiel. Diese Liebe findet sich in diesem Buch wieder. Magic Johnson hat mir mal gesagt: »Das Wichtigste ist für mich, zu gewinnen. Das Zweitwichtigste: dabei Spaß zu haben.«

Dieses Buch ist für alle, die von der NBA fasziniert sind, ein Gewinn. Und: es macht Spaß!

Alles Gute, Euer Lou!

Lou Richter hat Basketball bei Sat.1 moderiert, z. B. »Jump ran«

NBA: Geburtsort für Helden

Energisch sprintet ein Hüne einen Ball dribbelnd durch die gegnerische Spielhälfte, lässt den letzten Gegenspieler zwischen sich und dem Ziel mit einer Körpertäuschung aussteigen, zieht zur Mitte, steigt kraftvoll empor und versenkt den Ball mit Wucht im Korb.

Während es die Zuschauer wenige Sekunden vor dem Ende der Partie vor Begeisterung von ihren Sitzen reißt und die Fans in den Farben der anderen Mannschaft in sich zusammensacken, pendelt der Hüne noch für einige Zehntelsekunden am Ring, ehe er loslässt, sich mit seinen Teamkameraden abschlägt und zurück in die eigene Hälfte eilt, denn der Gegner hat seinen eigenen Angriffsspielzug, den letzten des Spiels, bereits begonnen.

Unnachgiebig läuft die Spielzeit herunter und mit den letzten Augenblicken der Partie versucht ein Gegenspieler den Ball noch einige Schritte jenseits der Drei-Punkte-Linie aus der Ferne in den Korb zu werfen und das Ergebnis abermals und abschließend zu drehen. Die Augen der Zuschauer verfolgen gebannt den hohen Bogen, den der Spielball durch die vollbesetzte Basketball-Arena zurücklegt, um auf dem Ring aufzuschlagen, nochmal hochzuspringen, links und rechts am Metallring aufzuprallen und mit Erklingen der Schlusssirene im Korb einzutauchen. Sieg, Niederlage, grenzenlose Freude und Fassungslosigkeit – alles so eng beieinander.

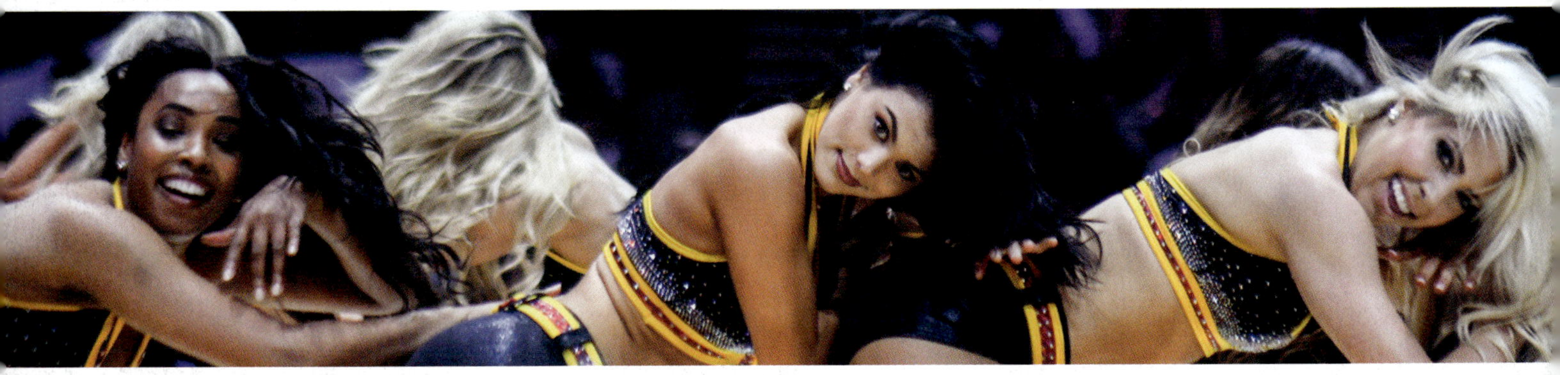

Das ist sie, die NBA, die National Basketball Association, die größte Basketball-Liga der Welt. Schnell und spektakulär, dramatisch und erbarmungslos, ein Geburtsort für Helden, Legenden und Geschichten. Nirgendwo auf dem Erdball kommt man bei einer Mannschaftssportart während eines Spieles näher an die Protagonisten, Stars und Idole ran, nirgendwo ist das Tempo so hoch, wie beim Basketball, bei dem ein Angriff auf den nächsten rollt und es kaum Verschnaufpausen gibt, solange die Teams nicht auf eines ihrer Timeouts zurückgreifen. Schließlich muss nach spätestens 24 Sekunden ein Wurf auf den gegnerischen Korb erfolgt sein.

Die Geburtsstunde der modernen NBA erfolgte in den späten 1980er- und den frühen 1990er-Jahren, spätestens mit dem Auftritt der mit Stars besetzten US-Nationalmannschaft – als »Dream-Team« in den Geschichtsbüchern gelandet –, bei den Olympischen Sommerspielen 1992 in Barcelona. Plötzlich waren sie alle da, die Namen, die man so schon mal gehört hatte, als man als NBA-Fan auf europäischem Boden noch auf die spärliche Berichterstattung aus dem Fernsehen oder auf das US-Sport-Magazin vom nächsten, größeren Bahnhofskiosk angewiesen war – das Internet mit all seinen Möglichkeiten der neuzeitlichen Informationsbeschaffung gab es noch nicht oder steckte noch in den Kinderschuhen.

Und wie groß gewachsen sie waren: Michael Jordan, Magic Johnson, Larry Bird und viele weitere. Center David Robinson überragte mit seinen 2,16 Metern alle seine Teamkollegen – und wohl auch alle anderen Menschen in der Halle. Mit dem Auftritt des Dream Teams, mit der Leichtigkeit und Brillanz, mit der die US-Boys ihre Gegner dominierten, gewannen sie nicht nur die Goldmedaille – sie brachten den Fans auf dem europäischen Kontinent die NBA näher. Nahe genug,

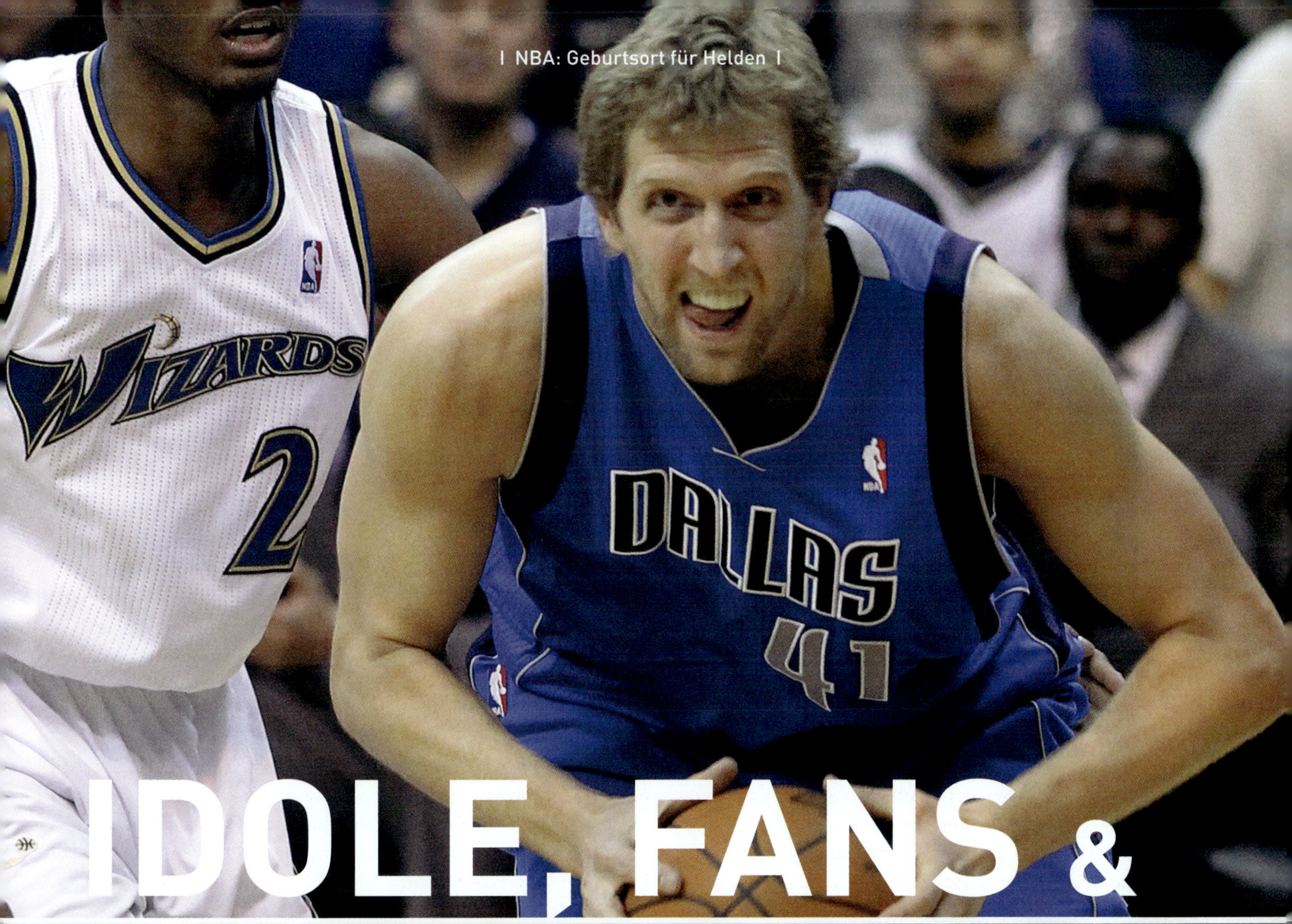

IDOLE, FANS & LEIDENSCHAFT

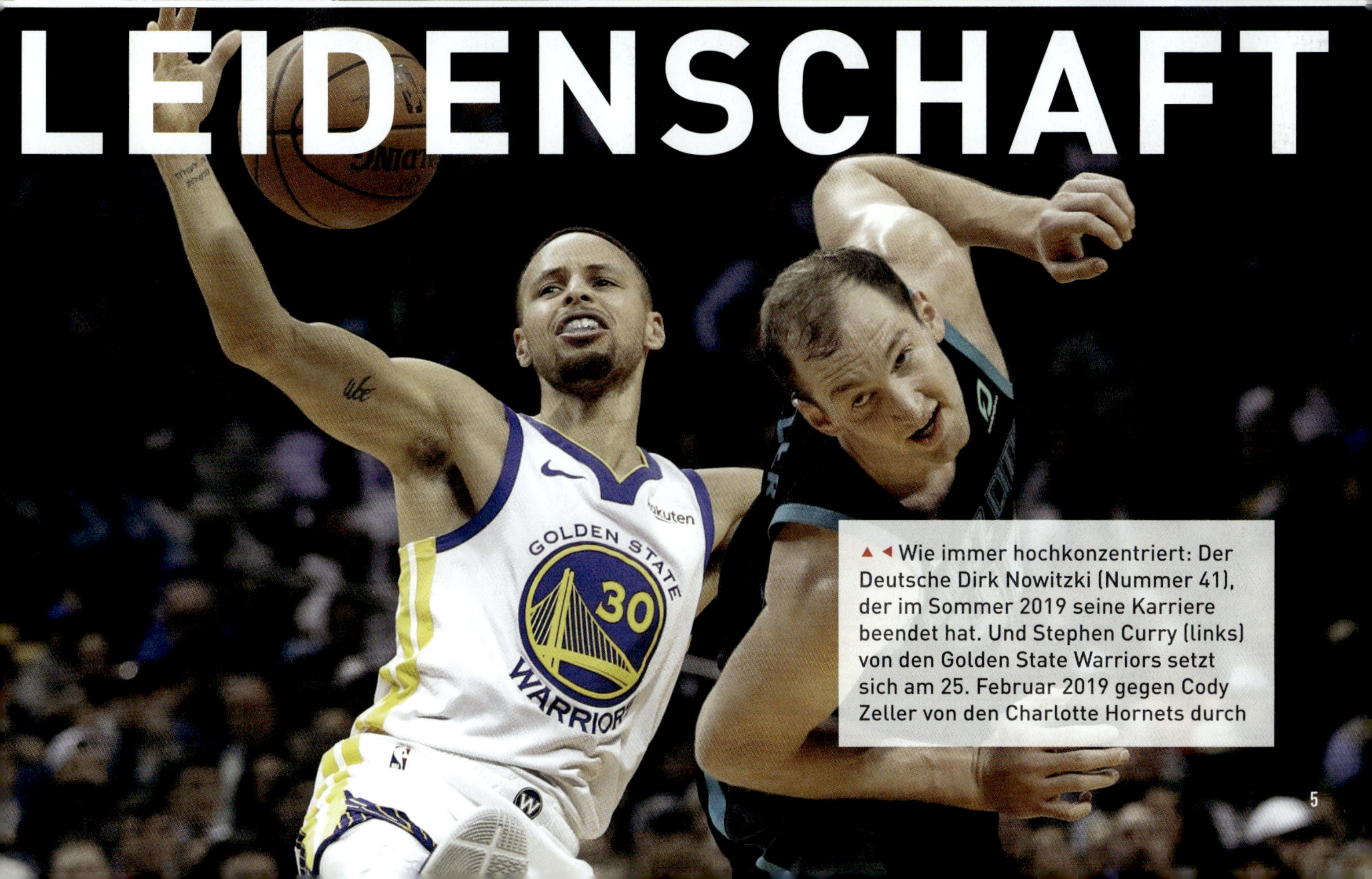

▲◀ Wie immer hochkonzentriert: Der Deutsche Dirk Nowitzki (Nummer 41), der im Sommer 2019 seine Karriere beendet hat. Und Stephen Curry (links) von den Golden State Warriors setzt sich am 25. Februar 2019 gegen Cody Zeller von den Charlotte Hornets durch

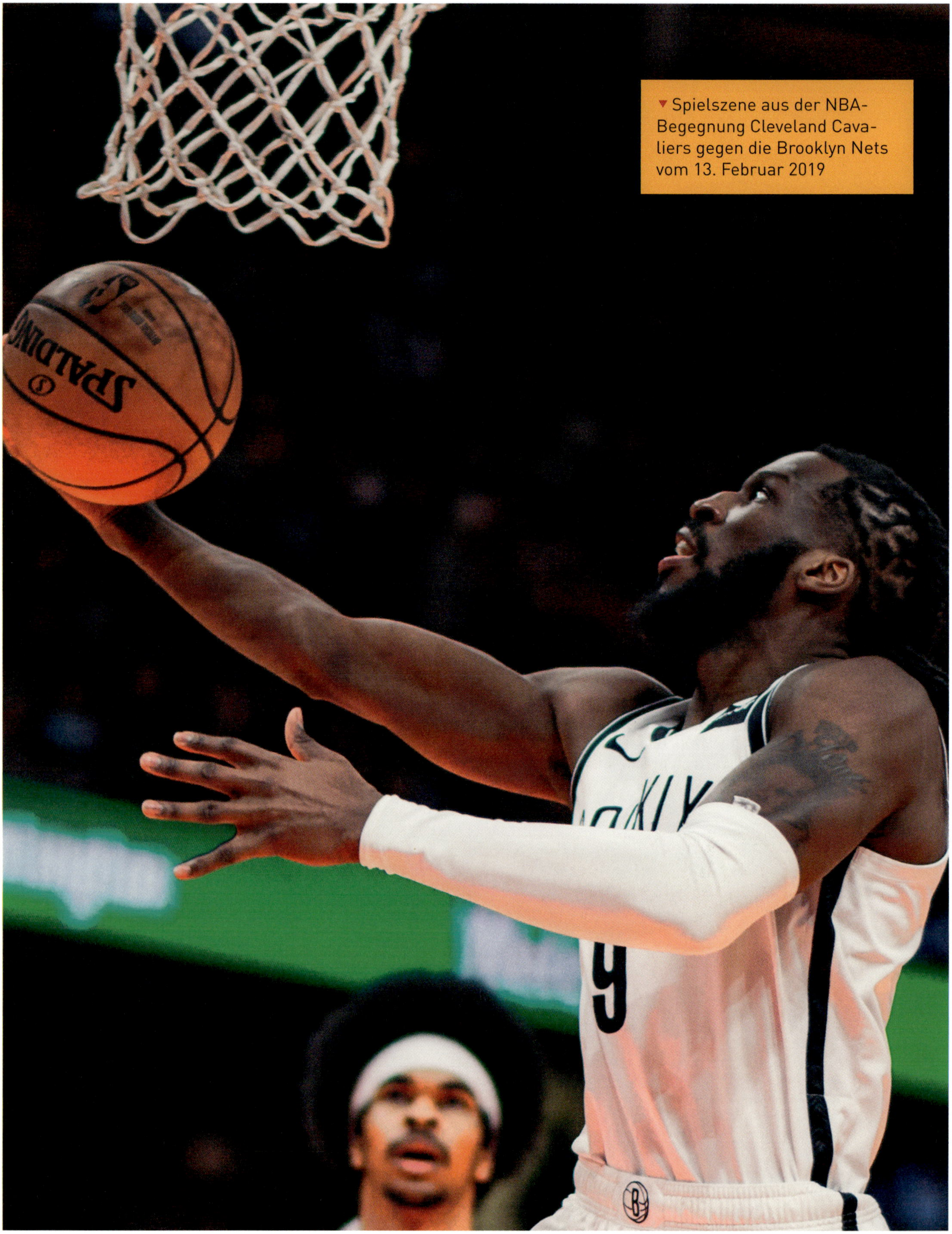

▼ Spielszene aus der NBA-Begegnung Cleveland Cavaliers gegen die Brooklyn Nets vom 13. Februar 2019

um das Interesse an der nordamerikanischen Profiliga nachhaltig und für ein größeres Publikum zu erwecken. Man verfolgte plötzlich, wie Michael Jordan mit seinem explosiven Spielstil und seinen Dunks eine NBA-Meisterschaft nach der nächsten mit den Chicago Bulls holte. Das Drama um die HIV-Erkrankung von Magic Johnson war auf einmal auch aus der Ferne greifbar. Einen Detlef Schrempf, der zum damaligen Zeitpunkt bereits sieben Jahre in der NBA gespielt hatte, kannte plötzlich nicht nur ein kleiner Kreis von Basketball-Verrückten in Deutschland. Plötzlich informierte man sich, wie die Spiele über dem großen Teich ausgegangen waren. Und als Schrempfs Karriere langsam zu Ende ging, stand mit Dirk Nowitzki, einem großen, sympathischen Jungen aus Würzburg, plötzlich ein deutscher Nachfolger bereit, der zu einem der besten Basketballer aller Zeiten werden sollte.

Überhaupt schafft es die NBA, wie keine andere der amerikanischen Profiligen, ausländische Spieler in ihren Reihen zu etablieren, was die Spiele über die amerikanischen Landesgrenzen hinaus für eine weltweite Fanschar attraktiv macht. Dass die Toronto Raptors aus Kanada sich in der zurückliegenden Saison als erstes nicht-amerikanisches Team der Liga-Geschichte den Titel geholt haben, hat dabei nur einen symbolischen Wert. Dass aber der aus Nigeria stammende Grieche Giannis Antetokounmpo im vergangenen Jahr Liga-MVP wurde, gleichzeitig der Slowene Luka Dončić zum Rookie des Jahres, der Franzose Rudy Gobert Defensivspieler des Jahres – zum zweiten Mal in Folge – und Kameruns Pascal Siakam Aufsteiger des Jahres, zeigt, wie international die NBA geworden ist. Alles Bausteine, die die NBA über die USA hinaus zu dem gemacht haben, was die Liga heute ist: Ein einziges schon fast internationales Spektakel mit alleine 82 Ligaspielen pro Team in der normalen Saison. Und dann setzen die Playoffs mit ihren maximal 28 weiteren Spielen für die beiden Finalserien-Teilnehmer dem ganzen Schauspiel nochmal die Krone auf. Wer am Ende den NBA-Titel holt, hat sich dies über den Verlauf einer anstrengenden Saison auch wahrlich verdient.

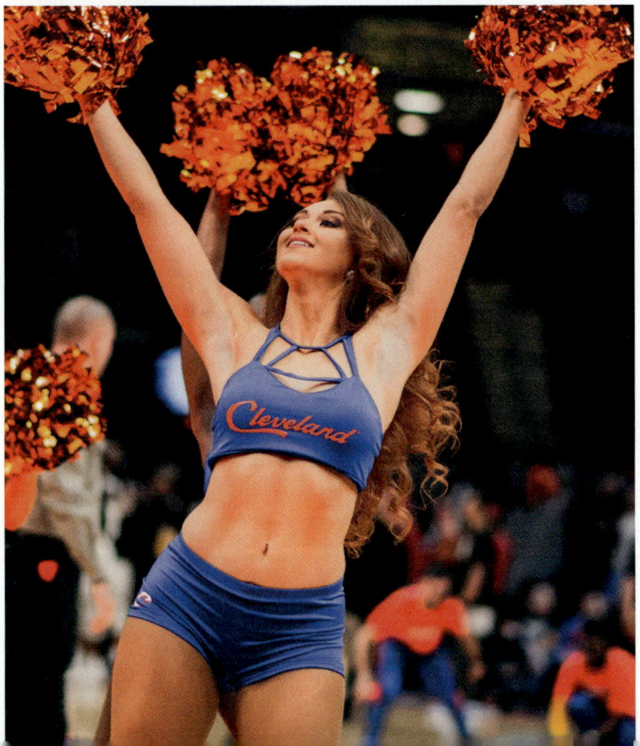

Wahrlich viel Geld verdienen auch die Spieler in der NBA. Zwar setzt die NBA weltweit nur die viertmeisten Einnahmen nach der National Football League (NFL), der Major League Baseball (MLB) und der englischen Fußball-Premier-League um, doch zahlen die 30 Teams der Liga ihren Spielern durchschnittlich das höchste Gehalt. So kommen Spitzenverdiener in der NBA 2019 auf ein Jahresgahlt von rund 40 Millionen US-Dollar – im Schnitt bringt es ein NBA-Spieler in der Saison 2019/2020 auf 7,2 Millionen US-Dollar. Zum Vergleich: In der NFL, die in etwa den doppelten Umsatz der NBA generiert, sind es in der kommenden Saison »nur« etwa 3,5 Millionen US-Dollar. Der Grund: In einem NBA-Kader muss das bis zur Gehaltsobergrenze verfügbare Geld nur durch 15 Spieler geteilt werden, ein Football-Kader umfasst hingegen 53 Spieler.

Doch damit nicht genug. Die Spitzenspieler haben längst damit begonnen, sich selbst zu vermarkten. Viele Topstars haben langjährige und gut bezahlte Partnerschaften mit Sportausrüstern, Softdrink-Produzenten oder Fastfood-Ketten abgeschlossen, die ihnen noch einmal ein zusätzliches Multi-Millionen-Einkommen zukommen lassen. Die Superstars der NBA gehören so zu den beliebtesten Werbeträgern und zu den bekanntesten Sportlern weltweit.

Und am Ende ist es doch ein ganz simples Spiel: Es gilt, schlicht und einfach, einen Ball in einen Korb zu werfen – auch das ist ein Teil der Erfolgsstory des Basketballs und seiner NBA, der größten und glamourösesten Liga der Welt. ⊖

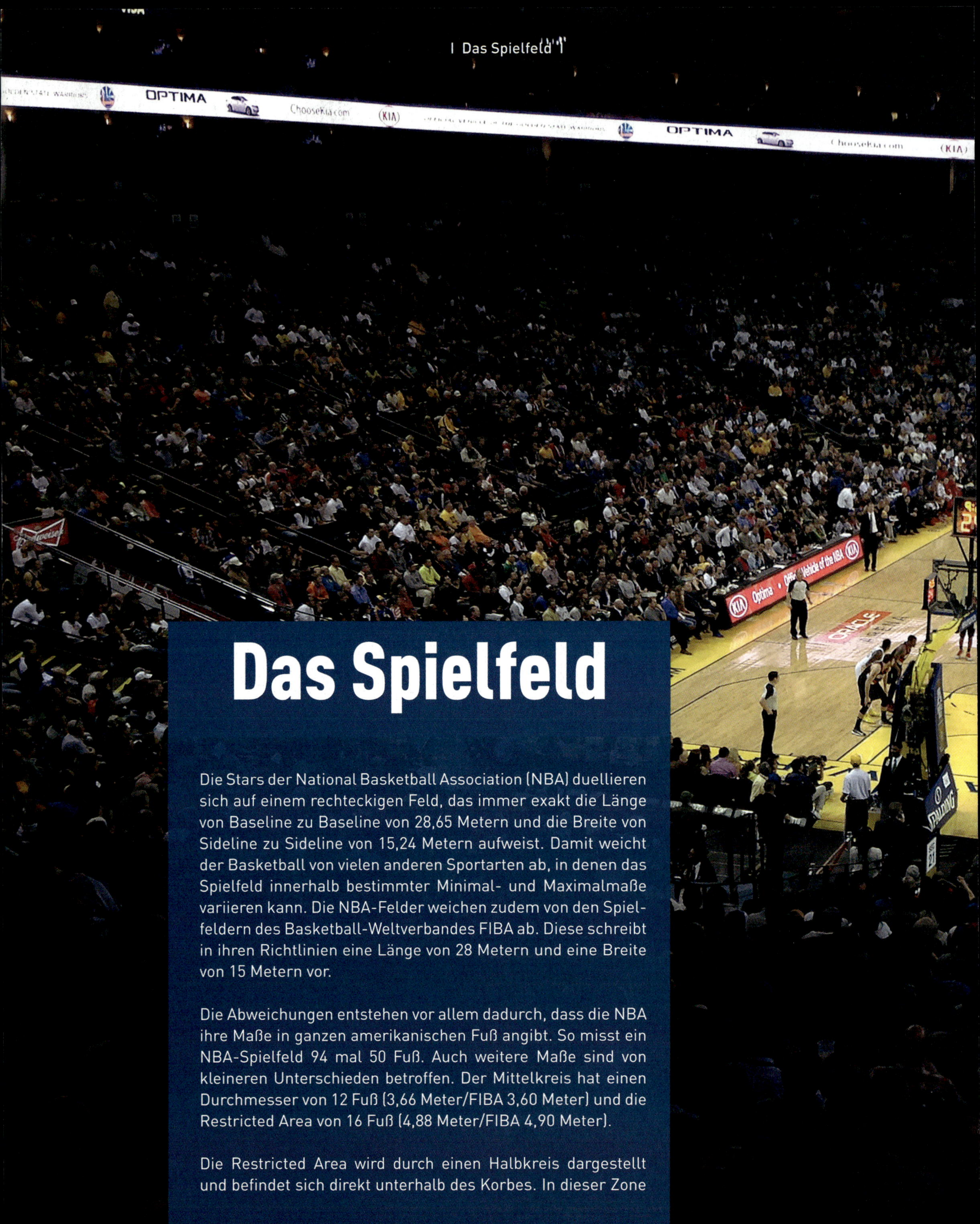

Das Spielfeld

Die Stars der National Basketball Association (NBA) duellieren sich auf einem rechteckigen Feld, das immer exakt die Länge von Baseline zu Baseline von 28,65 Metern und die Breite von Sideline zu Sideline von 15,24 Metern aufweist. Damit weicht der Basketball von vielen anderen Sportarten ab, in denen das Spielfeld innerhalb bestimmter Minimal- und Maximalmaße variieren kann. Die NBA-Felder weichen zudem von den Spielfeldern des Basketball-Weltverbandes FIBA ab. Diese schreibt in ihren Richtlinien eine Länge von 28 Metern und eine Breite von 15 Metern vor.

Die Abweichungen entstehen vor allem dadurch, dass die NBA ihre Maße in ganzen amerikanischen Fuß angibt. So misst ein NBA-Spielfeld 94 mal 50 Fuß. Auch weitere Maße sind von kleineren Unterschieden betroffen. Der Mittelkreis hat einen Durchmesser von 12 Fuß (3,66 Meter/FIBA 3,60 Meter) und die Restricted Area von 16 Fuß (4,88 Meter/FIBA 4,90 Meter).

Die Restricted Area wird durch einen Halbkreis dargestellt und befindet sich direkt unterhalb des Korbes. In dieser Zone

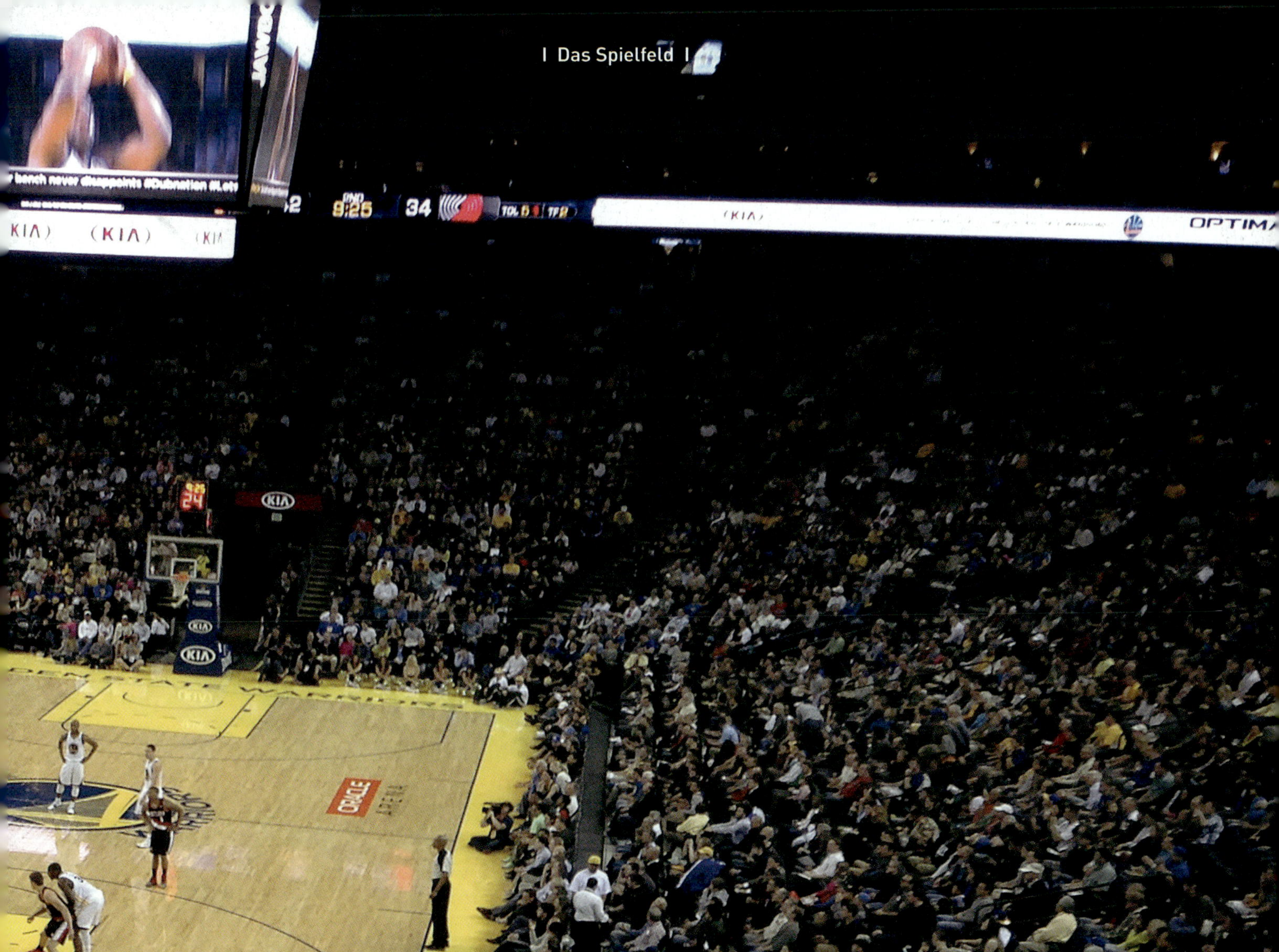

kann es zu keinem Offensive-Foul kommen, da Angreifern zugestanden wird, in diesem Areal des Spielfeldes zum Korb ziehen zu dürfen.

Während die Freiwurflinie noch eine ähnliche Entfernung aufweist – in der NBA 15 Fuß (4,57 Meter) und beim FIBA-Maß 4,60 Meter (15,09 Fuß) –, gibt es bei der Drei-Punkte-Linie erhebliche Abweichungen. Nach internationalem Regelboard befindet sich ein relativ gleichmäßiger Halbkreis um den Korb, der 6,75 Meter entfernt ist und nur an den beiden äußersten Punkten zur Baseline sich an beiden Seiten auf 6,60 Meter verjüngt. In der NBA hat man von der Seite aus eine Entfernung von 6,70 Metern (22 Fuß) und frontal zum Korb eine Distanz von 7,24 Metern (23,75 Fuß) zu überwinden.

In einheitlicher Höhe hängt hingegen das Ziel, der Korb: 10 Fuß oder umgerechnet 3,05 Meter.

Das Brett hinter dem Korb ist ebenfalls einheitlich und misst eine Breite von 1,80 Metern zu einer Höhe von 1,05 Metern.

»Work like you don't need the money. Love like you've never been hurt. Dance like nobody's watching.«

Kareem Abdul-Jabbar

Frei übersetzt: Arbeite, als ob du es nicht wegen des Geldes machen musst.
Liebe, als wenn dir noch nie von einem Partner wehgetan worden sei.
Tanze, als ob dir niemand dabei zuschaut.

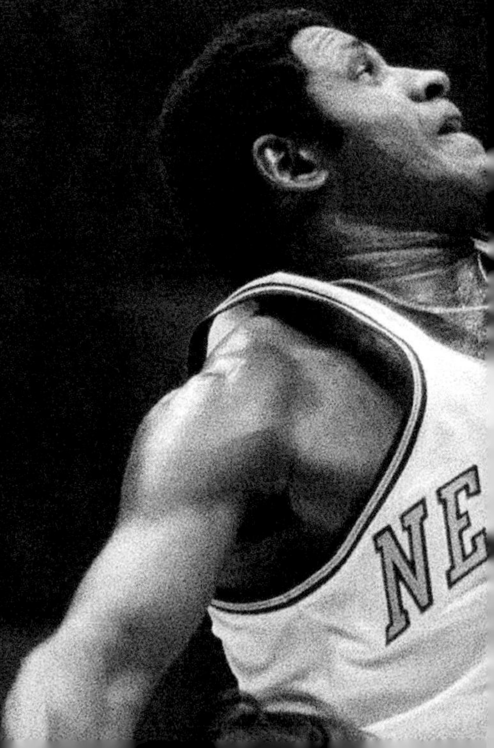

▶ Ballfixiert! Willis Reed (links) von den New York Knicks und Kareem Abdul-Jabbar von den Milwaukee Bucks während eines NBA Eastern Division Play-off-Spiels am 13. April 1970 im Madison Square Garden in New York. Das Spiel gewannen die Knicks 112:111

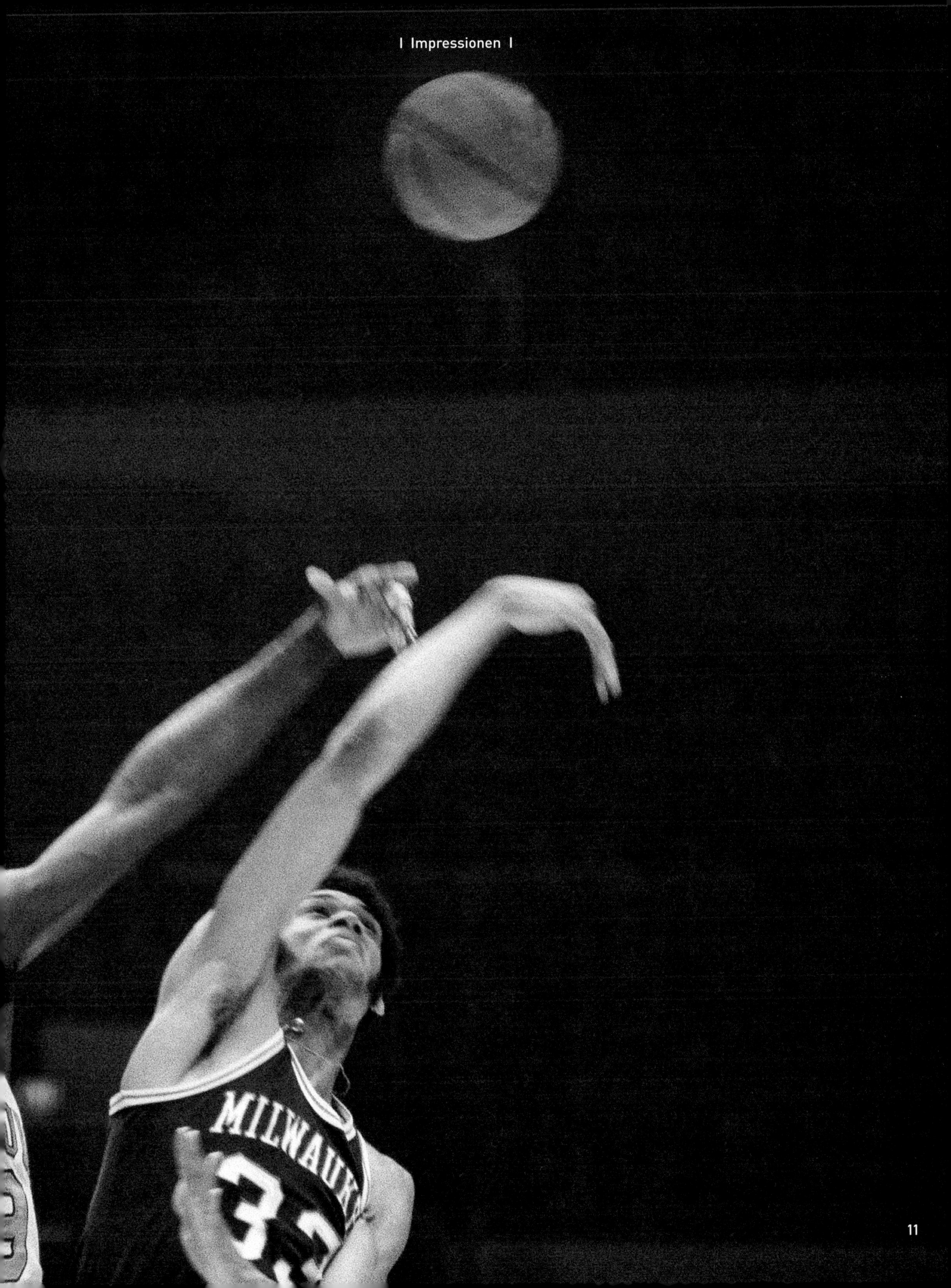

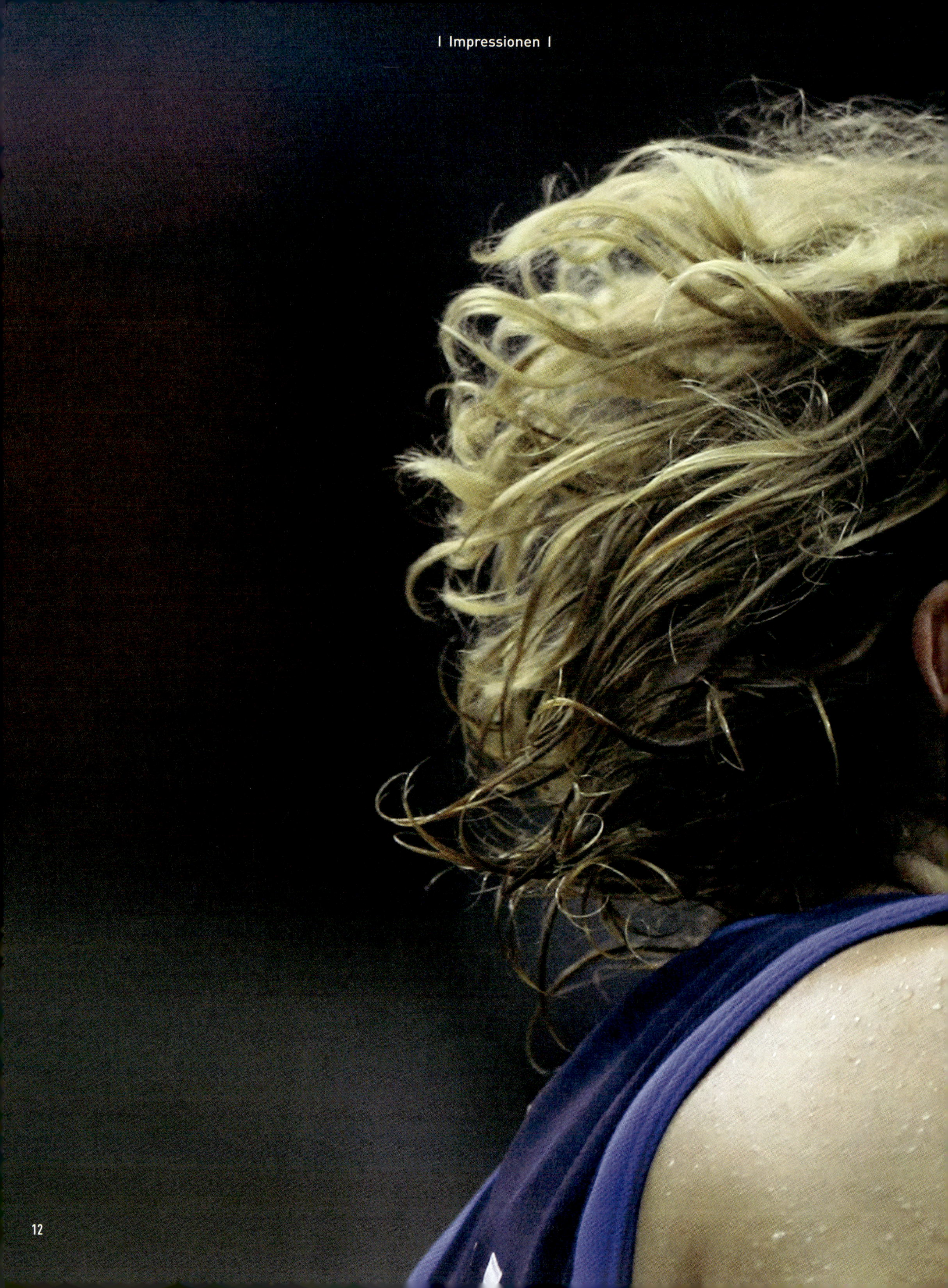

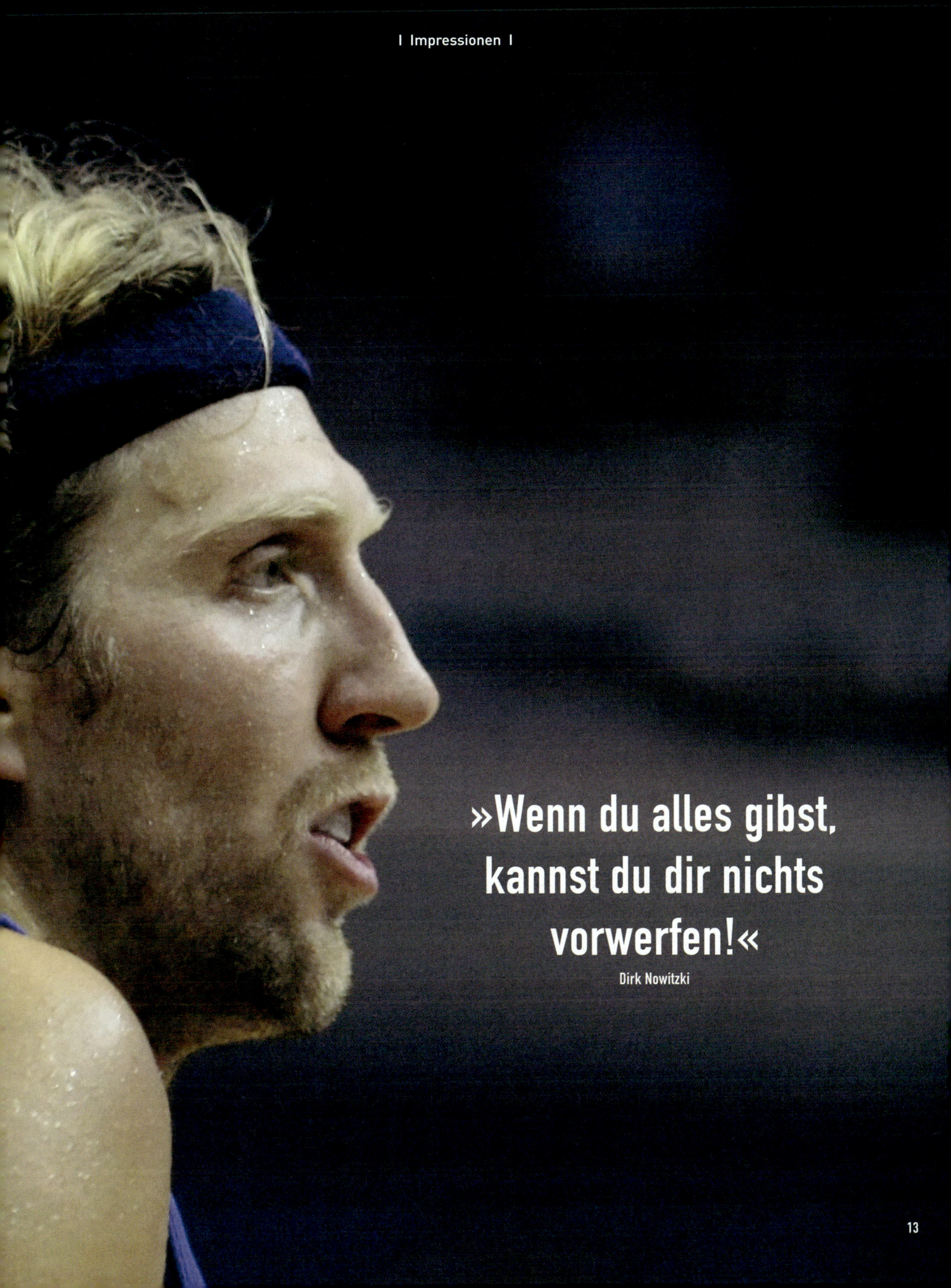

»Wenn du alles gibst, kannst du dir nichts vorwerfen!«

Dirk Nowitzki

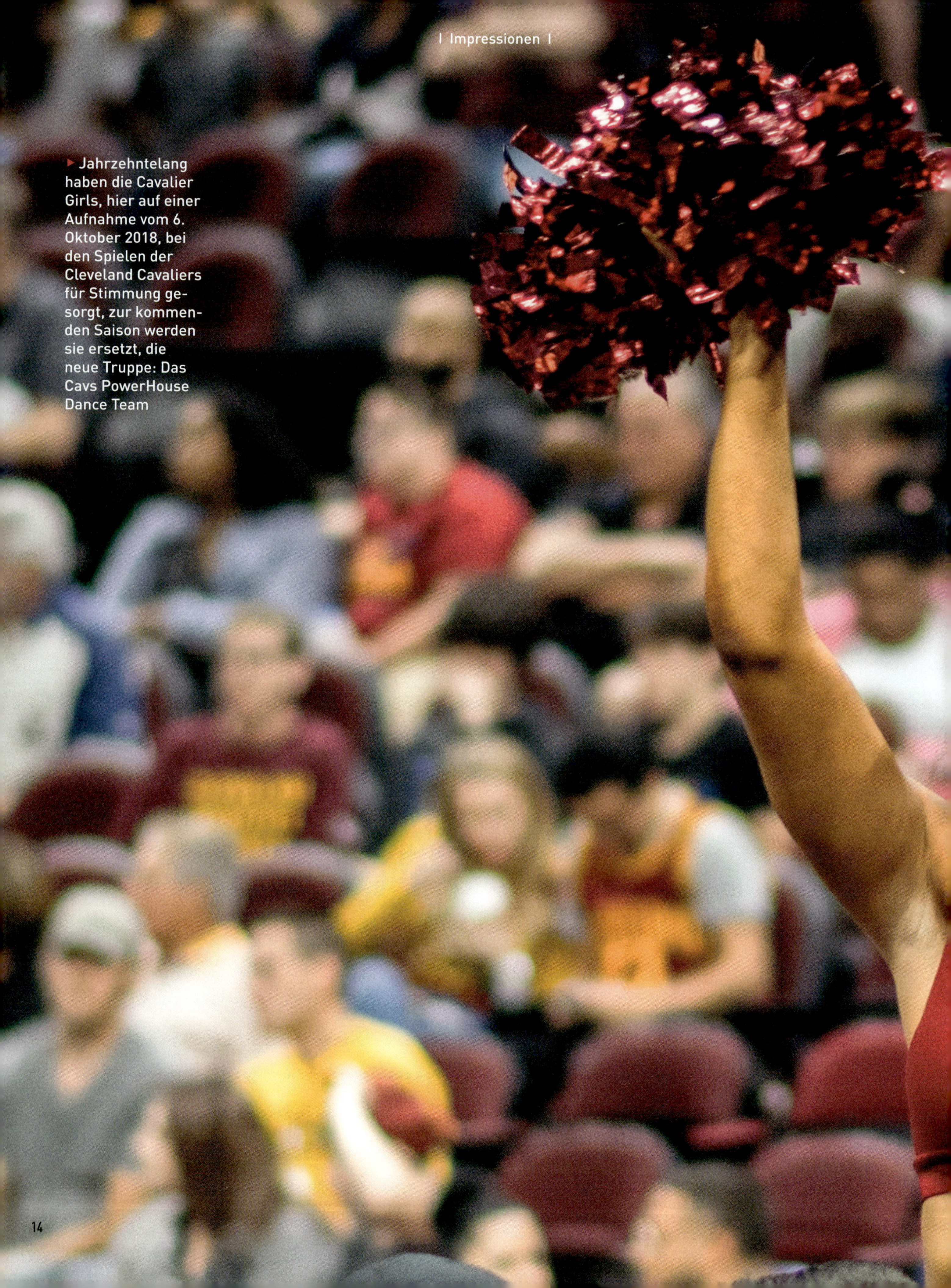

Jahrzehntelang haben die Cavalier Girls, hier auf einer Aufnahme vom 6. Oktober 2018, bei den Spielen der Cleveland Cavaliers für Stimmung gesorgt, zur kommenden Saison werden sie ersetzt, die neue Truppe: Das Cavs PowerHouse Dance Team

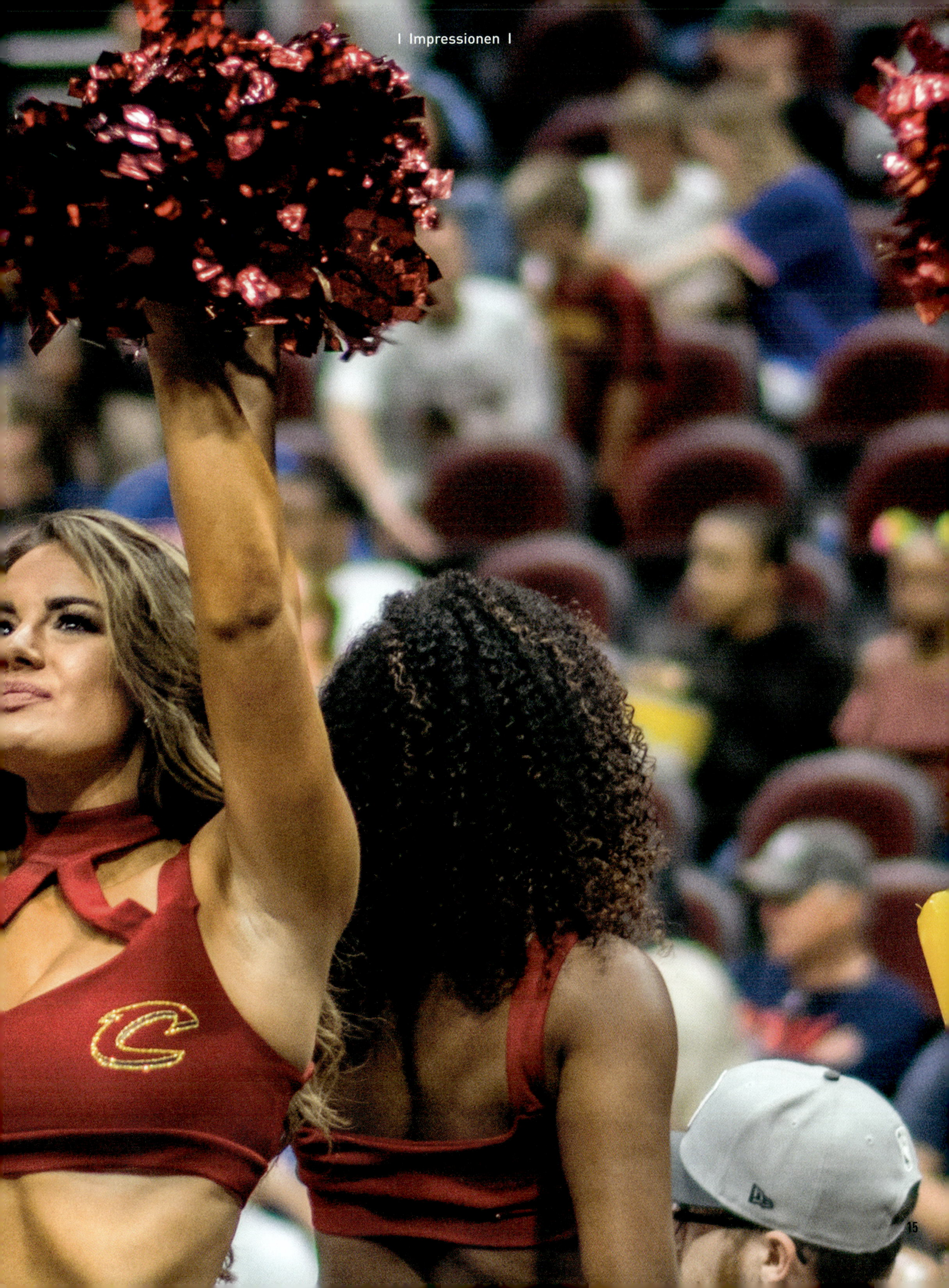

Ab ins Körbchen – Ziel jeder Anstrengung!

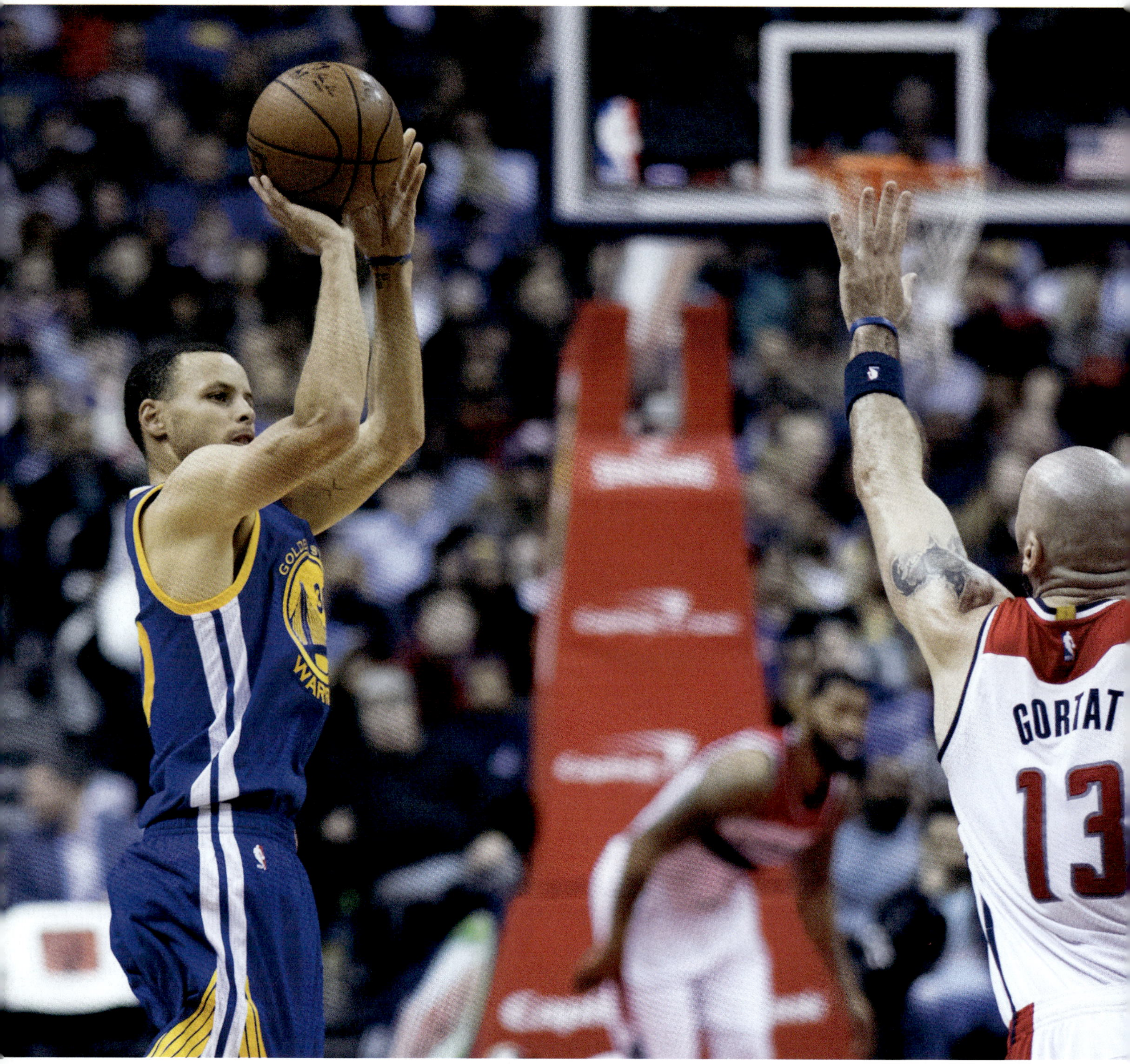

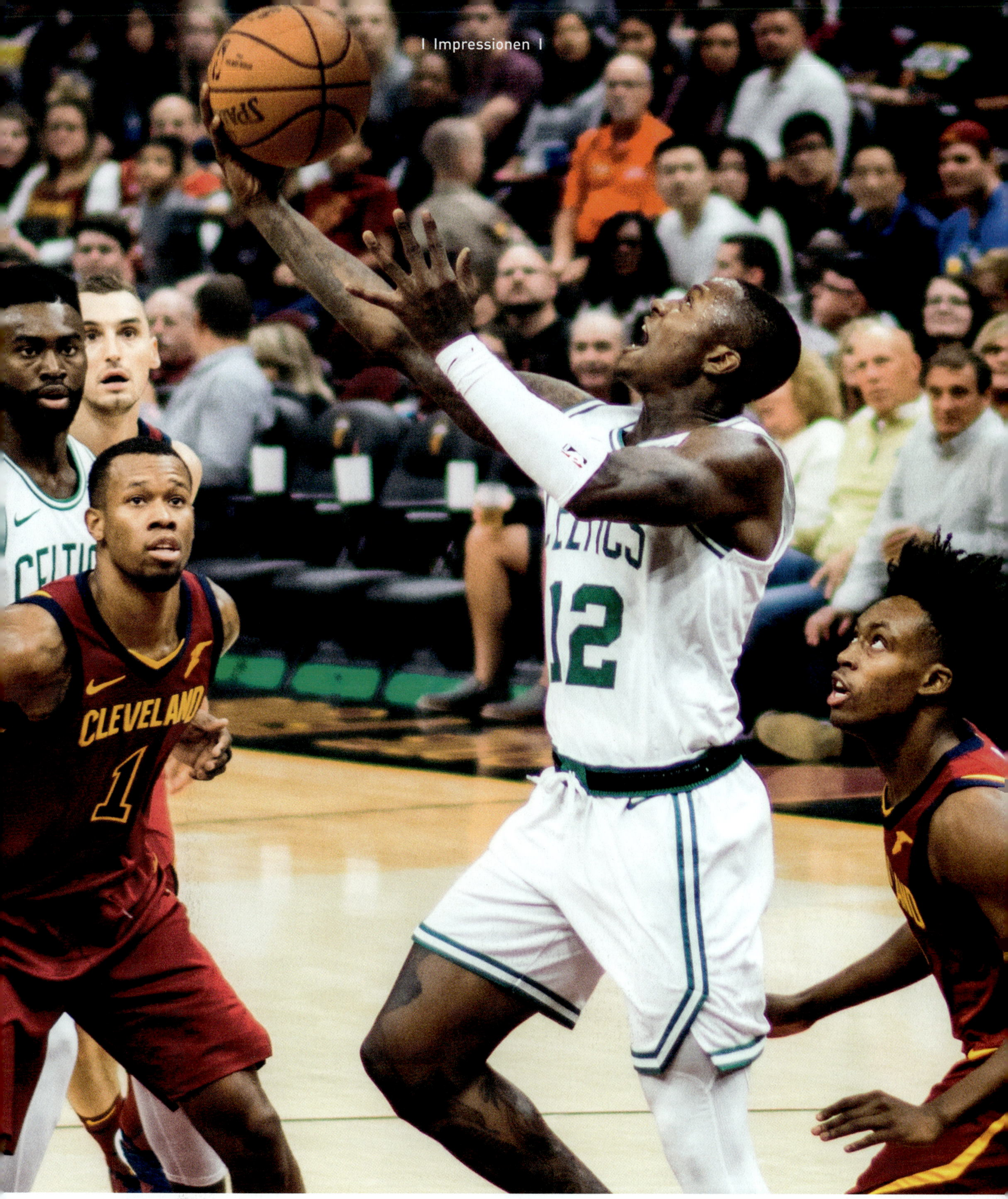

◀ ▲ Das Objekt der Begierde! Immer im Mittelpunkt! Anvisiert von allen, in jedem Spiel, in jeder Sekunde: Der Basketball

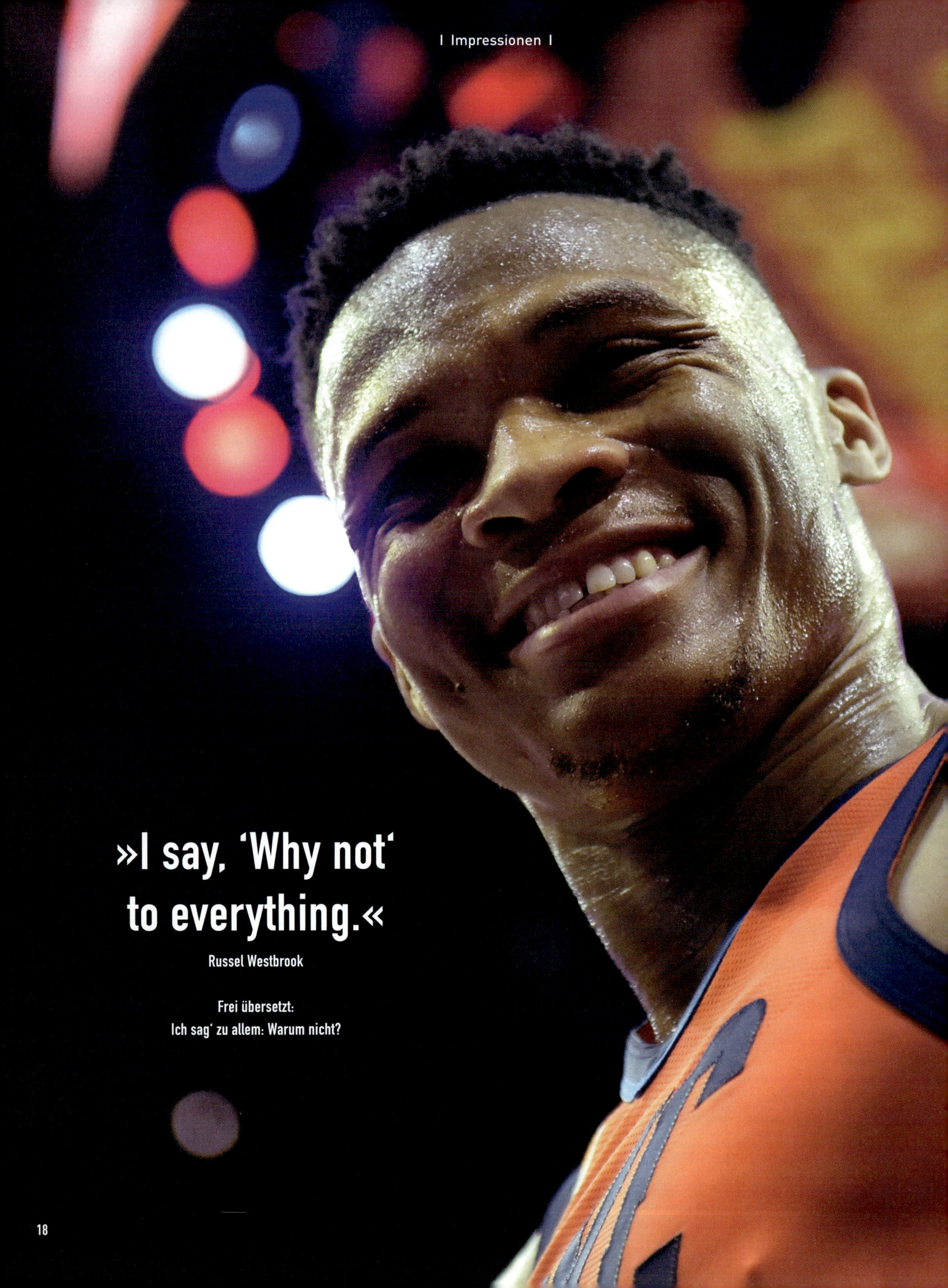

»I say, 'Why not' to everything.«

Russel Westbrook

Frei übersetzt:
Ich sag' zu allem: Warum nicht?

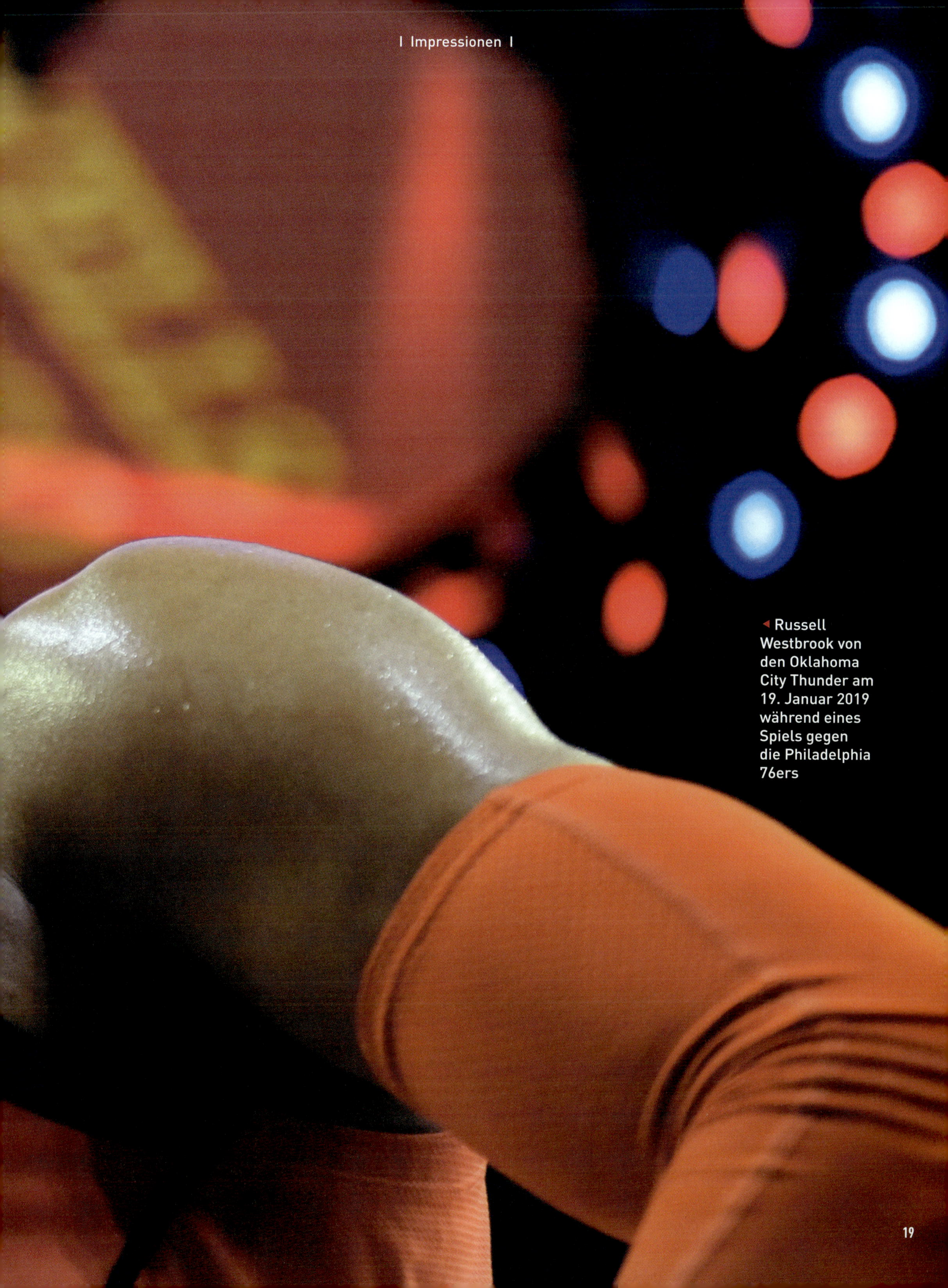

Russell Westbrook von den Oklahoma City Thunder am 19. Januar 2019 während eines Spiels gegen die Philadelphia 76ers

CHRIS PAUL

Point Guard der alten Schule

2008 war Chris Paul in der Spitze der NBA angekommen. In seinem dritten Profijahr bei den New Orleans Hornets stellte er mit 11,6 Assists und 2,71 Steals im Schnitt pro Spiel ligaweite Saison-Bestwerte auf, führte die Hornets zum ersten Mal nach 2004 in die Playoffs und kam erstmals zu Allstar-Ehren.

Bis 2016 sollte der Point Guard neunmal in Folge ins Allstar-Team berufen werden. Gar nicht nach Plan lief es für Paul im Sommer 2011, als ein Trade zu den Los Angeles Lakers von der NBA untersagt wurde. Stattdessen landete er bei den ebenfalls in LA beheimateten Clippers. Trotz dieses schlechten Starts in der Stadt der Engel prägte Paul das Offensivspiel der Clippers in den folgenden Jahren. Aufgrund vieler spektakulärer »Alley-Oop-Dunks« erhielt das Team den Beinamen »Lob City«. In der bevorstehenden Saison gehört Paul, der seit diesem Sommer bei den Oklahoma City Thunder einen Vertrag bis 2022 hat, mit einem durchschnittlichen Jahressalär von 39,9 Millionen US-Dollar zu den am besten verdienenden Spielern der NBA. Hinzu kommen noch Werbedeals mit Nike und weiteren US-Firmen.

Neben seiner sportlichen Karriere ist der bekennende Christ und Kirchgänger seit 2013 im Präsidium der Spielervereinigung National Basketball Players Association tätig. In dieser Rolle sorgte er maßgeblich mit dafür, dass der damalige Clippers-Besitzer Donald Sterling sein Team nach rassistischen Äußerungen verkaufen musste. Paul, der seit 2011 mit seiner Schulfreundin Jada Crawley verheiratet ist und zwei Kinder hat, ist außerdem passionierter Bowling-Spieler und besitzt das Team »LAX« aus der Bowling-Profiliga PBA. ⊖

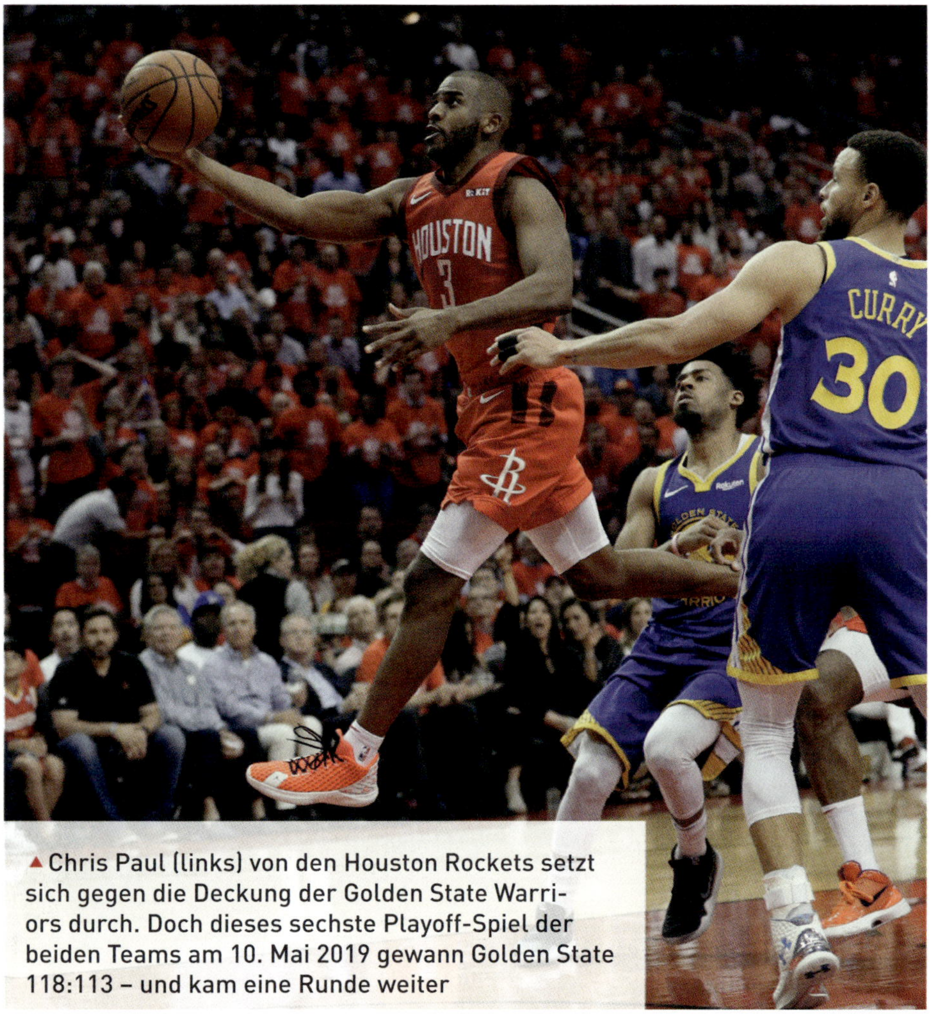

▲ Chris Paul (links) von den Houston Rockets setzt sich gegen die Deckung der Golden State Warriors durch. Doch dieses sechste Playoff-Spiel der beiden Teams am 10. Mai 2019 gewann Golden State 118:113 – und kam eine Runde weiter

Im Profil

Name: Christopher Emanuel Paul
Geburtsdatum/-ort: 6. Mai 1985 in Lewisville/North Carolina
Position: Point Guard
Größe: 1,83 Meter
Teams: New Orleans Hornets (2005 bis 2011), Los Angeles Clippers (2011 bis 2017), Houston Rockets (2017 bis 2019), Oklahoma City Thunder (seit 2019)

Erfolge: NBA-Allstar 2008 bis 2016, Allstar MVP 2013, NBA Rookie of the Year 2005/2006, NBA Assists Leader 2008, 2009, 2014 und 2015, NBA Steals Leader 2008, 2009, 2011 bis 2014, Olympiasieger 2008 und 2012 mit der US-Nationalmannschaft

PAU GASOL

Erster europäischer ROTY

Pau Gasol wurde am 28. Juni 2001 von den Atlanta Hawks an dritter Draftposition ausgewählt – und stand in den Geschichtsbüchern: Nie zuvor war ein Spieler, der nicht von einem US-College stammte, so früh gedraftet worden.

Ein Jahr später wurde diese Marke allerdings bereits durch Yao Ming gebrochen – die Houston Rockets wählten den Chinesen an Position eins.

Der Startschuss für Gasols furiose NBA-Karriere fiel allerdings bei den Memphis Grizzlies, die den Power Forward sofort mit den Hawks gegen Shareef Abdur-Rahim tauschten. Dort wurde Gasol, dessen Stärken trotz seiner Größe von 2,13 Metern in seiner Schnellig- und Beweglichkeit liegen, als erster Nicht-Amerikaner in der NBA-Geschichte zum »Rookie of the Year« (ROTY) gekürt. Mit seiner Spielübersicht, seiner Passfertigkeit und seinen sicheren Würfen führte Gasol sein Team in der Saison 2003/2004 erstmals in deren Geschichte in die Playoffs. Bis zu seinem Wechsel 2008 zu den Los Angeles Lakers spielte sich der offensivstarke Spanier in die Annalen der Grizzlies ein und hält bis heute Team-Rekorde für Körbe, Punkte, Rebounds und Blocks. Seine sportlichen Höhepunkte feierte Gasol, der bei den Grizzlies ausgerechnet von seinem jüngeren Bruder Marc beerbt wurde, mit den Lakers dann 2009 und 2010, als er mit seinem Team zweimal die NBA-Meisterschaft gewann. Über die Chicago Bulls kam Gasol dann 2016 zu den San Antonio Spurs, bei denen er 2017 einen neuen Dreijahresvertrag über 48 Millionen US-Dollar unterschrieb. Neben seinen Erfolgen in der NBA blickt Gasol, der 2009 auch einen Gastauftritt in der TV-Serie »CSI Miami« hatte, auf einen WM- und drei EM-Titel mit Spaniens Nationalteam zurück. Auch gewann er 2008, 2012 und 2016 zweimal olympisches Silber sowie einmal Bronze.

Im Profil

Name: Pau Gasol Sáez
Geburtsdatum/-ort: 6. Juli 1980 in Barcelona/Spanien
Position: Power Forward/Center
Größe: 2,13 Meter
Teams: FC Barcelona (1999 bis 2001), Memphis Grizzlies (2001 bis 2008), Los Angeles Lakers (2008 bis 2014), Chicago Bulls (2014 bis 2016), San Antonio Spurs (2016 bis 2019), Milwaukee Bucks (2019), Portland Trail Blazers (seit 2019)
Besonderes: Am 11. April 2017 durchbrach Gasol die 20.000-Punkte-Marke als 47. Spieler der NBA-Geschichte. Er ist zudem einer von nur vier Spielern, der über 20.000 Punkte in Kombination mit über 10.000 Rebounds, 3.500 Assists und 1.500 Blocks erreicht hat.

Erfolge: NBA-Meister 2009 und 2010, NBA-Allstar 2006, 2009, 2010, 2011, 2015 und 2016, NBA Rookie of the Year 2001/02, Weltmeister 2006, Europameister 2009, 2011 und 2015

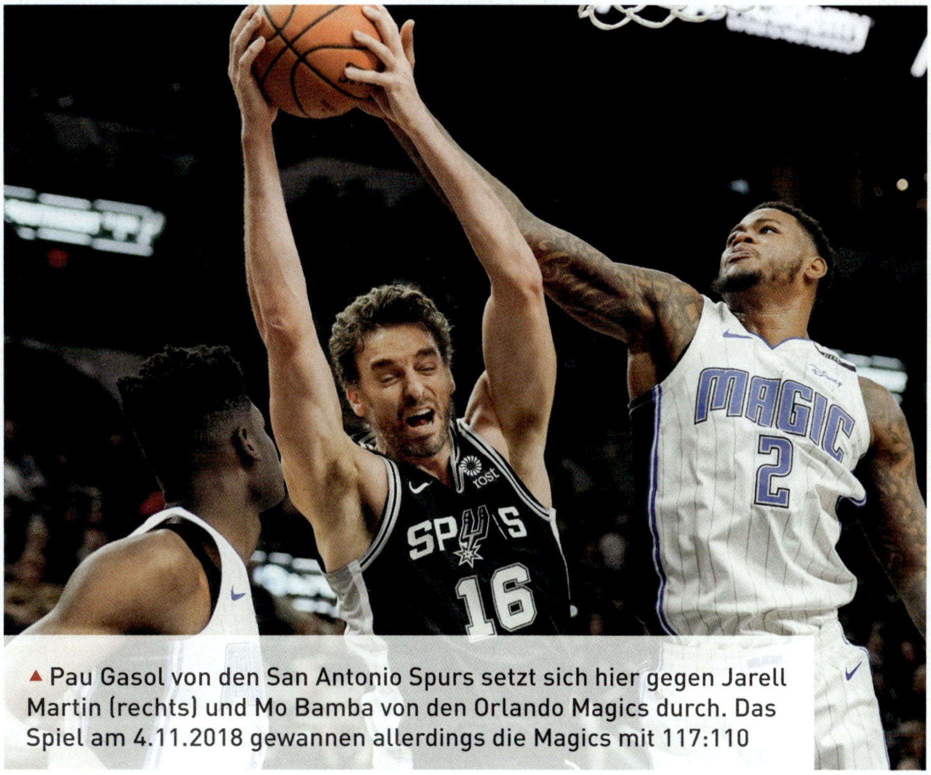

▲ Pau Gasol von den San Antonio Spurs setzt sich hier gegen Jarell Martin (rechts) und Mo Bamba von den Orlando Magics durch. Das Spiel am 4.11.2018 gewannen allerdings die Magics mit 117:110

LEBRON JAMES

Die Ausnahme-Erscheinung

Keiner verdient mehr als er! LeBron James ist der Großverdiener aller NBA-Stars. Das US-Wirtschaftsmagazin Forbes führte den Small Forward der Los Angeles Lakers Anfang des Jahres nach Einnahmen auf Rang eins aller Profi-Basketballer und auf Rang drei aller Sportler weltweit.

Im fünften Jahr in Folge stand James damit für 2018 an der Spitze, verdiente insgesamt 89 Millionen US-Dollar, 53 Millionen davon durch Werbeverträge mit großen Firmen wie Nike, Coca-Cola oder Beats By Dre. Hinzu kamen noch Einnahmen durch seine Beteiligung an einer Pizza-Kette und durch seine Film-Produktionsfirma »Springhill Entertainment«, die er zusammen mit dem amerikanischen Geschäftsmann Maverick Carter gegründet hatte. Forbes schätzte das Gesamt-Netto-Vermögen von James im Februar 2019 auf rund 450 Millionen US-Dollar.

Angesichts dieser Vermögensverhältnisse verkörpert James den Inbegriff des »Amerikanischen Traumes« – vom metaphorischen Tellerwäscher zum Millionär, eine Cinderella Story. Als der kleine LeBron am 30. Dezember 1984 in der regressiven Industriestadt Akron im Bundesstaat Ohio das Licht der Welt erblickte, war seine Mutter gerade einmal 16 Jahre alt – sein Vater hatte sich da schon längst aus dem Staub gemacht. Die alleinerziehende Mutter war auf Hilfe von Sozialverbänden angewiesen, zeitweise wohnte LeBron sogar in einer Pflegefamilie, wo Pflegevater Frankie Walker den neunjährigen James mit Basketball in Kontakt brachte.

Sein Talent für das Spiel mit dem Ball und dem Korb wurde schnell erkannt und James erhielt sein Highschool-Stipendium an der St. Vincent-St. Mary-High School in Akron, wo er sich zudem auch im American Football ausprobierte.

Doch sein Weg im Basketball schien vorgezeichnet, bereits in der zehnten Klasse war James zwei Meter groß und führte sein Highschool-Team zur Landesmeisterschaft. Sein Talent war so ausgeprägt und seine Spielweise so vielseitig – James kann auch auf allen anderen Positionen spielen –, dass er sich ohne den Umweg über ein College direkt zum NBA-Draft 2003 anmeldete.

Dort sicherten sich die Cleveland Cavaliers James` Dienste mit dem First Overall Pick. Kein Fehler, wie sich schnell herausstellte, wurde James doch am Saisonende zum Rookie of the Year – mit 20,9 Punkten im Schnitt bei 5,5 Rebounds und 5,9 Assists. George Karl, damaliger Trainer der Denver Nuggets, sagte gegenüber der Zeitschrift Sports Illustrated: »Es ist seltsam, über ein 20-jähriges Kind zu sprechen, das ein großartiger Spieler sein soll, aber er ist ein großartiger Spieler. Er ist die Ausnahme zu fast jeder Regel.« Eine treffende Beschreibung.

Sieben Jahre sollte James den Cavaliers zunächst treu bleiben. Eine Zeit, in der er Rekorde und besondere Momente anhäufte. 2005 erzielte er 56 Punkte in einem Spiel gegen die Toronto Raptors und stellte einen Team-Rekord auf. 2007 machte James in den Conference-Finals gegen die Detroit Pistons 48

Im Profil

Name: LeBron Raymone James
Geburtsdatum/-ort: 30. Dezember 1984 in Akron/Ohio
Position: Small Forward
Größe: 2,03 Meter
Teams: Cleveland Cavaliers (2003 bis 2010 und 2014 bis 2018), Miami Heat (2010 bis 2014), Los Angeles Lakers (seit 2018)
Besonderes: 2013, 2016 und 2018 von Associated Press zum Athleten des Jahres gewählt, 2012 und 2016 von der Sports Illustrated zum Sportler des Jahres gewählt. Hält aktuell 40 verschiedene NBA-Regular-Season-Rekorde und 30 NBA-Postseason-Rekorde.

Erfolge: NBA-Champion 2012, 2013 und 2016, NBA-Finals-MVP 2012, 2013 und 2016, NBA-MVP 2009, 2010, 2012 und 2013, NBA-Allstar 2005 bis 2019, NBA Rookie of the Year 2004, NBA Scoring Champion 2008, Olympiasieger 2008 und 2012 mit den USA

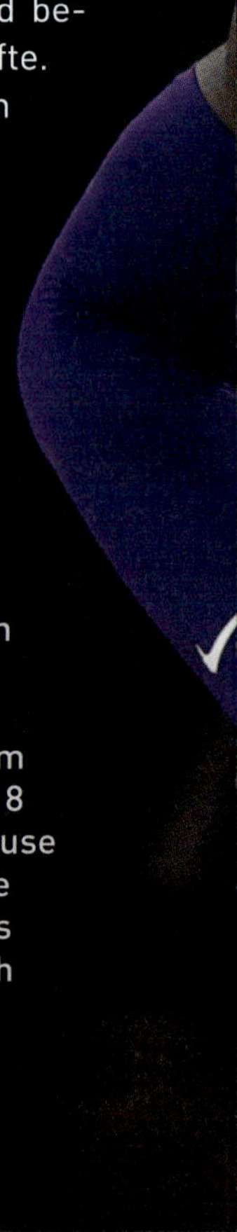

▸ Zweimal LeBron James: Einmal, im Trikot der Los Angeles Lakers am 23. Dezember 2018 während einer Pause im Spiel gegen die Memphis Grizzlies eher nachdenklich gestimmt, ...

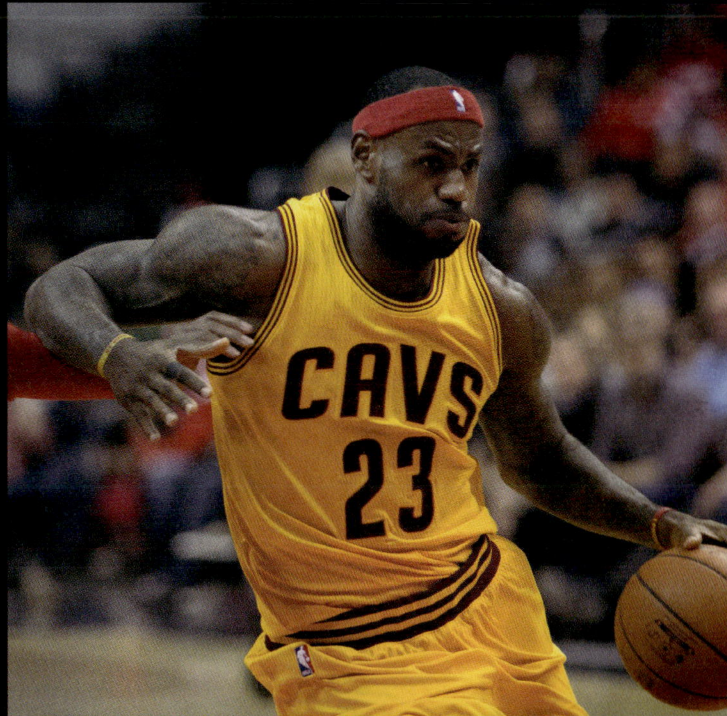

▲ ... und hier, am 21. November 2014 im Trikot der Cleveland Cavaliers, seines früheren Teams, energisch und elanvoll mit Ball unterwegs

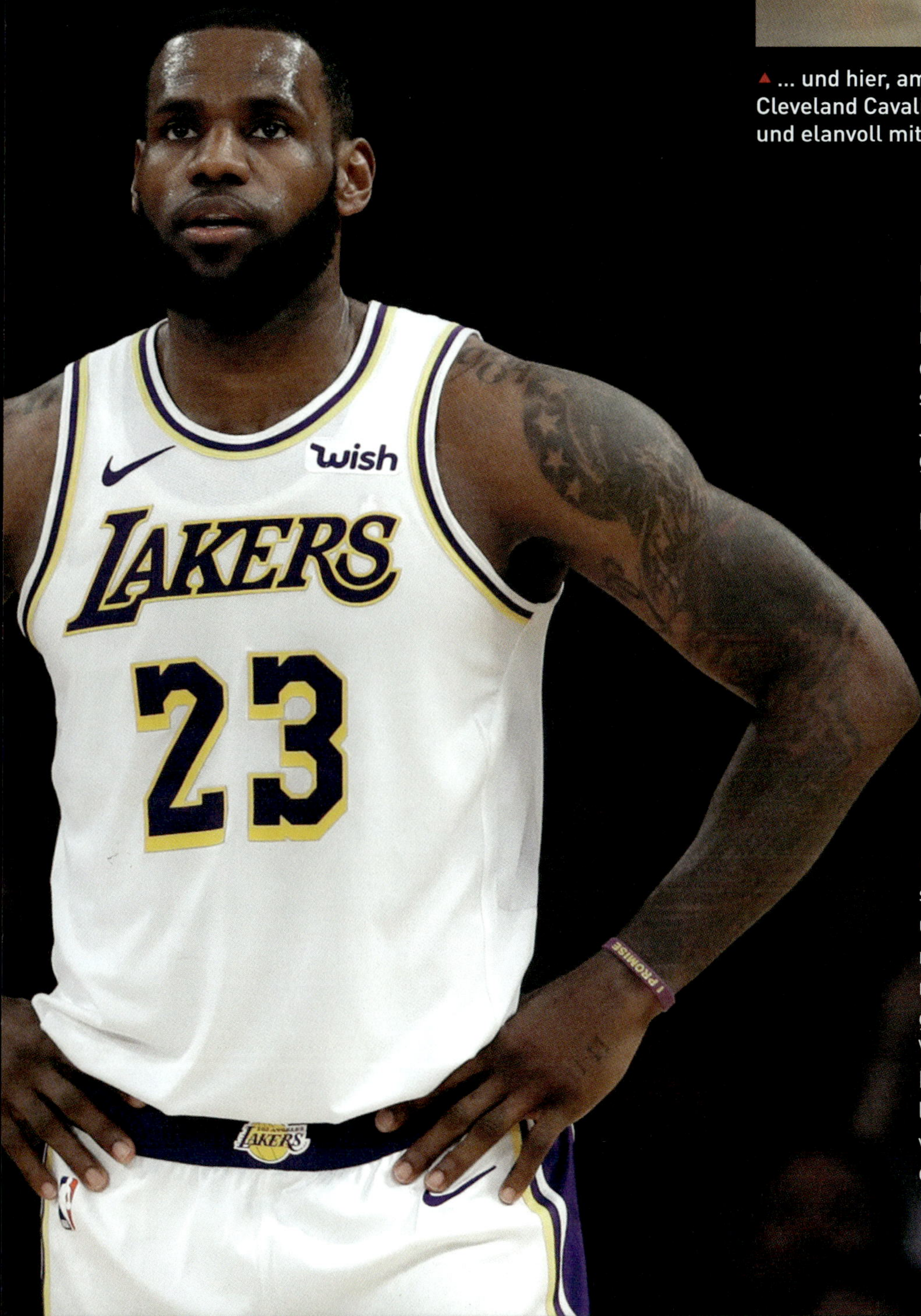

Punkte und erzielte 29 der letzten 30 Punkte seines Teams. Der US-Sportreporter Marv Albert nannte es »einen der größten Momente in der Postseason-Geschichte«. Im März 2008 wurde James zum erfolgreichsten Punktejäger in der Team-Historie der Cavs.

Und dennoch: Für seinen ersten NBA-Titel musste James das Team wechseln. 2012 gewann er mit Miami Heat, zu denen er 2010 gewechselt war, seine erste Meisterschaft und verteidigte den Titel ein Jahr später. Nach seiner Rückkehr 2014 zu den Cavaliers, war es dann auch dort 2016 soweit: James holte mit seinem Heimatteam, Akron liegt nur gut 60 Kilometer von Cleveland entfernt, die erste Meisterschaft der Franchise überhaupt. 2018 unterschrieb James, der seit 2001 mit seiner Highschool-Liebe Savannah Brinson zusammen ist und drei gemeinsame Kinder hat, dann einen Vierjahresvertrag bei den Los Angeles Lakers über 153,3 Millionen US-Dollar. Die erste Saison bei den Lakers verlief allerdings mit dem Verpassen der Playoffs sehr enttäuschend.

KEVIN DURANT

Das Gesamtpaket

Es waren aufreibende Szenen. In Spiel fünf der zurückliegenden NBA-Finalserie zwischen den Toronto Raptors und den Golden State Warriors brach Kevin Durant plötzlich beim Dribbling zusammen und hielt sich die Ferse des rechten Fußes. Was zunächst harmlos aussah, entwickelte sich in den folgenden Momenten zu einem Drama für den 30 Jahre alten Forward der Warriors.

Durant hatte die ersten Spiele der Finalserie mit einer Wadenverletzung verpasst und war gerade erst wieder als Hoffnungsträger von Titelverteidiger Golden State auf das Parkett zurückgekehrt.

Doch nun lag er am Boden, die Fans der Raptors mussten von den eigenen Spielern dazu angehalten werden, das sich anbahnende Ausscheiden Durants nicht zu bejubeln. Die Verletzung stellte sich kurz darauf als Achillessehnenriss heraus, Durant stand eine lange Pause bevor. Dass die Warriors das Spiel mit 106:105 gewannen, war nur ein schwacher Trost, denn am Ende wurde der Champion von den Raptors entthront. Und obwohl Durant auch einen Großteil der bevorstehenden Saison verpassen wird und die Warriors schnell bekanntgaben, dass sie Durant trotzdem gerne behalten würden, unterschrieb der Spieler in der Offseason einen Vertrag bei den Brooklyn Nets.

Die Gehaltssumme von 164 Millionen US-Dollar für einen Vierjahresvertrag unterstreicht, welche Ausnahmestellung Durant in der gegenwärtigen NBA genießt. Ein weiterer Beweis: Obwohl er nur drei Jahre für Golden State spielte, gab Warriors-Mitbesitzer Joe Lacob einen Tag nach dem Wechsel bekannt, dass die Trikotnummer 35 im Team nicht mehr vergeben wird. Durant hatte in seinen drei Jahren in Oakland dreimal die Finalserie mit seiner Mannschaft erreicht und dabei zweimal den Titel gewonnen.

Seine Stärke auf dem Feld besteht in seiner Vielseitigkeit, Beweglichkeit und seinem konstant guten Wurf – auch aus der Distanz, weswegen er von den Gegnern nur sehr schwer in den Griff zu bekommen ist. Zudem gilt er als extrem fleißig im Training, was sich schon ausdrückte, ehe er selbst zum Superstar aufstieg. So studierte er die Spielweisen von NBA-Legenden wie Dirk Nowitzki oder LeBron James, um bestimmte Fähigkeiten auf dem Spielfeld zu adaptieren.

Diese Charaktereigenschaften machen Durant natürlich auch zu einem

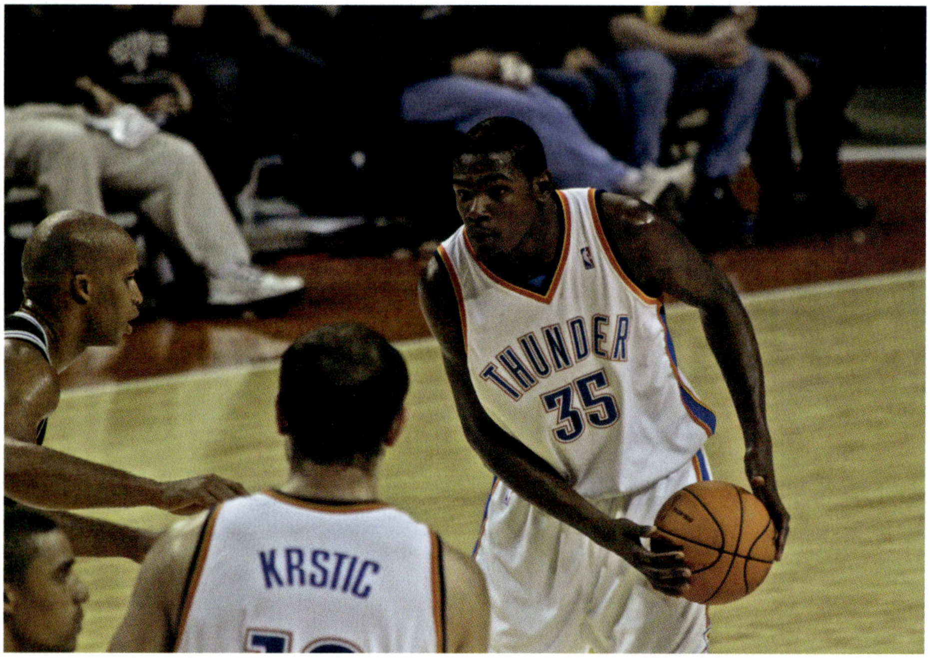

▲ Stand von 2008 bis 2016 bei den Oklahoma City Thunder unter Vertrag: Kevin Durant (35) am 20. Oktober 2009 im Spiel gegen die San Antonio Spurs …

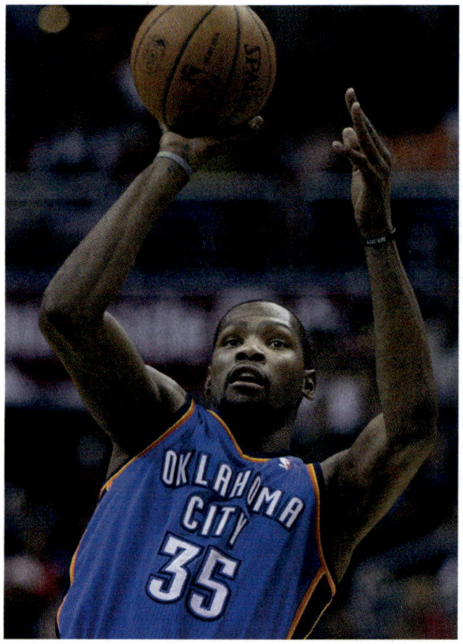

▲ … und hier, am 1. Februar 2014, bei einem Spiel der Thunders bei den Washington Wizards

Im Profil

Name: Kevin Wayne Durant
Geburtsdatum/-ort: 29. September 1988 in Washington D.C.
Position: Small Forward/ Power Forward
Größe: 2,06 Meter
Teams: Seattle SuperSonics (2007 bis 2008), Oklahoma City Thunder (2008 bis 2016), Golden State Warriors (2016 bis 2019), Brooklyn Nets (seit 2019)
Besonderes: Seine Trikotnummer »35« wird bei den Texas Longhorns (College) und bei den Golden State Warriors nicht mehr vergeben.

Erfolge: NBA-Champion 2017 und 2018, NBA-Finals-MVP 2017 und 2018, NBA-MVP 2014, NBA-Allstar 2010 bis 2019, NBA Rookie of the Year 2008, Olympiasieger von 2012 und 2016 sowie Weltmeister 2010 mit den USA

der gefragtesten Werbepartner. 2014 unterschrieb er einen Zehnjahreskontrakt beim Sportartikelhersteller Nike, was ihn bei einem Vertragsvolumen von 350 Millionen US-Dollar in der Forbes-Liste der weltweit bestverdienenden Sportler in die Top Ten katapultierte. Zeitweise nahm Durant mehr Geld durch Werbeverträge ein, als er von seinem Arbeitgeber an Gehalt bezog. Und auch bei den NBA-Fans ist Durant einer der landesweit beliebtesten Spieler. Trikots mit seinem Namen gehören seit Jahren zu den Bestsellern der Liga.

Privat ist Durant sozial engagiert und unterstützt seit Jahren ein landesweites Programm, das Jugendlichen kostenlosen Zugang zu Musikunterricht ermöglicht. 2013 sagte er dem Amerikanischen Roten Kreuz eine Spende von eine Million US-Dollar zugunsten der Opfer des Moore-Tornados, der damals in Oklahoma gewütet hatte, zu und animierte sein damaliges Team, die Oklahoma City Thunder, sowie Nike dazu, diese Summe mit vereinten Kräften bereitzustellen. Zu seiner Zeit bei den Thunder war Durant für sein generöses Verhalten gegenüber allen Team-Angestellten bekannt. Außerdem hat er ein sehr enges Verhältnis zu seiner Mutter Wanda, was in dem Film »The Real MVP: The Wanda Pratt Story« beschrieben wurde.

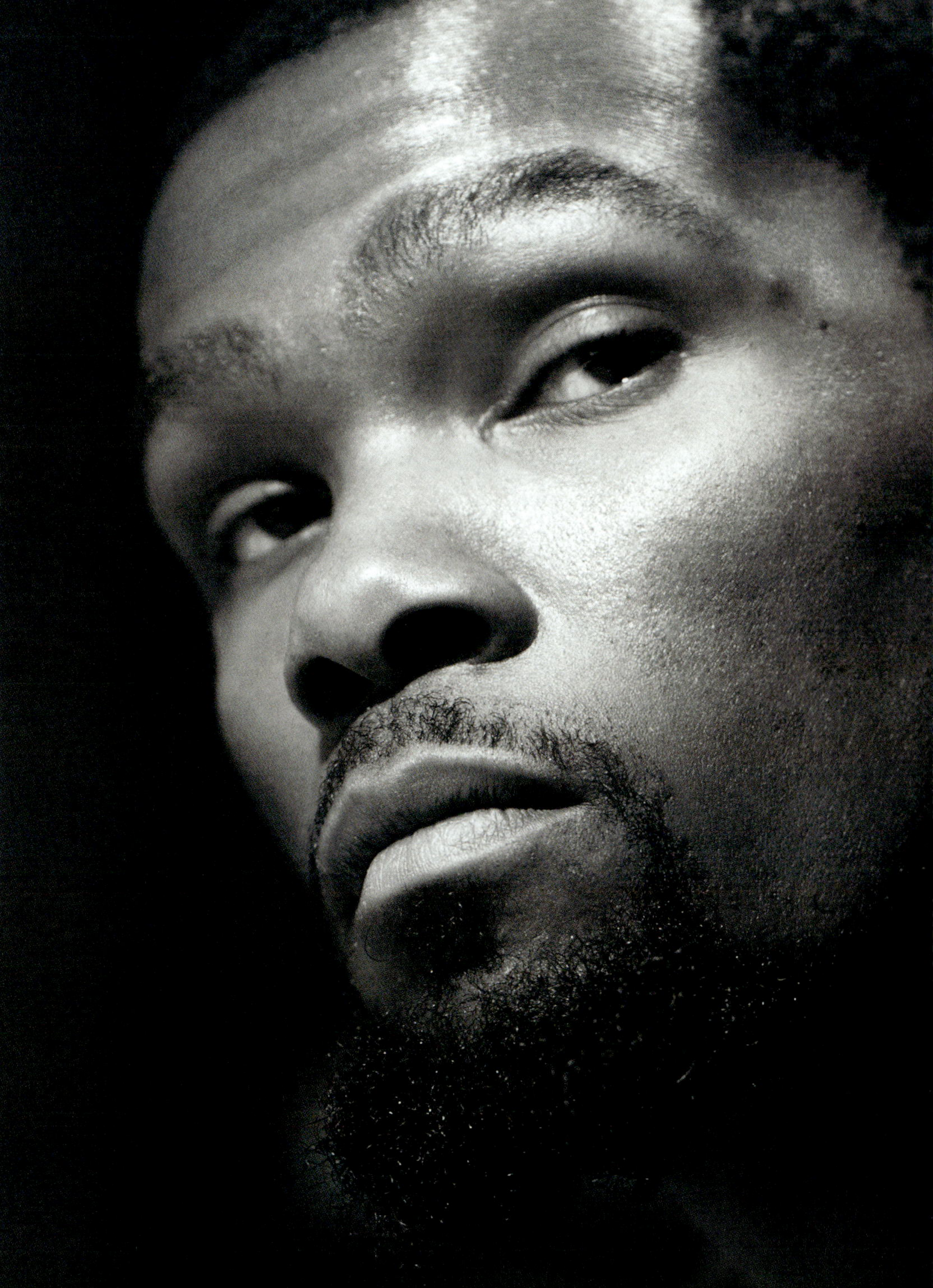

▲ Kevin Durant am 7. Februar 2018, zu dem Zeitpunkt Spieler der Golden State Warriors

KARL-ANTHONY TOWNS

1. Länderspiel mit 16 Jahren

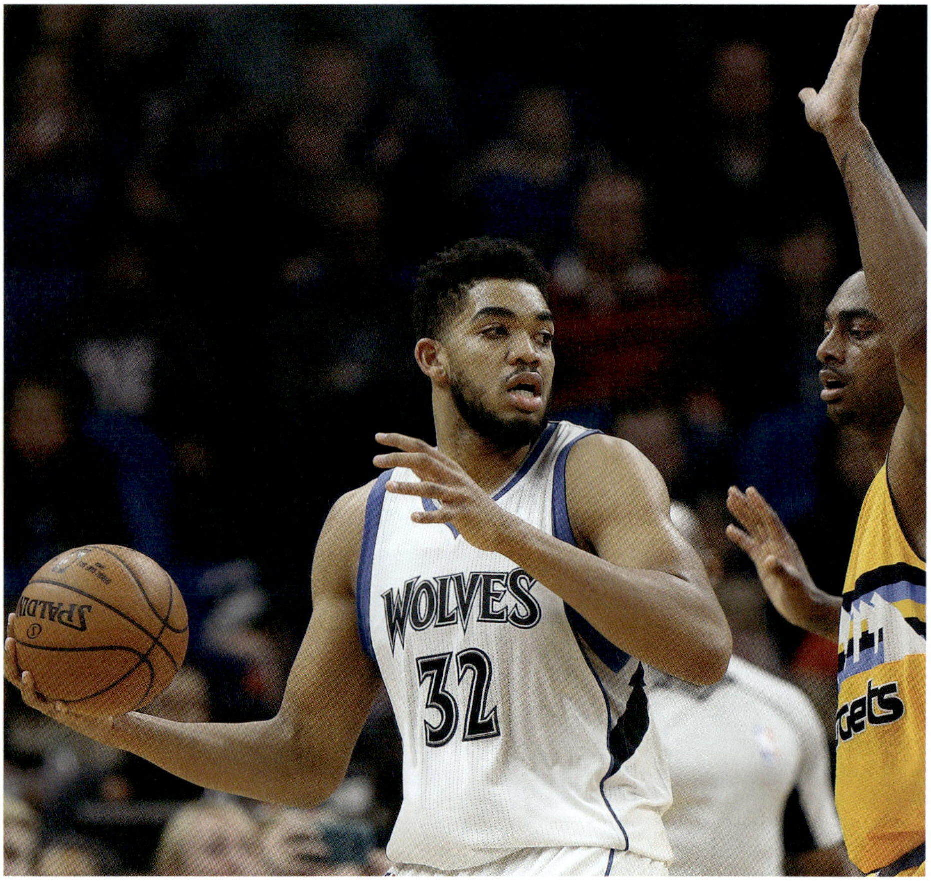

◂ Alles unter Kontrolle: Karl-Anthony Towns (Nummer 32) von den Minnesota Timberwolves setzt sich nicht nur in dieser Szene gegen Darrell Arthur von den Denver Nuggets durch – sein Team hat auch das Spiel, ausgetragen am 22. Januar 2017, mit 111:108 gewonnen

Im Profil

Name: Karl-Anthony Towns Jr.
Geburtsdatum/-ort: 15. November 1995 in Edison/New Jersey
Position: Center
Größe: 2,13 Meter
Teams: Minnesota Timberwolves (seit 2015)
Besonderes: Rekordhalter in der Kombination aus meiste Punkte, Rebounds und Dreier in einer Saison.

Erfolge: NBA-Allstar 2018 und 2019, NBA Rookie of the Year 2016

In der Saison 2016/2017 schrieb Karl-Anthony Towns NBA-Geschichte. Als erstem Spieler der Liga-Historie waren dem Center der Minnesota Timberwolves in einer Saison mehr als 2.000 Punkte in Kombination mit mehr als 1.000 Rebounds und 100 Dreiern gelungen.

Insgesamt kam er auf 2.061 Punkte, 1.007 Rebounds und 101 erfolgreiche Drei-Punkte-Würfe. Dennoch reichte es für die Timberwolves in der Saison nicht für die Playoffs.

In diese führte Towns sein Team aber eine Saison später – erstmals nach 13 Jahren Abstinenz. Welch Ausnahmestellung der allererste Pick des Jahres 2015 hat, zeigte Towns auch am 30. Dezember 2018. Im Spiel gegen die Miami Heat machte Towns 34 Punkte bei 18 Rebounds, sieben Assists und sechs Blocks. Eine höhere Ausbeute in diesen Statistiken innerhalb einer Partie war zuletzt Lakers-Legende Kareem Abdul-Jabbar 1975 gegen die Phoenix Suns gelungen. Im zurückliegenden Sommer sagte Towns, dass die Timberwolves dabei sind, eine »Kultur der Weltklasse zu entwickeln« und mit Ryan Saunders als Head Coach und Ethan Casson als CEO die beiden »Besten« ihres jeweiligen Fachs haben. Saunders und Casson haben nun erstmal bis 2024 Zeit, die Weltklasse nach Minnesota zu holen. So lange läuft Towns Vertrag noch, den er im September 2018 für insgesamt 158,25 Millionen US-Dollar vorzeitig um fünf Jahre verlängert hatte.

Geboren wurde Karl-Anthony Towns als Sohn von Karl Towns Sr., einem aus Afrika stammenden US-Amerikaner und Highschool-Basketballtrainer, und Jacqueline Cruz, einer Dominikanerin. Entsprechend besitzt Towns, der dann im nahen Piscataway aufwuchs, die Staatsbürgerschaft der Dominikanischen Republik, für deren Nationalmannschaft er bereits im Alter von nur 16 Jahren debütierte. ⊖

LUKA DONČIĆ

Von Nowitzki geadelt

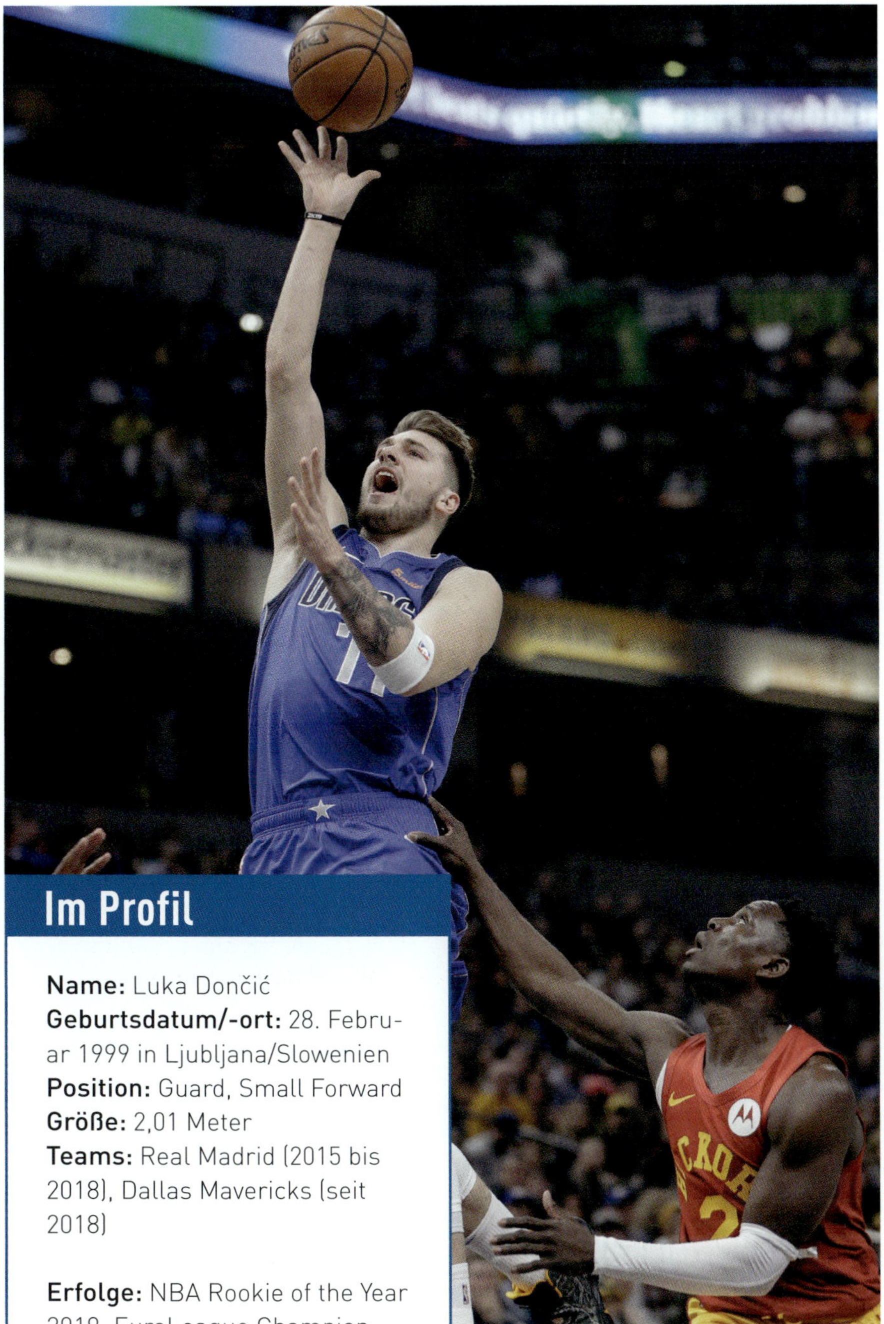

Im Profil

Name: Luka Dončić
Geburtsdatum/-ort: 28. Februar 1999 in Ljubljana/Slowenien
Position: Guard, Small Forward
Größe: 2,01 Meter
Teams: Real Madrid (2015 bis 2018), Dallas Mavericks (seit 2018)

Erfolge: NBA Rookie of the Year 2019, EuroLeague Champion 2018, EuroLeague-MVP 2018, EuroLeague Final Four MVP, Spanischer Meister 2015, 2016, 2018, Spanischer Pokalsieger 2016, 2017

▲ Luka Dončić von den Dallas Mavericks (links), hier am 19. Januar 2019 beim Korbwurf bedrängt von Darren Collison (Indiana Pacers), hat bereits in seiner ersten NBA-Saison voll überzeugen können

98 von 100 möglichen Stimmen hatte Luka Dončić am Ende der zurückliegenden Saison bei der Wahl zum Rookie of the Year eingeheimst.

Der Slowene hatte in seiner Premieren-Saison in der NBA für Furore gesorgt und hat beste Chancen in den nächsten Jahren in die Star-Fußstapfen zu treten, die Dirk Nowitzki mit seinem Karriereende bei den Dallas Mavericks im Frühjahr 2019 hinterlassen hat. Der deutsche Superstar adelte Dončić im Sommer 2018 mit den Worten: »Er ist unglaublich mit dem Ball für einen großen Kerl. Ich konnte nicht glauben, was ich von diesem 19-, 20-Jährigen gesehen habe. Seine Vision ist bereits unglaublich. Er wird für eine lange, lange Zeit großartig für die Mavericks sein. Ich konnte ein wenig werfen, hatte aber nie die Vision auf dem Feld, die Gewandtheit, die er für das Spiel mitbringt. Er wird die Verteidigungen auseinandernehmen und es wird Spaß machen, ihm dabei zuzusehen.«

Dončić, der mit Slowenisch, Englisch, Serbisch und Spanisch vier Sprachen spricht, hatte die Mavericks 2018/2019 mit 21,2 Punkten im Schnitt pro Spiel angeführt, hatte insgesamt acht Triple-Doubles aufs Parkett gezaubert, seinen ersten davon als zweitjüngster Spieler der Liga-Geschichte nach Markelle Fultz, der bei seinem Top-Auftritt 2017 noch jünger war. Dončić zeichnet sich durch seine technischen Fähigkeiten und seinen aggressiven Spielstil, der ihn auch in schwerster Bedrängnis präzise Würfe auf den Korb abgeben lässt, aus. Dabei verfügt er insbesondere mit Blick auf sein noch junges Alter über ein erstaunliches Selbstbewusstsein. Bereits mit 17 Jahren debütierte er für die Nationalmannschaft Sloweniens, als Topspieler von Real Madrid wagte er 2018 den Schritt zum NBA-Draft. ⊖

KAWHI LEONARD

Der Hauptdarsteller

Eins, zwei, drei, vier und drin! 4,2 Sekunden waren in Spiel sieben der Conference-Semifinals zwischen den Toronto Raptors und den Philadelphia 76ers noch zu spielen.

Beim Stand von 90:90 kam Leonard an den Ball, nahm Tempo über die rechte Seite auf, setzte sich gegen Joel Embiid und Raul Neto durch und warf von der Ecke des Spielfeldes auf den Korb. Für einen Moment stockte Fans und Spielern regelrecht der Atem. Gebannt verfolgten tausende Blicke in der Scotiabank Arena am 12. Mai dieses Jahres die Flugkurve des Balles. In hohem Bogen senkte sich der Basketball in Richtung Korb, während die Spieluhr auf 0,0 Sekunden Restspielzeit sprang. Der Ball schlug auf dem Ring auf und hüpfte dort mehrmals auf und ab, ehe er sich seinen Weg durch die Mitte des Rings suchte: Korb – die Raptors siegten 92:90 und zogen in die Conference-Finals gegen die Milwaukee Bucks ein. Es war vielleicht der wichtigste Wurf auf dem Weg zum ersten NBA-Titel der Raptors. Und Kawhi Leonard war Hauptdarsteller.

So, wie es der mittlerweile 28-Jährige die gesamte Saison über gewesen war. Mit 26,6 Punkten und 7,3 Rebounds im Schnitt hatte der Small Forward seine Raptors zu 58 Siegen in der Main Season geführt, nur um in den Playoffs noch eine Schippe draufzulegen und in der K.o.-Phase der Saison auf 30,9 Punkte und 9,2 Rebounds zu kommen. Belohnt wurde diese Leistung eben nicht nur mit dem zweiten Titel in seiner Karriere, sondern gleichsam auch mit der zweiten Ernennung zum Finals-MVP.

Leonards Aufenthalt in Toronto könnte so auch unter dem Titel »Er kam, sah und siegte« laufen, denn der gebürtige Kalifornier spielte nur eine Saison für das Team aus Kanada. Die Raptors waren für Leonard aufs Ganze gegangen, wohl-

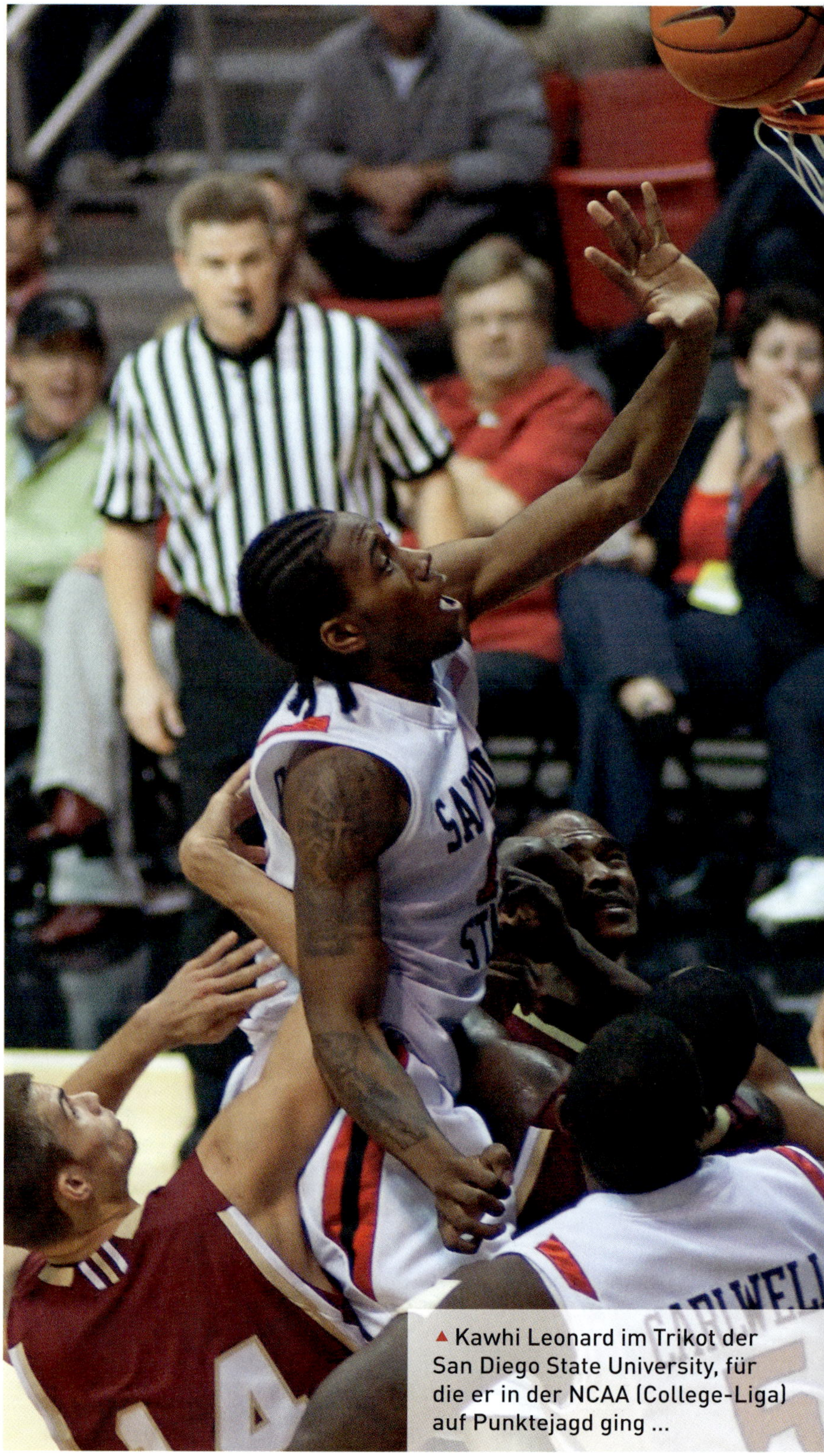

▲ Kawhi Leonard im Trikot der San Diego State University, für die er in der NCAA (College-Liga) auf Punktejagd ging ...

wissend, dass er wahrscheinlich nur eine Saison bleiben würde – so lange lief der Vertrag noch, den die Raptoren von den San Antonio Spurs übernommen hatten. In San Antonio, die Leonard 2011 direkt nach dessen Draft von den Indiana Pacers zu sich transferiert hatten, hatte er 2014 schon mal den NBA-Titel und die Finals-MVP-Auszeichnung in nur einer Saison errungen.

Seine Stärken liegen aber nicht nur bei seinem präzisen Wurf in der Offensive, insbesondere für seine defensiven Qualitäten ist Leonard bekannt, der gut antizipieren kann und den Spitznamen »The Claw« (»Die Klaue«) trägt. So sehr er auf dem Feld als Spieler vorangeht, so ruhig ist es um ihn und sein Privatleben. Leonard nutzt keine Online-Medien und seine Social-Media-Kanäle sind schon seit mehreren Jahren inaktiv. Zudem gibt er selten Interviews und äußert sich nicht zu privaten Fragen. Bekannt ist allerdings, dass Leonard das jüngste von fünf Kindern (vier Schwestern) seiner Eltern ist und derzeit mit Kishele Shipley liiert ist, mit der er zwei Kinder hat. Einen Schicksalsschlag musste Leonard im Januar 2008 verkraften, als sein Vater in seiner eigenen Autowaschanlage erschossen wurde. Der Täter ist noch immer nicht ermittelt.

In der neuen Saison wird Leonard für die Los Angeles Clippers auf Korbjagd gehen. Mit Spannung hatten Fans und Medien in der zurückliegenden Offseason verfolgt, wohin der NBA-Star wechseln würde. Am 6. Juli hatten dann alle Gewissheit: Obwohl sich auch die Los Angeles Lakers um seine Dienste bemüht hatten, unterschrieb Leonard einen Vertrag beim Stadtrivalen und kehrt so in seinen Heimat-Bundesstaat zurück. Leonard verdient bei den Clippers für einen Vierjahresvertrag die Summe von 142 Millionen US-Dollar. ⊖

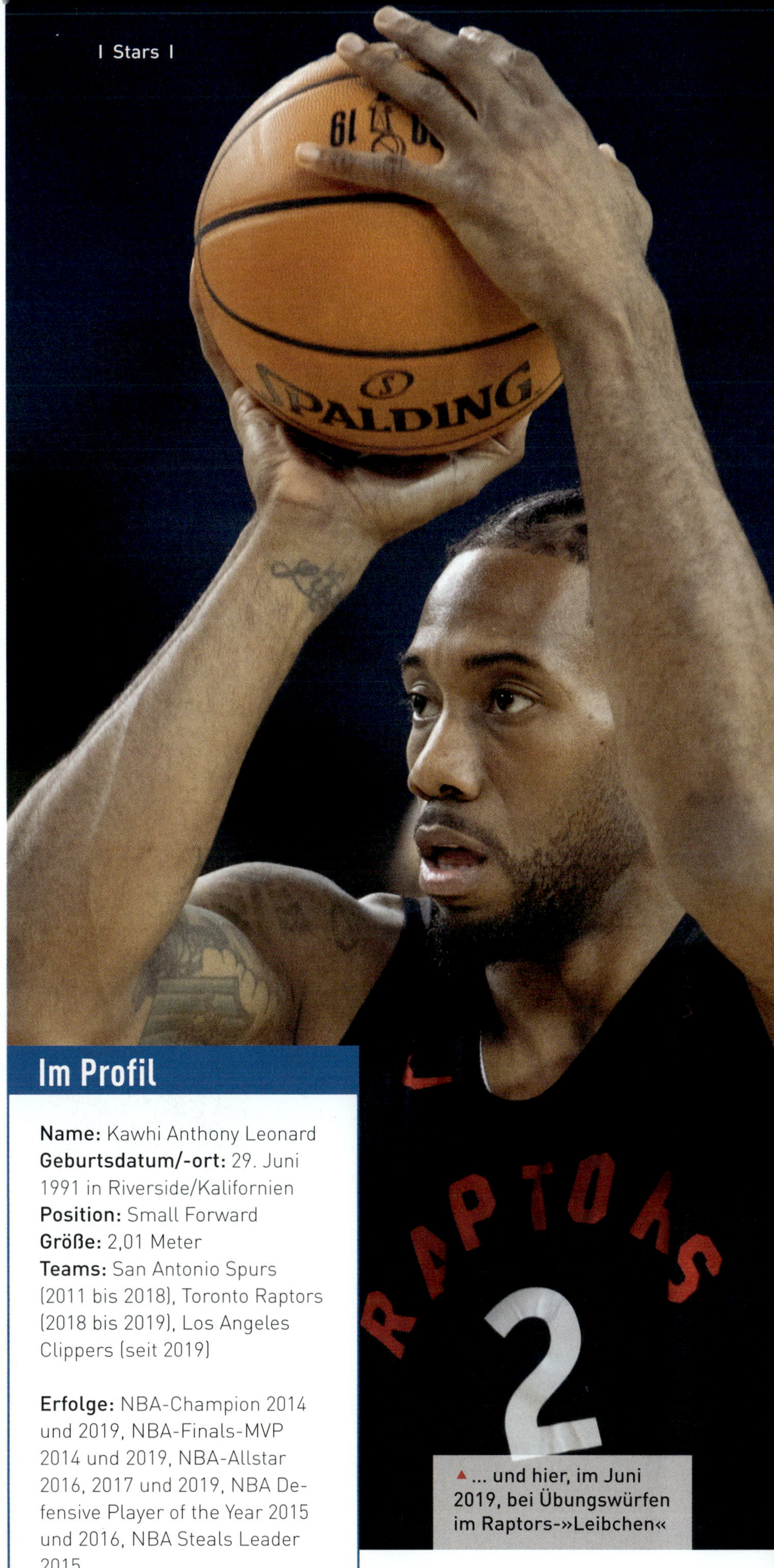

▲ ... und hier, im Juni 2019, bei Übungswürfen im Raptors-»Leibchen«

Im Profil

Name: Kawhi Anthony Leonard
Geburtsdatum/-ort: 29. Juni 1991 in Riverside/Kalifornien
Position: Small Forward
Größe: 2,01 Meter
Teams: San Antonio Spurs (2011 bis 2018), Toronto Raptors (2018 bis 2019), Los Angeles Clippers (seit 2019)

Erfolge: NBA-Champion 2014 und 2019, NBA-Finals-MVP 2014 und 2019, NBA-Allstar 2016, 2017 und 2019, NBA Defensive Player of the Year 2015 und 2016, NBA Steals Leader 2015

RUSSEL WESTBROOK

Mr. Triple-Double

Sie sind wieder vereint. Russell Westbrook und James Harden werden ab der kommenden Saison wieder gemeinsam auf Punktejagd gehen.

Diesmal im Trikot der Houston Rockets, von 2009 bis 2012 spielten beide gemeinsam für die Oklahoma City Thunder. »Wir sind seit vielen, vielen Jahren Freunde, seit wir zehn Jahre alt sind«, erklärte Westbrook auf der Pressekonferenz zu seiner Vorstellung in Houston das besondere Verhältnis der beiden Akteure.

NBA-Experten hatten den Wechsel dabei kritisch gesehen, da beide über eine ähnliche Spielanlage verfügen. Insbesondere Westbrook, Point Guard, ist mit seinen vielen Abschlüssen eher ein verkappter Shooting Guard, was wiederum Hardens Position ist. Die Kritik, dass sich beide Spieler auf dem Feld auf den Füßen stehen könnten, wischte Westbrook zur Seite: »Ich mache mir keine Sorgen deswegen und ich weiß, dass sich James ebenfalls keine Sorgen macht. Ich kann abseits des Balls spielen, ich muss den Ball nicht berühren, um das Spiel zu beeinflussen.«

Dass beide zusammen gut »funktionieren« können, hatten sie damals bereits in Oklahoma City gezeigt. In allen drei gemeinsamen Jahren hatte sich das Team für die Playoffs qualifiziert und war jedes Jahr weiter gekommen als im Jahr zuvor. In ihrer letzten gemeinsamen Saison waren die Thunder mit Westbrook und Harden gar bis in die NBA-Finals vorgedrungen, mussten sich dort aber den Miami Heat geschlagen geben. Getrennt voneinander hatten sie die Finals nicht noch einmal erreicht.

Während Harden den Rockets seinen Stempel aufdrückte, hatte Westbrook in Oklahoma City geglänzt. 2016/2017

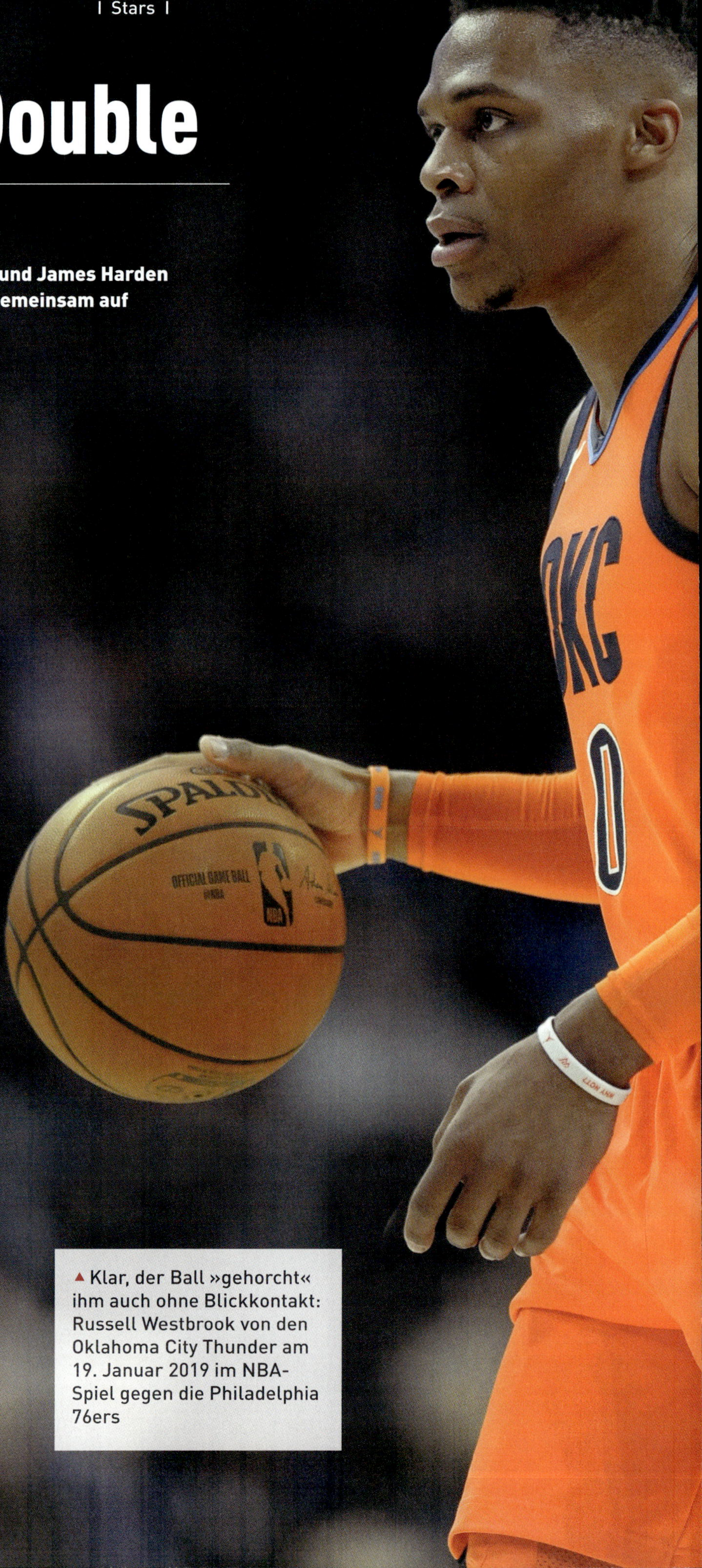

▲ Klar, der Ball »gehorcht« ihm auch ohne Blickkontakt: Russell Westbrook von den Oklahoma City Thunder am 19. Januar 2019 im NBA-Spiel gegen die Philadelphia 76ers

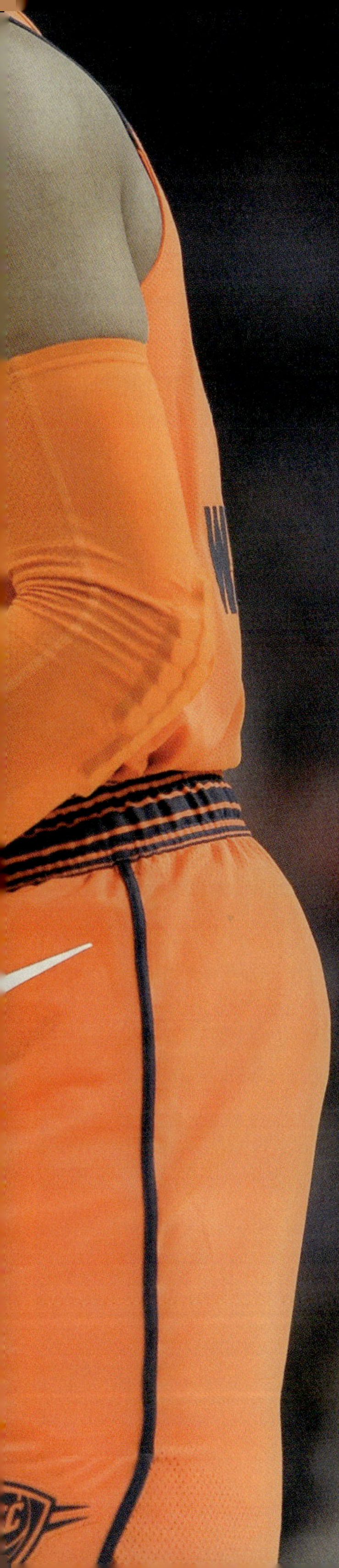

stellte Westbrook den NBA-Rekord der meisten Triple-Doubles in einer Saison auf. Mit 42 war er damit um ein Triple-Double besser als der legendäre Oscar Robertson 1961/1962. Da Westbrook mutmaßlich noch einige Jahre in der NBA vor sich hat, dürfte er Robertson wohl auch noch in der Kategorie der meisten Triple-Doubles der Karriere ablösen. Zum Saisonstart 2019/2020 liegt Westbrook mit 138 gleichauf mit Legende Magic Johnson auf Rang zwei – Robertson führt mit 181. Dass Westbrook derzeit gleichauf mit Magic Johnson ist, dürfte ihn dabei sogar besonders freuen, eiferte Westbrook in seiner Jugend doch ausgerechnet Johnson nach. Bemerkenswert auch seine Leistung am 2. April 2019. Gegen die Los Angeles Lakers machte er 20 Punkte, holte 20 Rebounds und legte 21 Assists auf. Ein sogenanntes doppeltes Triple-Double war in der NBA-Historie zuvor nur Legende Wilt Chamberlain 1968 gelungen.

Westbrook, im kalifornischen Long Beach geboren, ist mittlerweile zu einem der komplettesten Basketballer aller Zeiten geworden. Er verfügt über einen sicheren Wurf, auch aus der Ferne, ist ein starker Passgeber und aufgrund seines herausragenden Spielverständnisses auch ein starker Rebounder – obwohl er mit 1,91 Metern Körpergröße unter dem Korb zu den eher kleineren Spielern gehört. Und Westbrook kann auch spektakulär – nicht selten zieht er mit Tempo zum Korb und versenkt den Ball via Dunking. Oklahoma City bekam für seinen Ausnahmespieler nicht weniger als Topspieler Chris Paul, zwei Erstrundenpickrechte und zwei Pick-Tausch-möglichkeiten.

Im Profil

Name: Russell Westbrook III
Geburtsdatum/-ort: 12. November 1988 in Long Beach/Kalifornien
Position: Point Guard
Größe: 1,91 Meter
Teams: Oklahoma City Thunder (2008 bis 2019), Houston Rockets (seit 2019)
Besonderes: Hält den NBA-Rekord für die meisten Triple-Doubles (42) in einer Saison.

Erfolge: NBA-MVP 2017, NBA-Allstar 2011 bis 2013 und 2015 bis 2019, NBA Scoring Champion 2015 und 2017, NBA Assists Leader 2018 und 2019, Weltmeister 2010 und Olympiasieger 2012 mit den USA

Verheiratet ist Westbrook sei August 2015 mit seiner College-Freundin Nina Earl. 2018 bekam das Ehepaar Zwillingstöchter, 2017 wa bereits Sohn Noah Russell gebore worden. Mit Harden ist Westbrook in Houston nun wieder vereint, mi Khelcey Barrs III ist er es nicht mehr Mit seinem besten Kindheitsfreun hatte Westbrook einst von einer gemeinsamen Zeit in der NBA geträumt beide wollten sie das College de UCLA besuchen. Doch 2004, bei einem Spiel in der Freizeit, brach Barrs mi Herzversagen plötzlich zusamme und verstarb. In Gedenken an ih trägt Westbrook auf seinen Schuhe und seinem Schweißband jeweils das Kürzel »KB3«.

JIMMY BUTLER

Gegen härteste Widerstände

»Ich mag nicht, wie du aussiehst. Verschwinde!« Das sind die letzten Worte seiner Mutter, an die sich Jimmy Butler erinnert. Butler war zu diesem Zeitpunkt 13 Jahre alt, wurde von seiner Mutter vor die Tür gesetzt und in die Obdachlosigkeit entlassen.

Hilfe bei seinem Vater fand er ebenfalls nicht, da dieser die Familie bereits in Jimmys früher Kindheit verlassen hatte. Angesichts seiner damaligen Situation – ohne Familie, Zuhause und Geld – erscheint es wie ein Wunder, dass Butler seinen Weg in den professionellen Basketball gefunden hat.

Ein namentlich nicht bekannter General Manager der NBA sagte 2011 über Butler: »Seine Geschichte ist eine der bemerkenswertesten, die ich in all den Jahren mitbekommen habe. Es gab so viele Punkte in seinem Leben, an denen er zum Scheitern verurteilt war. Aber er hat es jedes Mal über-

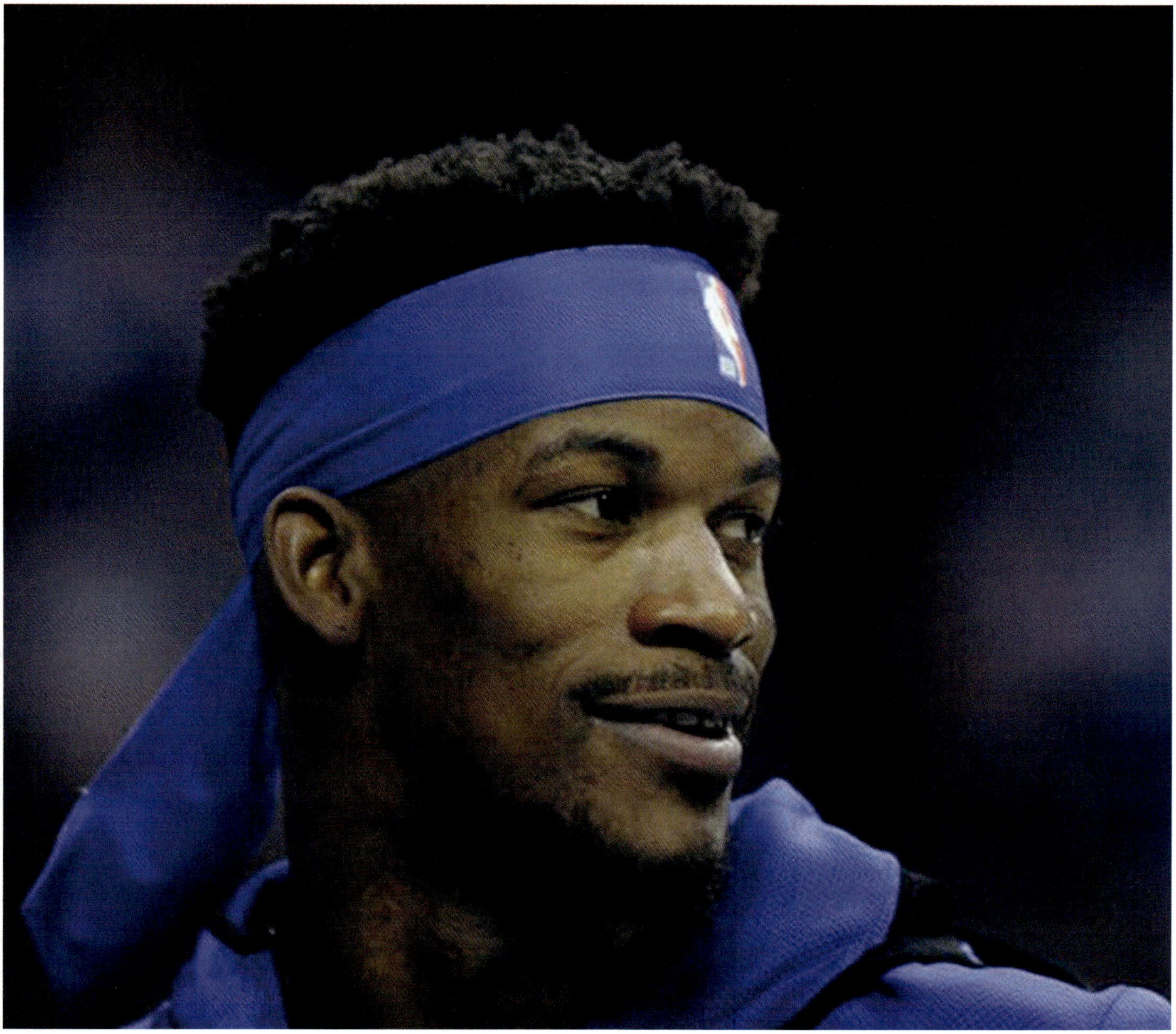

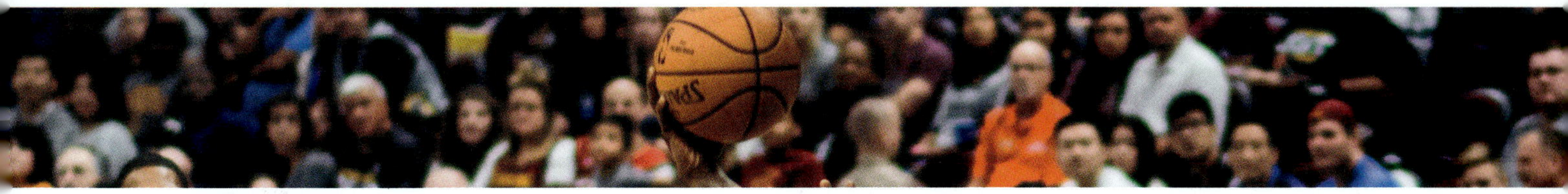

My whole life, people have doubted me. My mom did. People told me in high school I'm too short and not fast enough to play basketball. They didn't know my story. Because if they did, they'd know that anything is possible.

Jimmy Butler

Frei übersetzt:
Mein ganzes Leben lang haben alle an mir gezweifelt, auch meine Mutter. Und in der Oberschule haben sie gesagt, ich sei zu klein und nicht schnell genug, um Basketball zu spielen. Sie kannten meine Geschichte nicht. Denn wenn sie sie gekannt hätten, hätten sie gewusst, dass alles möglich ist.

wunden. Wenn man mit ihm spricht, hat man das Gefühl, dieses Kind hat Größe in sich.« Größe, die er mutmaßlich brauchte, um diese Phase seines Lebens zu überstehen.

Jimmy schlief meistens bei Freunden, manchmal für ein paar Tage, manchmal für mehrere Wochen, aber am Ende ging es immer zurück auf die Straße. Doch er suchte nicht Zuflucht in Alkohol oder Drogen, schlug keinen kriminellen Weg ein. Jimmy besuchte weiter die Highschool in seinem Heimatort Tomball in Texas. Vor seinem letzten Jahr an der Highschool nahm er in den Sommerferien an einem Basketball-Camp teil, wo er einem jüngeren Mitschüler, Jordan Leslie, auffiel, der ihn zu einem Wettwerfen von der Drei-Punkte-Linie herausforderte. Beide wurden rasch Freunde und Leslie, der es als Football-Spieler später bis in die NFL schaffen sollte, nahm Butler mit zu sich nach Hause.

Im Profil

Name: Jimmy Butler III
Geburtsdatum/-ort: 14. September 1989 in Houston/Texas
Position: Guard, Small Forward
Größe: 2,03 Meter
Teams: Chicago Bulls (2011 bis 2017), Minnesota Timberwolves (2017 bis 2018), Philadelphia 76ers (2018 bis 2019), Miami Heat (seit 2019)
Besonderes: Spielte 2013/2014 und 2014/2015 jeweils 38,7 Minuten pro Spiel und führte damit die Liga an.

Erfolge: NBA-Allstar 2015 bis 2018, Most Improved Player 2015

Leslies Mutter war zunächst gar nicht begeistert von der Idee, dass Butler bei ihnen übernachten solle, hatte dieser als Straßenkind doch einen schlechten Ruf. Zudem waren inklusive Jordans Stiefgeschwistern zeitweise ohnehin schon sechs Kinder im Haushalt zugegen, und Geld war ebenfalls knapp. Aus der anfänglichen Zusage, Butler könne ein oder zwei Nächte bleiben, wurden schnell mehr, denn die Kinder der Familie stritten sich förmlich darum, in wessen Zimmer Jimmy schlafen solle.

Schließlich durfte Butler unter einer Bedingung bleiben – Jordans Mutter Michelle Lambert erinnerte sich gegenüber US-Medien: »Ich sagte zu ihm: ‚Meine Kinder schauen zu Dir auf. Halte Dich von Ärger fern und arbeite hart in der Schule.' Er hatte ein Beispiel zu setzen. Und er tat es. Er tat alles, um was ich ihn bat, ohne Fragen zu stellen.« Butler erzählte: »Sie haben mich in ihre Familie aufgenommen. Und das nicht wegen Basketball. Sie (Michelle) war sehr liebevoll. Ich konnte es nicht glauben.«

Mit einem sicheren Zuhause machte auch die Leistung von Butler auf dem Basketball-Feld einen gewaltigen Sprung. Seine Statistik-Werte von seinem Junior- zu seinem Senior-Jahr an der Highschool verdoppelten sich fast. Trotzdem nahmen die großen Colleges kaum Kenntnis von Butler, so dass er zunächst am kleineren Tyler College in Texas weiter stark spielen musste, ehe er ein Angebot aus der höchsten College-Klasse (Division I) bekam und an die Marquette University in Wisconsin wechselte. 2011 folgte dann der Schritt zum NBA-Draft, wo sich die Chicago Bulls am Ende der ersten Runde für Butler entschieden. Bei den Bulls reifte Butler, Shooting Guard, der auch auf Small Forward spielen kann, zum Anführer und schaffte es 2015 erstmals ins Allstar-Spiel. 2017 wechselte der Country-Musik-Fan zu den Minnesota Timberwolves, ehe er über die Philadelphia 76ers zur neuen Saison bei den Miami Heat gelandet ist. ⊖

DAMIAN LILLARD

Sammler zahlreicher Rekorde

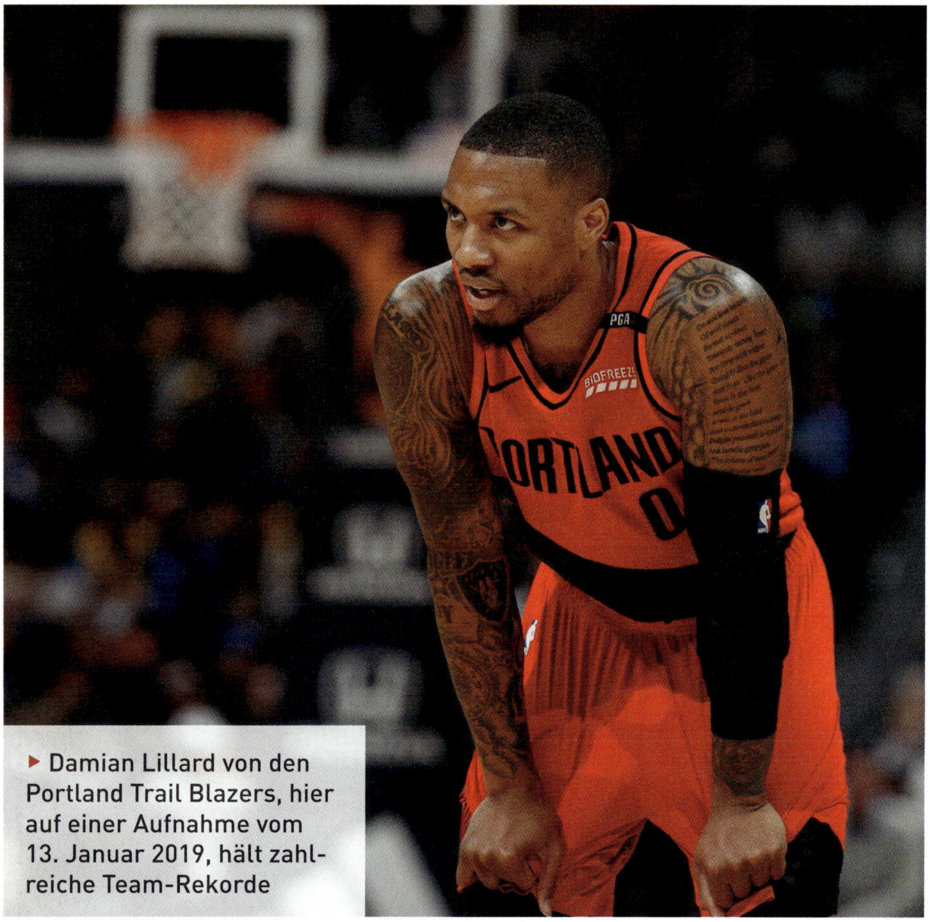

▸ Damian Lillard von den Portland Trail Blazers, hier auf einer Aufnahme vom 13. Januar 2019, hält zahlreiche Team-Rekorde

Im Profil

Name: Damian Lamonte Ollie Lillard
Geburtsdatum/-ort: 15. Juli 1990 in Oakland/Kalifornien
Position: Point Guard
Größe: 1,91 Meter
Teams: Portland Trail Blazers (seit 2012)
Besonderes: Seine Trikotnummer »1« wird an der Weber State University nicht mehr vergeben. Er hält fünf Team-Rekorde der Trail Blazers (meiste erzielte Dreier/1.506, meiste Drei-Punkte-Versuche/4.090, höchster Punkte-Durchschnitt/23,5, höchste Quote verwandelter Freiwürfe/88,9 Prozent und einen Offensiv-Box-Wert von 5,4).

Erfolge: NBA-Allstar 2014, 2015, 2018 und 2019, NBA Rookie of the Year 2013

Am 31. Oktober 2012 feierte Damian Lillard im Trikot der Portland Trail Blazers gegen die Los Angeles Lakers sein NBA-Debüt.

Und es sollte gleich ein historischer Einstand werden. Denn 48 Spielminuten später hatte der Point Guard 23 Punkte und elf Vorbereitungen gesammelt – erst zwei Spieler vor ihm hatten in ihrem Premieren-Spiel die 20-Punkte- und Zehn-Assists-Marke durchbrochen: Oscar Robertson 1960 und Isaiah Thomas 1981. Und in diesem Tempo ging es weiter: So erreichten nur zwei Spieler bessere Durchschnittswerte innerhalb ihrer ersten drei NBA-Spiele und nur drei andere erreichten schneller die 400-Punkte- und 140-Assist-Marke.

Bei den Gegnern gefürchtet ist Lillard, der die Trikotnummer »0« trägt, vor allem für seine präzisen Drei-Punkte-Würfe. Nach der Saison 2015/2016 hatte Lillard einen Team-Rekord für die Trail Blazers aufgestellt, als er seine erfolgreichen Versuche jenseits der Drei-Punkte-Linie auf 828 in seiner Karriere hochgeschraubt hatte. Mit Abschluss der Saison 2018/2019 verbesserte er diesen Wert auf 1.506 vollendete Dreier.

Auch neben dem Parkett ist Lillard, der gläubiger Christ ist und den Psalm 37:1-3 auf seinem linken Arm tätowiert hat, erfolgreich unterwegs. 2014 unterschrieb er einen Sponsorenvertrag mit dem Sportausrüster Adidas über zehn Jahre, dotiert mit 100 Millionen US-Dollar. 2017 kamen Werbepartner wie Powerade, Spalding, Panini und Foot Locker hinzu und bereits 2016 hatte Lillard, dessen Bruder Houston in der Indoor Football League aktiv ist, seine erste Platte als Rap-Musiker mit dem Namen »The Letter O« veröffentlicht. Ein Jahr später folgte das zweite Album »Confirmed«. Seit 2019 promotet er zudem die Streaming-Plattform Hulu. ⊖

DEMAR DEROZAN

Zweimal zu früh gewechselt ...

Dass sich DeMar DeRozan bereits nach nur einem College-Jahr zum NBA-Draft 2009 anmeldete, hatte einen ernsten Hintergrund. Seine Mutter Diane leidet bereits seit den Kindheitstagen DeMars an der Autoimmunerkrankung Lupus, die sich häufig an rötlichen Flecken auf den Wangenknochen äußert.

DeMar DeRozan, der mit seiner Ehefrau Kiara zwei gemeinsame Töchter hat, wollte möglichst früh gutes Geld in der NBA verdienen, um seine Mutter finanziell unterstützen zu können.

Sportlich kam der Schritt in die Profiliga vielleicht wirklich ein Jahr zu früh, fiel DeRozan in seiner Rookie-Saison doch nicht sonderlich auf. In den folgenden Jahren entwickelte sich der Shooting Guard, der auch als Small Forward eingesetzt wird, aber zum Aushängeschild der Toronto Raptors. Mit DeRozan, der zuweilen an Depressionen leidet, als zentralem Spieler kamen die Kanadier fünfmal in die Playoffs. Bitter für DeRozan: Ausgerechnet er gehörte dann 2018 zur Transfermasse, die die Raptors einsetzten, um Kawhi Leonard und Danny Green von San Antonio nach Toronto zu locken. Mit Leonard und Green wurden die Raptoren dann direkt NBA-Meister.

Für DeRozan entpuppte sich der Wechsel zu den Spurs dennoch als richtig, machte seine Leistung auf dem Feld in der zurückliegenden Saison doch nochmal einen großen Sprung – nie verbuchte er mehr Rebounds und Assists im Schnitt. Bei seinen Würfen blieb er ebenfalls gefährlich und kam so in sieben von acht aufeinanderfolgenden Spielen auf mindestens 25 Punkte, was zuletzt George Gervin 1978/1979 für die Spurs gelungen war.

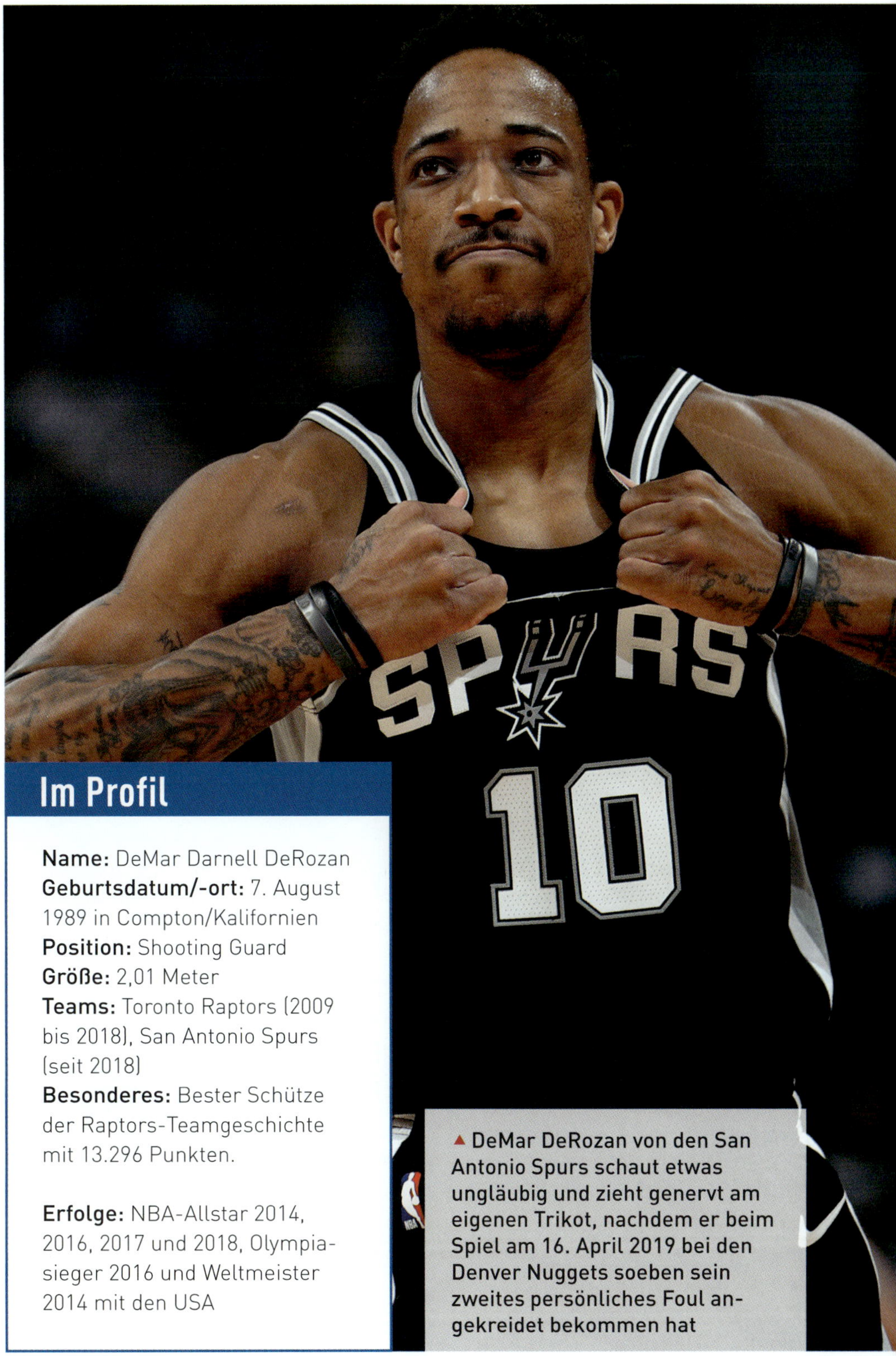

Im Profil

Name: DeMar Darnell DeRozan
Geburtsdatum/-ort: 7. August 1989 in Compton/Kalifornien
Position: Shooting Guard
Größe: 2,01 Meter
Teams: Toronto Raptors (2009 bis 2018), San Antonio Spurs (seit 2018)
Besonderes: Bester Schütze der Raptors-Teamgeschichte mit 13.296 Punkten.

Erfolge: NBA-Allstar 2014, 2016, 2017 und 2018, Olympiasieger 2016 und Weltmeister 2014 mit den USA

▲ DeMar DeRozan von den San Antonio Spurs schaut etwas ungläubig und zieht genervt am eigenen Trikot, nachdem er beim Spiel am 16. April 2019 bei den Denver Nuggets soeben sein zweites persönliches Foul angekreidet bekommen hat

STEPHEN CURRY

Der beste Shooter aller Zeiten

Er spielte bei einem Charity-Turnier Golf im Team mit dem damaligen US-Präsidenten Barack Obama und gilt neben LeBron James als Gesicht der NBA. Stephen Curry ist stets gut gelaunt und zieht so die Fans jeder Altersklasse in seinen Bann.

Dass der nur 1,91 Meter große Athlet es zu einem Basketball-Superstar gebracht hat, motiviert junge Talente auf der ganzen Welt, dem Point Guard nachzueifern, auch wenn ihr körperliches Wachstum nicht auf eine Zwei-Meter-Marke zusteuert und man sie – wie Curry zu seinen Anfangstagen – als zu klein und schmächtig empfindet. Zwischen 2015 und 2017 wurde kein NBA-Trikot häufiger verkauft als das des gläubigen Christen, der zudem auch in seinem Privatleben frei von Eskapaden ist. Verheiratet mit seiner Jugendliebe Ayesha, Vater von drei Kindern. Zehn Jahre nach seinem Draft blickt Curry auf eine Karriere zurück, die ihn zum Topstar und dreimaligen Champion aufsteigen ließ. Und: Curry, 2018 mit 37,46 Millionen US-Dollar Spitzenverdiener der Liga, hat mit seiner Spielweise auch einen Teil zur Weiterentwicklung des Basketballs beigetragen. Der französische Autor und Basketball-Experte Thomas Berjoen veröffentlichte 2018 ein Buch über Curry, dem er keinen geringeren Titel als »La Revolution« gab. Denn mühelos trifft Curry mit dem Ball in den Korb. Es scheint, als würde es ihm leichter fallen, je weiter weg er vom Ziel entfernt ist. Curry, 31 Jahre alt, gilt als bester Drei-Punkte-Schütze

Im Profil

Name: Wardell Stephen »Steph« Curry II
Geburtsdatum/-ort: 14. März 1988 in Akron/Ohio
Position: Point Guard
Größe: 1,91 Meter
Teams: Golden State Warriors (seit 2009)
Besonderes: Schaffte es 2016 in den »50-40-90-Club« (Spieler, die in einer Saison 50 Prozent ihrer Würfe, 40 Prozent ihrer Dreier und 90 Prozent ihrer Freiwürfe verwandelt haben). Hält etliche NBA-Rekorde von der Drei-Punkte-Linie.

Erfolge: NBA-Champion 2015, 2017 und 2018, NBA MVP 2015 und 2016, NBA-Allstar 2014 bis 2019, NBA Scoring Champion 2016, NBA Steals Leader 2016, Weltmeister 2010 und 2014 mit den USA

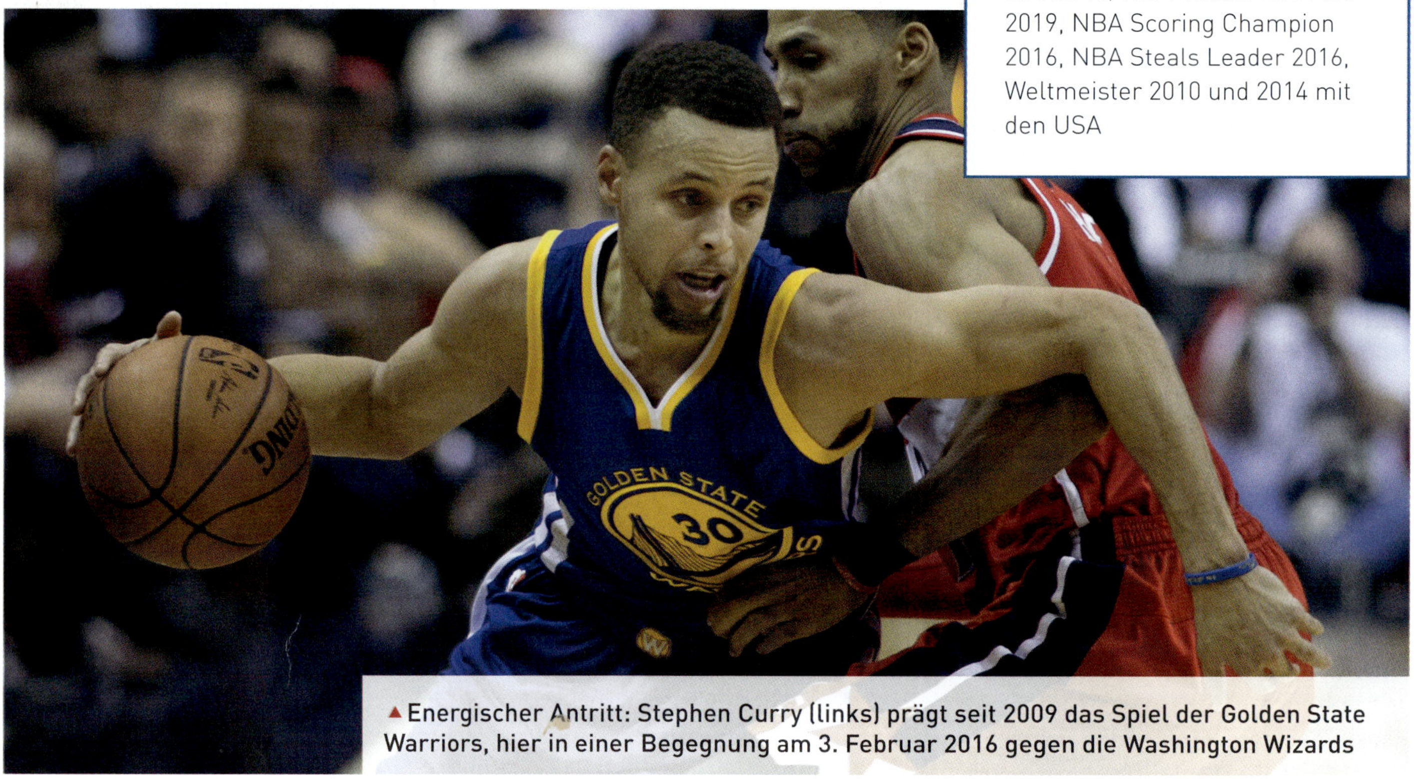

▲ Energischer Antritt: Stephen Curry (links) prägt seit 2009 das Spiel der Golden State Warriors, hier in einer Begegnung am 3. Februar 2016 gegen die Washington Wizards

▸ Gekonnt ist gekonnt: Stephen Curry bei einem Freiwurf

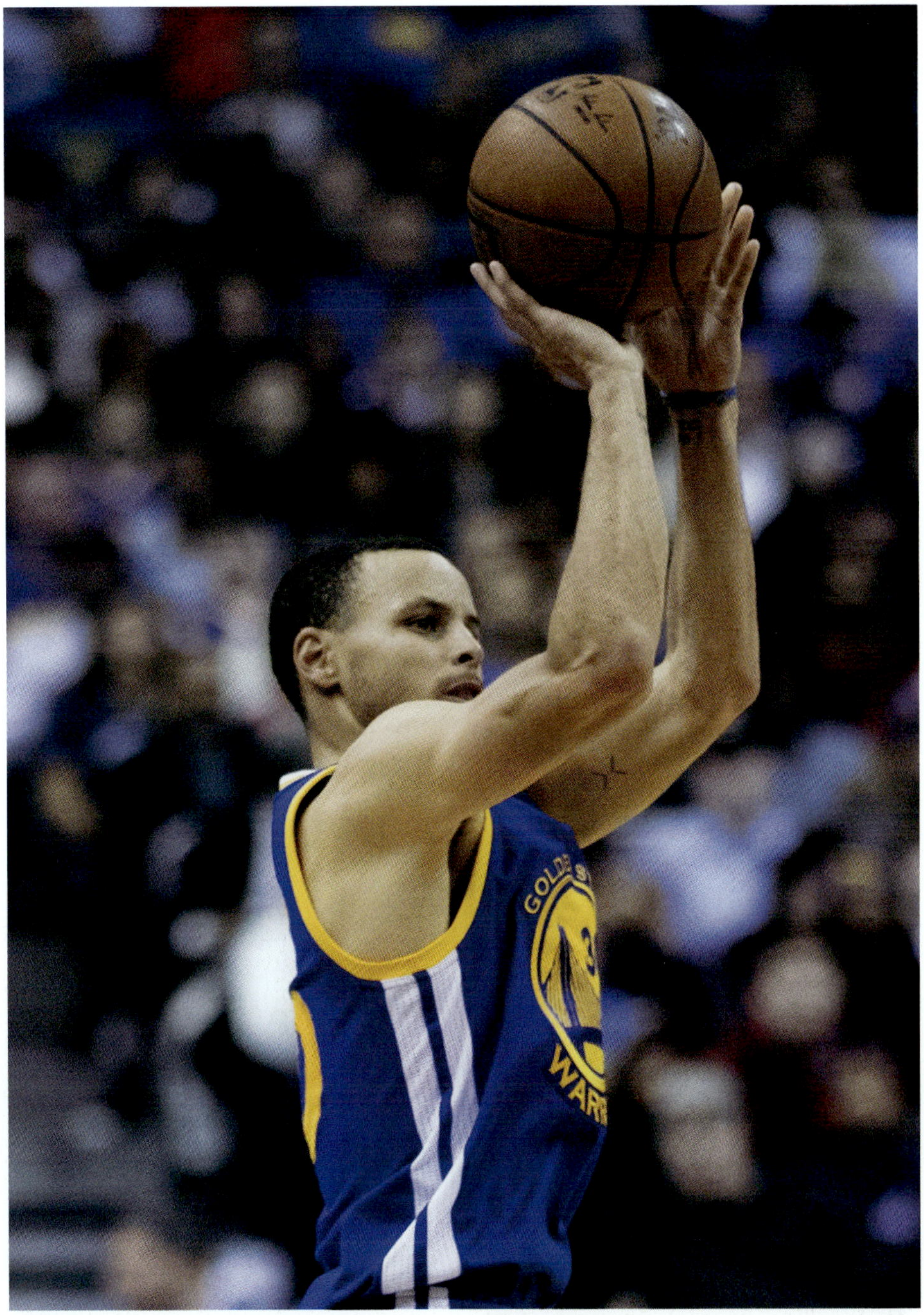

der NBA und hat das Spiel auf seine Weise so weiterentwickelt.

Wenn ein Spieler 40 Prozent seiner Versuche von der Drei-Punkte-Linie verwandelt, wie es Curry im Karriereschnitt tut, dann verändert das die gesamte Spielchemie. Seitdem Basketball 1891 erfunden wurde, ging es immer darum, möglichst nah an den Korb zu kommen, um möglichst sicher zwei Punkte mitzunehmen. Die Hochphase erreichte diese Spielweise mit dominanten Centern wie Shaquille O`Neal, der 58,2 Prozent seiner Würfe verwandelte. Wenn ein Team wie Currys Golden State Warriors mit Klay Thompson einen weiteren Scharfschützen in seinen Reihen hat, dann kann dieses Duo allein einem Gegner den letzten Nerv rauben.

Während Thompson etliche Rekorde für die meisten Dreier in einzelnen Spielabschnitten oder Partien hält, ist Curry der Rekordhalter für die längeren Zeiträume. So benötigte er nur 369 Spiele bis zu seinem tausendsten Dreier, was ebenso Liga-Rekord ist, wie die meisten verwandelten Dreier in einer Saison. Die Bestmarke von 402 stellte er 2016 auf und pulverisierte damit den vorherigen Rekord, den er ein Jahr zuvor mit 286 selbst aufgestellt hatte. Curry schaffte auch die meisten aufeinanderfolgenden Spiele mit mindestens einem erfolgreichen Drei-Punkte-Wurf: 157.

In einem Training 2015 soll Curry sogar 77 Drei-Punkte-Würfe hintereinander im Ziel versenkt haben. Außerdem ist Curry der sicherste Freiwurfschütze der NBA-Geschichte. 90,5 Prozent seiner Free Throws trafen bis zum Saisonende 2018/2019 ins Schwarze, damit liegt er vor Steve Nash (Karriereschnitt 90,4 Prozent). Auch dank Curry und Thompson sind die Golden State Warriors das »Team to beat«, wenn es um die Meisterschaft der NBA in den vergangenen Jahren ging. Viele Teams haben sich am Erfolgsrezept der Warriors in den vergangenen Jahren orientiert. In der kommenden Saison versuchen es beispielsweise die Houston Rockets mit dem Duo aus James Harden und Russell Westbrook.

Reichlich Basketball-Talent bekam Curry bereits in die Wiege gelegt. Sein Vater Dell Curry, ebenfalls ein starker Drei-Punkte-Schütze, spielte 16 Jahre in der NBA, zehn Spielzeiten davon bei den Charlotte Hornets. Stephens jüngerer Bruder Seth ist seit 2014 ebenfalls in der NBA aktiv und spielt in der kommenden Saison für die Dallas Mavericks. ⊖

KYRIE IRVING

Ein Versprechen gehalten ...

Kyrie Irving war erst vier Jahre alt, als er seine Mutter verlor. Ein Ereignis, das großen Einfluss auf sein späteres Leben haben sollte. Denn Irving ist nicht nur einer der besten Basketballer der NBA, er setzt sich auch für die Rechte von Indianern ein, den Ureinwohnern Amerikas.

Dabei wurde Irving am 23. März 1992 im australischen Melbourne geboren und hatte folglich einen langen Weg vor sich, um in die NBA zu kommen.

Dass das Leben des jungen Kyrie in Australien begann, lag daran, dass sein Vater Drederick als Basketballer in der australischen Profiliga SEABL aktiv war. Die Wurzeln der Familie liegen aber in den USA, Kyries Mutter Elizabeth, geboren als Cynthia Jeannette Mountain, hatte als Halb-Sioux sogar indianisches Blut in den Adern. Sie verstarb aber zwei Jahre nach der Rückkehr der Familie in die Vereinigten Staaten an einer Sepsis in Folge einer komplexen Infektion. Von da an wurden Kyrie Irving sowie seine ältere Schwester Asia von ihrem Vater in West Orange, New Jersey, aufgezogen.

Die Verbundenheit zu seiner Mutter hat Irving aber nie losgelassen. Seine Tochter, die im November 2015 geboren wurde, trägt den Namen Azurie Elizabeth – in Erinnerung an den Namen seiner Mutter. Ein Jahr später unterstützte Irving öffentlichkeitswirksam die Wasserschutzbeauftragten des Standing-Rock-Indianer-Reservats im Kampf gegen eine Öl-Pipeline, die quer durch das Indianer-Gebiet führen sollte und dabei heilige Begräbnisstätten der Ureinwohner beeinträchtigt hätte. 2018 wurden Kyrie und Asia von den Indianern in einer Zeremonie mit dem Titel »Willkommen zu Hause« geehrt.

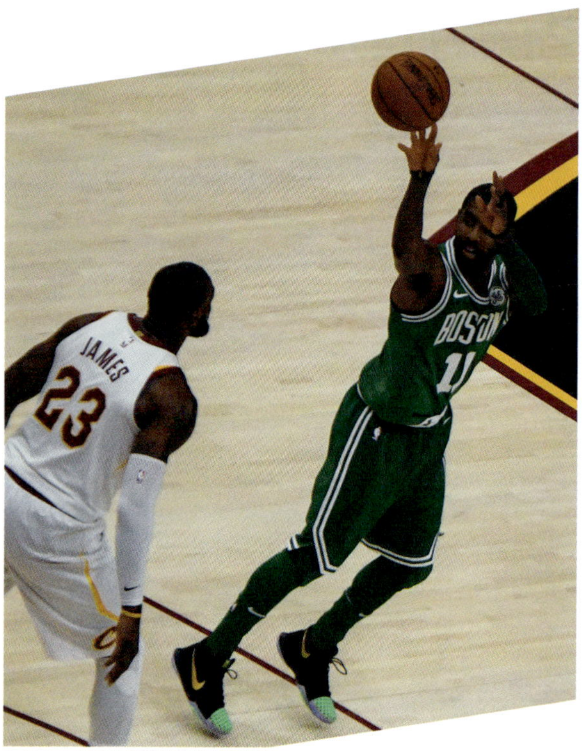

▲ Kyrie Irving (rechts) von den Boston Celtics setzt sich am 17. Oktober 2017 gegen LeBron James durch

Während Irvings indianische Seite von seiner Mutter stammte, wurde ihm das Basketball-Talent väterlicherseits in die Wiege gelegt. Drederick legte zudem sehr viel Wert auf die schulische Bildung seiner Kinder: Noch 2011, im Jahr als Kyrie Irving als mutmaßlich bester Nachwuchsspieler als allererster Pick des Drafts von den Cleveland Cavaliers gewählt wurde, rang ihm sein Vater das Versprechen ab, dass er binnen fünf Jahren seinen Schulabschluss nachholen würde.

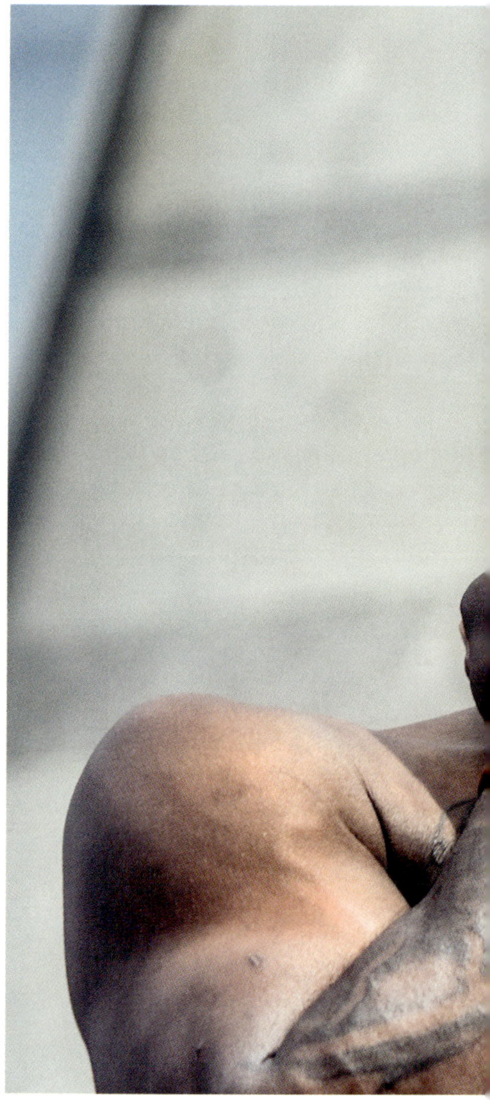

Dabei war dem Sohnemann selbst sehr früh klar gewesen, dass sein Weg in die NBA führen würde. Bereits als Viertklässler, nachdem er mit seinem Schulteam in der Continental Airlines Arena der damaligen New York Nets gespielt hatte, sagte Irving: »Ich werde in der NBA spielen, ich verspreche

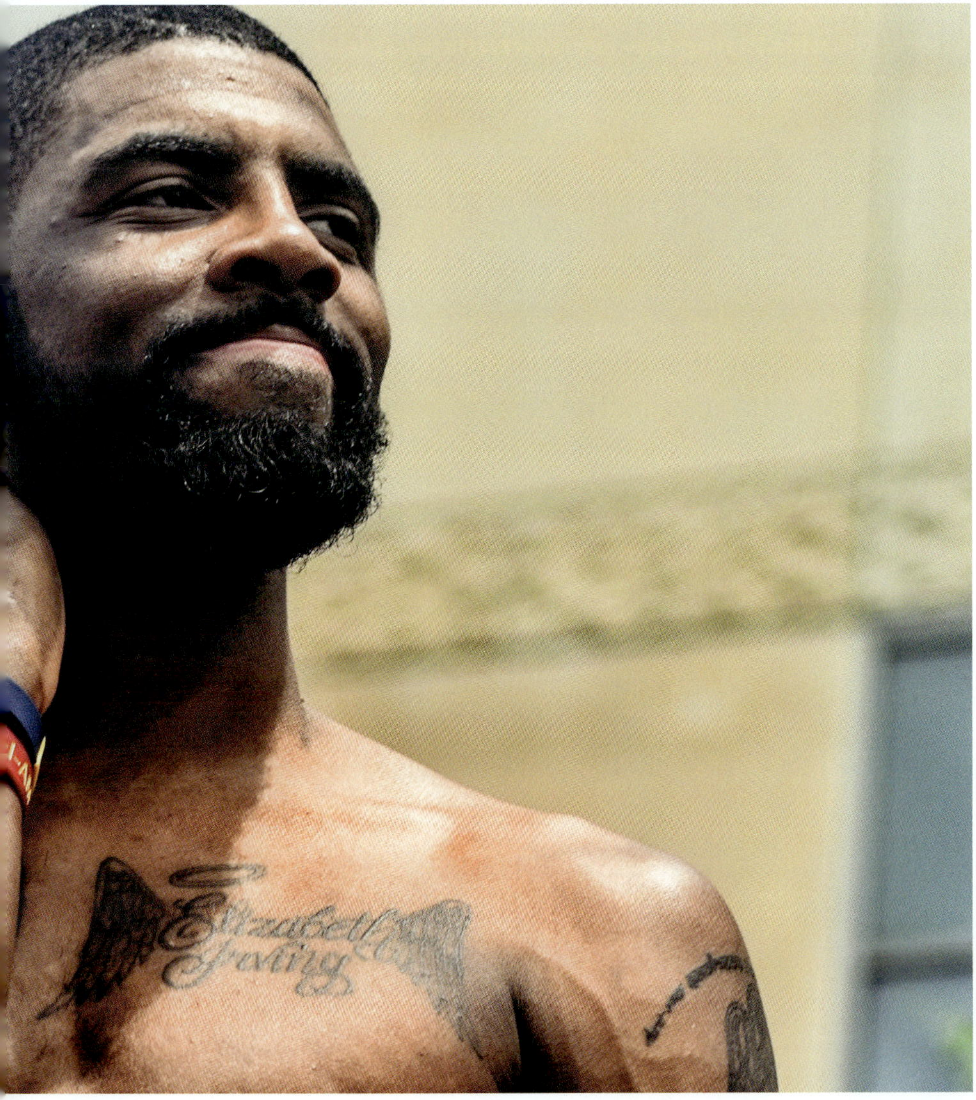

◂ **Tattoo? Gehört dazu! Das ist bei NBA-Star Kyrie Irving nicht anders als bei vielen anderen Sportlern weltweit**

Im Profil

Name: Kyrie Andrew Irving
Geburtsdatum/-ort: 23. März 1992 in Melbourne/Australien
Position: Point Guard
Größe: 1,91 Meter
Teams: Cleveland Cavaliers (2011 bis 2017), Boston Celtics (2017 bis 2019), Brooklyn Nets (seit 2019)

Erfolge: NBA-Champion 2016, NBA-Allstar 2013 bis 2015 und 2017 bis 2019, NBA Rookie of the Year 2012, Weltmeister 2014, Olympiasieger 2016

es.« Als Irving dann nach den Stationen in Cleveland und bei den Boston Celtics am 7. Juli dieses Jahres bei den Brooklyn Nets gelandet war, wo er einen Vierjahresvertrag über 136 Millionen US-Dollar unterschrieb, schloss sich gewissermaßen ein Kreis, auch wenn die Nets mittlerweile im Barclays Center spielen und die damalige Arena seit 2015 geschlossen ist. Dazwischen hatte Irving, der als »Uncle Drew« in mehreren Kurzfilmen der Firma Pepsi bereits Schauspielerfahrung gesammelt hat, mit den Celtics, vor allem aber den Cavaliers sowie der Nationalmannschaft Erfolge gefeiert. Mit Cleveland wurde er 2016 NBA-Champion, mit den USA gewann der Point Guard 2014 die Weltmeisterschaft – bei der er auch MVP wurde –, und 2016 olympisches Gold.

Eine Sache ist Irving, der ein Anhänger verschiedener Verschwörungstheorien ist, allerdings bisher schuldig geblieben: Das Versprechen innerhalb von fünf Jahren seinen Schulabschluss nachzuholen, löste er nicht ein und sagte darauf angesprochen: »Wenn ich den Basketball einmal verlasse, dann werde ich mich auf den nächsten Schritt meines Lebens fokussieren.« Ob dies als Multi-Millionär dann der Schulabschluss sein wird, ist ungewiss, zumal Irving das US-Bildungssystem bereits einmal als »fehlerhaft« bezeichnet hatte. ⊖

chen gar nicht – mit seinen Milwaukee Bucks hatte es Antetokounmpo bis ins Conference-Finale geschafft, nur gestoppt vom späteren Meister, den Toronto Raptors.

Antetokounmpo, auch »Greek Freak« genannt, ist in seiner sechsten Saison endgültig zum Superstar der NBA aufgestiegen und wird durch

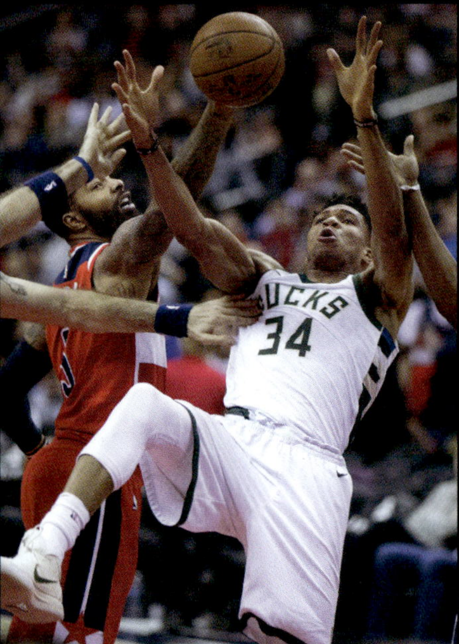

▲ Umzingelt: Giannis Antetokounmpo (Nummer 34) von den Milwaukee Bucks am 15. Januar 2018 in der Capital One Arena in Washington, D.C., während eines Spiels gegen die dort beheimateten Wizards

– Antetokounmpo folgt damit auf Kareem Abdul-Jabbar, der Anfang der 1970er-Jahre dreimal gewählt wurde. Zudem waren nur Derrick Rose 2011 und LeBron James 2009 bei ihrer Wahl jünger als der aktuelle MVP.

Antetokounmpo besticht vor allem durch seine vielseitige Spielweise. Trotz seiner Körpergröße von 2,11 Metern und einer bemerkenswerten Spannweite von 2,20 Metern zieht er häufig aus dem Backcourt mit viel Wucht zum Korb, avancierte im Laufe seiner bisherigen Profi-Karriere aber auch zu einem starken Defensivspieler. Er beherrscht dabei aber auch das Spiel in Korbnähe, erobert Rebounds und wird meist auf den beiden Forward-Positionen aufgestellt.

Geboren wurde Antetokounmpo als Sohn nigerianischer Migranten im griechischen Athen. Dort wuchs er gemeinsam mit drei seiner insgesamt vier Brüder auf und war gezwungen auf der Straße Uhren, Handtaschen und Sonnenbrillen zu verkaufen, da seine Eltern es als Zuwanderer schwer hatten, Arbeit zu finden. Vater Charles verstarb im September 2017 im Alter von nur 54 Jahren – ein Ereignis aus dem Antetokounmpo »Motivation« zog, um es zu einem der besten NBA-Spieler zu bringen, wie er nach seiner MVP-Wahl sagte. Seine ersten Schritte auf dem Basketballfeld machte Antetokounmpo 2007 in der Jugend

mittlerweile einer der begehrtesten Spieler unter den Top-Vereinen Europas, meldete er sich selbst an und wurde letztendlich an Position 15 von den Bucks ausgewählt.

Obwohl die Gebrüder als Kinder und Jugendliche faktisch staatenlos waren, sie besaßen weder einen nigerianischen noch einen griechischen

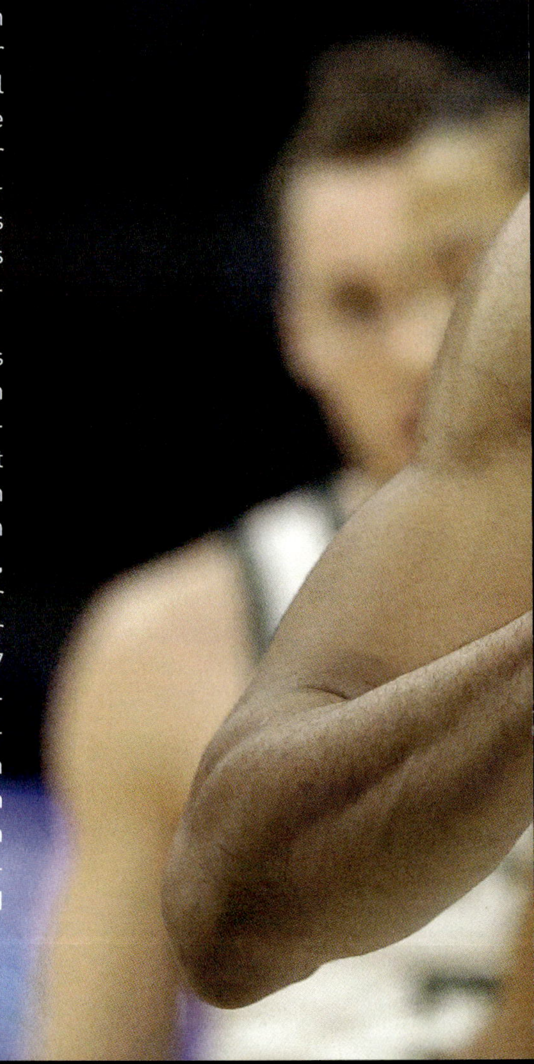

Pass, fühlt sich Antetokounmpo sehr mit Griechenland verbunden, dessen Staatsbürger er offiziell seit dem 9. Mai 2013 ist. So leistete er 2016 seinen dreimonatigen Grund-Wehrdienst in der griechischen Armee und spielt seit 2014 für die hellenische Basketball-Nationalmannschaft.

Neben Giannis haben es auch seine Brüder Thanasis (ebenfalls Milwaukee Bucks, seit 2019) und Kostas (Los Angeles Lakers, seit 2019) in die NBA geschafft.

Im Profil

Name: Giannis Sina Ougko Antetokounmpo
Geburtsdatum/-ort: 6. Dezember 1994 in Athen/ Griechenland
Position: Forward
Größe: 2,11 Meter
Teams: Filathlitikos Zografos (2012 bis 2013), Milwaukee Bucks (seit 2013)
Besonderes: Drittjüngster NBA-MVP aller Zeiten.

Erfolge: NBA-MVP 2019, NBA-Allstar 2017, 2018 und 2019

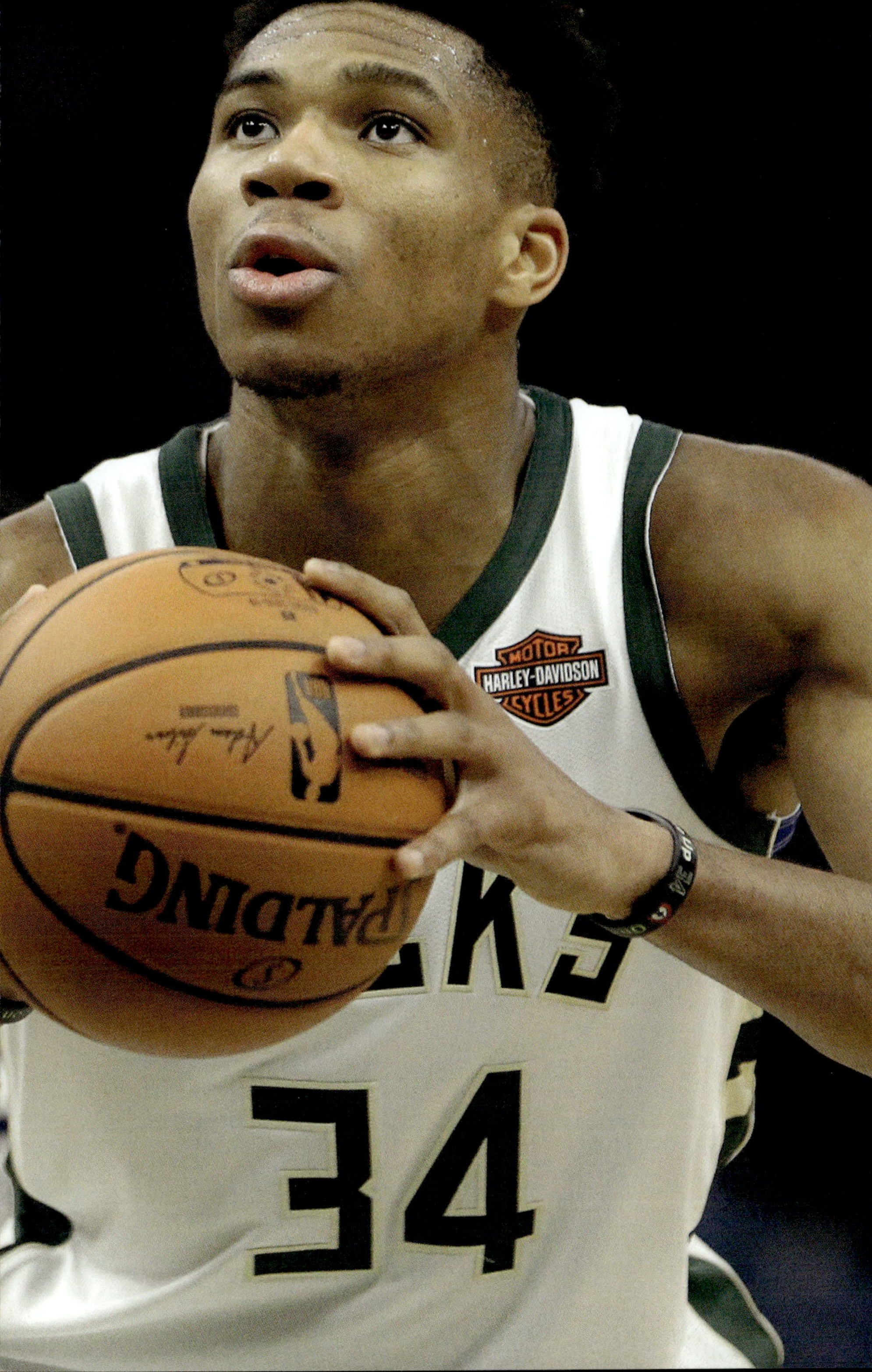

▸ Giannis Antetokounmpo bei einem Freiwurf im Spiel Milwaukee Bucks gegen Minnesota Timberwolves am 23. Februar 2019

ANTHONY DAVIS

»Kleiner Kerl, der Dreier wirft«

»Fear the brow« und »Raise the brow«. Diese beiden Slogans ließ sich Anthony Davis 2012 urheberrechtlich schützen.

Schon zu College-Zeiten wurde Davis mit diesen zu Schlachtrufen umfunktionierten Sätzen von den Fans nach vorne gepeitscht. Die Sprüche stehen für »Fürchte die Braue« und »Hebe die Braue« und beziehen sich auf Davis optisches Merkmal einer zusammengewachsenen Augenbraue.

Sieben Jahre später hat sich Davis nicht nur durch sein Markenzeichen einen Namen in der NBA gemacht. Als Power Forward, der auch als Center eingesetzt wird, gehört Davis zu den besten Spielern auf seiner Position.

Dabei hatte er schon im High-school-Alter für sportliche Furore gesorgt, nicht zuletzt auch wegen seiner körperlichen Entwicklung. Als er mit dem Basketball an der Perspective Charter School in Chicago anfing, war

Im Profil

Name: Anthony Marshon Davis Jr.
Geburtsdatum/-ort: 11. März 1993 in Chicago/Illinois
Position: Power Forward
Größe: 2,08 Meter
Teams: New Orleans Pelicans (2012 bis 2019), Los Angeles Lakers (seit 2019)

Erfolge: NBA-Allstar 2014 bis 2019, NBA Block Leader 2014, 2015 und 2018, Olympiasieger 2012 und Weltmeister 2014 mit den USA

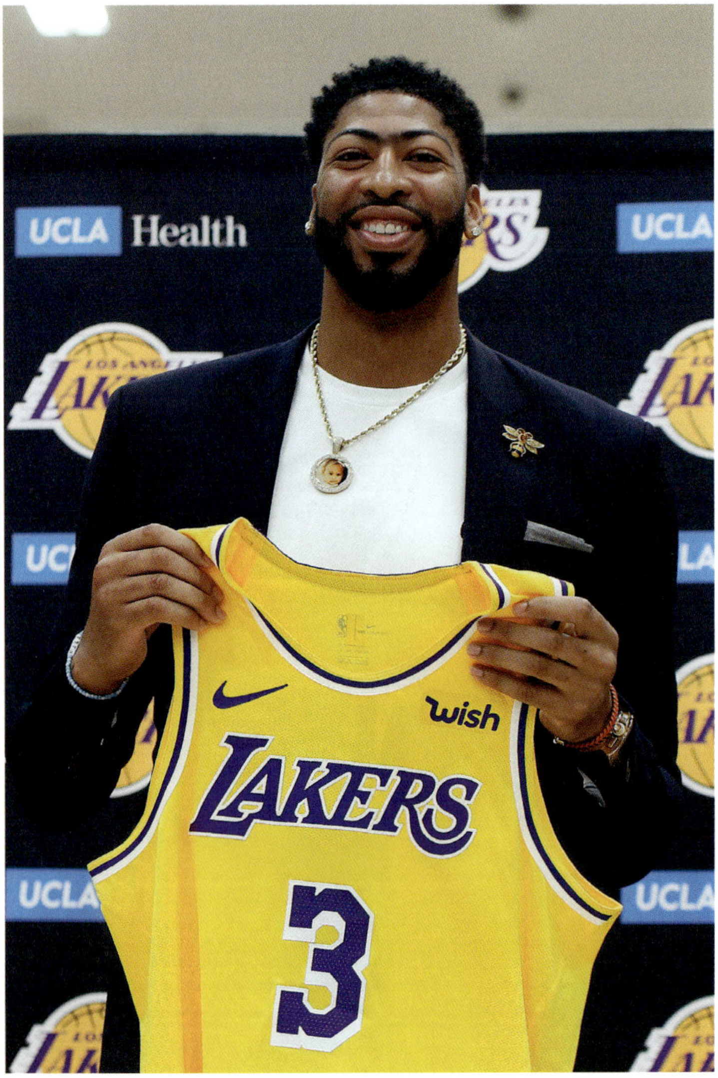

◂ Da freut sich aber einer: Am 13. Juli 2019 wurde Anthony Davis in El Segundo, Kalifornien, als Neuzugang der Lakers vorgestellt

▾ Und hier »Pelican« Anthony Davis (links) mit Aron Baynes von den Detroit Pistons beim Aufeinandertreffen beider Teams am 21. Februar 2016

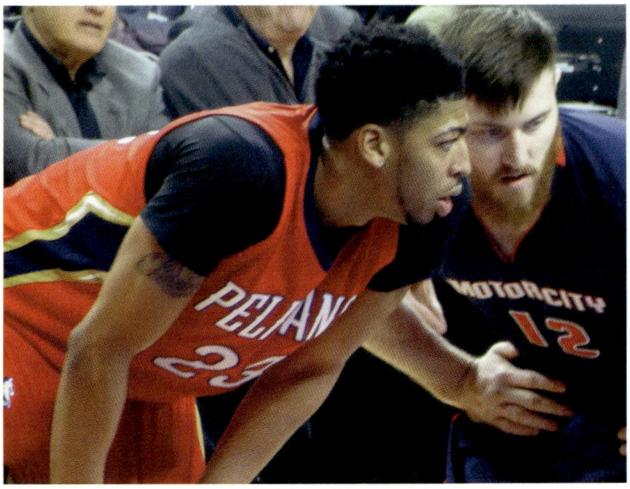

▼ Unbedrängt, mit Zug zum Korb: Anthony Davis von den New Orleans Pelicans am 22. Februar 2014

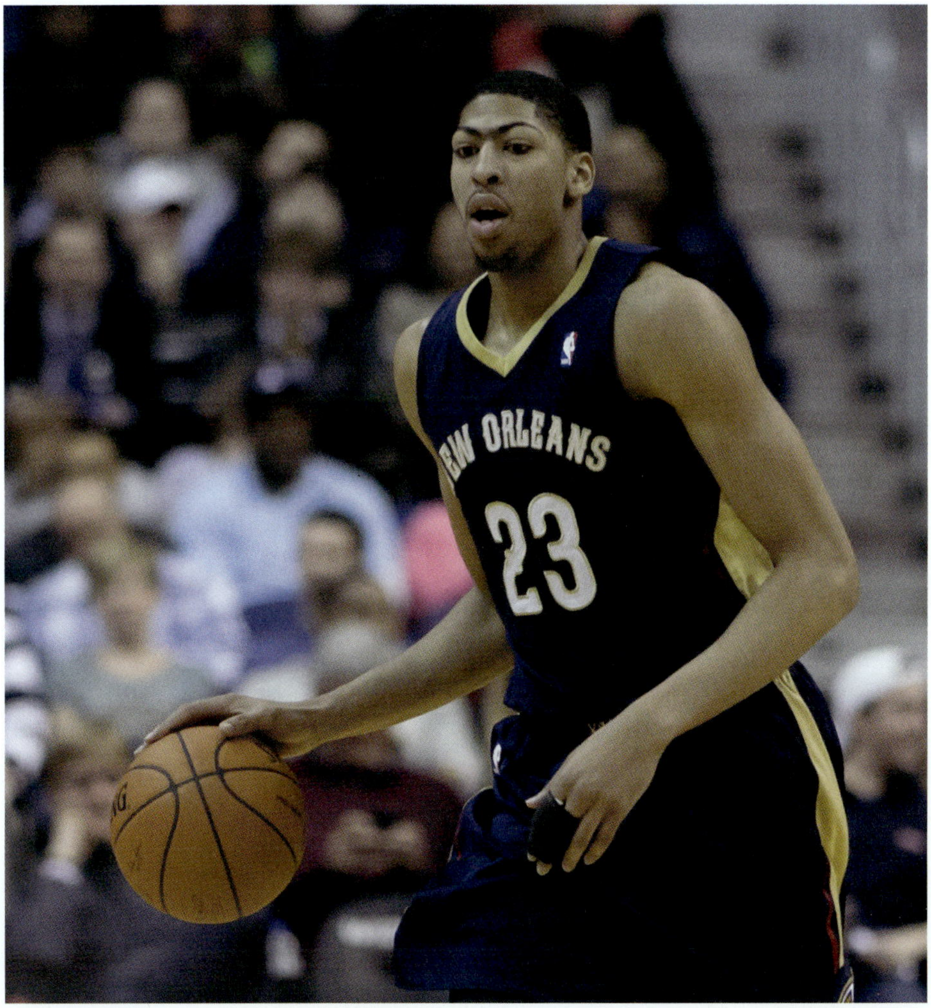

der damals 15-Jährige gerade einmal 1,83 Meter groß und zeichnete sich durch seinen präzisen Wurf aus der Distanz aus. Das brachte ihm den Beinamen »The little guy who would shot threes from the corner« – frei übersetzt: »Der kleine Kerl, der Dreier aus der Ecke (des Spielfelds) wirft« – ein.

Schon bald mussten sich seine Kameraden aber einen neuen Namen einfallen lassen, denn Davis, der noch eine Zwillingsschwester mit dem Namen Antoinette hat, war noch längst nicht ausgewachsen, bereits zu Beginn seines dritten Jahres an der Highschool war er schon 2,03 Meter groß. Seine Fähigkeit für präzise Würfe hatte er trotz des Wachstumsschubs nicht verloren und so galt er mit seinem Wechsel zum College, der University of Kentucky, als Fünf-Sterne-Rekrut, die höchst mögliche Bewertung.

John Calipari, sein Head Coach bei den Kentucky Wildcats kam regelrecht ins Schwärmen über seinen Schützling: »Anthony ist ein enormer Wurf-Blocker mit einer herausragenden Größe und Spannweite. Er kann Dreier werfen, den Ball dribbeln und läuft das Spielfeld aufgrund seiner großen, ausschweifenden Schritte schneller hoch und runter als unsere Guards.« Davis blieb nur ein Jahr am College, ehe er sich zum NBA-Draft anmeldete. In dieser Spielzeit verbuchte er 131 Blocks und damit mehr als alle Spieler etlicher Mannschaften der College-Liga gemeinsam.

Kein Wunder, dass Davis so als allererster Spieler des Draftes von 2012 vom Board ging und die New Orleans Pelicans, die damals noch Hornets hießen, verstärken sollte. Dass ein herausragender Spieler alleine allerdings nicht ausreicht, um in die NBA-Spitze zu gelangen, musste das Team aus Louisiana dann schnell erkennen. Obwohl Davis eine bemerkenswerte Rookie-Saison spielte und bei der Wahl zum Rookie of the Year nur von Damian Lillard geschlagen wurde, verpasste New Orleans die Playoffs. 2014 und 2018 sollte es dann aber auch mit der K.o.-Runde klappen.

Doch so richtig glücklich fühlte sich Davis trotzdem nicht mehr in New Orleans und forderte im zurückliegenden Frühjahr trotz laufenden Vertrags einen Trade ein. Am 6. Juli meldeten die Pelicans und Davis` neues Team, die Los Angeles Lakers, dann Vollzug: Im Tausch gegen drei Spieler sowie drei Erstrundenpickrechte wechselte Davis, der kurz darauf betonte, dass er irgendwann in der Zukunft für die Chicago Bulls, dem Team aus seiner Geburtsstadt, spielen wolle, zu den Lakers. Der Trade schlug hohe Wellen in der NBA, insbesondere weil Davis noch unter Vertrag stand. Steve Kerr, Trainer der Golden State Warriors, sagte: »Wenn ein Spieler gesund ist, noch einige Jahre Vertrag hat und dann sagt, dass er gehen will, ist das meiner Meinung nach ein gewaltiges Problem.« ⊖

Vom Freiplatz in die NBA

2019 findet sich Dennis Schröder in einer neuen Situation wieder. Nach den Abgängen der Star-Spieler Russell Westbrook und Paul George wird der aus Braunschweig in Niedersachsen stammende Point Guard automatisch mehr Verantwortung bei den Oklahoma City Thunder übernehmen müssen.

»Egal, was kommt, ich werde bereit sein«, sagte Schröder im Rahmen einer sommerlichen Pressekonferenz der Thunder.

Dass er dazu in der Lage ist, hatte Schröder 2017 im Trikot der Atlanta Hawks bewiesen, als er in den Playoffs auf einen Schnitt von 7,7 Assists und 24,7 Punkten gekommen war. Zu Schröders Stärken zählt neben dem Passspiel vor allem seine Schnelligkeit. Nicht selten gelingt es dem nur 1,86 Meter großen Athleten an seinem Gegenspieler vorbei und direkt zum Korb zu ziehen.

Geboren wurde Schröder als Sohn eines deutschen Vaters und einer Mutter aus Gambia. 2004 wurde Schröder, bis dahin vor allem mit dem Skateboard vertraut, beim Basketball in einer öffentlichen Parkanlage in Braunschweig eher zufällig vom rumänischen Trainer Liviu Calin entdeckt. Über die Jugendmannschaft des MTV Wolfenbüttel landete Schröder später im Ausbildungsprogramm der New Yorker Phantoms Braunschweig, für die er 2011/2012 dann in der Basketball-Bundesliga debütierte und eine Saison später seinen Durchbruch hatte.

Den Braunschweigern, die mittlerweile den Namen »Basketball Löwen Braunschweig« tragen, hält Schröder bis heute die Treue. So ist er seit März 2018 Mitgesellschafter des Bundesligisten und mit seinem Mode-Unternehmen »Flex GanG« seit September 2018 als Sponsor aktiv. Ziel ist es, die Braunschweiger in der Spitze der BBL zu etablieren. In diesem Jahr gründete Schröder mit der Firma »Golden Patch Management« ein weiteres Unternehmen, das sich um die Beratung von Profisportlern kümmert.

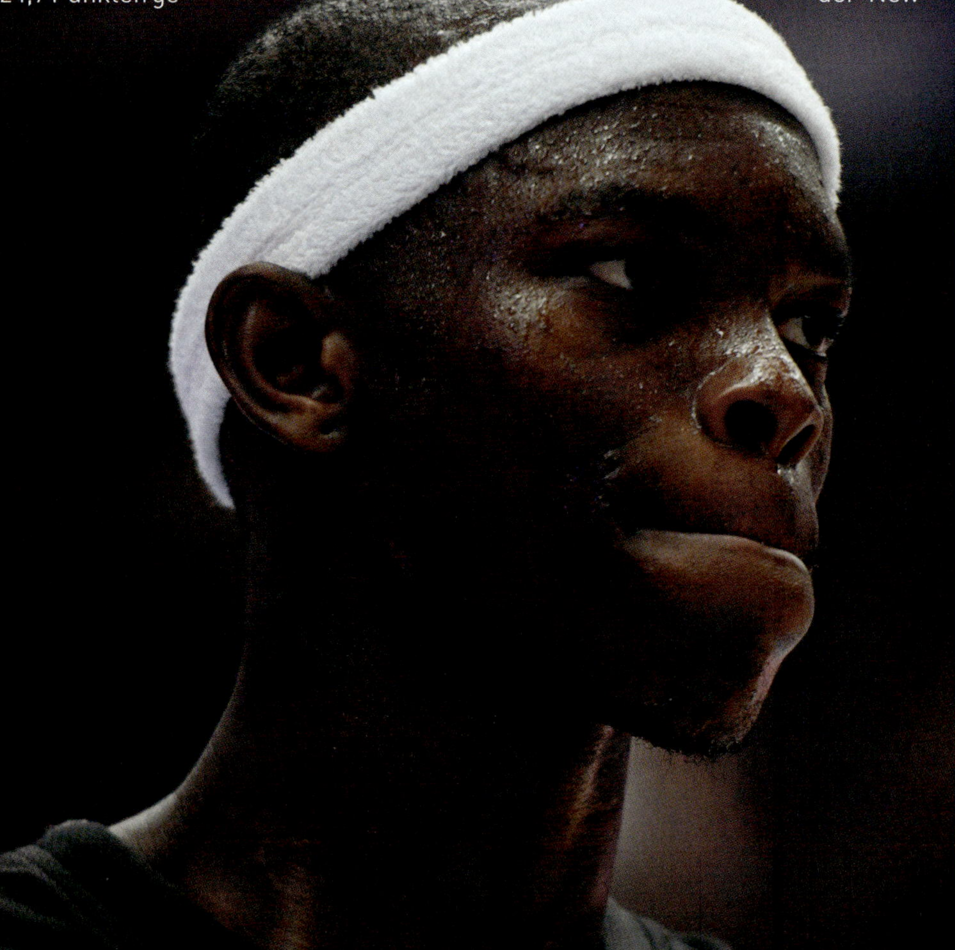

Im Profil

Name: Dennis Schröder
Geburtsdatum/-ort: 15. September 1993 in Braunschweig/Deutschland
Position: Point Guard
Größe: 1,86 Meter
Teams: New Yorker Phantoms Braunschweig (2011 bis 2013), Atlanta Hawks (2013 bis 2018), Oklahoma City Thunder (seit 2018)
Besonderes: Wurde 2018 Deutscher Meister im »3-gegen-3«-Basketball.

Erfolge: BBL Most Improved Player 2013, BBL Best German Young Player 2013

PAUL GEORGE

Comeback nach Horrormoment

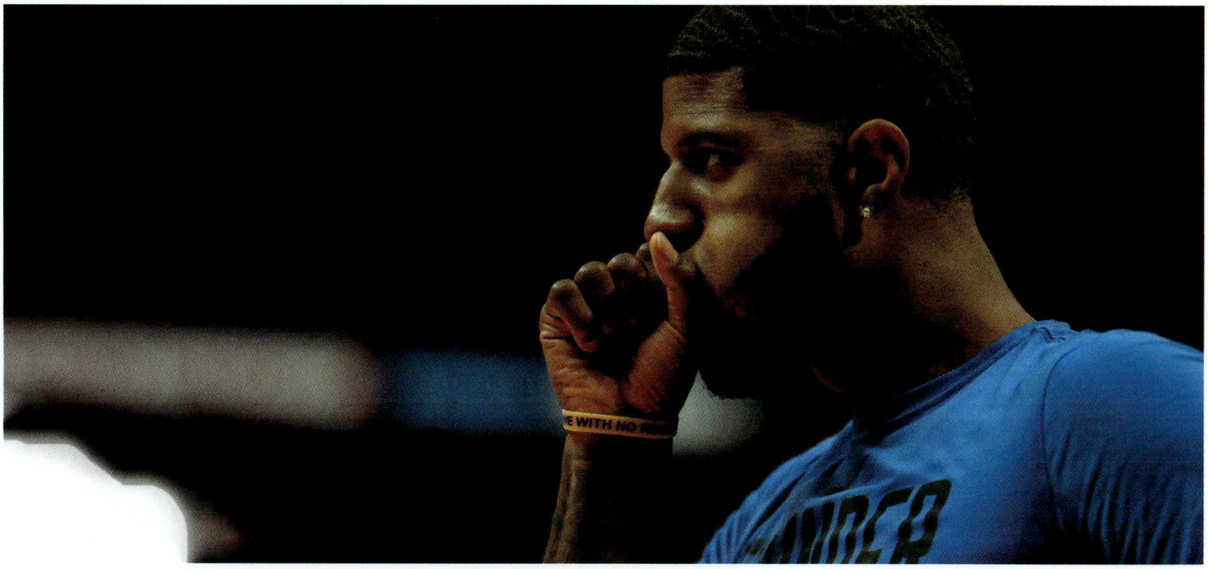

▲ Meist sehr energiegeladen auf dem Feld, hier einmal eher nachdenklich: Paul George, der im Sommer 2019 von den Oklahoma City Thunder zu den Los Angeles Clippers gewechselt ist

Für sage und schreibe zwei Spieler sowie fünf Erstrundenpickrechte und das zusätzliche Recht die Positionen zweier weiterer Erstrundenpicks zu tauschen, wechselte Paul George am 10. Juli 2019 von den Oklahoma City Thunder zu den Los Angeles Clippers.

Für die Clippers war es der zweite Top-Transfer des Sommers. Erst wenige Tage zuvor hatten die Kalifornier den amtierenden Champion Kawhi Leonard von den Toronto Raptors geholt.

Dass George zu einem der besten und begehrtesten Spieler der NBA wurde, war zu Beginn seiner Karriere noch nicht abzusehen. Zwar wurde er 2010 von den Indiana Pacers in der ersten Draftrunde ausgewählt, am Ball offenbarte er jedoch erhebliche technische Mängel. In der Offseason 2012 nahm er sich daher einen Privattrainer und verbesserte sich erheblich. Mit 17,4 Punkten, 7,6 Rebounds und 4,1 Assists im Schnitt sowie 143 Steals und 51 Blocks wurde George zum meist »verbesserten« Spieler der anschließenden Saison gewählt. »Hat jemand schon mal einen Spieler gesehen, der sich so schnell verbessert hat, wie Paul George«, fragte ESPN-Journalist Pablo S. Torre in der damaligen Zeit. Schon bevor George zum besten »Two-Way-Player« des Spiels aufgestiegen war, wie Brian Shaw, Trainer der Denver Nuggets im Februar 2014 attestierte, war George bereits ein herausragender Defensivspieler. Einen Horrormoment hatte George im August des gleichen Jahres zu verkraften, als er sich beim Versuch – in einem Testspiel zweier US-Auswahlen – einen Wurf von James zu blocken, den rechten Unterschenkel brach. So sehr sein sportlicher Weg immer nur bergauf führte, so schwankend verlief seine Beziehung zu seiner Lebenspartnerin Daniela Rajic, die er 2013 in einem Strip-Lokal kennengelernt hatte. Es folgte eine ungewollte Schwangerschaft, Trennung und eine Vaterschaftsklage, ehe beide wieder zusammenfanden. Mittlerweile haben beide zwei gemeinsame Töchter. ⊖

Im Profil

Name: Paul Clifton Anthony George
Geburtsdatum/-ort: 2. Mai 1990 in Palmdale/Kalifornien
Position: Small Forward
Größe: 2,06 Meter
Teams: Indiana Pacers (2010 bis 2017), Oklahoma City Thunder (2017 bis 2019), Los Angeles Clippers (seit 2019)

Erfolge: NBA-Allstar 2013, 2014 und 2016 bis 2019, NBA Steals Leader 2019, NBA Most Improved Player 2013

Im Profil

Name: James Edward Harden Jr.
Geburtsdatum/-ort: 26. August 1989 in Los Angeles/Kalifornien
Position: Guard
Größe: 1,96 Meter
Teams: Oklahoma City Thunder (2009 bis 2012), Houston Rockets (seit 2012)
Besonderes: Einziger Spieler mit einem Triple-Double mit über 50 Punkten sowie über je 15 Rebounds und Assists, einziger Spieler mit über 2.000 Punkten (2.356), über 900 Assists (907) und über 600 Rebounds (659) in einer Saison. Hält mit 61 Punkten in einem Spiel einen Rockets-Rekord. Einziger Spieler, der mindestens 30 Punkte gegen jede der 29 gegnerischen Mannschaften in einer Saison erzielte (2018/2019).

Erfolge: NBA-MVP 2018, NBA-All-star 2013 bis 2019, NBA Sixth Man of the Year 2012, NBA Scoring Champion 2017/2018 und 2018/2019, NBA Assist Leader 2016/2017, Olympiasieger 2012 und Weltmeister 2014 mit den USA

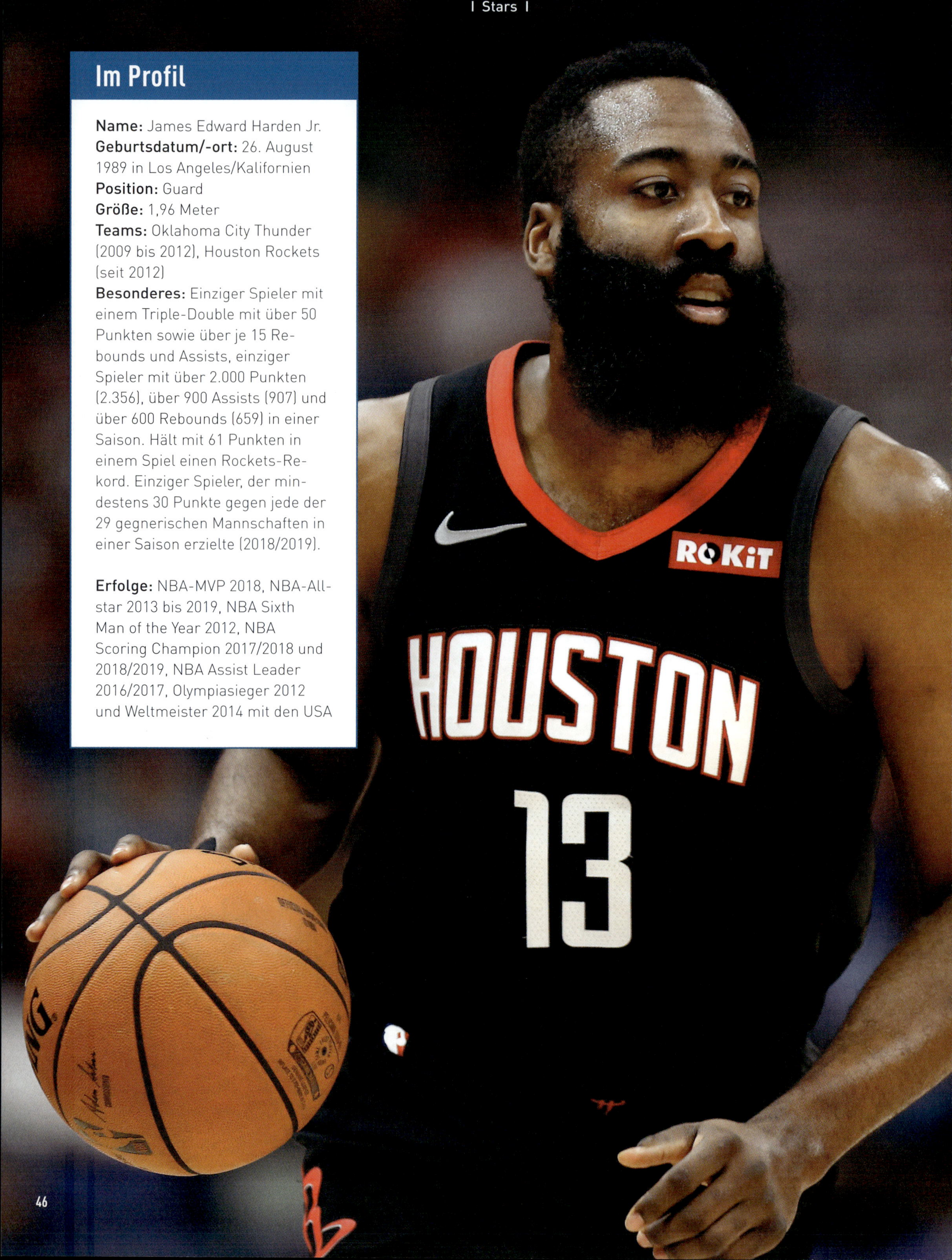

JAMES HARDEN

Fear the Beard

Am 8. Juli 2017 sorgte James Harden für einen Paukenschlag, dessen Erschütterung über die NBA hinaus den kompletten US-Sport erreichte. Harden, flexibler Spieler auf den Guard-Positionen der Houston Rockets, hatte soeben den größten Vertrag der Liga-Geschichte unterschrieben.

Für die vorzeitige Verlängerung seines bestehenden Vertrags um vier Jahre erhielt Harden bei den Rockets zusätzliche 160 Millionen US-Dollar. Er war damit insgesamt über sechs Jahre gebunden – bei einem Gesamt-Gehalts-Volumen von 228 Millionen.

Dieser Verdienst weckte sogar in der National Football League Begehrlichkeiten, wo Richard Sherman, damals Star-Cornerback der Seattle Seahawks, seine Football-Kollegen in der Liga dazu aufforderte, bei den nächsten Tarifverhandlungen zwischen NFL und Spielergewerkschaft notfalls zu streiken, um ähnliche Gehälter, wie sie in der NBA gezahlt werden, erzielen zu können. In der kommenden NBA-Saison ist Harden dabei nicht einmal Spitzenverdiener der Liga. Stephen Curry (Golden State Warriors), Chris Paul (Oklahomas City Thunder) und Hardens Teamkollege Russell Westbrook liegen noch vor Harden, der dank eines 2015 mit dem Sportausrüster Adidas geschlossenen Werbevertrags bis 2028 aber weitere 200 Millionen US-Dollar einheimst.

Innerhalb der National Basketball Association hat sich Harden seit seinem Draft 2009 zu Superstar und Marke entwickelt. Er trägt einen langen Vollbart, was ihm den Spitznamen »The Beard« einbrachte. Nach eigener Aussage ließ er die Haare im Gesicht zunächst nur deshalb sprießen, da er zu faul war, sich regelmäßig zu rasieren. Mittlerweile zieren Abbilder seines Bartes Fan-Artikel wie T-Shirts, Kappen und Mützen. Die Süßigkeitenfirma Trolli hat sogar eine »James Harden Edition« auf den Markt gebracht, mit saurem Weingummi in der Form von Hardens charismatischen Gesicht.

Spätestens nach seinem Wechsel 2012 von den Oklahoma City Thunder zu den Rockets gehört der gläubige Christ zu den Superstars der Liga. Den Linkshänder zieht es dynamisch zum Korb, ebenso wie er aus der Distanz eine enorme Treffsicherheit aufweist und zu den besten Passgebern der Liga zählt. Seine Gegenspieler wissen sich oft nur durch Fouls zu helfen, so dass Harden in der Liste der Spieler, die am häufigsten gefoult werden, immer in den vorderen Positionen zu finden ist. Insbesondere seine Variabilität macht ihn zu einem der besten Offensivspieler, Harden ist der einzige NBA-Akteur der Liga-Geschichte, dem ein Triple-Double mit über 50 Punkten sowie je über 15 Rebounds und Assists gelang. Kein Spieler hatte zudem einen höheren Punkteschnitt als Harden 2017/2018 (30,4) und 2018/2019 (36,1).

Geboren wurde Harden im Sommer 1989 in Los Angeles als jüngstes von drei Kindern seiner Mutter Monja Willis. Monja, zu der Harden eine enge Beziehung pflegt, hatte in der Folge großen Einfluss darauf, dass ihre beiden Söhne Sportkarrieren einschlugen, da sie darin eine Möglichkeit sah, sie von »der Straße« fernzuhalten. Hardens Halbbruder Akili Roberson spielte in der Arena Football League, während Harden sich frühzeitig für Basketball entschied, nachdem er ebenfalls American Football sowie Baseball ausprobiert hatte.

Noch heute ist Monja, die laut ESPN-Journalist Pablo S. Torre »Mutter- und Vaterrolle« einnahm, bei den meisten Spielen ihres Sohnes im Publikum, weswegen sie auch eine gewisse Aufmerksamkeit der US-Medien auf sich zieht. Bereits mit Hardens Eintritt in die NBA ging auch Monja in Frührente, und nach seinem Wechsel nach Houston kaufte Harden auch seiner Mutter ein Haus ganz in der Nähe zu seinem eigenen. Zu seinem Vater, James Harden Sr., hat er hingegen nie viel Kontakt gehabt. Seine eigene Frau fürs Leben hat Harden unterdessen noch nicht gefunden. In den vergangenen Jahren hatte er kurzzeitige Beziehungen zu TV-Ikone Khloe Kardashian, RB&B-Sängerin Ashanti und Instagram-Model Arab Money.

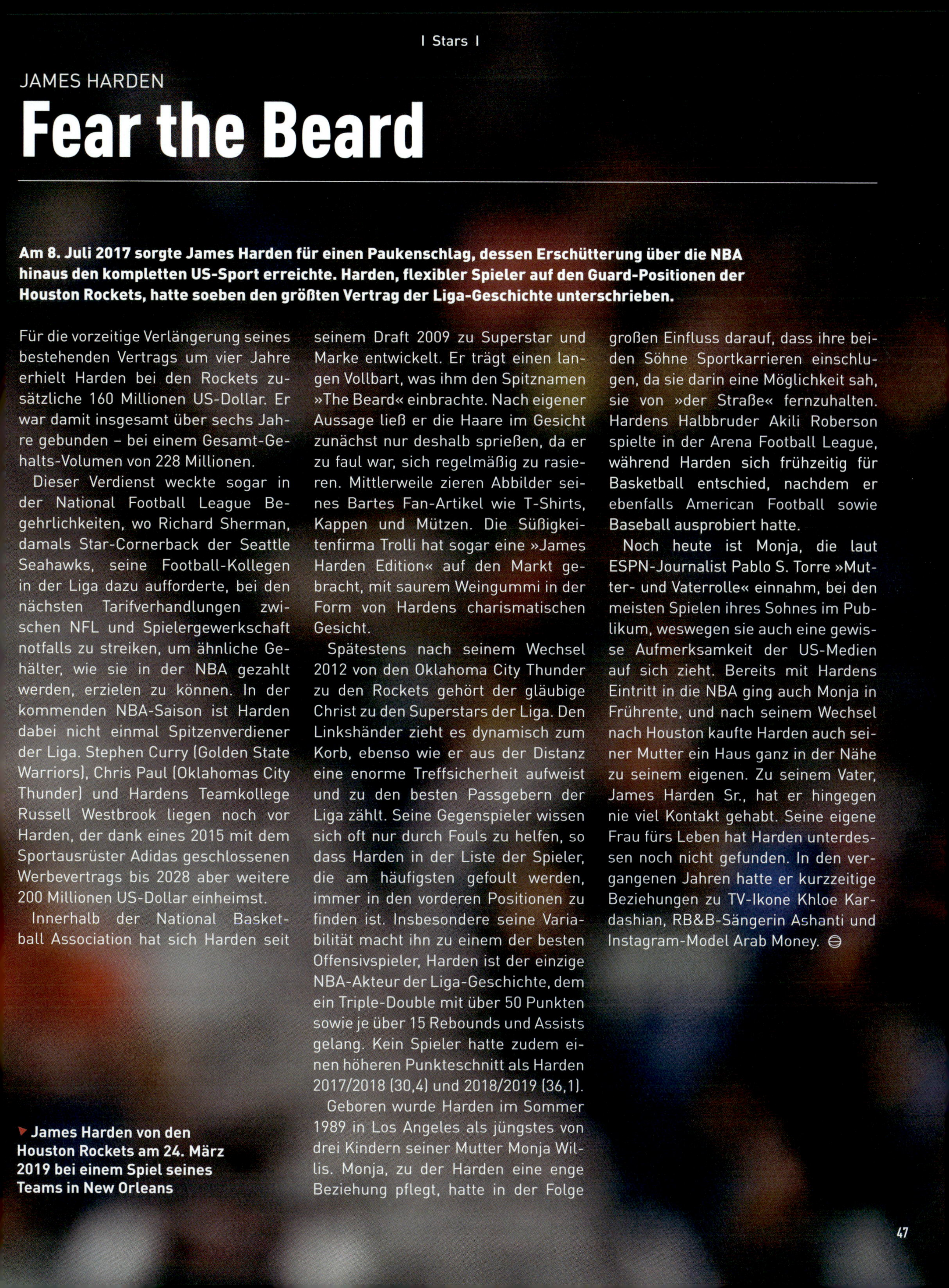

James Harden von den Houston Rockets am 24. März 2019 bei einem Spiel seines Teams in New Orleans

BLAKE GRIFFIN

Vielschichtiger Spielertyp

68 Prozent der Stimmen zog Blake Griffin am 19. Februar 2011 auf sich. Der Shooting Star der Los Angeles Clippers war soeben über die Motorhaube einer Limousine gesprungen und hatte den Ball mit einem Slam Dunk im Ring versenkt.

Er gewann damit den von der NBA veranstalteten Slam-Dunk-Contest, einem spektakulären Element im Rahmen des alljährlichen Allstar-Wochenendes. Slam Dunks gehören zum physisch geprägten Spielstil Griffins. »Seine Dunks sind großartig, aber sein Beitrag, der ihm seinen frühen Weg zum Ruhm geebnet hat, ist vielschichtiger«, urteile damals Rob Mahoney, Autor der New York Times.

Schon in seiner Highschool- und später zu seiner College-Zeit galt Griffin als einer der besten Power Forwards des Landes. Als er nach zwei Jahren an der University of Oklahoma erklärte, dass er 2009 am NBA-Draft teilnehmen werde, wurde die Pressekonferenz, in der er diese Äußerung tätigte, vom US-Sportsender ESPN landesweit ausgestrahlt. Entsprechend wählten die Clippers Griffin mit dem ersten Pickrecht der Auswahlveranstaltung von 2009 aus. Aufgrund eines Kniescheibenbruchs in der Saisonvorbereitung musste Griffin sein NBA-Debüt allerdings um ein Jahr aufschieben.

Dann aber startete er durch, wurde Rookie of the Year und in allen seinen ersten fünf Jahren in der Liga ins Allstar-Team gewählt. Von 2015 bis 2018 bekam seine Karriere aufgrund vieler Verletzungen einen Knick, trotzdem erhielt Griffin 2017 einen neuen Fünfjahresvertrag über 173 Millionen US-Dollar, wechselte ein Jahr später aber trotzdem das Team. Der gläubige Christ ist allerdings auch eine streitbare Persönlichkeit, die sich sozial engagiert, aber auch schon aufgrund gewalttätiger Auseinandersetzungen aufgefallen ist. Mit seiner früheren Freundin Brynn Cameron, der Schwester von Ex-NFL-Spieler Jordan Cameron, hat Griffin, der 2018 im Film »The Female Brain« auch sein Kamera-Debüt gegeben hat, zwei Kinder. ⊜

Im Profil

Name: Blake Austin Griffin
Geburtsdatum/-ort: 16. März 1989 in Oklahoma City/Oklahoma
Position: Power Forward
Größe: 2,08 Meter
Teams: Los Angeles Clippers (2009 bis 2018), Detroit Pistons (seit 2018)
Besonderes: Seine Trikotnummer »23« wird an der University of Oklahoma nicht mehr vergeben.

Erfolge: NBA-Allstar 2011 bis 2015 und 2019, NBA Rookie of the Year 2011

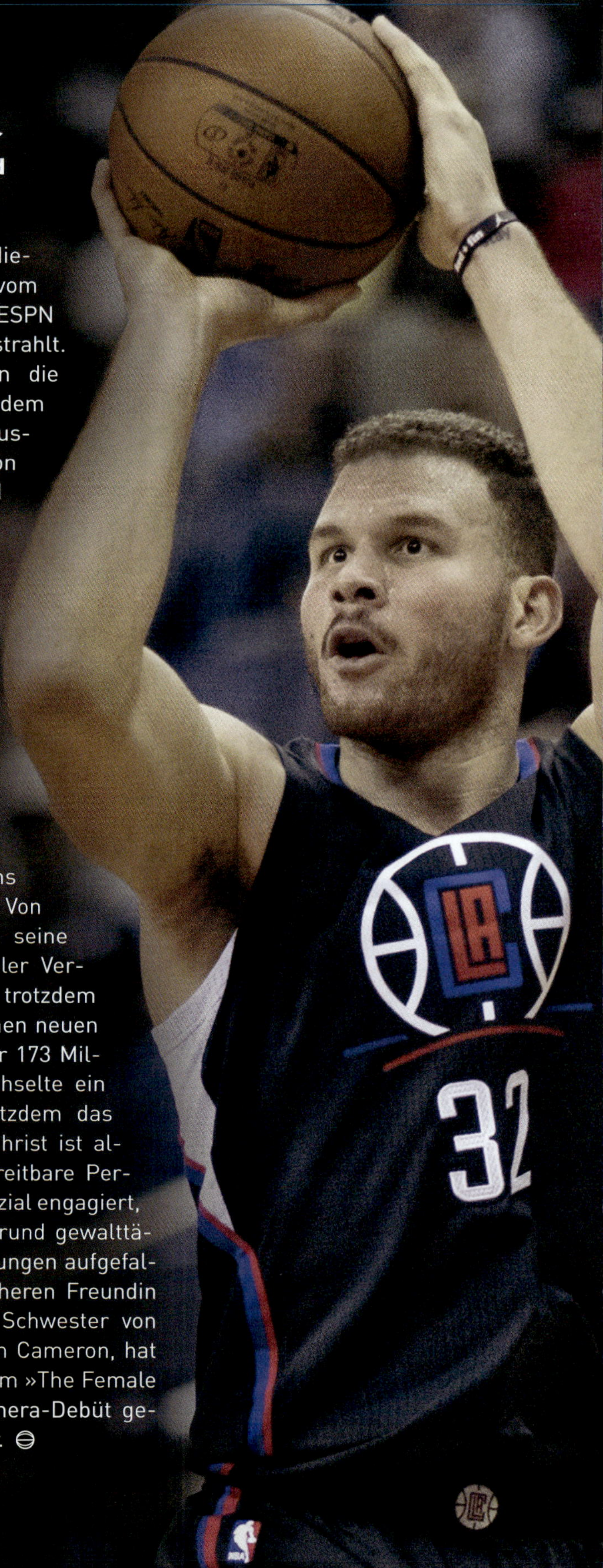

KLAY THOMPSON

Alle Neune!

Am 23. Januar 2015 gewannen die Golden State Warriors mit 126:101 gegen die Sacramento Kings. Es war ein magischer Abend für Klay Thompson.

Der Shooting Guard der Warriors stellte mit 52 Punkten nicht nur einen für den damaligen Zeitpunkt persönlichen Karriere-Höchstwert auf, er verwandelte im dritten Viertel auch neun von neun Drei-Punkte-Würfen und kam auf insgesamt 37 Punkte in diesem Spielabschnitt. Beides stellt mit Abschluss der Saison 2018/2019 noch immer einen NBA-Rekord dar.

Gemeinsam mit seinem Teamkameraden Stephen Curry bildet Thompson seit seinem Draft im Jahr 2011 das gefährlichste Fernwurf-Duo der Liga. 2013, als das Gespann zusammen 483 Dreier in der Saison verwandelt hatte, adelte Warriors-Trainer Mark Jackson Curry und Thompson als das »beste Shooting«-Duo der NBA-Geschichte. Zwei Jahre später hatten beide mit 525 Dreiern ihren eigenen Rekord überboten. Auch wenn andere Stars wie Kevin Durant in dieser Ära ebenfalls für die Warriors spielten, werden die Titel 2015, 2017 und 2018 doch vor allem mit Thompson und Curry verbunden.

Geboren wurde Klay Thompson, der auch ein ambitionierter Schachspieler ist, in eine wahrhaftige Basketball-Familie. Sein von den Bahamas stammender Vater Mychal Thompson war der allererste Pick des Drafts von 1978 und gleichzeitig erster Nicht-Amerikaner, der als erster Spieler bei dem jährlichen Auswahlverfahren einberufen wurde. 1987 und 1988 gewann Mychal Thompson zweimal den NBA-Titel mit den Los Angeles Lakers. Papa Mychal und Sprössling Klay sind eines von nur vier Vater-Sohn-Gespannen, die sich beide NBA-Champion nennen dürfen. Auch Klays Bruder Mychel schaffte es 2011/2012 in die National Basketball Association, wo er für die Cleveland Cavaliers aktiv war. Trayce, der jüngste Bruder, spielt seit 2015 in der Major League Baseball.

▼ Klay Thompson von den Goldenen State Warriors hält in Sachen »Dreier« einige NBA-Rekorde

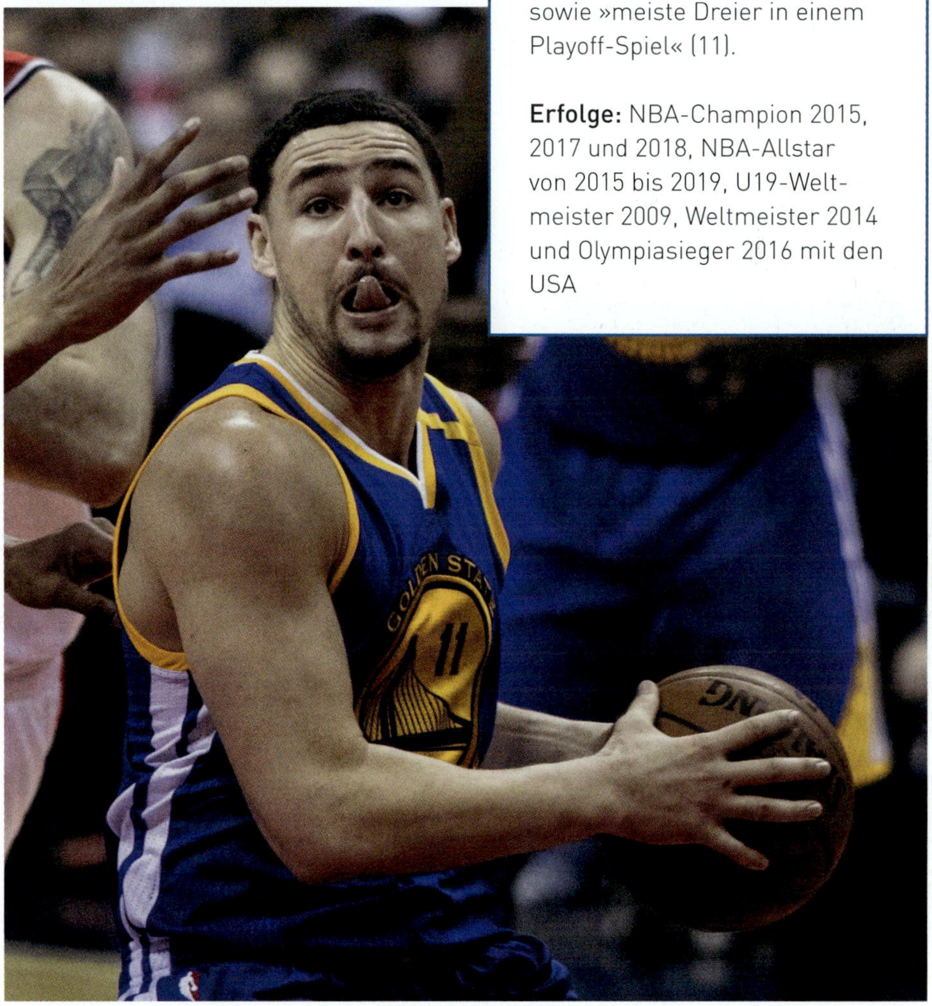

Im Profil

Name: Klay Alexander Thompson
Geburtsdatum/-ort: 8. Februar 1990 in Los Angeles/Kalifornien
Position: Shooting Guard
Größe: 2,01 Meter
Teams: Golden State Warriors (seit 2011)
Besonderes: NBA-Rekorde für »meiste Punkte in einem Viertel« (37), »meiste Dreier in einem Spiel« (14), »meister Dreier in einer Playoffserie« (98) sowie »meiste Dreier in einem Playoff-Spiel« (11).

Erfolge: NBA-Champion 2015, 2017 und 2018, NBA-Allstar von 2015 bis 2019, U19-Weltmeister 2009, Weltmeister 2014 und Olympiasieger 2016 mit den USA

JOHN WALL

Der Star des Hauptstadt-Teams

»John ist der ‚real deal'. Es gibt keinen besseren Guard als ihn. Wenn du ihm täglich zusiehst, meinst du, er kann kein menschliches Wesen sein«, sagte Teamkollege DeMarcus Cousins bereits zu gemeinsamen College-Zeiten an der University von Kenntucky.

Mittlerweile sind beide NBA-Stars: Cousins ab der kommenden Saison bei den Los Angeles Lakers, Wall seit 2010 bei den Washington Wizards.

Seitdem Wall das NBA-Parkett betreten hat, ist er durch seine Athletik, aber vor allem wegen seiner Geschwindigkeit – Wall gehört zu den flinkesten Spielern der Liga – zum Topspieler der Wizards gereift. Insgesamt erreichte das Team aus der US-Hauptstadt mit Wall als Antreiber viermal die Playoffs. Neben seinem Tempo ist Wall auch ein guter Schütze, Passgeber und vor allem Balleroberer. Niemand in der Geschichte der Wizards sammelte mehr Steals als Wall – 976 waren es zum Saisonende 2018/2019.

Sein Weg in die NBA verlief indes alles andere als glatt. Im Alter von acht Jahren verlor er seinen Vater, der an Leberkrebs starb, kurz nachdem er das Gefängnis nach Verbüßung einer Haftstrafe wegen bewaffneten Raubüberfalls verlassen hatte. Kurz darauf wanderte auch sein Halbbruder John Carroll Wall in Haft – und blieb dort bis 2018. Schicksalsschläge, die John Wall nur schwer verkraftete und dazu führten, dass er in seiner Jugend häufig durch körperliche Gewalt auffiel.

Anno 2019 fällt Wall neben seinen sportlichen Qualitäten vor allem durch seine Villa auf, die er 2013 für 4,9 Millionen US-Dollar in Potomac gekauft hatte. Das Anwesen verfügt über eine Wohnfläche von mehr als 1.600 Quadratmetern, inklusive acht Schlafzimmern und sechs Garagen. 2018 brachte seine Freundin Shante ihren gemeinsamen Sohn zur Welt. ⊖

Im Profil

Name: Johnathan Hildred Wall Jr.
Geburtsdatum/-ort: 6. September 1990 in Raleigh/North Carolina
Position: Point Guard
Größe: 1,93 Meter
Teams: Washington Wizards (seit 2010)
Besonderes: Hält den Wizards-Rekord für die meisten Steals (976).

Erfolge: NBA-Allstar 2014 bis 2018

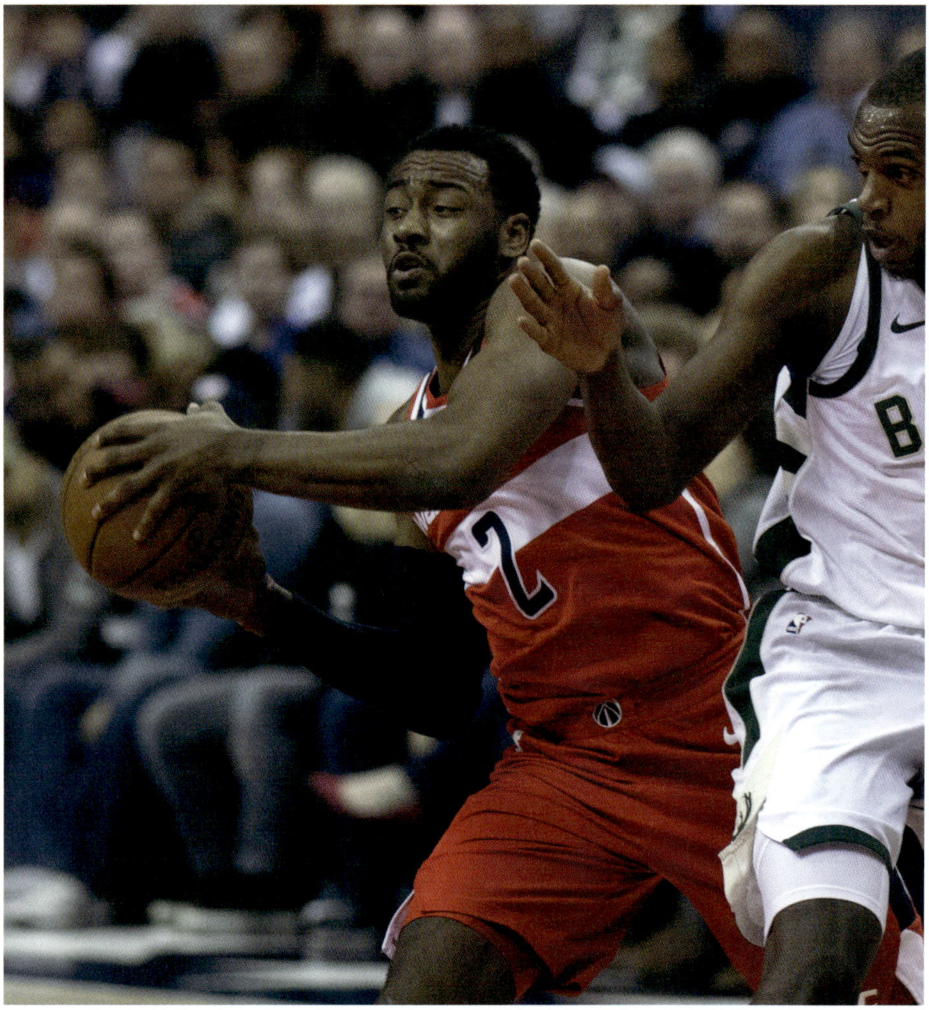

▲ John Wall von den Washington Wizards lässt sich am 15. Januar 2018 von Khris Middleton (Milwaukee Bucks) nicht irritieren, behauptet den Ball

JOEL EMBIID

Erfolgreicher Spätstarter

Ganze zwei Jahre musste Joel Embiid nach seinem Draft 2014 auf seine Premiere in der NBA warten. Ein gebrochener Knochen im rechten Fuß hatte ihn seine erste Saison gleich komplett verpassen lassen.

Nach Komplikationen im Heilungsverlauf und einer zweiten Operation musste der gebürtige Kameruner auch die Folge-Saison aussetzen. Doch dann war es endlich soweit und Embiid zeigte gleich mit 20 Punkten, sieben Rebounds und zwei Blocks in seinem ersten NBA-Spiel am 26. Oktober 2016 gegen die Oklahoma City Thunder, welch außergewöhnliches Talent er besitzt. Bei den Philadelphia 76ers hat er sich seitdem zum Topspieler auf der Center-Position entwickelt.

Embiid war erst im Alter von 15 Jahren zum Basketball gekommen, nachdem er an einem Basketball-Camp in seinem Heimatland teilgenommen hatte, das von dem aus Kamerun stammenden NBA-Profi Luc Mbah a Moute veranstaltet worden war. Zuvor hatte Embiid eine Volleyball-Karriere in Europa angestrebt. In der Folge agierte Mbah a Moute als sein Mentor und nahm Embiid ein Jahr später mit in die Vereinigten Staaten, wo dieser Privatschulen besuchte, ehe er ein Basketball-Stipendium an der University of Kansas erhielt.

Embiid, der seinen jüngeren Bruder Arthur 2014 durch einen Autounfall verlor, gehört auch zu den aktivsten Profis in den sozialen Medien. Eine seiner »Spezialitäten« ist es, durch unpassende Kommentare unter falschem Namen emotionale Reaktionen in Online-Gruppen zu initiieren. Außerdem lehnt Embiid jeglichen Genuss von Alkohol ab und zählt sich selbst zur Gruppierung der »Teetotaler« (teetotal = enthaltsam, abstinent), deren Anfänge ins England des frühen 19. Jahrhunderts reichen. ⊖

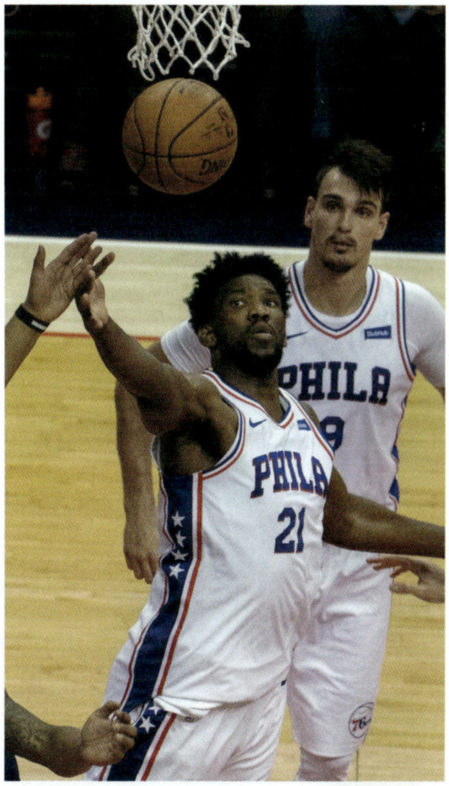

▲ Volle Konzentration auf den Ball: Joel Embiid (mitte) am 25. Februar 2018 im Spiel Philadelphia 76ers gegen die Washington Wizards, und ...

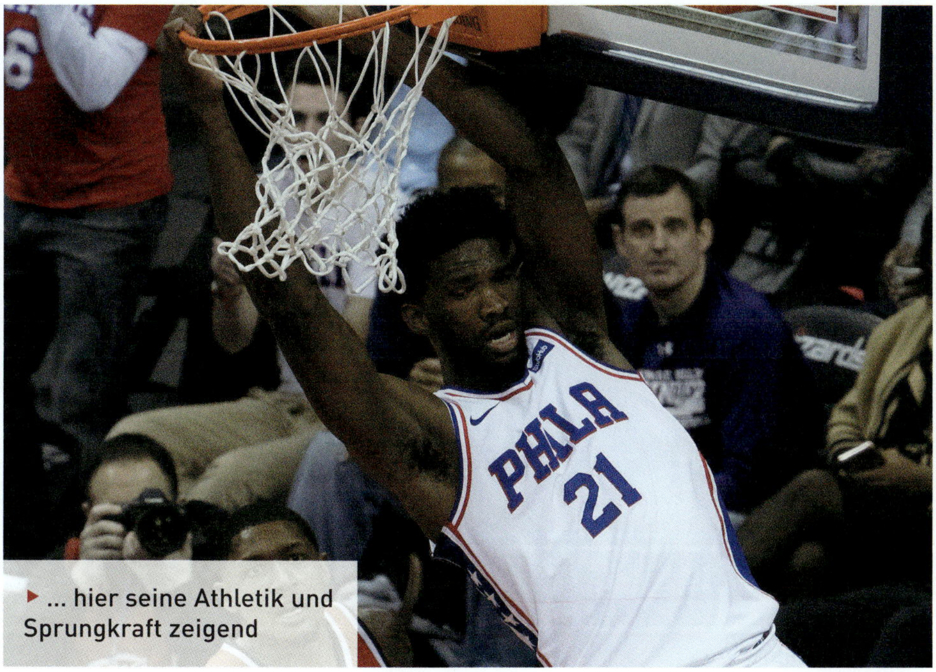

▶ ... hier seine Athletik und Sprungkraft zeigend

Im Profil

Name: Joel Hans Embiid
Geburtsdatum/-ort: 16. März 1994 in Yaoundé/Kamerun
Position: Center
Größe: 2,13 Meter
Teams: Philadelphia 76ers (seit 2014)

Erfolge: NBA-Allstar 2018 und 2019

Hände hoch!

Und volle Konzentration auf den Ball. Das angreifende Team versucht alles, zu Punktgewinnen zu kommen; die verteidigende Mannschaft bemüht sich, eben dieses zu verhindern – und: sie möchte in Ballbesitz kommen. Um einen Gegenangriff zu starten um – genau! – ihrerseits Punkte zu erzielen. Ein ewiger Kreislauf. Ein ewiger Kampf um den Ball

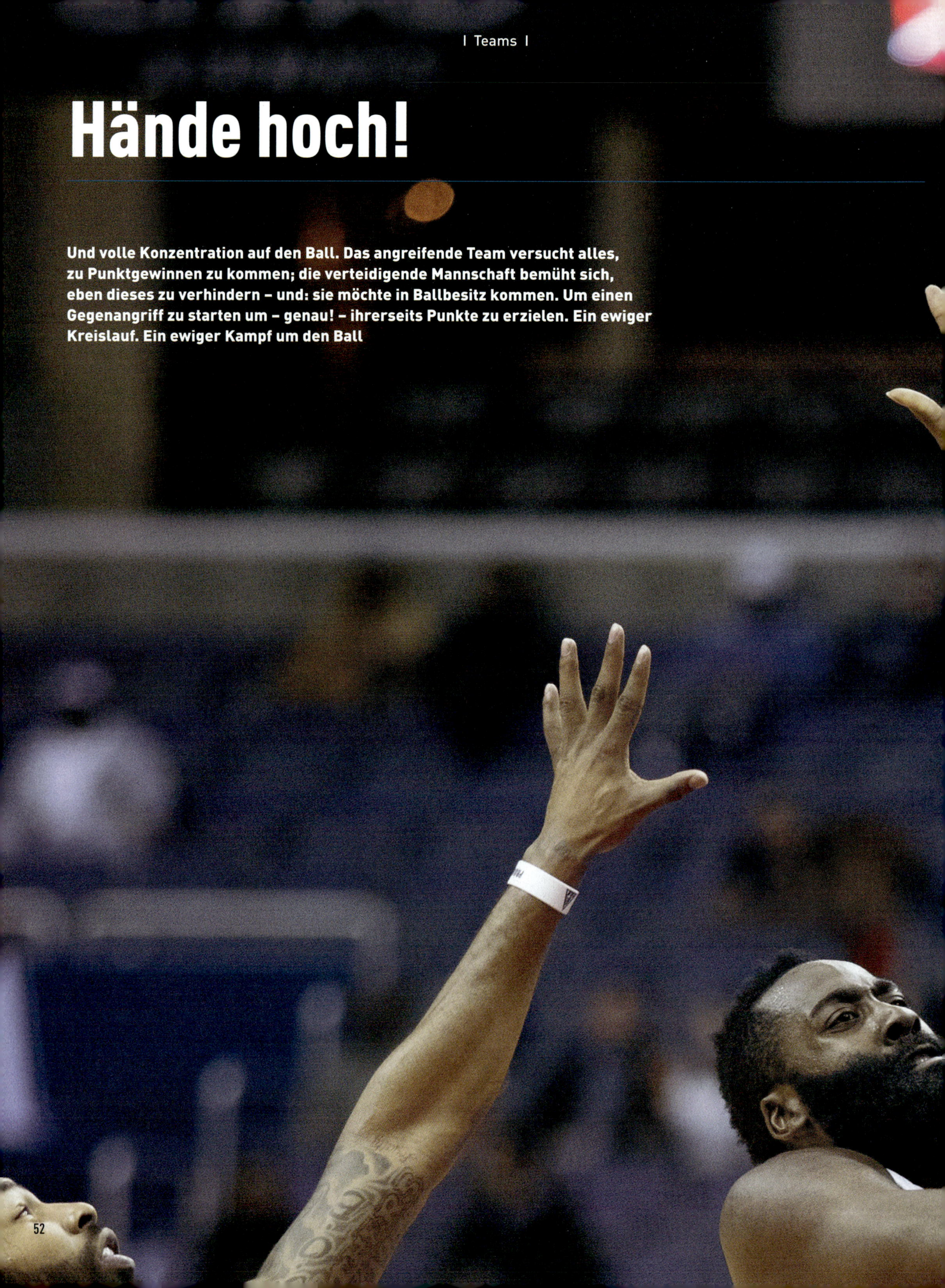

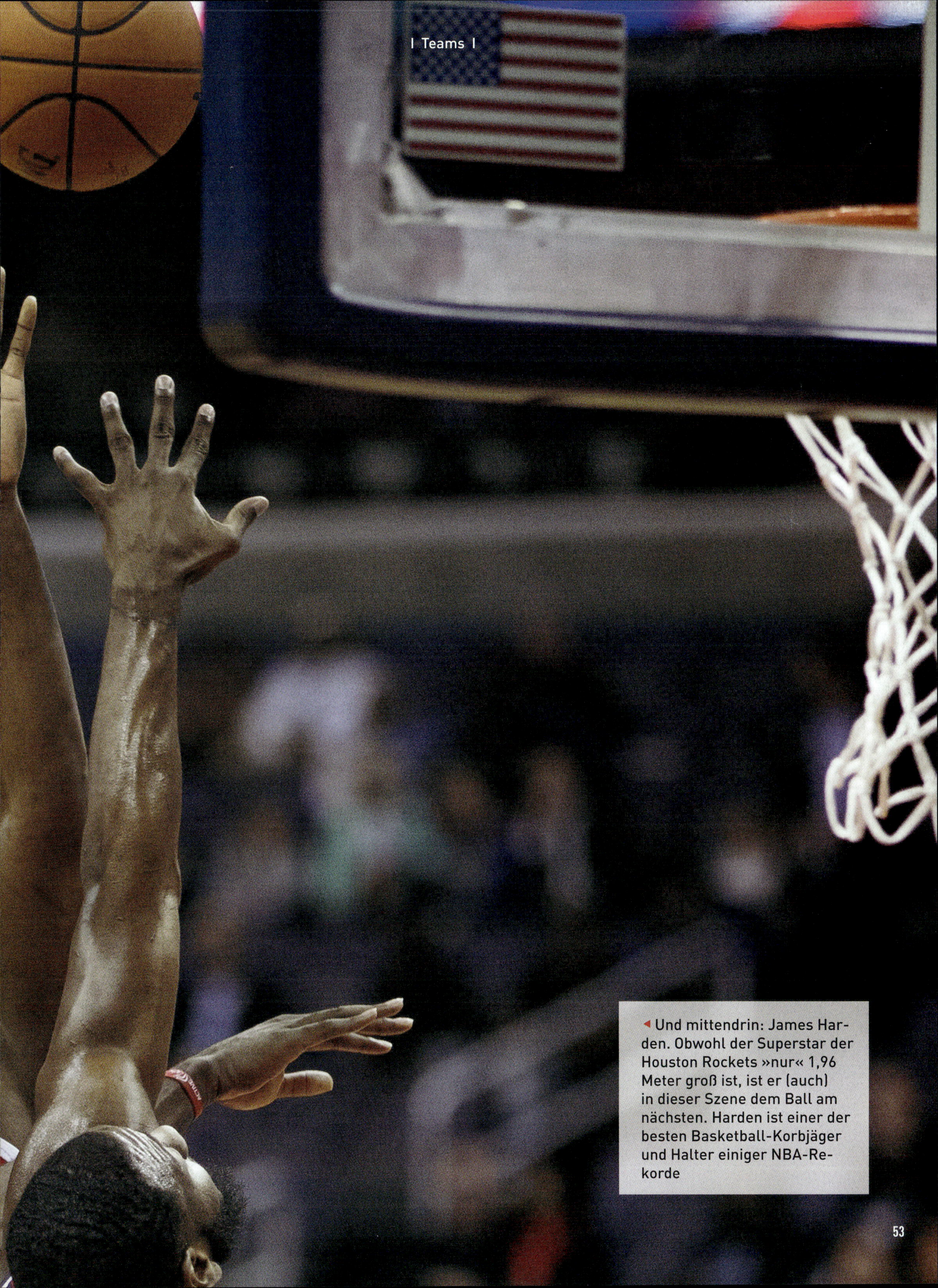

◂ Und mittendrin: James Harden. Obwohl der Superstar der Houston Rockets »nur« 1,96 Meter groß ist, ist er (auch) in dieser Szene dem Ball am nächsten. Harden ist einer der besten Basketball-Korbjäger und Halter einiger NBA-Rekorde

Charlotte Hornets

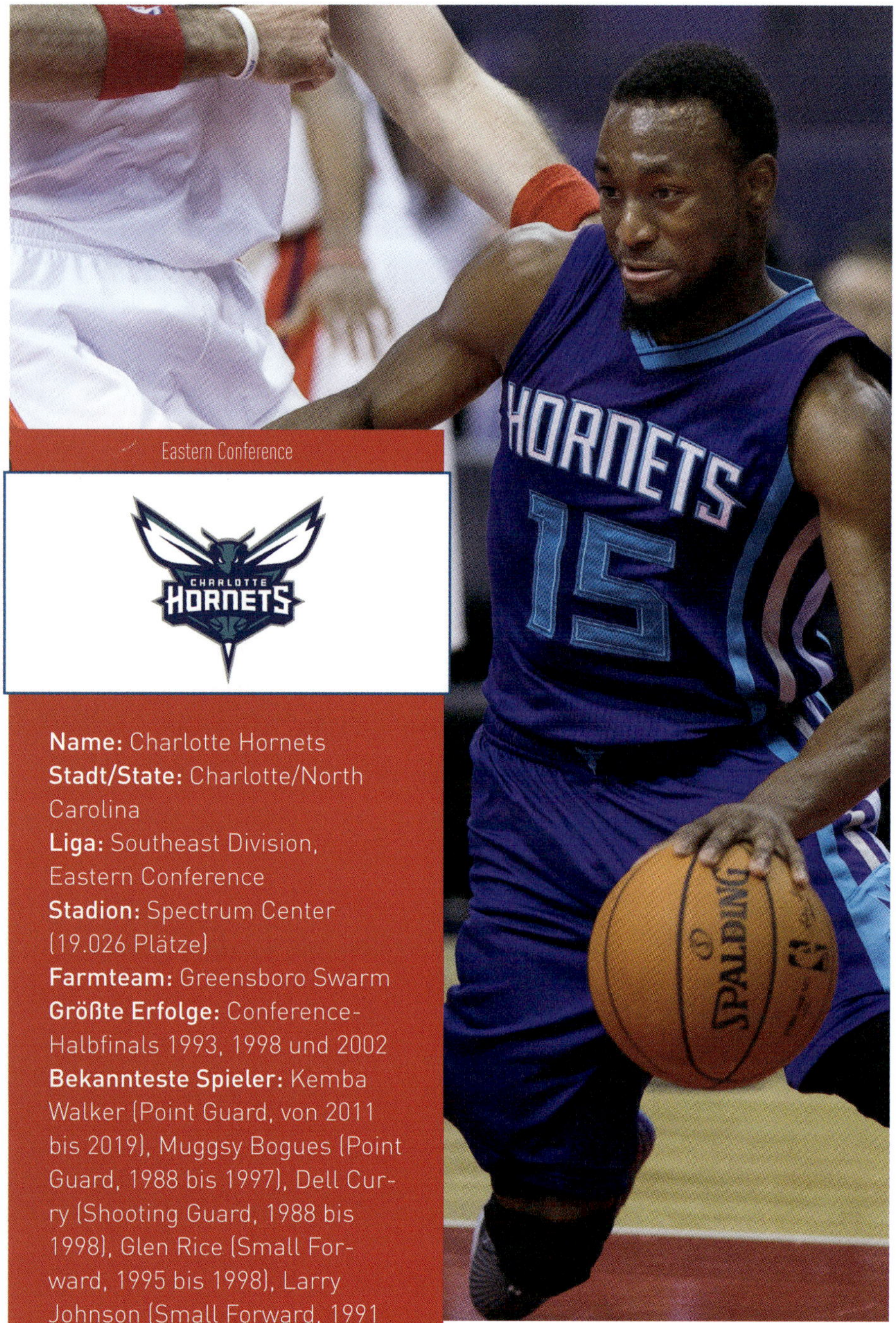

▲ Kemba Walker – hier in der Saison 2014 bei einem Spiel gegen die Washington Wizards –, zählte mehrere Jahre lang zu den Leistungsträgern der Charlotte Hornets

Eastern Conference

Name: Charlotte Hornets
Stadt/State: Charlotte/North Carolina
Liga: Southeast Division, Eastern Conference
Stadion: Spectrum Center (19.026 Plätze)
Farmteam: Greensboro Swarm
Größte Erfolge: Conference-Halbfinals 1993, 1998 und 2002
Bekannteste Spieler: Kemba Walker (Point Guard, von 2011 bis 2019), Muggsy Bogues (Point Guard, 1988 bis 1997), Dell Curry (Shooting Guard, 1988 bis 1998), Glen Rice (Small Forward, 1995 bis 1998), Larry Johnson (Small Forward, 1991 bis 1996).
Eigentümer: Michael Jordan
Trainer (Stand Sommer 2019): James Borrego
Website: www.nba.com/hornets

Im Juni 2006 kaufte sich der frühere Weltklasse-Basketballer Michael Jordan bei den Charlotte Bobcats ein.

Vier Jahre später übernahm Jordan dann die Mehrheitsanteile und wurde so zum ersten Ex-Profi, der Hauptbesitzer einer NBA-Franchise wurde. Der große Star des Teams sitzt also in der Loge und er versucht seit 2006 unaufhörlich, das Team aus North Carolina in die gehobene Klasse der NBA zu hieven.

Doch so erfolgreich Jordan selbst spielte, so unglücklich reiht sich auch ein personeller Fehlgriff an den nächsten. So wurde Franchise-Spieler Gerald Wallace einst verjagt und erfolglose Spieler wie DeSagana Diop oder Tyrus Thomas mit teuren Verträgen gebunden. Der Tiefpunkt wurde 2011/2012 erreicht, als die Bobcats in einer durch den Lockout verkürzten Saison nur sieben Spiele gewannen und mit einer Siegquote von 0,106 einen NBA-Negativrekord aufstellten. In der Jordan-Ära reichte es so bisher nur dreimal für die Playoffs, jedes Mal war in der ersten Runde Schluss.

Viel erfolgreicher lief es aber auch in der Zeit vor Jordan nicht. Die Bobcats waren zwar erst 2004 gegründet worden, erbten aber 2014 den Namen sowie die Geschichte der New Orleans Pelicans, die bereits 1988 unter dem Namen »Charlotte Hornets« firmiert hatten und den Namen »Hornets« dann ablegten. Keine NBA-Finals, keine Conference-Finals, kein Divisionssieg. Und auch in der zurückliegenden Saison reichten vier Siege aus den letzten fünf Spielen nicht mehr, um sich zum erst elften Mal in der Team-Geschichte überhaupt für die Postseason zu qualifizieren. ⊖

Orlando Magic

Der Beginn einer Zeitenwende beim erst 1989 gegründeten und bis dahin erfolglosen Team datiert vom 24. Juni 1992: Da wählte Orlando Magic mit dem ersten Pickrecht im NBA-Draft Shaquille O'Neal aus.

Dem dominanten Center wurde ein Jahr später Point Guard Anfernee Hardaway zur Seite gestellt, gemeinsam führten sie das Team aus dem sonnigen Florida 1995 in die NBA-Finals, in denen man allerdings den Houston Rockets in vier Spielen unterlag.

2009 erreichte Orlando noch ein zweites Mal die Finalserie, musste sich aber den Los Angeles Lakers geschlagen geben. In all den Jahren zwischen den beiden Finals war Magic nahezu immer ein Kandidat für die Playoffs, auch wenn die Stars im Laufe der Jahre andere Namen trugen. Shooting Guard Tracy McGrady kam und ging ebenso wie Small Forward Grant Hill und später Star-Center Dwight Howard. Erst in der Saison 2012/2013, nachdem Howard Magic verlassen hatte, verschwand Orlando dauerhaft aus dem Kreis der Anwärter für ein Postseason-Ticket – und ein Neuaufbau wurde eingeleitet.

Bis 2018 blieb das Team auch von großen Schlagzeilen abseits des Platzes verschont. Was sich schlagartig änderte, als bekannt wurde, dass Adreian Payne, ein im Farmteam der Lakeland Magic spielendes Talent, in einen der größten Missbrauchsskandale der US-Sportgeschichte an der Universität von Michigan verwickelt war. Payne wurde umgehend entlassen. Sportlich schaffte das Team unter Führungsspieler Nikola Vukevic und Shooting-Star Mohamed Bamba in der zurückliegenden Saison durch eine späte Serie von elf Siegen in den letzten 13 Spielen der Regular Season nach sechs Jahren Abstinenz die Rückkehr in die Playoffs, schied allerdings in Runde eins gegen die Toronto Raptors aus. ⊖

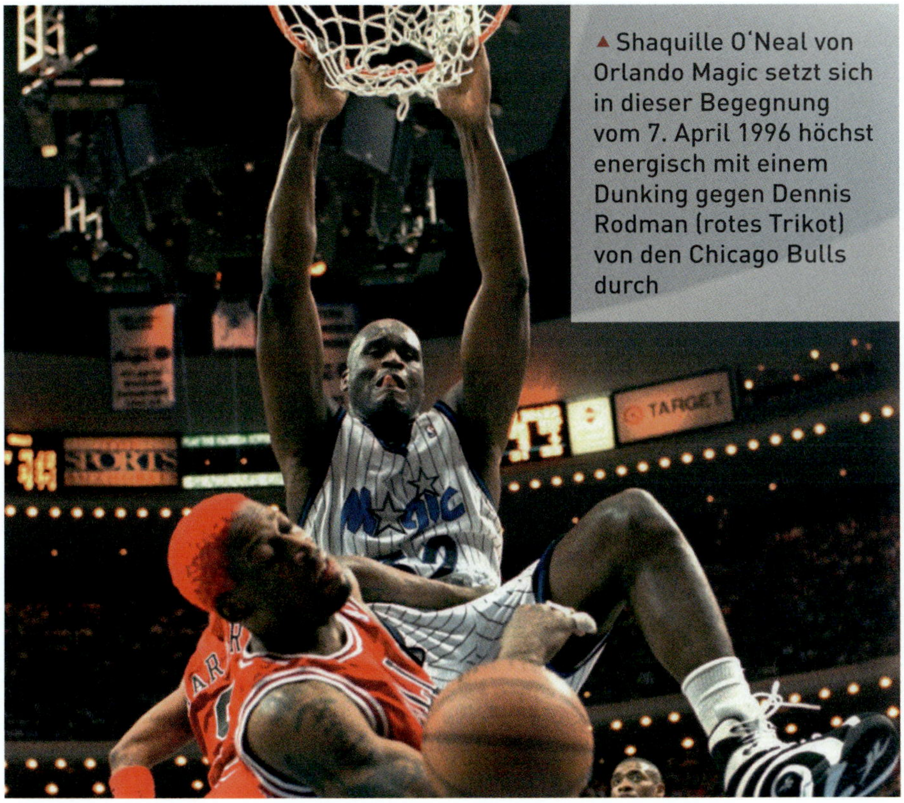

▲ Shaquille O'Neal von Orlando Magic setzt sich in dieser Begegnung vom 7. April 1996 höchst energisch mit einem Dunking gegen Dennis Rodman (rotes Trikot) von den Chicago Bulls durch

Eastern Conference

Name: Orlando Magic
Stadt/State: Orlando/Florida
Liga: Southeast Division, Eastern Conference
Stadion: Amway Center (18.500 Plätze)
Farmteam: Lakeland Magic
Größte Erfolge: Conference-Champion 1995 und 2009
Bekannteste Spieler: Dwight Howard (Center, 2004 bis 2012), Shaquille O'Neal (Center, 1992 bis 1996), Tracy McGrady (Shooting Guard, 2000 bis 2004), Anfernee Hardaway (Point Guard, 1993 bis 1999), Hidayet Türkoglu (Small Forward, 2004 bis 2009 und 2010 bis 2014)
Eigentümer: RDV Sports (CEO Dan DeVos)
Trainer (Stand Sommer 2019): Steve Clifford
Website: www.nba.com/magic

Miami Heat

Es war das Ende einer Chaos-Saison. Am 20. Juni 2006 gewannen die Miami Heat erstmals den NBA-Titel. In sechs Spielen der Finalserie hatte sich Miami gegen die Dallas Mavericks und Dirk Nowitzki durchgesetzt.

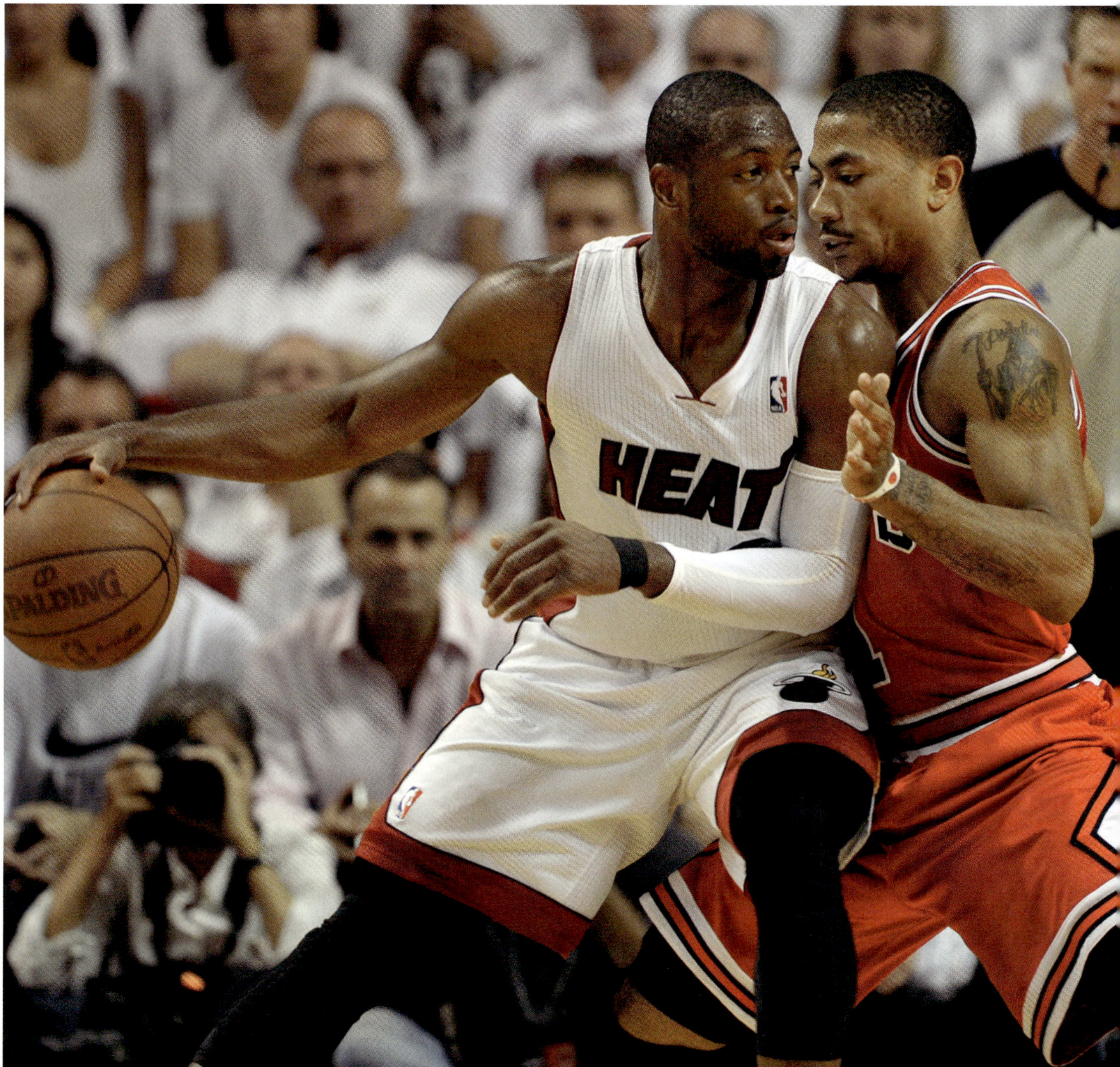

Dabei hatte die Saison wild begonnen und war im Verlauf alles andere als ruhig gewesen. Und das, obwohl Miami bereits in der Saison davor in den Conference-Finals gestanden hatte – Erfolg also durchaus vorhanden war.

Doch am 2. August 2005 wurden die Miami Heat Hauptdarsteller im größten Trade der NBA-Geschichte, in dem fünf Teams und 13 Spieler involviert waren. Die Forwards Antoine Walker und James Posey sowie die Guards Jason Williams und Andre Emmett kamen von den Boston Celtics und Memphis Grizzlies nach Miami, hinzu kamen die Draftrechte an Center Roberto Duenas von den New Orleans Hornets. Dafür verließen vier Spieler und zwei Draftrechte Heat in Richtung New Orleans und Boston. Vier weitere Spieler wurden im gleichen Zug zwischen Memphis, Boston, New Orleans und den Utah Jazz hin- und hergeschoben.

Ein großes Wechselspiel, nachdem ein Jahr zuvor Star-Center Shaquille O'Neal verpflichtet worden war, der Miami an der Seite von Superstar Dwyane Wade bis in die Conference-Finals gegen die Detroit Pistons geführt hatte. Doch die Verantwortlichen rund um Head Coach Stan van Gundy hatten das Team nochmal anders aufstellen wollen. Allerdings kam die Mannschaft nicht so recht aus den Startlöchern, was van Gundy im Dezember nach zehn Niederlagen aus den ersten 21 Spielen den Job kostete. Es übernahm Präsident Pat Riley, der bereits seit 1995 an der Spitze der Franchise stand und die ersten acht Jahre auch Head Coach des Teams in Personalunion war.

Der ehemalige NBA-Champion – 1972, als Spieler der Los Angeles Lakers – hatte die Aufgaben als Cheftrainer 2003 an seinen Assistenten van Gundy abgegeben, zweieinhalb Jahre später aber den Stecker gezogen und sich selbst wieder auf die Trainerbank gesetzt. Mit einem Schlussspurt von 15 Siegen aus den letzten 16 Spielen der Regular Season erreichte Miami noch die Playoffs und übte in den Conference-Finals gegen die Pistons Revanche, ehe die erste Meisterschaft der Teamgeschichte gegen die Mavericks gewonnen wurde.

Es war der Höhepunkt der Ära mit Wade und O'Neal, aber nicht der letzte Titel. 2012 und 2013 folgten zwei weitere Meisterschaften. Wade gehörte noch immer zu Heat, auf O'Neal waren im Laufe der Zeit LeBron James und Chris Bosh gefolgt. »The Big Three«, wie das Trio genannt wurde, führte das Team in vier gemeinsamen Jahren viermal in die Finalrunde. Überhaupt ist Miami ein fester Bestandteil des NBA-Playoff-Pictures – dabei wurde Heat erst 1988 gegründet.

Nach schwierigen Anfangsjahren mit nur zwei Playoff-Teilnahmen in den ersten sieben Jahren war es Pat Riley gewesen, der Miami mit seinem Engagement dauerhaft erfolgreich machte. Mit seinem Amtsantritt verpflichtete er Alonzo Mourning und holte Tim Hardaway gleich hinterher – beide zählten zu den Topspielern der Liga. Schon 1997 stand Miami dann erstmals in den Finals, unterlag aber den Chicago Bulls um Superstar Michael Jordan. Erst seit dem Ende von Wade 2016 in Miami ist die Franchise aus dem US-Sonnenstaat ins Mittelfeld der Liga zurückgefallen. In der zurückliegenden Spielzeit wurden die Playoffs mit 39 Siegen und 43 Niederlagen verpasst – trotz eines Comebacks von Wade, der im Spätherbst seiner Karriere zu seiner alten Liebe zurückgekehrt war. ⊖

◂ **Immer das Spielgeschehen, immer den freien Mann im Blick: Miami Heat-Superstar Dwyane Wade (links) behauptet sich hier gegen Derrick Rose von den Chicago Bulls**

Eastern Conference

MIAMI HEAT

Name: Miami Heat
Stadt/State: Miami/Florida
Liga: Southeast Division, Eastern Conference
Stadion: American Airlines Arena (19.600 Plätze)
Farmteam: Sioux Falls Skyforce
Größte Erfolge: NBA-Champion 2006, 2012, 2013
Bekannteste Spieler: Dwyane Wade (Shooting Guard, 2003 bis 2016 und 2018 bis 2019), Shaquille O'Neal (Center, 2004 bis 2008), Alonzo Mourning (Center, 1995 bis 2001 und 2005 bis 2007), Tim Hardaway (Point Guard, 1996 bis 2001), LeBron James (Small Forward, 2010 bis 2014)
Eigentümer: Micky Arison
Trainer (Stand Sommer 2019): Erik Spoelstra
Website: www.nba.com/heat

Atlanta Hawks

Die Atlanta Hawks gehören zu den ältesten Franchises der NBA.

Bereits 1946 als Buffalo Bisons gegründet, hatte das Team in seinen Anfangsjahren unter der Wankelmütigkeit seines Besitzers Ben Kerner zu leiden. Noch im Jahr der Gründung nahmen die Bisons den Namen »Tri Cities Blackhawks« an und vertraten so die Städte Moline und Rock Island in Illinois sowie Davenport in Iowa. Es folgten die Umzüge als Milwaukee Hawks und St. Louis Hawks, ehe die Falken 1968 in Atlanta sesshaft wurden.

Zu diesem Zeitpunkt gehörte das Team um Power Forward Bob Pettit zu den besten in der NBA, hatte seine größten Erfolge mit dem viermaligen Erreichen der Playoffs zwischen 1957 und 1961 und dem Titelgewinn 1958 allerdings bereits hinter sich. Dennoch: Von 1962/1963 an erreichten die Hawks elfmal hintereinander die Postseason. In der Folge wechselten sich erfolgreiche und weniger erfolgreiche Phasen ab. Stars wie Dominique Wilkins, Dikembe Mutombo oder Joe Johnson prägten immer wieder starke Spielzeiten der Hawks.

Popularität in Deutschland erlangte Atlanta in der Saison 2013. Der damals 20 Jahre alte Braunschweiger Dennis Schröder hatte sich zum NBA-Draft angemeldet und wurde an Position 17 von den Hawks ausgewählt. Bereits 2014/2015 feierten die Hawks zusammen mit Schröder dann ihren größten Erfolg seit 1961, als die Conference-Finals gegen die Cleveland Cavaliers erreicht wurden. Nachdem sich das Team 2017/2018 mit nur 24 Siegen zum ersten Mal nach zehn Jahren nicht für die Playoffs qualifizierte, wurde Schröder an die Oklahoma City Thunder abgegeben. Ohne Schröder sollte der Neuaufbau eingeleitet werden, der in der zurückliegenden Saison allerdings erneut an den Playoffs vorbeiführte.

Eastern Conference

Name: Atlanta Hawks
Stadt/State: Atlanta/Georgia
Liga: Southeast Division, Eastern Conference
Stadion: State Farm Arena (18.118 Plätze)
Farmteam: Erie Bay Hawks
Größte Erfolge: NBA-Meister 1958, Conference-Champions 1957, 1958, 1960, 1961 (alle Western)
Bekannteste Spieler: Dikembe Mutombo (Center, 1996 bis 2000), Joe Johnson (Shooting Guard, 2005 bis 2012), Lou Hudson (Shooting Guard, 1966 bis 1977), Bob Pettit (Power Forward, 1954 bis 1965), Dominique Wilkins (Small Forward, 1982 bis 1994)
Eigentümer: Tony Ressler
Trainer (Stand Sommer 2019): Lloyd Pierce
Website: www.nba.com/hawks

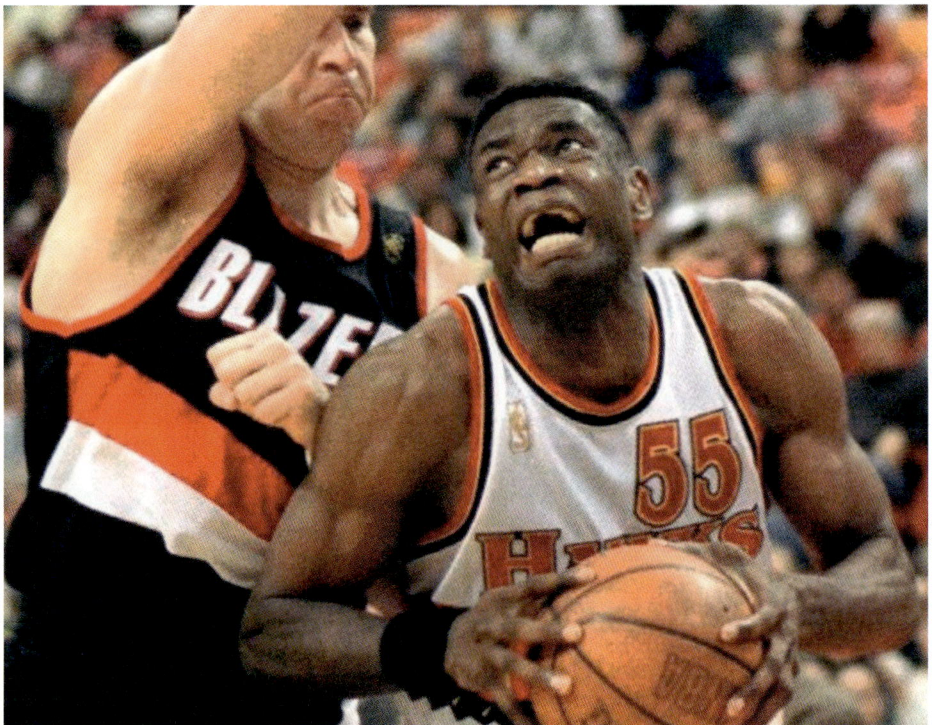

▲ Atlanta Hawks-Exstar Dikembe Mutombo (rechts) setzt sich am 25. März 1997 gegen Arvydas Sabonis von den Portland Trail Blazers durch

Washington Wizards

Der Mord an dem israelischen Ministerpräsidenten Yitzhak Rabin am 4. November 1995 brachte Washingtons Besitzer Abe Pollin zum Umdenken.

Seit 1974 hatte das Team unter dem Namen »Washington Bullets« gespielt. Doch aufgrund dieses Verbrechens, Pollin und Rabin waren befreundet, sowie der gestiegenen Kriminalitäts- und Tötungsrate in der US-Hauptstadt seit Beginn der 1990er-Jahre, wollte Pollin nicht mehr, dass sein Team »Bullets« (Geschosse) heißt. Als neue Namen standen neben den »Wizards« auch »Dragons«, »Express«, »Sea Lords« und »Stallions« zur Wahl.

Am Ende wurden es die »Wizards«, doch der Erfolg, der das Team zum Ende der 1980er-Jahre verlassen hatte, blieb weiterhin aus. Auch das NBA-Comeback von Michael Jordan, der sich nach drei Jahren Auszeit zur Rückkehr auf das Spielfeld entschloss und diese im Trikot der Wizards vollzog, änderte daran nichts. Erst seit 2005 ist das Team immer mal wieder in den Playoffs vertreten.

Dabei gehörten die Wizards, die 1961 als Chicago Packers gegründet wurden und danach mehrere Standort- und Namenswechsel hatten, schnell zu den erfolgreichsten Teams der NBA. Zwischen 1967 und 1989 gewann Washington stets mindestens 35 Saisonspiele und erreichte in diesen 22 Jahren 18 Mal die Playoffs. Wes Unseld ist der bekannteste Spieler dieser Ära. Mit dem Center schaffte das Team in der Saison 1977/1978 mit dem Gewinn des NBA-Titels gegen die Seattle SuperSonics seinen größten Erfolg. Insgesamt erreichte Washington in den 1970er-Jahren viermal die Finalserie – so oft, wie kein anderes Team. ⊖

Eastern Conference

Name: Washington Wizards
Stadt/State: Washington D.C.
Liga: Southeast Division, Eastern Conference
Stadion: Capital One Arena (20.356 Plätze)
Farmteam: Capital City Go-Go
Größte Erfolge: NBA-Meister 1978, Conference-Meister 1971, 1975, 1978, 1979
Bekannteste Spieler: Wes Unseld (Center, 1968 bis 1981), Elvin Hayes (Center, 1972 bis 1981), Gus Johnson (Small Forward, 1963 bis 1972), Earl Monroe (Point Guard, 1967 bis 1971), Michael Jordan (Shooting Guard, 2001 bis 2003)
Eigentümer: Ted Leonsis
Trainer (Stand Sommer 2019): Scott Brooks
Website: www.nba.com/wizards

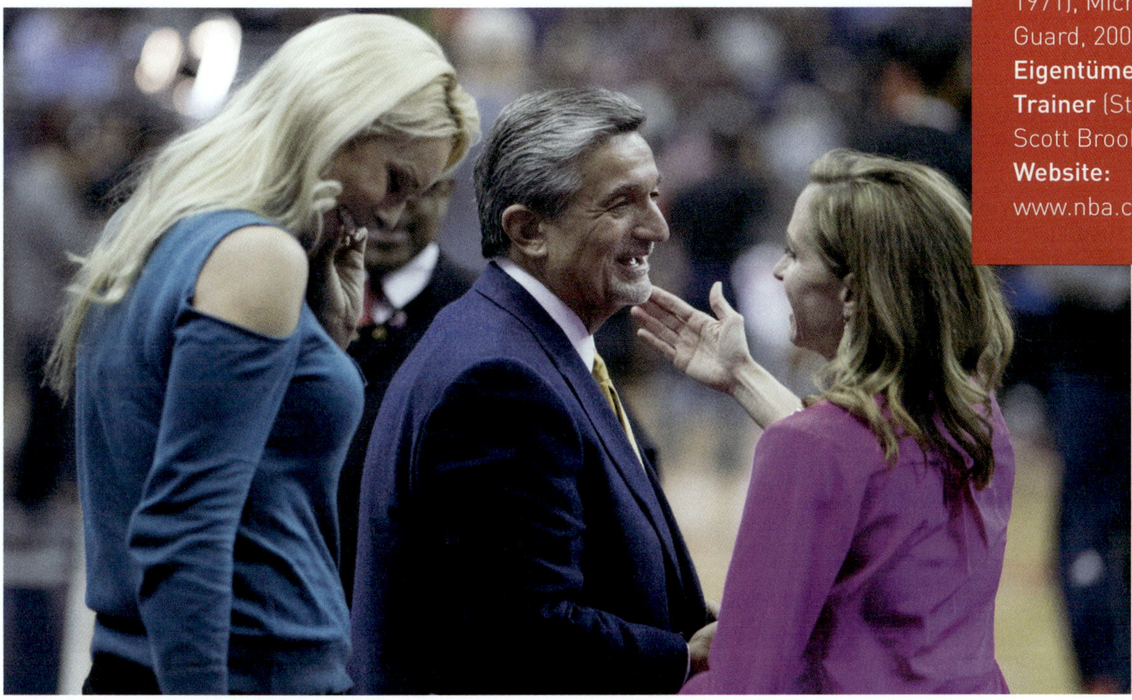

◂ Ted Leonsis (mitte) ist Haupteigentümer der Washington Wizards

New York Knicks

Am 1. November 1946 schrieben die New York Knickerbockers Basketball-Geschichte. Im Maple Leaf Gardens von Toronto gewannen die Knicks, so die gebräuchliche Kurzform, mit 68:66 gegen die Toronto Huskies.

Es gilt als das erste NBA-Spiel überhaupt. Damals hieß die neu gegründete Liga noch BAA (Basketball Association of America) und erhielt erst nach einer Fusion 1949 mit der NBL (National Basketball League) ihren bis heute gültigen Namen. Knicks-Spieler Ossie Schectman gelang der erste – und somit historische – Korb der Liga-Geschichte. Den 7.090 Zuschauern war der Eintritt zwischen 75 Cent und 2,50 US-Dollar wert.

Die stärkste Phase ihrer Team-Historie hatten die Knicks unterdessen zu Beginn der 1970er-Jahre. Unter Coach Red Holzman gewann die Mannschaft um Topspieler wie Walt Frazier, Willis Reed, Dave DeBusschere und Bill Bradley zweimal den Titel, beide Male wurden die Los Angeles Lakers in der Finalserie geschlagen. Eine Hochphase erlebten die New Yorker noch einmal mit Patrick Ewing, der zwischen 1985 und 2000 das Knicks-Trikot trug. 1994 und 1999 führte der Center sein Team in die jeweiligen Finalserien, beide Male unterlagen die Knicks.

2001, ein Jahr nachdem Ewing die Knicks in Richtung Seattle SuperSonics verlassen hatte, sorgte der Ex-Star für einen Skandal, als er als Zeuge vor Gericht gegen einen Strip-Club-Besitzer aussagen musste und dabei zugab, ab 1996 selbst sexuellen Kontakt mit den Tänzerinnen gehabt zu haben. 2006 geriet dann der damalige Trainer Isiah Thomas in die Schlagzeilen. Er wurde zu 11,6 Millionen US-Dollar Strafe wegen sexueller Belästigung einer Knicks-Mitarbeiterin verurteilt. 2019 waren die negativen Schlagzeilen dann wieder sportlicher Natur: Mit nur 17 Siegen aus 82 Spielen waren die Knicks das schlechteste Team der zurückliegenden Saison.

Eastern Conference

Name: New York Knicks
Stadt/State: New York City/New York
Liga: Atlantic Division, Eastern Conference
Stadion: Madison Square Garden (19.812 Plätze)
Farmteam: Westchester Knicks
Größte Erfolge: NBA-Meister 1970 und 1973
Bekannteste Spieler: Patrick Ewing (Center, 1985 bis 2000), Willis Reed (Center, 1964 bis 1974), Walt Frazier (Point Guard, 1967 bis 1977), Dave DeBusschere (Power Forward, 1968 bis 1974), Bernhard King (Small Forward, 1982 bis 1987)
Eigentümer: James L. Dolan
Trainer (Stand Sommer 2019): David Fizdale
Website: www.nba.com/knicks

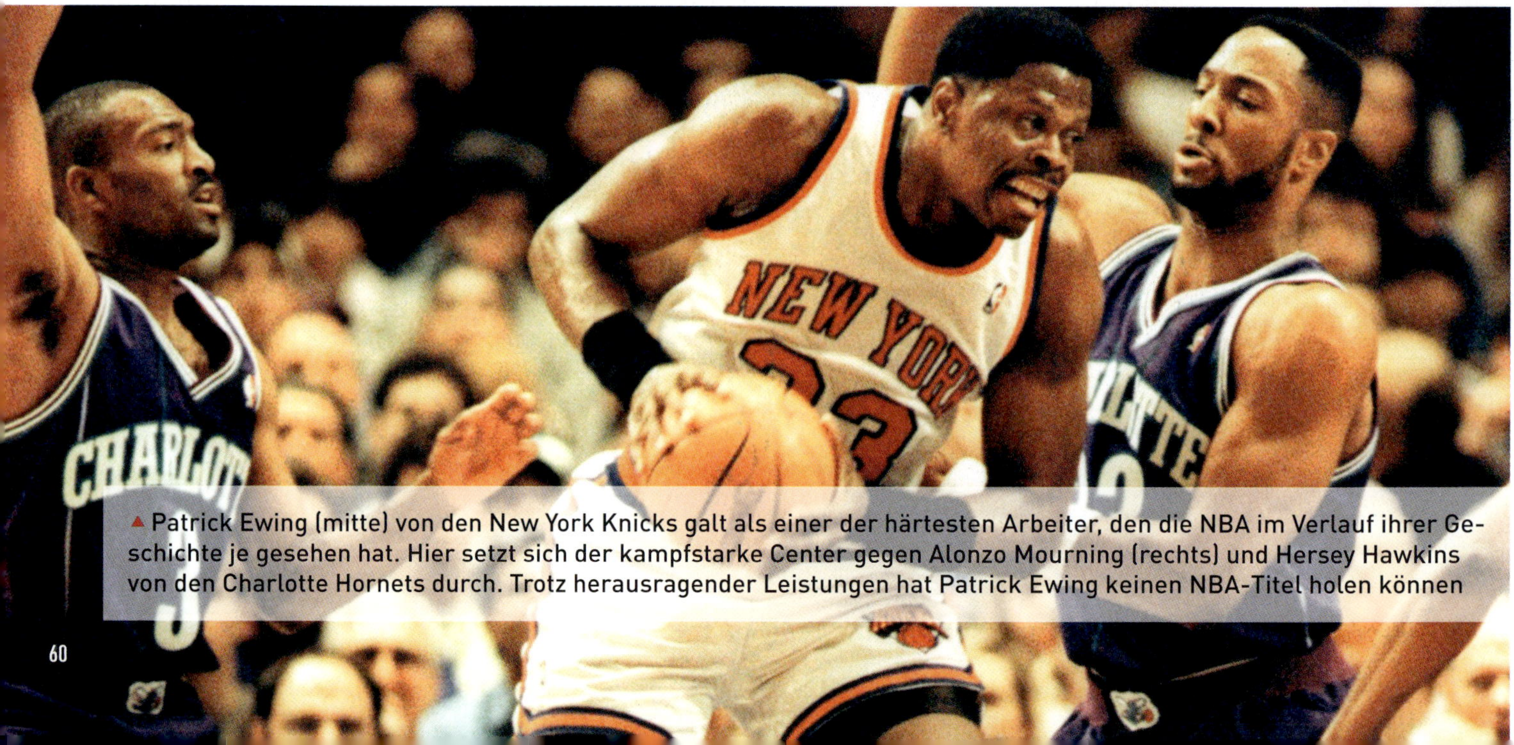

▲ Patrick Ewing (mitte) von den New York Knicks galt als einer der härtesten Arbeiter, den die NBA im Verlauf ihrer Geschichte je gesehen hat. Hier setzt sich der kampfstarke Center gegen Alonzo Mourning (rechts) und Hersey Hawkins von den Charlotte Hornets durch. Trotz herausragender Leistungen hat Patrick Ewing keinen NBA-Titel holen können

Brooklyn Nets

Die Brooklyn Nets gehören zu den am wenigsten erfolgreichen Teams in der NBA-Geschichte. Einzig in der Zeit, als Point Guard Jason Kidd ab 2001 für die damals noch in New Jersey beheimateten Nets auf Punktejagd ging, erreichte das Team von der Ostküste der Vereinigten Staaten gleich zweimal in Folge die NBA-Finals.

Kidd bildete zusammen mit Kenyon Martin, Richard Jefferson, Keith Van Horn und Kerry Kittles eine bemerkenswerte Starting Five. Zu einem Titel sollte es 2002 und 2003 dennoch nicht reichen.

So fallen die größten Erfolge des Teams, das 1967 unter dem Namen New Jersey Americans gegründet wurde, in die Zeit, als man der ABA, der American Basketball Association, angehörte. 1974 und 1976 holten die Nets, angetrieben durch ihren legendären Small Forward Julius Erwing den Titel. Ein Jahr nach dem zweiten Titel wechselten die Nets dann in die NBA. An ihre erfolgreiche Zeit aus der vorherigen Parallelliga konnten die Nets, die erst seit 2012 im New Yorker Stadtteil Brooklyn beheimatet sind, aber nie mehr anknüpfen.

Dabei wurden sie 1993, die Nets hatten gerade ein talentiertes Team zusammengestellt, von einem Schicksalsschlag getroffen. Ihr kroatischer Star-Spieler Dražen Petrović verunglückte auf einer Autobahn in Deutschland tödlich. Seine Frau, die den Unfall überlebte, heiratete 2001 den deutschen Fußball-Nationalspieler Oliver Bierhoff. 2013 wurden die Nets zu einem Vorreiter im Umgang mit homosexuellen Sportlern, als sie, als erstes US-Profiteam überhaupt, einen schwulen Spieler, Jason Collins, unter Vertrag nahmen.

Für die kommende Saison hat sich Brooklyn einiges vorgenommen. Mit Kevin Durant, DeAndre Jordan und Kyrie Irving schlossen sich gleich drei namhafte Spieler den Nets an.

Eastern Conference

NETS B BROOKLYN

Name: Brooklyn Nets
Stadt/State: New York/New York
Liga: Atlantic Division, Eastern Conference
Stadion: Barclays Center (17.732 Plätze)
Farmteam: Long Island Nets
Größte Erfolge: ABA-Meister 1974 und 1976, NBA-Conference-Titel 2002 und 2003
Bekannteste Spieler: Jason Kidd (Point Guard, 2001 bis 2008), Julius Erwing (Small Forward, 1973 bis 1976), Buck Williams (Power Forward, 1981 bis 1989), Vince Carter (Shooting Guard, 2004 bis 2009), Brook Lopez (Center, 2008 bis 2017)
Eigentümer: Michail Prochorow und Joseph Tsai
Trainer (Stand Sommer 2019): Kenny Atkinson
Website: www.nba.com/nets

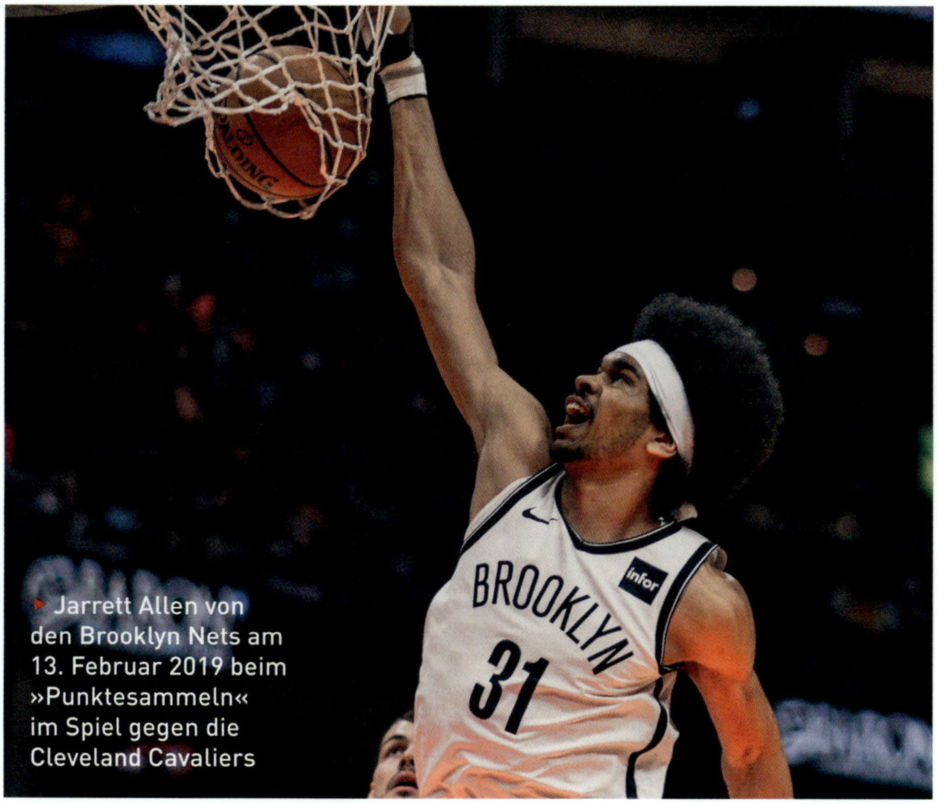

Jarrett Allen von den Brooklyn Nets am 13. Februar 2019 beim »Punktesammeln« im Spiel gegen die Cleveland Cavaliers

Philadelphia 76ers

Neun Siege, 73 Niederlagen. 1973 waren die Philadelphia 76ers für die schlechteste Saison eines Teams in der NBA-Geschichte verantwortlich. Ein bis heute bestehender Negativ-Rekord, den die 76ers 2016 beinahe selbst gebrochen hätten – am Ende standen aber zehn Saisonsiege zu Buche. Das Team aus Philadelphia spielte also die schlechteste und die zweitschlechteste Saison seit Liga-Bestehen.

Dabei hatte doch alles so erfolgreich angefangen. 1946 gegründet, startete das Team unter dem Namen Syracuse Nationals zunächst in der National Basketball League, die 1949 aufgelöst wurde. Die Nationals wechselten daraufhin in die NBA, zogen aber erst 1963 nach Philadelphia um und nahmen dort in Anlehnung an Ort und Unterzeichnung der Amerikanischen Unabhängigkeitserklärung aus dem Jahr 1776 den Namen 76ers an.

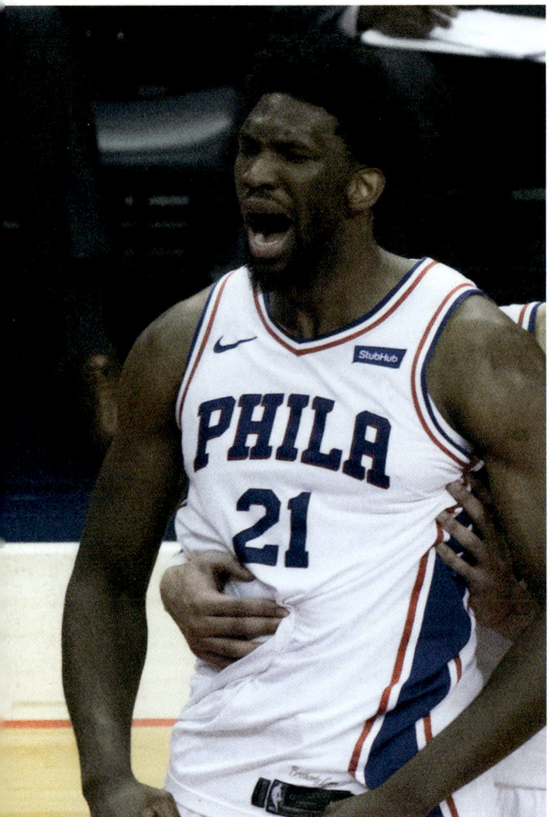

▲ 76ers-Hoffnungsträger der l.: Joel Embiid, hier am 25. Februar 2018 bei einem Spiel gegen die Wizards

Der Erfolg hatte aber schon mit dem Start in der NBA Einzug gehalten. Gleich die erste Saison führte bis in die Finals gegen die Minneapolis Lakers, bis 1971 kamen insgesamt 22 Playoff-Teilnahmen am Stück zusammen – garniert mit den Meisterschaften 1955 gegen die Fort Wayne Pistons und 1967 gegen die San Francisco Warriors. Power Forward Dolph Schayes, der 16 Jahre für die Nationals bzw. 76ers spielte, war von 1948 an der Star des Teams. Als er seine Karriere 1964 beendet hatte, avancierte Wilt Chamberlain zu seinem Nachfolger, als er 1965 von den Warriors geholt wurde.

Mit Chamberlain gelang dem Team aus der Stadt der Brüderlichen Liebe wenig später Historisches. Noch ehe man San Francisco in den Finals schlug, wurden die Boston Celtics aus dem Weg geräumt – und damit die acht Jahre lang anhaltende Titelserie der Celtics vorzeitig unterbrochen. Die Mannschaft um Chamberlain und seine Teamkollegen Hal Greer (Shooting Guard), Chet Walker (Small Forward) und Bill Cunningham (Power Forward) wurde 1980 zum besten Team aller Zeiten gewählt. Zugegeben, zwischenzeitlich sind einige weitere Jahre vergangen.

Nachdem 1972 erstmals in der Franchise-Geschichte eine Postseason ohne Philadelphia stattfand, mussten die Fans bis 1975/1976 warten, ehe eine Rückkehr mit Top-Talent Darryl Dawkins gelang, der für seine kraftvollen Dunkings bekannt war. Als Julius Erwing 1976 direkt aus der ABA verpflichtet wurde, ging es auf Anhieb wieder bis in die Finalserie, wo sich allerdings die Portland Trail Blazers durchsetzten. Trotzdem: Von 1976 bis 1991 gelangen 15 Playoff-Teilnahmen in 16 Jahren, Höhepunkt war der dritte Titelgewinn der Team-Geschichte 1983.

In den folgenden Jahren ging es auf und ab, über die Conference-Halbfinalspiele ging es allerdings nicht mehr hinaus. Im Oktober 2011 gewannen die 76ers Aufmerksamkeit über die USA hinaus, als das Unternehmen Comcast Spectator das Team an ein Konsortium verkaufte, dem auch Hollywood-Star Will Smith angehört. Doch auch der Schauspieler konnte die ersten fünf Jahre nur zusehen, wie eine Saison nach der nächsten erfolglos dahinging. Auch weil das Verletzungspech immer wieder zuschlug.

So musste Center Joel Embiid nach seinem Draft 2014 zwei Jahre warten, ehe er sein NBA-Debüt geben konnte. Ähnlich erging es Ben Simmons. Der 2,08 Meter große Point Guard wurde 2016 gedraftet, feierte seine Premiere aber erst 2017/2018.

Und Markelle Fultz, Erstrundenwahl des Drafts von 2017 wurde von mysteriösen Schulterschmerzen derart aus der Bahn geworfen, dass er, nachdem er den NBA-Rekord für den jüngsten Spieler, dem je ein Triple-Double gelang, aufgestellt hatte, in ein Leistungsloch fiel und zu den Orlando Magic abgegeben wurde. Trotzdem: Mit dem Kameruner Embiid und dem Australier Simmons ging es zuletzt zweimal in Folge wieder bis in die Conference-Halbfinals. ⊖

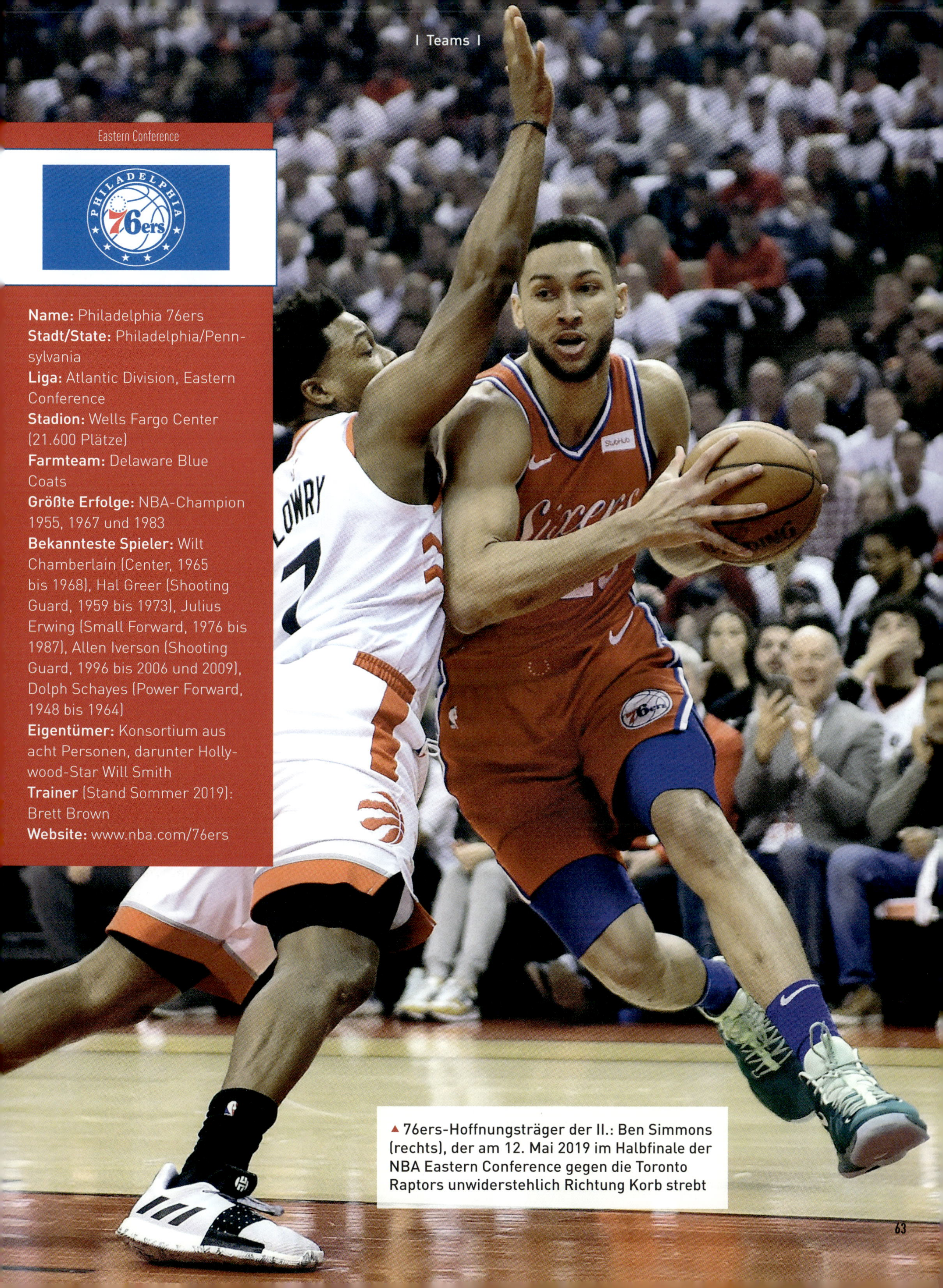

Eastern Conference

Name: Philadelphia 76ers
Stadt/State: Philadelphia/Pennsylvania
Liga: Atlantic Division, Eastern Conference
Stadion: Wells Fargo Center (21.600 Plätze)
Farmteam: Delaware Blue Coats
Größte Erfolge: NBA-Champion 1955, 1967 und 1983
Bekannteste Spieler: Wilt Chamberlain (Center, 1965 bis 1968), Hal Greer (Shooting Guard, 1959 bis 1973), Julius Erwing (Small Forward, 1976 bis 1987), Allen Iverson (Shooting Guard, 1996 bis 2006 und 2009), Dolph Schayes (Power Forward, 1948 bis 1964)
Eigentümer: Konsortium aus acht Personen, darunter Hollywood-Star Will Smith
Trainer (Stand Sommer 2019): Brett Brown
Website: www.nba.com/76ers

▲ 76ers-Hoffnungsträger der II.: Ben Simmons (rechts), der am 12. Mai 2019 im Halbfinale der NBA Eastern Conference gegen die Toronto Raptors unwiderstehlich Richtung Korb strebt

Boston Celtics

Als die Boston Celtics mit Star-Center Bill Russell 1959 den zweiten Titel in der Geschichte der Franchise gewannen, wussten sie noch nicht, dass dies der Anfang zur größten Titel-Dynastie der NBA sein sollte.

Head Coach Red Auerbach hatte neben Russell mit den Guards Bob Cousy und K.C. Jones sowie Forward Tommy Heinsohn eine Mannschaft um sich versammelt, die den Basketball in den kommenden Jahren – acht, um genau zu sein – dominieren sollte.

Denn bis einschließlich 1966 kannte die Liga nur einen Champion: die Boston Celtics. Ganz zu Lasten der Los Angeles Lakers, die in dieser Ära gleich fünfmal das Nachsehen in den Finals hatten. Zweimal wurden die St. Louis Hawks in der Endspielserie geschlagen, einmal die San Francisco Warriors. In diesen Jahren wurde der Grundstein für den inoffiziellen Titel gelegt, den die Celtics noch heute für sich verbuchen: NBA-Rekordchampion mit insgesamt 17 Meisterschaften.

1967 endete dann die Dynastie – oder besser gesagt: sie wurde unterbrochen. In den Eastern-Division-Finals musste sich Boston den Philadelphia 76ers geschlagen geben, die sich wenige Wochen später den Titel gegen die Warriors holten. Es war die erste Saison nach der Zeit mit Auerbach auf dem Cheftrainer-Sessel und prompt holte am Ende ein anderes Team die NBA-Krone. Doch der Titel war nur »verliehen« – 1968 und 1969 holte sich Boston die Meisterschaft zurück. Natürlich standen sie in beiden Finalserien abermals den Lakers gegenüber. Auf der Trainerbank saß Bill Russell, der General Manager hieß Red Auerbach – das Erfolgsduo machte also, jetzt mit anderen Aufgaben betraut, weiter.

Auch in der Folge blieben die Celtics stets ein Spitzenteam der Liga. Auch, weil es ihnen immer gelang, einen absoluten Topstar seiner Zeit ins grüne Trikot zu holen. In den 1970er-Jahren war es Shooting Guard John Havlicek, der bereits seit 1962 für Boston spielte, in Kombination mit Center Dave Cowens, die zwei weitere Titel holten.

Eine Dekade später faszinierte dann Small Forward Larry Bird im Zusammenspiel mit Power Forward Kevin McHale und Center Robert Parish die Fans der Liga. Das Trio trug den Namen »Big Three« und wurde in ihren Anfangsjahren noch von Point Guard Nate Archibald ergänzt – drei weitere Titel folgten bis 1986, ehe nach einer Niederlage in den Finals gegen die Lakers der Stern der Celtics nicht mehr ganz so hell am NBA-Himmel leuchtete. Ab 1995 fanden die Playoffs gar sechsmal in Serie ohne die Celtics statt – obwohl erneut Topstars wie Small Forward Antoine Walker oder Point Guard Chancey Billups das Trikot des Rekordmeisters trugen.

Erst mit dem Draft von Small Forward Paul Pierce 1998 ging es wieder langsam bergauf, wenngleich die Playoffs erst 2001/2002 wieder erreicht wurden. Trotzdem: Um Pierce, der bis 2013 an der Ostküste blieb, wurde wieder ein starkes Team aufgebaut, dass sich 2008 zum bisher letzten Mal zum Champion krönen sollte – unnötig zu erwähnen, dass in den Finals einmal mehr die Lakers geschlagen wurden.

Von 2017 bis 2019 waren Small Forward Gordon Hayward und Point Guard Kyrie Irving die Führungsfiguren eines talentierten Teams, das auf den 18. Titel der Franchise-Historie brannte – aber scheiterte. Irving wechselte dann zu den Brooklyn Nets. Tradition haben die Celtics auch außerhalb aller Erfolgslisten vorzuweisen, gehören sie doch neben den New York Knicks und den Philadelphia Warriors zu den drei noch existierenden Gründungsmitgliedern der BAA und späteren NBA und sind neben den Knicks das älteste Team, das noch immer in seiner Heimatstadt spielt. Gründer war Walter A. Brown, der den damaligen Boston Garden betrieb – und schlichtweg ein Team für seine Halle benötigte. ⊖

Eastern Conference

Name: Boston Celtics
Stadt/State: Boston/Massachusetts
Liga: Atlantic Division, Eastern Conference
Stadion: TD Garden (18.624 Plätze)
Farmteam: Maine Red Claws
Größte Erfolge: NBA-Champion 1957, 1959 bis 1966, 1968, 1969, 1974, 1976, 1981, 1984, 1986, 2008
Bekannteste Spieler: Bill Russell (Center, 1956 bis 1969), Larry Bird (Small Forward, 1979 bis 1992), John Havlicek (Shooting Guard, 1962 bis 1978), Kevin McHale (Center, 1980 bis 1993), Paul Pierce (Small Forward, 1998 bis 2013)
Eigentümer: Wycliffe Grousbeck
Trainer (Stand Sommer 2019): Brad Stevens
Website: www.nba.com/celtics

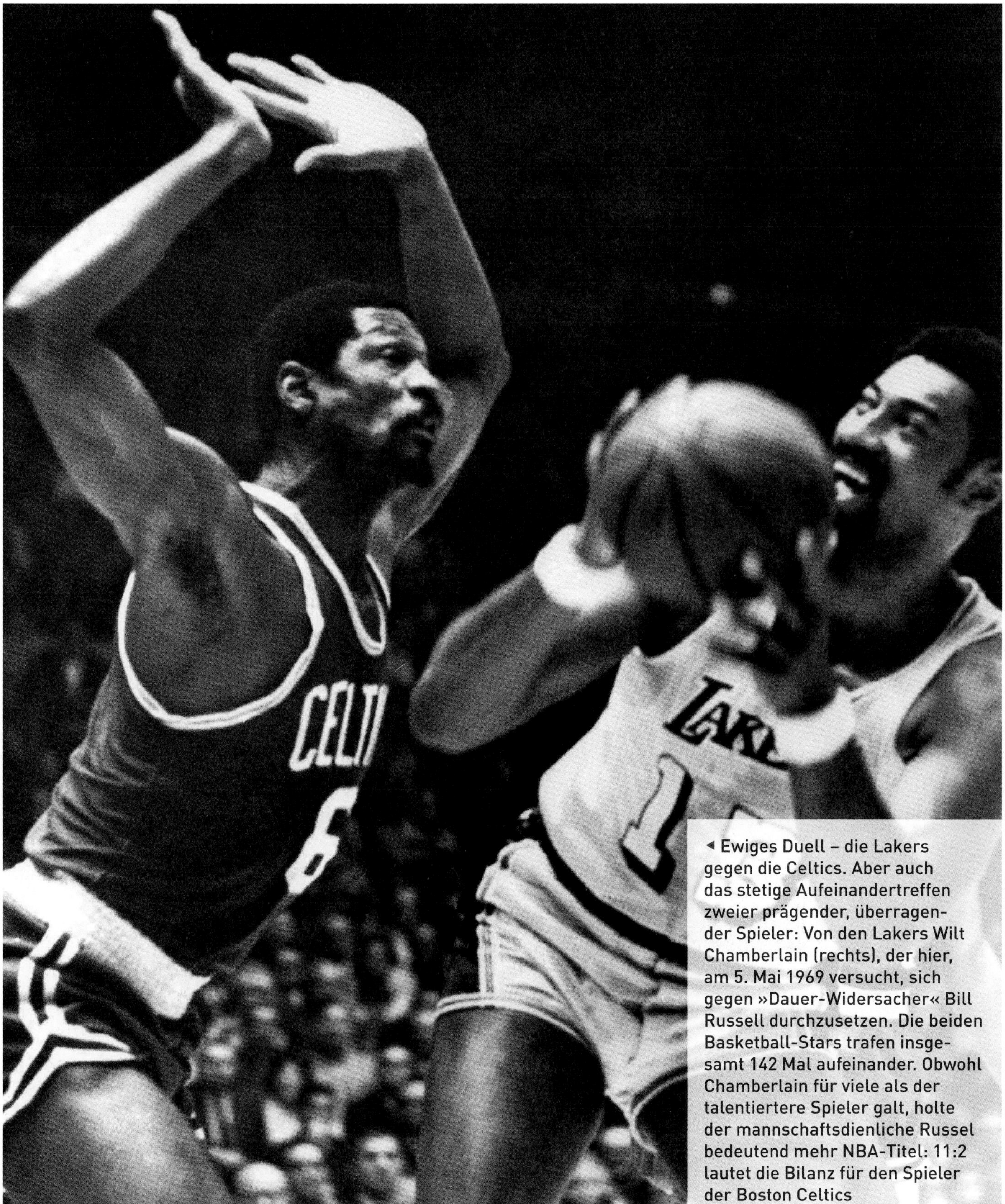

◂ Ewiges Duell – die Lakers gegen die Celtics. Aber auch das stetige Aufeinandertreffen zweier prägender, überragender Spieler: Von den Lakers Wilt Chamberlain (rechts), der hier, am 5. Mai 1969 versucht, sich gegen »Dauer-Widersacher« Bill Russell durchzusetzen. Die beiden Basketball-Stars trafen insgesamt 142 Mal aufeinander. Obwohl Chamberlain für viele als der talentiertere Spieler galt, holte der mannschaftsdienliche Russel bedeutend mehr NBA-Titel: 11:2 lautet die Bilanz für den Spieler der Boston Celtics

Toronto Raptors

»Und so machen wir das im Norden«, schrieb Justin Trudeau, Kanadas Premierminister, über den Kurznachrichtendienst Twitter. Die Toronto Raptors hatten soeben am Abend des 13. Juni 2019 zum ersten Mal in ihrer Geschichte den NBA-Titel geholt.

Zum ersten Mal ging damit die Larry-O'Brien-Championship-Trophäe nach Kanada, zum ersten Mal seit 1993 gewann überhaupt wieder ein in Kanada ansässiges Team einen Titel in einer der großen US-Sportligen – damals waren es die Montreal Canadians, die sich die Meisterschaft in der Eishockey-Liga NHL sicherten. Überragender Spieler Torontos in den Finals gegen die Golden State Warriors, die zum fünften Mal in Folge in der Endspielserie standen und somit automatisch Favorit waren, war Kawhi Leonard. Er vollendete beim 114:110 im sechsten Duell der Serie nicht nur zwei entscheidende Freiwürfe kurz vor Spielende, er war mit 30,5 Punkten und 9,1 Rebounds im Schnitt, auch der hervorstechende Spieler in den Playoffs und wurde zum Finals-MVP gekürt. Und es war ein riskanter Move von Torontos General Manager Masai Ujiri gewesen, der Leonard zu den Raptors führte, eben weil der 27-Jährige auch mit einem auslaufenden Vertrag vor der Saison von den San Antonio Spurs gekommen war. Im US-Sport übernimmt ein aufnehmendes Team in der Regel den laufenden Vertrag eines Spielers von dessen Vorgängerverein.

Außerhalb ihres Heimatlandes hatten sich die Raptors allerdings alles andere als beliebt gemacht. Zu den Edelfans des Teams gehört der Rap-Musiker Drake, der die Spiele seiner Raptoren gern in unmittelbarer Nähe zum Spielfeld verfolgt und in seiner Emotionalität dieses auch schonmal betritt. Dabei kommt es auch zu Pöbeleien oder ausschweifenden Jubel-Arien, die den Gegner mitunter provozieren. Eigentlich ist es Fans in der NBA nicht erlaubt, das Spielgeschehen nach dem Motto »mittendrin, statt nur dabei« zu verfolgen – bei Drake beließ es die NBA-Führung indes bei Ermahnungen. Auch die Raptors-Fans zogen einigen Unmut der NBA-Öffentlichkeit auf sich, als sie die Verletzung von Warriors-Star Kevin

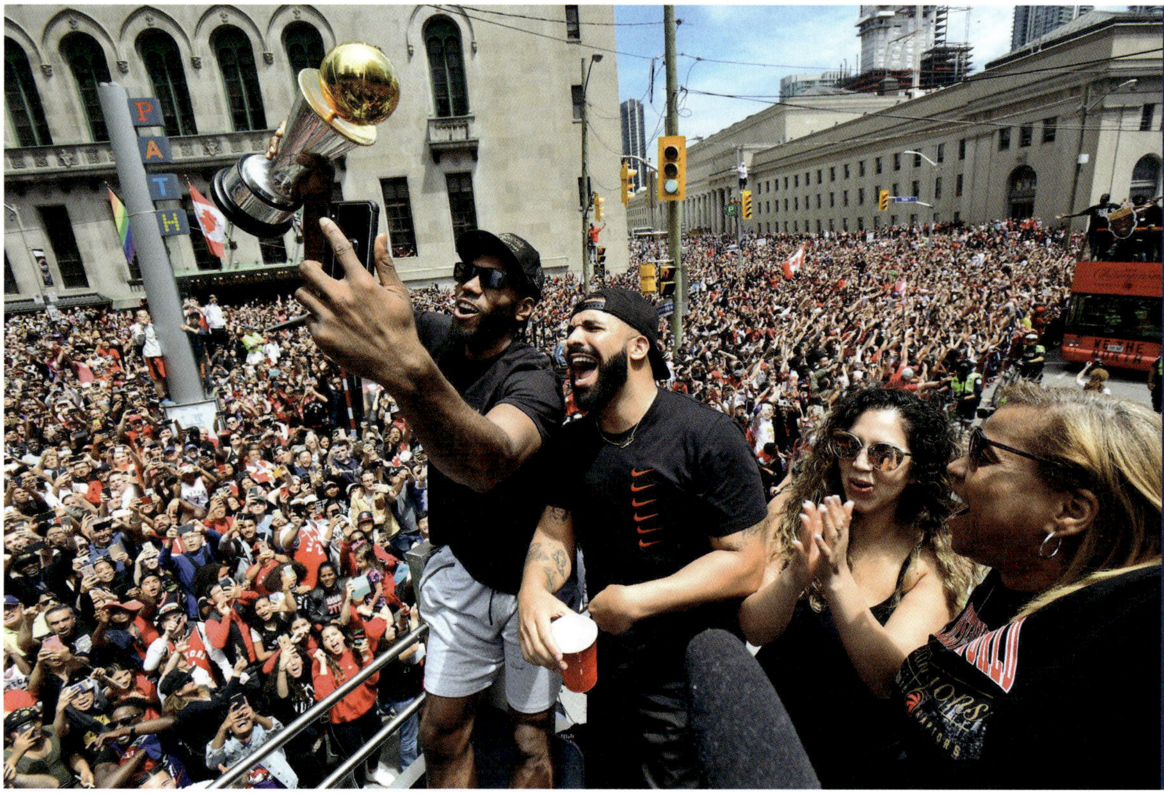

◂ Jubel, Trubel, Heiterkeit: Kawhi Leonard von den Toronto Raptors mit Rapper Drake, Lebensgefährtin Kishele Shipley und seiner Mutter Kim Robertson (von links nach rechts) am 17. Juni 2019 während der Meister-Parade der Raptors in Toronto

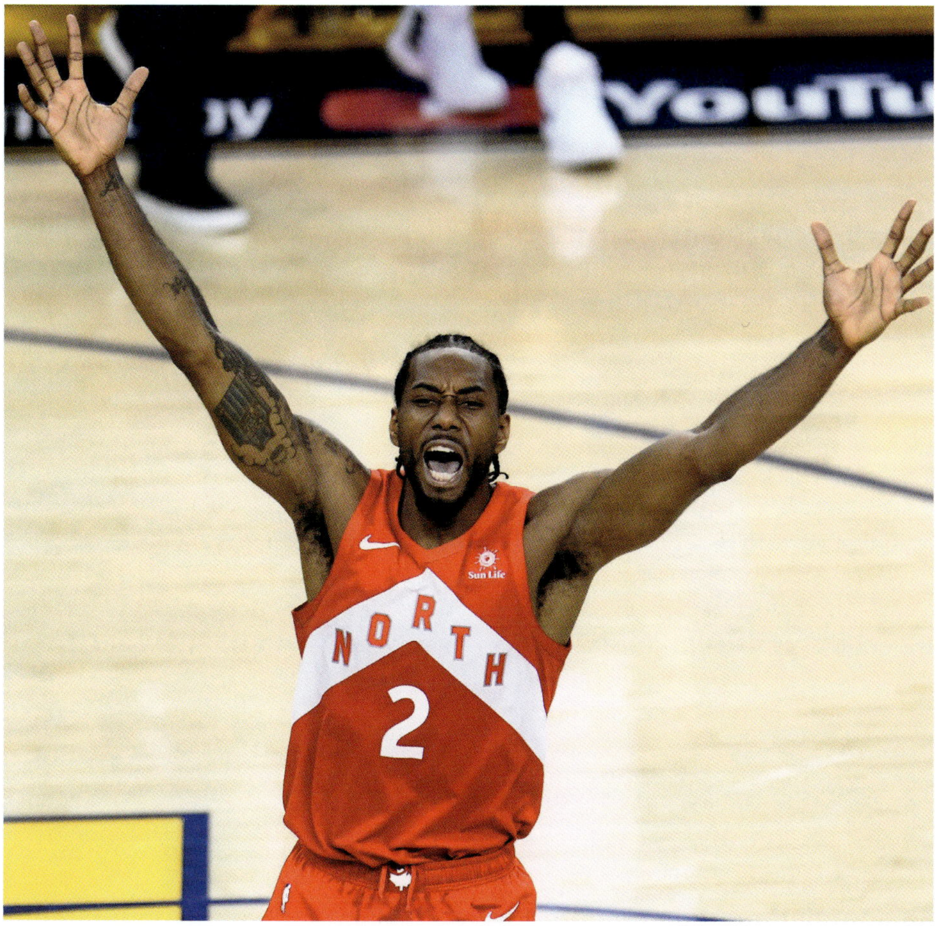

◂ Kawhi Leonard von den Toronto Raptors bejubelt nach Schlusspfiff des sechsten Spiels der Finalserie bei den Golden State Warriors den soeben erreichten 114:110-Erfolg, der die Raptors am 13. Juni 2019 zum neuen NBA-Titelträger macht

Durant in Spiel fünf der Serie bejubelten. Dennoch: Am Ende stand der erste Titel für eine Mannschaft – bestehend aus der Startformation mit Point Guard Kyle Lowry, Shooting Guard Danny Green, Power Forward Pascal Siakam und Center Marc Gasol neben Leonard –, die sich den Erfolg mit ihrer Geschlossenheit verdient hat.

Gegründet wurde das Team erst 1995 im Zuge der Expansion der Liga ins benachbarte Kanada. Neben den Raptors, die ihren Namen in Anlehnung an den erfolgreichen Hollywood-Film »Jurassic Parc« wählten, wurden damals auch die Vancouver Grizzlies erschaffen, die aber zur Saison 2001/2002 aufgrund mangelnden Zuschauerzuspruchs ins amerikanische Memphis umsiedelten. Die Raptors blieben hingegen und sind aktuell das einzige in Kanada beheimatete Team der National Basketball Association. Es dauerte bis in die fünfte Saison, ehe dann erstmals das Playoff-Ticket gelöst wurde. Allerdings schied man sogleich gegen die New York Knicks wieder aus. Eine schöne Erinnerung an die Geschichte, denn am 1. November 1946 wurde das erste Ligaspiel der damaligen BAA zwischen den Toronto Huskies und eben den Knicks ausgetragen. Auch damals siegten die Knicks, die Huskies lösten sich am Ende der damaligen Saison wieder auf. Gut, dass die Raptors es ihren Vorgängen nicht nachtaten, denn mit Shooting Guard Vince Carter gab es in der Folgesaison dann die ersten Siege in der Postseason zu feiern. Zu den Top-Teams der Liga gehören die Raptors seit 2013. Mit Shooting Guard DeMar DeRozan und Lowry ging es seitdem beständig in die Playoffs. Mit der Hinzunahme von Leonard folgte dann der Höhepunkt. In der kommenden Saison wird Leonard allerdings für die Los Angeles Clippers auf Punktejagd gehen. ⊖

Eastern Conference

Name: Toronto Raptors
Stadt/State: Toronto/Kanada
Liga: Atlantic Division/Eastern Conference
Stadion: Scotiabank Arena (19.800 Plätze)
Farmteam: Raptors 905
Größte Erfolge: NBA-Meister 2019
Bekannteste Spieler: Kyle Lowry (Point Guard, seit 2012), DeMar DeRozan (Shooting Guard, 2009 bis 2018), Vince Carter (Shooting Guard, 1998 bis 2004), Chris Bosh (Power Forward, 2003 bis 2010), Kawhi Leonard (Small Forward, 2018/2019)
Eigentümer: Maple Leaf Sports & Entertainment
Trainer (Stand Sommer 2019): Nick Nurse
Website: www.nba.com/raptors

Ich lebe nur im Moment und versuche jedes Spiel zu gewinnen. Darauf liegt mein ganzer Fokus.

Kawhi Leonard

Detroit Pistons

Spätestens als die Detroit Pistons im NBA-Draft von 1986 Enfant Terrible Dennis Rodman auswählten, waren die »Bad Boys« perfekt. Rodman, ein 2,01 Meter großer Power Forward mit sehr körperlichem Spielstil, stieß bei den Pistons zu Point Guard Isiah Thomas und Shooting Guard Joe Dumars, die beide ebenfalls von ihrer Physis lebten.

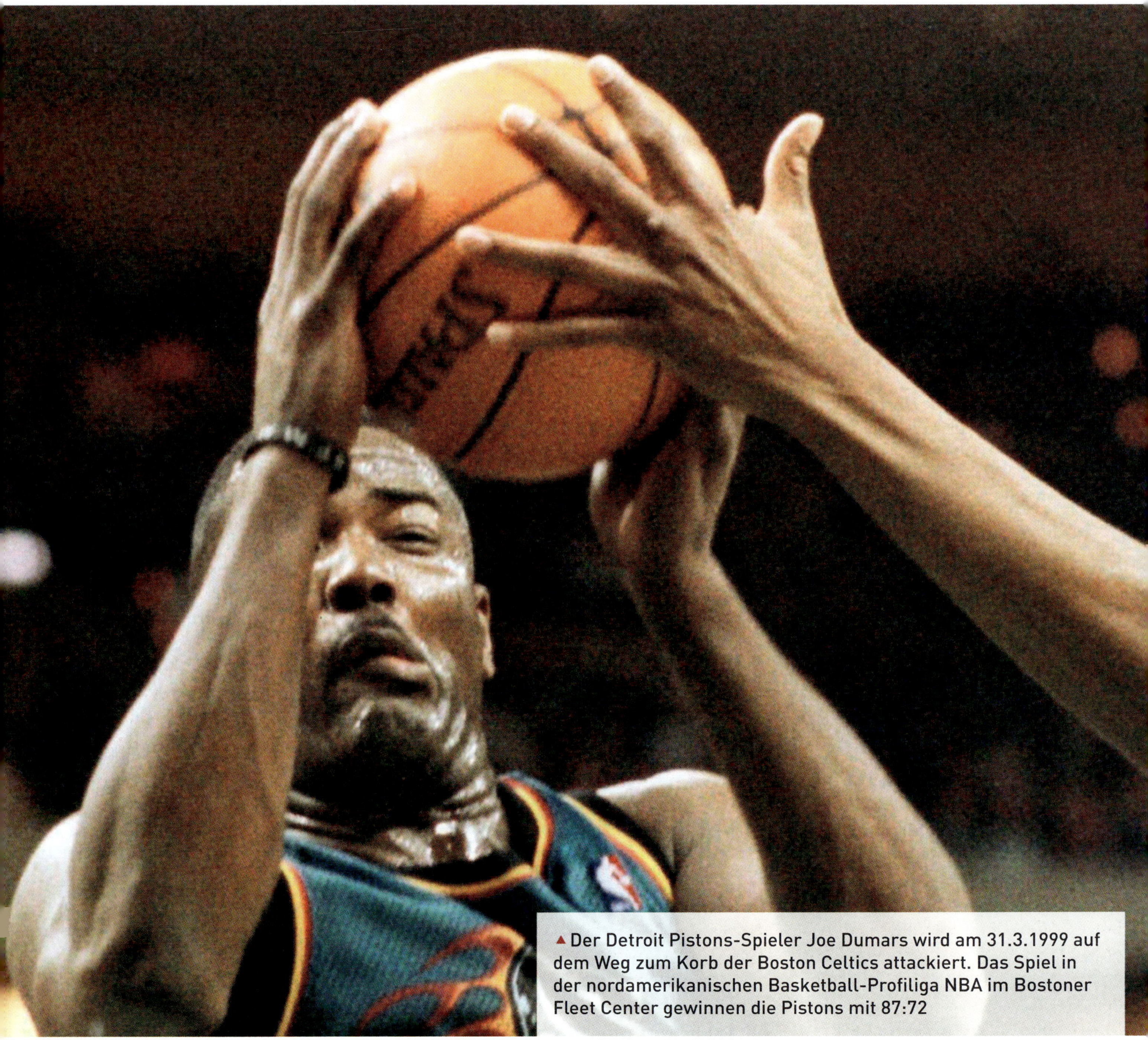

▲ Der Detroit Pistons-Spieler Joe Dumars wird am 31.3.1999 auf dem Weg zum Korb der Boston Celtics attackiert. Das Spiel in der nordamerikanischen Basketball-Profiliga NBA im Bostoner Fleet Center gewinnen die Pistons mit 87:72

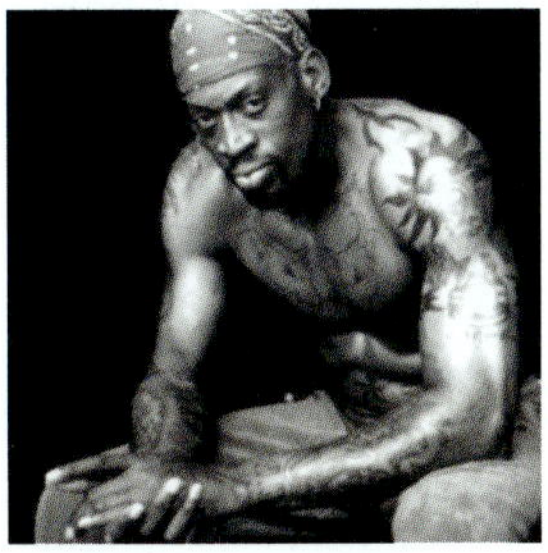

▲ Dennis Rodman, hier auf einer Aufnahme von 2005, holte mit den Detroit Pistons 1989 und 1990 den NBA-Titel

Sofort – und erstmalig – zog das Team aus der Motor City in die Conference Finals ein, verlor dort aber gegen die Boston Celtics. In den folgenden drei Jahren aber kamen die Pistons, vom Trio der »Bad Boys« angeführt, dreimal in die Finalserie und sollten den Titel dabei 1989 und 1990 gewinnen. Die NBA kürte das Team von 1989 damals zusätzlich, indem sie es zu einem der besten zehn Teams der Ligageschichte wählte.

Obwohl die »Bad Boys« noch bis 1993 zusammen in Detroit spielten, ging es in der Folge stetig bergab – in der letzten gemeinsamen Saison wurden gar die Playoffs erstmals nach neun Teilnahmen in Folge verpasst. Die Fans in »MoTown« mussten danach bis zur Saison 2001/2002 warten, ehe ihre Mannschaft wieder in die Spitze der NBA vordrang – obwohl Dumars bis 1999 geblieben war und obwohl ab 1994 mit Small Forward Grant Hill einer der Topstars der Liga im Trikot der Pistons auflief.

Dumars wechselte 2000 ins Front Office und drehte das Team auf links. Als wichtigste Personalie wurde Rick Carlisle 2001 als Trainer verpflichtet, der die Pistons zweimal zu 50 Siegen in der Regular Season führte und 2003 erst in den Conference-Finals an den New Jersey Nets scheiterte. Auf Carlisle folgte Larry Brown auf dem Trainerstuhl – und mit Brown folgte der dritte Titel der Teamgeschichte. Als klarer Außenseiter standen die Pistons in den Finals den von Stars wie Shaquille O`Neal, Kobe Bryant und Karl Malone gespickten Los Angeles Lakers gegenüber – und gewannen trotzdem. Head Coach Brown wurde so zum ersten Trainer der Geschichte, der sowohl einen NCAA-Titel im College-Basketball holte, wie auch einen NBA-Titel. Bis 2008 sollten sich die Pistons in der Spitze der NBA halten. Der 94:75-Sieg gegen die Boston Celtics in den Conference Finals am 26. Mai 2008 zum 2:2-Ausgleich der Best-of-seven-Serie, war bis heute das letzte Erfolgserlebnis in den Playoffs.

Danach folgten zwar noch drei weitere Teilnahmen, die aktuellste in der zurückliegenden Saison, doch jedes Mal schieden die Pistons in der ersten Runde nach vier Pleiten in vier Spielen aus. Trotzdem: Mit Spielern wie Center Andre Drummond und Power Forward Blake Griffin sowie Dwane Casey als Head Coach und der neuen Little Caesars Arena (2017 eröffnet) verfügen die Pistons über ein gutes Grundgerüst. Darauf vertraut auch Besitzer Tom Gores, der die Pistons 2011 für »nur« 325 Millionen US-Dollar erwarb und damit 125 Millionen weniger für sein Team bezahlte, als Joe Lacob und Peter Guber wenige Monate zuvor für die Golden State Warriors.

Das Fundament der Team-Geschichte wurde indes bereits 1941 gelegt, womit die Franchise zu den ältesten Basketball-Teams der NBA gehört. Als Fort Wayne Zollner Pistons von Fred Zollner, dem Besitzer einer Autoteile-Firma, gegründet, trat das Team zunächst bis 1947 in der National Basketball League an. In der Liga, die hauptsächlich aus Betriebsmannschaften bestand, holten die Zollner Pistons 1944 und 1945 jeweils den Titel. 1948, mit Wechsel des Teams aus der NBL in die BAA, die Namenssponsoring in ihren Regularien untersagte, fiel der Name des Gründers weg – 1957 wurden die Pistons dann in Detroit sesshaft.

Eastern Conference

Name: Detroit Pistons
Stadt/State: Detroit/Michigan
Liga: Central Division, Eastern Conference
Stadion: Little Caesars Arena (21.000 Plätze)
Farmteam: Grand Rapids Drive
Größte Erfolge: NBA-Champion 1989, 1990 und 2004
Bekannteste Spieler: Joe Dumars (Shooting Guard, 1985 bis 1999), Isiah Thomas (Point Guard, 1981 bis 1994), Ben Wallace (Center, 2000 bis 2006 und 2009 bis 2012), Chauncey Billups (Point Guard, 2002 bis 2008 und 2013 bis 2014), Dennis Rodman (Power Forward, 1986 bis 1993)
Eigentümer: Tom Gores
Trainer (Stand Sommer 2019): Dwane Casey
Website: www.nba.com/pistons

Cleveland Cavaliers

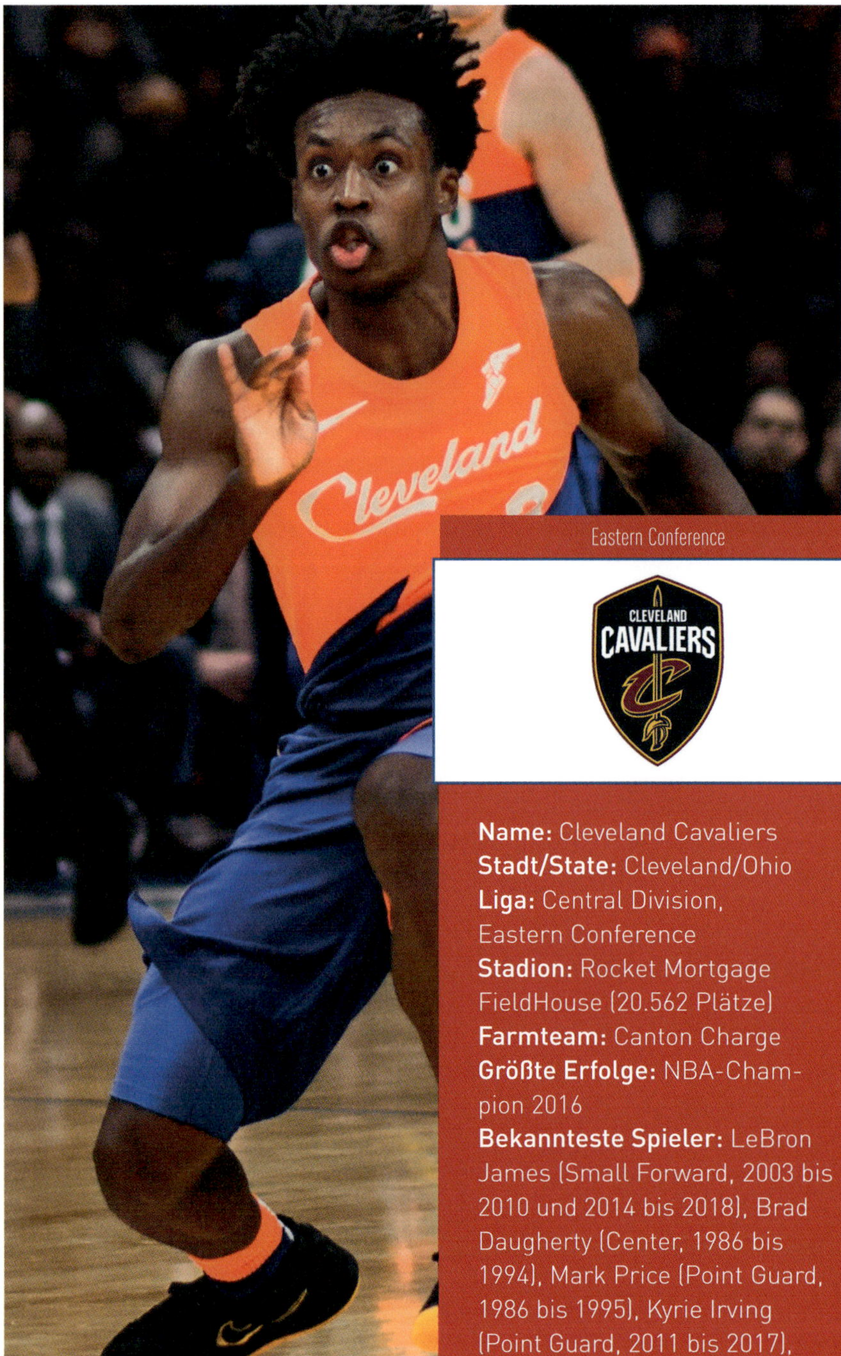

▲ Collin Sexton von den Cleveland Cavaliers erzielte am 13. Februar 2019 bei den Brooklyn Nets zwar 24 Punkte, konnte die 139:148-Niederlage seines Teams aber nicht verhindern

Eastern Conference

Name: Cleveland Cavaliers
Stadt/State: Cleveland/Ohio
Liga: Central Division, Eastern Conference
Stadion: Rocket Mortgage FieldHouse (20.562 Plätze)
Farmteam: Canton Charge
Größte Erfolge: NBA-Champion 2016
Bekannteste Spieler: LeBron James (Small Forward, 2003 bis 2010 und 2014 bis 2018), Brad Daugherty (Center, 1986 bis 1994), Mark Price (Point Guard, 1986 bis 1995), Kyrie Irving (Point Guard, 2011 bis 2017), Kevin Love (Center, seit 2014)
Eigentümer: Dan Gilbert (Mehrheitseigner)
Trainer (Stand Sommer 2019): John Beilein
Website: www.nba.com/cavaliers

Vier Jahre in Folge gewannen die Cleveland Cavaliers die Eastern Conference und zogen von 2015 bis 2018 entsprechend häufig in die NBA-Finals ein.

Und viermal traf das Team, das um Superstar LeBron James aufgebaut war, in der Endspielserie auf die Golden State Warriors um deren Starspieler Stephen Curry. Nachdem man sich 2015 noch mit 2:4 Siegen geschlagen geben musste, stand das Team ein Jahr später auf dem Höhepunkt der eigenen Historie.

Am 19. Juni 2016 hatten es die Cavaliers geschafft. Nachdem das Team bereits 1:3 in den Finals gegen Golden State zurückgelegen hatte, wurde die Serie noch gedreht, was keinem Team in der Finalserie zuvor gelungen war. Nach einem 93:89 stand der erste Titel für den Briefkopf schließlich zu Buche. Und noch mehr: Die sportbegeisterte Stadt Cleveland hatte nach 18.802 Tagen endlich wieder einen Champion in einer der großen US-Sportligen. 51,5 Jahre nach dem letzten Titel der Cleveland Browns aus der National Football League war der Bann gebrochen.

Nach zwei weiteren Teilnahmen an den Finals 2017 und 2018 folgte der personelle Umbruch, mit einer rasanten, sportlichen Talfahrt in der zurückliegenden Spielzeit mit nur 19 Siegen – nur in insgesamt drei Spielzeiten waren die Cavaliers seit ihrer Gründung schlechter gewesen. Eine davon war ihre Premieren-Saison, die mit 15 Niederlagen begann. Unter Besitzer Ted Stepien folgten Anfang der 1980er-Jahre drei chaotische Seasons mit sechs Trainerwechseln und ständig wechselndem Spielerpersonal. Historisches schafften die Cavs, so der Kurzname, auch 2010/2011 mit 26 Niederlagen am Stück – ein Liga-Rekord, der aber zwischenzeitlich von den Philadelphia 76ers mit 28 Pleiten hintereinander gebrochen wurde. ⊖

Milwaukee Bucks

Die beste Saison seit 1981 liegt hinter den Milwaukee Bucks. Damals wie zuletzt war dem Team eine Regular Season mit 60 Siegen zu 22 Niederlagen gelungen.

Während sich die Bucks in den frühen 1980er-Jahren in der NBA-Spitze etablierten und bis 1986 siebenmal in Folge mindestens das Halbfinale der Eastern Conference erreichten, hofft das aktuelle Team um Head Coach Mike Budenholzer auf eine ähnliche Ära in den kommenden Jahren. Denn mit dem Griechen Giannis Antetokounmpo hat Milwaukee einen der auffälligsten Spieler der NBA in seinen Reihen. In der zurückliegenden Spielzeit reichte es mit dem 2,11 Meter großen Forward bis in die Conference Finals, die das Team zuletzt 2001/2002 erreicht hatte.

Gegründet wurden die Bucks 1968. Mit dem Spielerduo aus Center Lew Alcindor, der später unter dem Namen Kareem Abdul-Jabbar zum Superstar aufstieg, und Point Guard Oscar Robinson wurde das Team aus Wisconsin schnell erfolgreich. Mit damals 20 Siegen in Folge stellten die Bucks einen Liga-Rekord auf und wurden in der gleichen Saison – 1971 – Meister. Kein anderes NBA-Team schaffte es innerhalb von drei Jahren von der Gründung bis zum Titel.

Noch dominanter war die Franchise mit Spielern wie Small Forward Marques Johnson, Power Forward Terry Cummings oder Shooting Guard Sidney Moncrief eine Dekade später, wenngleich die Finals nach dem Triumph 1971 nie mehr erreicht wurden. Trotzdem rannten die Fans den Bucks in dieser Phase die kleinste Spielstätte der Liga, die MECCA Arena mit nur 10.938 Plätzen, ein – weswegen ein Umzug in einer andere Stadt in Betracht gezogen wurde. Doch der Unternehmer und spätere US-Senator Herb Kohl kaufte das Team, baute eine neue Halle und sorgte dafür, dass die Bucks in Milwaukee blieben. Auch beim Weiterverkauf der Franchise in der Saison 2013/2014 ließ Kohl in den Vertrag schreiben, dass Milwaukee nicht verlassen werden darf. ⊖

Eastern Conference

Name: Milwaukee Bucks
Stadt/State: Milwaukee/ Wisconsin
Liga: Central Division, Eastern Conference
Stadion: Fiserv Forum (17.500 Plätze)
Farmteam: Wisconsin Herd
Größte Erfolge: NBA-Champion 1971
Bekannteste Spieler: Kareem Abdul-Jabbar (Center, 1969 bis 1975), Oscar Robertson (Point Guard, 1970 bis 1974), Marques Johnson (Small Forward, 1977 bis 1984), Sidney Moncrief (Shooting Guard, 1979 bis 1990), Giannis Antetokounmpo (Forward, seit 2013)
Eigentümer: Wesley Edens, Marc Lasry, Jamie Dinan und Mike Fascitelli
Trainer (Stand Sommer 2019): Mike Budenholzer
Website: www.nba.com/bucks

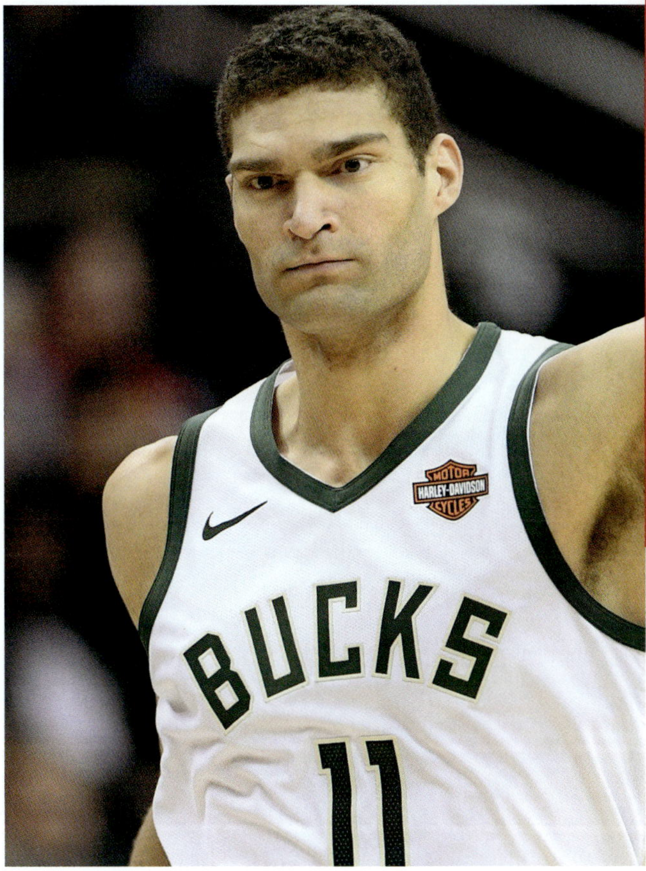

◂ Center Brook Lopez von den Milwaukee Bucks am 11. Januar 2019 während eines Spiels gegen die Washington Wizards

Chicago Bulls

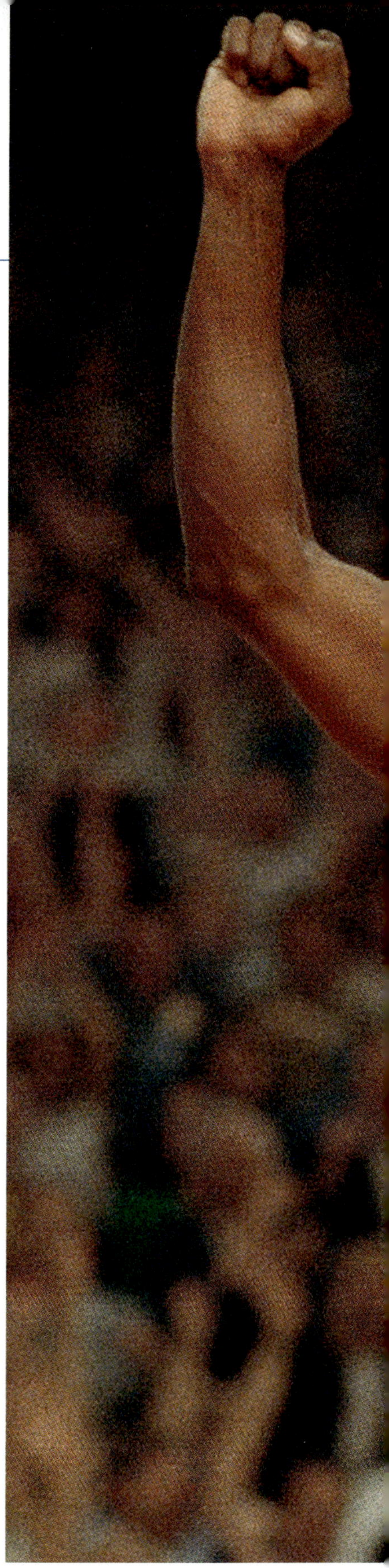

»Three-Peat Repeat!« Als die Chicago Bulls die Finalserie der Saison 1998 gegen Utah Jazz gewannen, hatte Head Coach Phil Jackson mit seinem Team Denkwürdiges geschafft: Zum zweiten Mal innerhalb der 1990er-Jahre war es dem Team aus der Windy City gelungen, drei NBA-Titel in Folge zu gewinnen. Es war gleichzeitig der sechste Titelgewinn der Bulls um Superstar Michael Jordan.

Hätte der beste Spieler der NBA-Geschichte seine Karriere zwischenzeitlich nicht beendet, vermutlich hätte Chicago auch 1994 und 1995 den Titel geholt. Die Bulls gehören aufgrund ihres Erfolges zum Ende des 20. Jahrhunderts zu den beliebtesten NBA-Franchises weltweit. Der Durchbruch kam genau zur richtigen Zeit, nämlich zu dem Zeitpunkt, als die NBA immens an Popularität gewann.

Schon in den Anfangsjahren des 1966 gegründeten Teams gab es Erfolge zu verzeichnen. Gleich in neun der ersten zehn Spielzeiten wurden die Playoffs erreicht, zweimal, 1974 und 1975, ging es bis in die Conference Finals. Damals prägten Spieler wie Small Forward Bob Love, Shooting Guard Jerry Sloan und Power Forward Chester Walker das Spiel der Bullen, ehe es ab 1975 sportlich bergab ging. Erst als Michael Jordan im Draft von 1984 an dritter Stelle ausgewählt wurde, etablierte sich das Team aus dem US-Bundesstaat Illinois wieder dauerhaft in den Playoffs.

Dennoch mussten sich die Fans noch einige Jahre gedulden, denn erst 1991 kamen die Bulls in der Finalserie und beim Duell der damaligen Superstars Michael Jordan und Magic Johnson von den Los Angeles Lakers zum ersten Titel ihrer Team-Geschichte. 1992 gegen die Portland Trail Blazers und 1993 gegen die Phoenix Suns mit Charles Barkley wurde der Titel jeweils verteidigt, ehe sich Jordan für den Basketball zu alt fühlte und fortan eine Baseball-Karriere starten wollte. Der dreimalige Titelgewinn in Serie ging als »Three-Peat« in die Historie ein.

Es folgten zwei titellose Jahre und die Rückkehr von Jordan, der erneut das Zepter in die Hand nahm und die Bulls zum »Three-Peat Repeat« führte – die Meisterschaften 1996, 1997 und 1998. Die Mannschaft von Jordan, Ron Harper, Scotty Pippen, Dennis Rodman und Luc Longley gilt bis heute als eine der stärksten, die je in der NBA zusammen gespielt hat. Hinzu kamen Steve Kerr und Toni Kukoc. Gemeinsam wurden 1995 insgesamt 72 Siege in der Regular Season gefeiert – ein Ligarekord, der bis 2016 Bestand hatte, ehe die Golden State Warriors einen Sieg mehr einfuhren.

Doch nach dem sechsten Titel kam es zum Bruch. Das Team trennte sich von zahlreichen Topspielern, was auch Jordan dazu veranlasste, ein zweites Mal seine Karriere zu beenden. Die Bulls verpassten in der Folge gleich sechsmal hintereinander die Playoffs und mussten bis zur Ankunft von Point Guard Derrick Rose 2008 warten, ehe sie wieder konstant in den Playoffs vertreten waren. Aktuell baut General Manager Gar Forman wieder ein talentiertes Team auf, Center Wendell Carter, Erstrundenpick von 2018, gilt als einer der Hoffnungsträger.

Seit 1989 tritt das Team in den Playoffs traditionell mit schwarzen Schuhen an. Ersatz-Center Brad Sellers hatte diese Marotte eingeführt, um Einheit zu demonstrieren. 1996 kamen schwarze Socken hinzu. Ausgerechnet Jordan brach 1995 mit der Tradition,

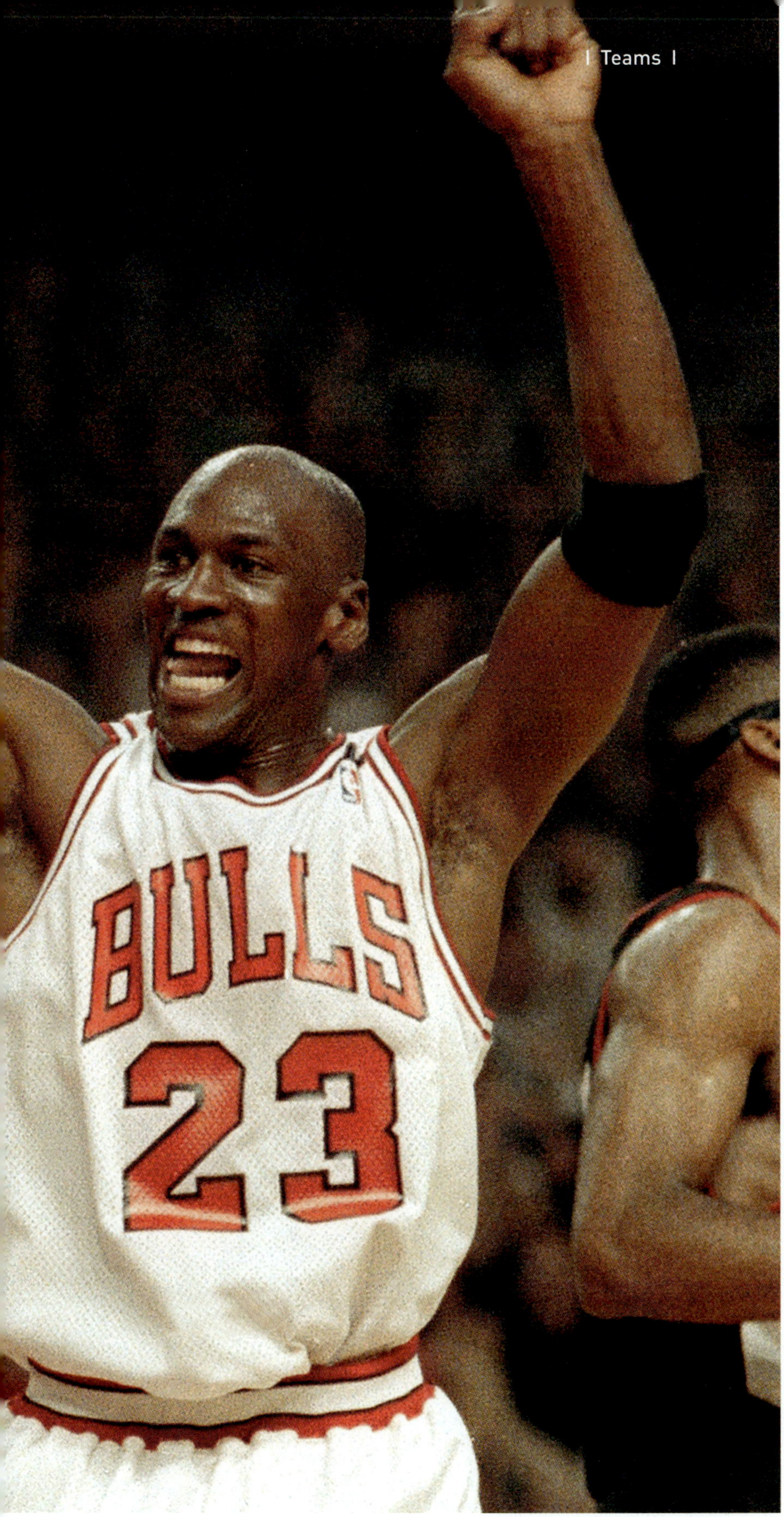

◀ Michael Jordan stand für absoluten Erfolg, war der prägende Spieler der Bulls: Alle sechs Meisterschaften gewann das Team aus Chicago mit dem NBA-Superstar

Eastern Conference

Name: Chicago Bulls
Stadt/State: Chicago/Illinois
Liga: Central Division, Eastern Conference
Stadion: United Center (20.917 Plätze)
Farmteam: Windy City Bulls
Größte Erfolge: NBA-Champion 1991, 1992, 1993, 1996, 1997 und 1998
Bekannteste Spieler: Michael Jordan (Shooting Guard, 1984 bis 1993 und 1995 bis 1998), Scotty Pippen (Small Forward, 1987 bis 1998 und 2003/2004), Jerry Sloan (Shooting Guard, 1966 bis 1976), Bob Love (Small Forward, 1968 bis 1976), Dennis Rodman (Power Forward, 1995 bis 1998)
Eigentümer: Jerry Reinsdorf
Trainer (Stand Sommer 2019): Jim Boylen
Website: www.nba.com/bulls

als er sein eigenes Schuhmodell »Air Jordan XI« promoten wollte – und sich prompt eine Geldstrafe der Bulls einfing. 2009 spielte das gesamte Team in einem Spiel gegen die Boston Celtics auch einmal in weißen Schuhen. Zur zurückliegenden Saison erlaubte die NBA erstmals individuell gefärbte Schuhe, so dass jetzt stets gespannt gewartet wird, welche Fußbekleidung die Bulls-Spieler in ihren jeweiligen Partien tragen. ⊖

Indiana Pacers

Erst 2021 darf Tyreke Evans wieder auf dem Platz stehen. Der Point Guard der Indiana Pacers war im Anschluss an die vergangene Saison wegen Drogenmissbrauchs von der NBA für zwei Jahre gesperrt worden.

Ob er nochmal für die Pacers auflaufen wird? Fraglich. So richtig angekommen war der Rookie of the Year von 2010 in Indianapolis sowieso nie, spielte er doch 2018/2019 nach seinem Wechsel von den Memphis Grizzlies zu den Pacers seine bisher schwächste Karrieresaison.

Bekannt in Deutschland wurden die Pacers 1989, als Detlef Schrempf von den Dallas Mavericks gekommen war. Der Deutsche kam in seinen vier Saisons mit den Pacers immer in die Playoffs, ehe er 1993 zu den Seattle SuperSonics weiterwechselte. In allen vier Spielzeiten war aber in der ersten Runde auch schon wieder Schluss. Eine Parallele zur aktuellen Zeit. Auch die zurückliegenden vier Spielzeiten endeten jeweils in der ersten Runde der Postseason.

Ihren größten NBA-Erfolg hatten die 1967 gegründeten Pacers in der Saison 1999/2000, als der Weg des Teams unter Head Coach Larry Bird, Spieler-Legende der Boston Celtics, und Spielern wie Shooting Guard Reggie Miller sowie dem 2,24 Meter großen Niederländer Rik Smits bis in die Finals führte, wo sich allerdings die Los Angeles Lakers als zu stark erwiesen. Immerhin: Vor dem Zusammenschluss der NBA mit der ABA holten die Pacers drei Meisterschaften in der Parallelliga. Ab 2010 wurde um Paul George ein neues Team aufgebaut. Doch auch mit dem Small Forward sollte es für eine Rückkehr in die Finalserie nicht reichen – 2013 und 2014 scheiterte man in den Conference-Finals jeweils an den Miami Heat. Es war das fünfte und sechste Mal, dass die Finals denkbar knapp verpasst wurden.

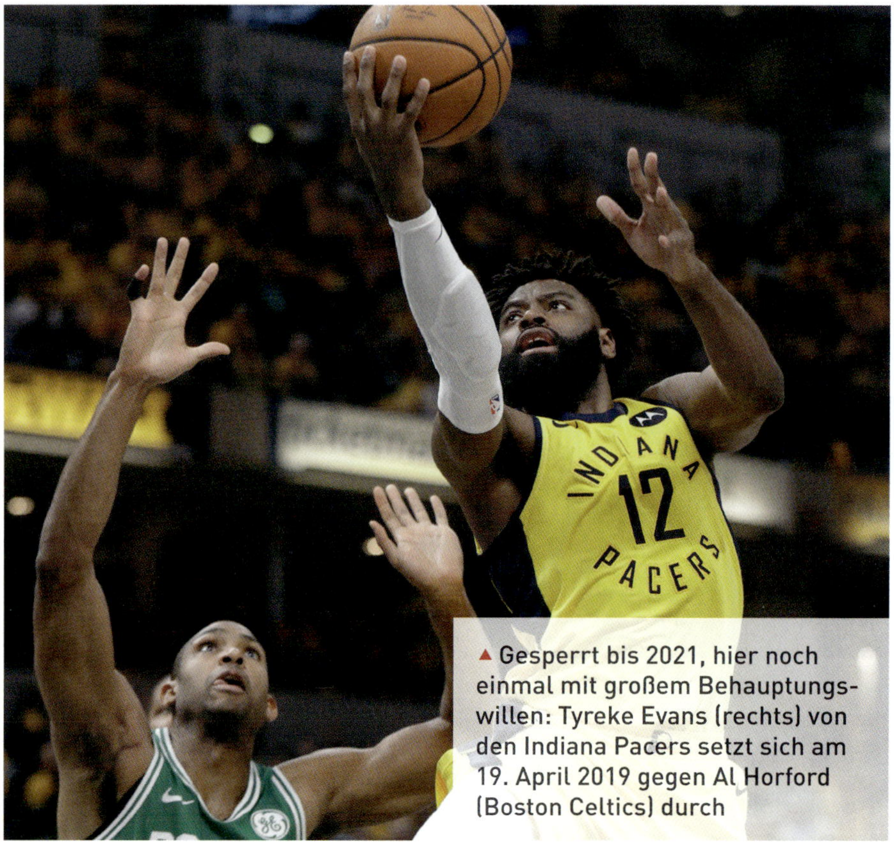

▲ Gesperrt bis 2021, hier noch einmal mit großem Behauptungswillen: Tyreke Evans (rechts) von den Indiana Pacers setzt sich am 19. April 2019 gegen Al Horford (Boston Celtics) durch

Eastern Conference

Name: Indiana Pacers
Stadt/State: Indianapolis/Indiana
Liga: Central Division, Eastern Conference
Stadion: Bankers Life Fieldhouse (18.345 Plätze)
Farmteam: Fort Wayne Mad Ants
Größte Erfolge: Conference-Champion 2000
Bekannteste Spieler: Reggie Miller (Shooting Guard, 1987 bis 2005), Rik Smits (Center, 1988 bis 2000), Detlef Schrempf (Small Forward, 1989 bis 1993), Dale Davis (Power Forward, 1991 bis 2000 und 2005), Paul George (Small Forward, 2010 bis 2017)
Eigentümer: Herb Simon
Trainer (Stand Sommer 2019): Nate McMillan
Website: www.nba.com/pacers

Oklahoma City Thunder

2005 wurden die damaligen New Orleans Hornets von Hurrikan Katrina aus ihrer Heimat vertrieben. In Oklahoma City fand das Team aus Louisiana übergangsweise eine Heimstätte – verschwand 2007 aber wieder.

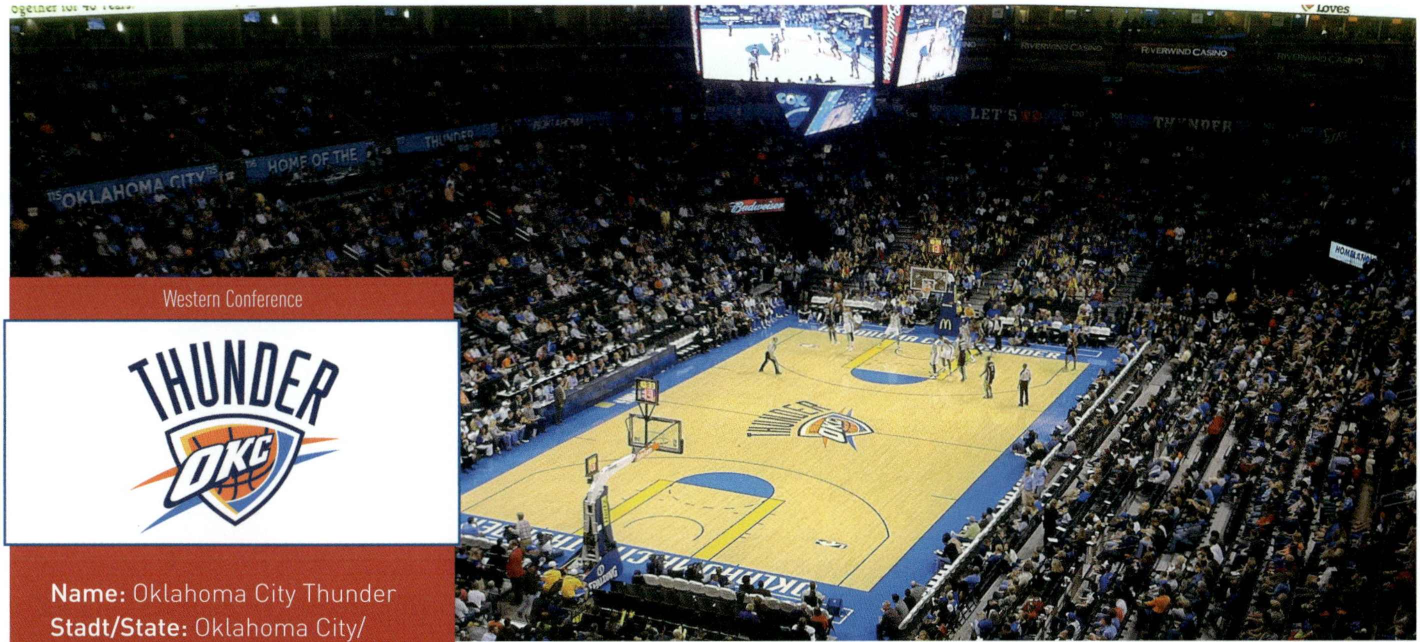

Western Conference

Name: Oklahoma City Thunder
Stadt/State: Oklahoma City/ Oklahoma
Liga: Northwest Division, Western Conference
Stadion: Chesapeake Energy Arena (19.599 Plätze)
Farmteam: Oklahoma Blue City
Größte Erfolge: NBA-Champion 1979, Conference-Champion 1978, 1979, 1996 und 2012
Bekannteste Spieler: Kevin Durant (Small Forward, 2007 bis 2016), Russell Westbrook (Point Guard, 2008 bis 2019), Jack Sikma (Center, 1977 bis 1986), Shawn Kemp (Power Forward, 1989 bis 1997), Detlef Schrempf (Small Forward, 1993 bis 1999)
Eigentümer: LLC (Clay Bennett)
Trainer (Stand Sommer 2019): Billy Donovan
Website: www.nba.com/thunder

Die Fans in Oklahoma City hatten aber Gefallen an NBA-Basketball in ihrer Stadt gefunden, was Clay Bennett dazu veranlasste, mit seinen Seattle SuperSonics, die er erst 2006 für 350 Millionen US-Dollar gekauft hatte, dorthin umzusiedeln. Das wiederum versuchte die Stadt Seattle, mit der noch gültige Verträge bestanden, zu verhindern. Am Ende zog das Team zwar um, doch beide Parteien einigten sich auf einen merkwürdigen Vergleich: Die Rechte der SuperSonics würden in Seattle verbleiben – und sollte dort, in der Küstenstadt im Staate Washington, ein neues Team entstehen, würden sich beide Teams die Historie teilen.

So kommt es, dass die Oklahoma City Thunder zwar erst seit 2008 in der NBA mitmischen, aber dennoch auf eine Meisterschaft 1979 zurückblicken können ... Und die Thunder haben sich seit ihrer Entstehung als würdige Nachfolger der SuperSonics etabliert. Die Sonics, 1967 gegründet, gehörten nach erfolglosen Anfangsjahren ab 1974 über drei Dekaden hinweg immer zu den Playoff-Anwärtern. Auch die Thunder qualifizierten sich in zwölf Jahren ihres Bestehens insgesamt zehnmal für die K.o.-Phase der Saison.

Kein Wunder, hatte Oklahoma City doch einen starken Kader mit Spielern wie Kevin Durant und Jeff Green aus Seattle mitgebracht. Hinzu kam im Draft von 2008 Russell Westbrook, der bis zum Sommer Teil des Teams und Identifikationsfigur war. Und auch deutsche Farben sind bei den Thunder vertreten: Seit 2018 schnürt Point Guard Dennis Schröder in Oklahoma seine Basketball-Schuhe, und in den 1990er-Jahren spielte Detlef Schrempf noch für die SuperSonics. ⊖

Minnesota Timberwolves

Al Jefferson, Theo Ratliff, Gerald Green, Sebastian Telfair, Ryan Gomes sowie zwei Erstrunden-Draftpicks. Als dieses Konvolut an Spielern und Pickrechten am 31. Juli 2007 von den Boston Celtics zu den Minnesota Timberwolves wechselte, war die Zeit von Kevin Garnett in Minneapolis, der Stadt, in der die Timberwolves seit ihrer Gründung 1989 beheimatet sind, Geschichte.

Garnett, Power Forward und Center, hatte dem bis dahin erfolglosen Team von 1995 an ein Gesicht gegeben. Bereits im zweiten Jahr nach Garnetts Ankunft schafften die Timberwolves es erstmals in ihrer Geschichte in die Playoffs. Ein Erfolg, den die Mannschaft des damaligen Head Coaches »Flip« Saunders in den folgenden Jahren bis 2003/2004 durchgehend wiederholte. Und in der letzten Saison dieser Ära schaffte Minnesota es zum ersten und bis dato einzigen Mal in die Conference-Finals, in denen sich die Los Angeles Lakers allerdings als zu stark erwiesen. Garnett wurde in dieser Spielzeit als MVP ausgezeichnet. Doch nach dem Aus so kurz vor den Finalspielen ging es wieder bergab. Stars wie Latrell Sprewell und Sam Cassell verließen das Team und 2007 war dann auch Garnett nicht mehr zu halten. Ab 2008 versuchte Kevin Love Garnett zu beerben. Doch obwohl Love regelmäßig stark spielte, sollte er bis zu seinem Wechsel 2014 kein einziges Mal mit den Timberwolves die Playoffs erreichen. Nach Love kam Garnett nochmal für eine Spielzeit zurück – doch auch die Rückkehr des Helden von einst brachte keinen sportlichen Erfolg. Seit 2015 versuchen die Timberwolves um Center Karl-Anthony Towns ein Team aufzubauen – mit einem Zwischenerfolg: 2017/2018 wurde die Postseason nach 13 Jahren Abstinenz erstmals wieder erreicht. ⊖

Western Conference

Name: Minnesota Timberwolves
Stadt/State: Minneapolis/Minnesota
Liga: Northwest Division, Western Conference
Stadion: Target Center (18.798 Plätze)
Farmteam: Iowa Wolves
Größte Erfolge: Conference-Finals 2003/2004
Bekannteste Spieler: Kevin Garnett (Power Forward, 1995 bis 2007 und 2015/2016), Karl-Anthony Towns (Center, seit 2015), Kevin Love (Center, 2008 bis 2014), Stephon Marbury (Point Guard, 1996 bis 1999), Wally Szczerbiak (Small Forward, 1999 bis 2006)
Eigentümer: Glen Taylor
Trainer (Stand Sommer 2019): Ryan Saunders
Website: www.nba.com/timberwolves/

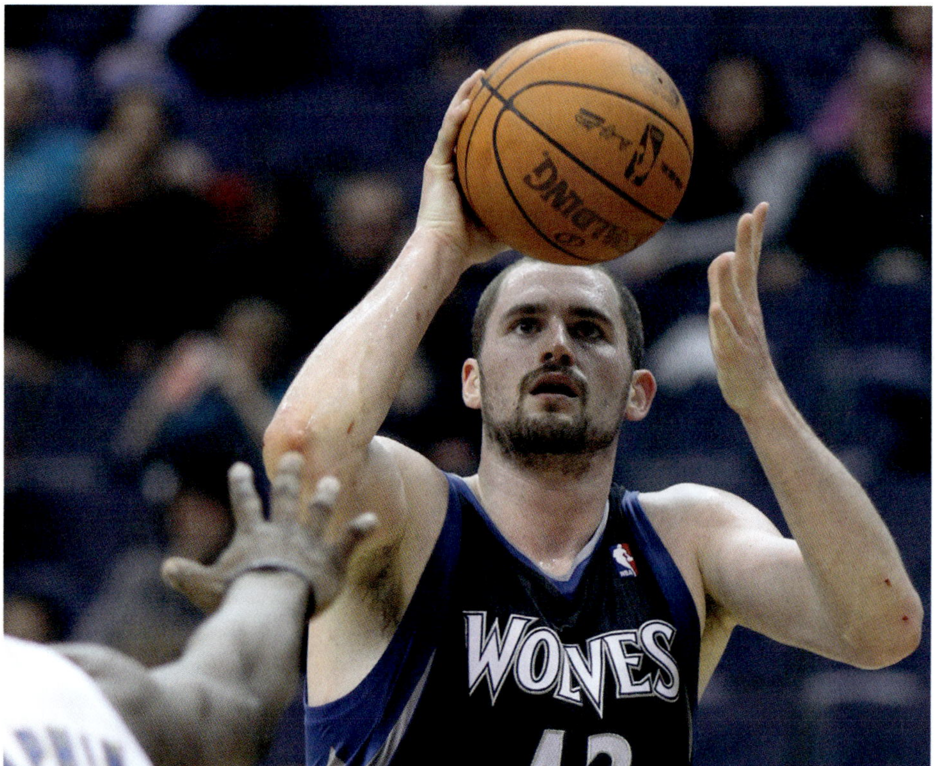

▲ Kevin Love spielte stark, erreichte mit den Wolves aber nie die Playoffs

Western Conference

Utah Jazz

Name: Utah Jazz
Stadt/State: Salt Lake City/Utah
Liga: Northwest Division, Western Conference
Stadion: Vivint Smart Home Arena (19.911 Plätze)
Farmteam: Salt Lake City Stars
Größte Erfolge: Conference-Meister 1997 und 1998
Bekannteste Spieler: John Stockton (Point Guard, 1984 bis 2003), Karl Malone (Power Forward, 1985 bis 2003), Adrian Dantley (Small Forward, 1979 bis 1986), Pete Maravich (Shooting Guard, 1974 bis 1980), Gordon Hayward (Small Forward, 2010 bis 2017)
Eigentümer: Gail Miller
Trainer (Stand Sommer 2019): Quin Snyder
Website: www.nba.com/jazz

»Stockalone«. Kein Begriff steht so sehr für die Utah Jazz, wie die Zusammenfügung der Nachnamen der Team-Legenden John Stockton und Karl Malone, die in 18 gemeinsamen Spielzeiten zwischen 1985 und 2003 fast zwei Dekaden lang den Basketball in Salt Lake City geprägt haben.

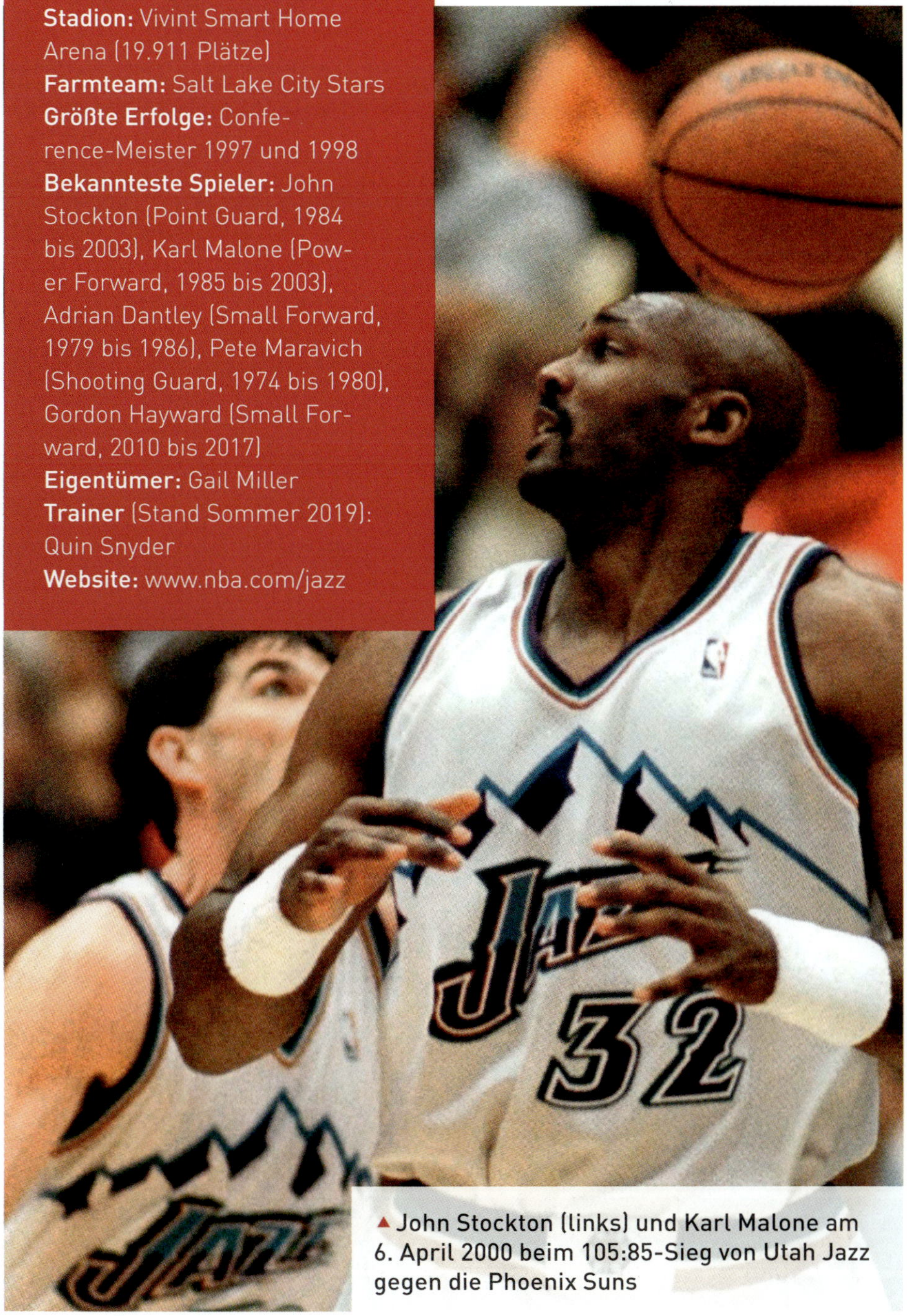

▲ John Stockton (links) und Karl Malone am 6. April 2000 beim 105:85-Sieg von Utah Jazz gegen die Phoenix Suns

In dieser Zeit qualifizierte sich das Team zunächst unter Head Coach Frank Layden und ab 1988 unter Jerry Sloan durchgehend für die Playoffs. 1997 und 1998 standen die Jazz in den NBA-Finals, beide Male wurden gegen die Chicago Bulls verloren.

Doch Stockton und Malone waren nicht die einzigen großen Spieler, die einen Zeitabschnitt des Teams, das 1974 in New Orleans und in Anlehnung an die dort beheimateten Big Bands »Jazz« genannt wurde, dominierten. Schon vor der Premierenspielzeit hatte das Team für Aufsehen gesorgt, um Louisianas College-Legende »Pistol Pete« Maravich von den Atlanta Hawks zurück in den Heimatstaat zu holen. Etliche Draftpickrechte wechselten damals den Besitzer. 1979 folgte dann der Umzug nach Salt Lake City, eine Stadt in der Jazz-Musik eine eher untergeordnete Rolle spielt.

Auch wenn Utah in der Folge mit Adrian Dantley und Darrell Griffith über ein starkes Duo verfügte, dauerte es bis zur Ankunft von Stockton, ehe 1983/84 erstmals die Playoffs erreicht wurden. Nach dem Ende der Ära »Stockalone« fiel das Team in die Mittelmäßigkeit ab und schaffte es nur noch sporadisch in die Playoffs. Seit 2017 wird um Donovan Mitchell ein neues Team aufgebaut. Der Shooting Guard und der französische Center Rudy Gobert, der seit 2013 das Jazz-Trikot trägt, sollen Utah wieder in der Spitze der NBA etablieren. In der zurückliegenden Spielzeit gelang immerhin schon die dritte Playoff-Teilnahme in Folge. ⊖

Denver Nuggets

Er ist der bestbezahlte serbische Sportler aller Zeiten. Nikola Jokic, seit 2015 für die Denver Nuggets aktiv, unterschrieb am 9. Juli 2018 seinen Rekordvertrag über die Laufzeit von fünf Jahren für 147,7 Millionen US-Dollar.

Der Center ist damit hinter Power Forward Paul Millsap Spitzenverdiener seines Teams und gleichsam mit seinen 24 Jahren auch Hoffnungsträger für die Zukunft der Nuggets. Eine Zukunft, die nach der Vertragsunterschrift und fünf Jahren Abstinenz von den Playoffs in der zurückliegenden Saison bis in die Conference-Halbfinals führte.

So ist die Geschichte der Nuggets: Immer wieder hatte das Team aus dem US-Bundesstaat Colorado echte Super-Stars angelockt oder hervorgebracht, immer wieder gab es Ären, in der die Nuggets über Jahre hinweg zu den besten der Liga zählten – aber auch Zeitabschnitte, in denen Denver die Postseason mehrfach in Folge verpasste. Eins blieb jedoch stets aus: Die 1967 als Denver Larks gegründeten Nuggets, die den Spielbetrieb zwischenzeitlich als Rockets aufgenommen hatten, schafften es nie in die Finalserie – und sind folglich titellos.

Dabei gehörten sie von 1967 bis 1976 zu den Top-Teams der ABA und erreichten in sieben von neun Spielzeiten die K.o-Phase der jeweiligen Saison. Das setzte sich nach dem Übergang in die NBA mit Spielern wie David Thompson, Dan Issel, Kiki VanDeWeghe oder Alex English bis 1990 fort, ehe die Nuggets die Erfolgspur verließen. In diese kehrte Denver erst 2004 zurück, als Carmelo Anthony zum Star aufstieg. Er führte die Franchise, die von 2000 bis 2019 dem US-Milliardär und Sport-Investor »Stan« Kroenke gehörte – und jetzt im Besitz von dessen Frau Ann Walton ist –, durchgehend bis 2011 in die Playoffs, 2009 gar in die Conference Finals. ⊖

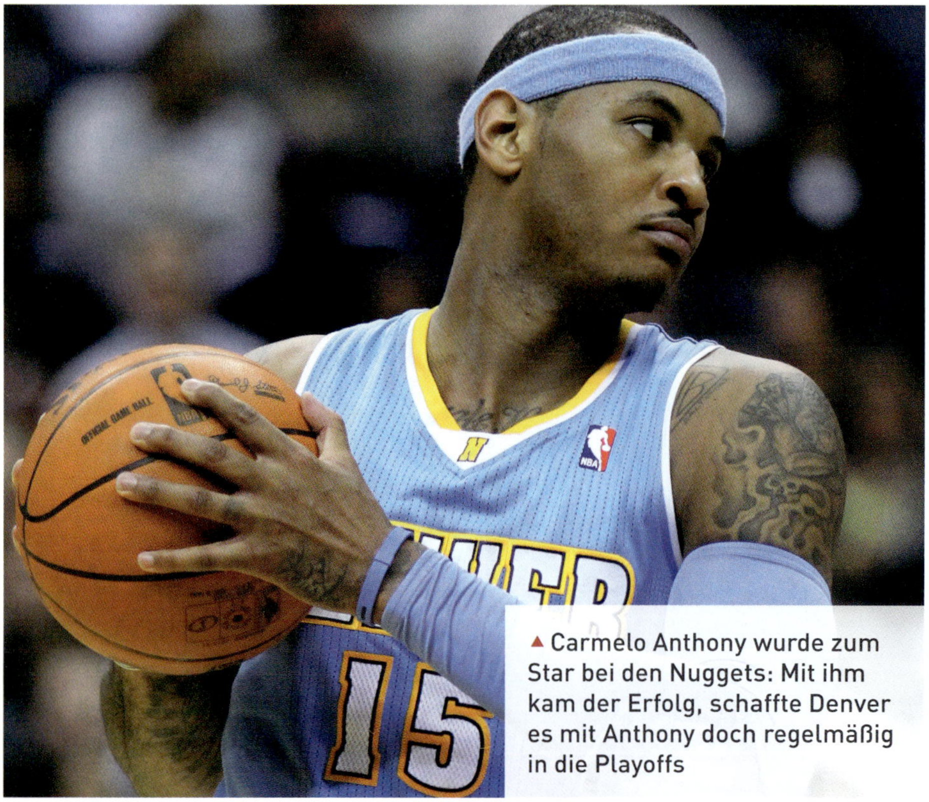

▲ Carmelo Anthony wurde zum Star bei den Nuggets: Mit ihm kam der Erfolg, schaffte Denver es mit Anthony doch regelmäßig in die Playoffs

Western Conference

Name: Denver Nuggets
Stadt/State: Denver/Colorado
Liga: Northwest Division, Western Conference
Stadion: Pepsi Center (19.309 Plätze)
Farmteam: Fort Wayne Mad Ants
Größte Erfolge: Conference Finals 1978, 1985 und 2009
Bekannteste Spieler: Alex English (Small Forward, 1980 bis 1990), David Thompson (Forward, 1975 bis 1982), Carmelo Anthony (Small Forward, 2003 bis 2011), Dan Issel (Power Forward, 1975 bis 1985), Dikembe Mutombo (Center, 1991 bis 1996)
Eigentümer: Ann W. Kroenke
Trainer (Stand Sommer 2019): Michael Malone
Website: www.nba.com/nuggets/

Portland Trail Blazers

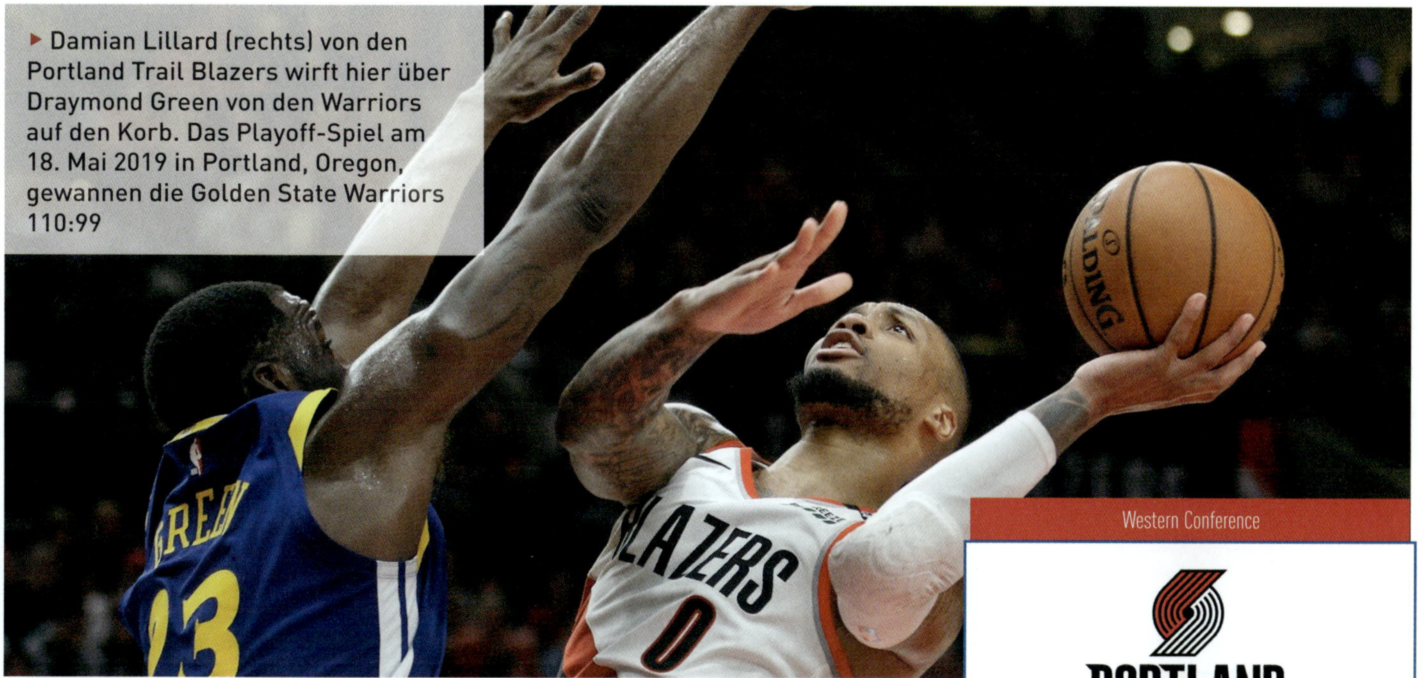

▸ Damian Lillard (rechts) von den Portland Trail Blazers wirft hier über Draymond Green von den Warriors auf den Korb. Das Playoff-Spiel am 18. Mai 2019 in Portland, Oregon, gewannen die Golden State Warriors 110:99

Zum dritten Mal in vier Spielen gegen die schier unbesiegbaren Golden State Warriors hatten die Portland Trail Blazers in den Conference Finals am 21. Mai 2019 einen zwischenzeitlichen Vorsprung von mindestens 15 Punkten verspielt.

Damit verpasste das Team aus dem US-Bundesstaat Oregon, angeführt von Superstar Damian Lillard, die Möglichkeit, zum ersten Mal nach 1992 wieder in die NBA-Finals einzuziehen. Immerhin war der Auftritt in der Vorschlussrunde der vergangenen Saison das beste Saisonergebnis seit 19 Jahren. Besser war es aber noch 1977 gelaufen. Zum ersten Mal nach ihrer Gründung 1970 hatten sich die Blazers unter ihrem damals neuen Head Coach Jack Ramsey für die Playoffs qualifiziert – und waren gleich bis in die Finalserie gegen die Philadelphia 76ers durchmarschiert. Es war der Startschuss in eine erfolgreiche Epoche, die die Blazers über mehr als zwei Dekaden hinweg fast durchgehend an der Postseason teilnehmen ließ. Lediglich 1981/1982 wurden die Playoffs noch einmal verpasst, ehe die Ära nach 26 Teilnahmen in 27 Jahren endete. Zwei weitere Male in dieser Zeit erreichte Portland die Finals, beide Male verlor man aber: 1990 gegen die Detroit Pistons und 1992 gegen die Chicago Bulls.

An der Spitze der Organisation steht mit Jody Allen eine der wenigen Frauen der Liga. Sie ist Vorsitzende der Holding-Gesellschaft, die die Trail Blazers nach dem Tod des langjährigen Besitzers Paul Allen geerbt hatte. Paul Allen, der auch Besitzer der Seattle Seahawks aus der NFL und Teilbesitzer der Seattle Sounders aus der Fußball-Liga MLS war, hatte die Blazers 1988 gekauft und 20 Jahre lang die Geschicke verantwortet. ⊖

Western Conference

PORTLAND
TRAIL BLAZERS

Name: Portland Trail Blazers
Stadt/State: Portland/Oregon
Liga: Northwest Division, Western Conference
Stadion: Moda Center (19.393 Plätze)
Farmteam: keins
Größte Erfolge: NBA-Champion 1977
Bekannteste Spieler: Clyde Drexler (Shooting Guard, 1983 bis 1995), Damian Lillard (Point Guard, seit 2012), Bill Walton (Center, 1974 bis 1979), Terry Porter (Point Guard, 1985 bis 1995), Brandon Roy (Shooting Guard, 2006 bis 2011)
Eigentümer: Jody Allen
Trainer (Stand Sommer 2019): Terry Stotts
Website: www.nba.com/blazers

Sacramento Kings

Im vierten Quarter 27 Freiwürfe für Los Angeles: Das sechste Spiel der Western Conference Finals gegen die Lakers 2002 ging in die Geschichte der Sacramento Kings ein.

Erstmals seit 1951 hatte das Team wieder die Chance in die NBA-Finals einzuziehen – und verlor das Duell gegen die Lakers auf kuriose Weise. Viele von den Schiedsrichtern geahndete Fouls wurden von Spielern, Fans und Presse diskutiert. Die Kings fühlten sich verschaukelt und verloren wenige Tage später auch das entscheidende siebte Spiel. Das Spiel war der kontroverse Höhepunkt der »Greatest Show on Court«-Ära der Kings, als unter Cheftrainer Rick Adelman Akteure wie Jason Williams, Vlade Divac, Predrag Stojakovic und Chris Webber das Spiel der Kings prägten, die bereits 1923 unter dem Namen »Rochester Seagrams« ein kontinuierliches Basketball-Programm stellten – und so zu den ältesten Basketballteams der USA zählen. Es dauerte allerdings bis 1945, ehe die Franchise als Rochester Royals in der National Basketball League in den professionell organisierten Spielbetrieb einstieg. Bereits 1951 wurde dann der erste und bis heute letzte Titel des Teams gefeiert. Nachdem Adelman das Team 2006 verließ, endete auch eine Serie von acht Playoff-Teilnahmen in Folge. Seitdem warten die Kings auf ein weiteres Postseason-Ticket.

Immerhin ist aber der Standort Sacramento gesichert. In der jüngeren Vergangenheit gab es immer wieder Umzugsgedanken, da die Sleep Train Arena, in der Sacramento von 1988 bis 2016 seine Heimspiele austrug, in die Jahre gekommen war. Seitdem steht aber das Golden 1 Center und die Pläne für eine Relocation wurden verworfen. Es wäre der vierte Umzug der Kings gewesen, nachdem man bereits in Cincinnati (1957 bis 1972) und Kansas City (1972 bis 1985) beheimatet gewesen war.

Western Conference

Name: Sacramento Kings
Stadt/State: Sacramento/Kalifornien
Liga: Pacific Division, Western Conference
Stadion: Golden 1 Center (17.500 Plätze)
Farmteam: Reno Bighorns
Größte Erfolge: NBA-Meister 1951
Bekannteste Spieler: Oscar Robertson (Point Guard, 1960 bis 1970), Chris Webber (Power Forward, 1998 bis 2005), DeMarcus Cousins (Center, 2010 bis 2017), Pedrag Stojakovic (Small Forward, 1998 bis 2006), Vlade Divac (Center, 1998 bis 2004)
Eigentümer: Vivek Ranadive (Mehrheitseigner) sowie weitere Investoren
Trainer (Stand Sommer 2019): Luke Walton
Website: www.nba.com/kings

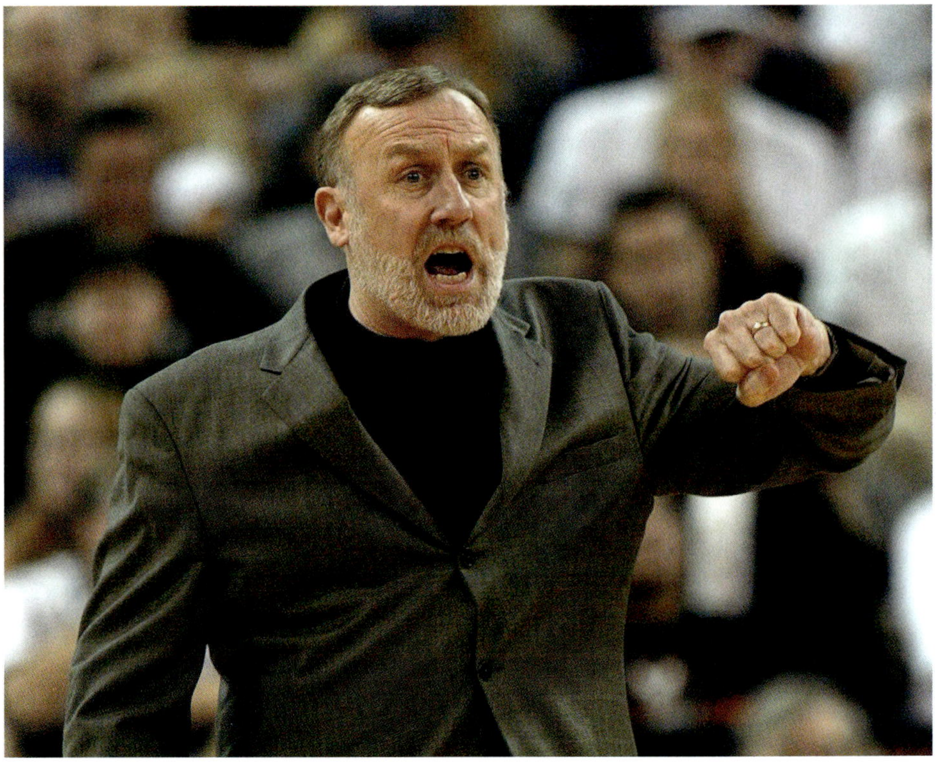

▲ Rick Adelman, bis 2006 stets engagierter Chefcoach der Sacramento Kings

Los Angeles Clippers

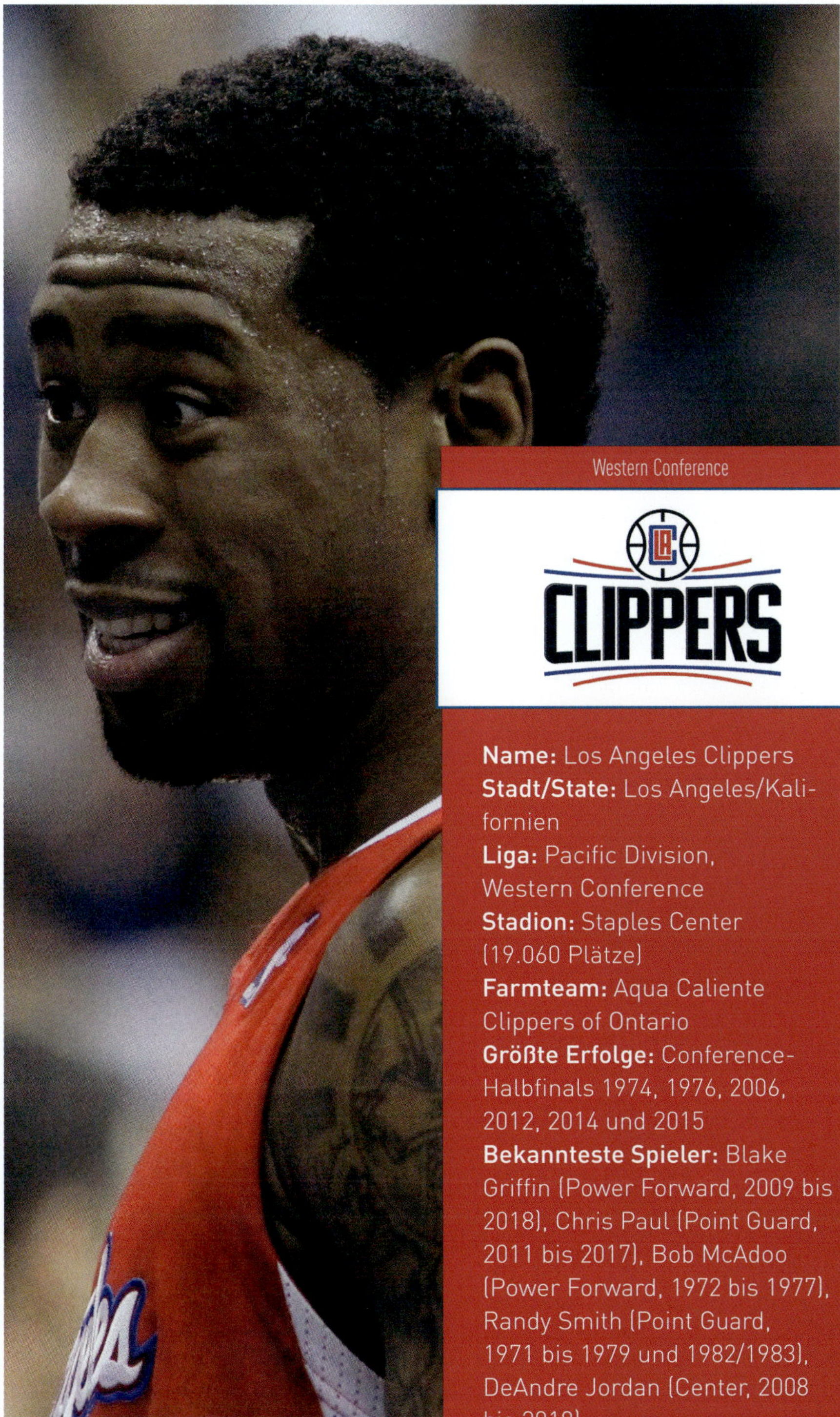

▲ Von 2008 bis 2018 erfolgreicher Clippers-Center: DeAndre Jordan

Western Conference

CLIPPERS

Name: Los Angeles Clippers
Stadt/State: Los Angeles/Kalifornien
Liga: Pacific Division, Western Conference
Stadion: Staples Center (19.060 Plätze)
Farmteam: Aqua Caliente Clippers of Ontario
Größte Erfolge: Conference-Halbfinals 1974, 1976, 2006, 2012, 2014 und 2015
Bekannteste Spieler: Blake Griffin (Power Forward, 2009 bis 2018), Chris Paul (Point Guard, 2011 bis 2017), Bob McAdoo (Power Forward, 1972 bis 1977), Randy Smith (Point Guard, 1971 bis 1979 und 1982/1983), DeAndre Jordan (Center, 2008 bis 2018)
Eigentümer: Steve Ballmer
Trainer (Stand Sommer 2019): Doc Rivers
Website: www.nba.com/clippers

17 Siege in Folge, davon 16 alleine im Monat Dezember, bedeuteten in der Saison 2012/2013 einen Franchise-Rekord.

Als Lohn folgte der erstmalige Gewinn der Pacific Division – und die große Enttäuschung: Trotz dieser besten Spielzeit ihrer Geschichte war in der ersten Playoff-Runde gegen die Memphis Grizzlies Schluss. Ein Aus, das den damaligen Trainer Vinny Del Negro den Job kostete.

Dennoch: Sportlich befinden sich die Clippers seit der Saison 2011/2012 in der besten Phase ihrer Team-Geschichte, die bis 2018 von Spielern wie Center DeAndre Jordan sowie Power Forward Blake Griffin und bis 2017 von Point Guard Chris Paul dominiert wurde. In der zurückliegenden Spielzeit gelang mit Talent Montrezl Harrell sowie dem erfahrenen Point Guard Lou Williams die siebte Playoff-Teilnahme der vergangenen acht Jahre – auch wenn wieder einmal in der ersten Runde Schluss war. Weiter als in die Halbfinals der Conference war das Team, 1970 als Buffalo Braves gegründet, ohnehin noch nie gekommen. Das kann in der kommenden Saison anders werden. Mit Champion Kawhi Leonard von den Toronto Raptors und Paul George von den Oklahoma City Thunder haben die Clippers enorm aufgerüstet.

Mitten hinein in den Aufschwung fiel auch einer der größten Rassismus-Skandale der jüngeren NBA: 2014 hatte der damalige Teambesitzer Donald Sterling seine Frau aufgefordert, sich bei Spielen nicht mit Farbigen zu zeigen und auch gemeinsame Fotos mit Magic Johnson nicht über ihre Social-Media-Kanäle zu posten. Die NBA sperrte Sterling auf Lebenszeit und verdonnerte ihn zu einer Geldstrafe von 2,5 Millionen US-Dollar. Folge: Der Milliardär verkaufte die Clippers an den früheren Microsoft-Chef Steve Ballmer. ⊖

Golden State Warriors

Die Golden State Warriors dominieren aktuell die NBA. Seit nunmehr fünf Jahren ist das Team aus Kalifornien jeweils in den NBA-Finals dabei und vertritt damit die Western Conference.

Von diesen fünf Endspielserien gewannen die Warriors drei. Zuletzt – im Juni dieses Jahres – zogen die Warriors gegen die Toronto Raptors den Kürzeren. Zuvor war das mit Stars besetzte Team viermal hintereinander auf die Cleveland Cavaliers getroffen.

Dass ausgerechnet die Warriors einmal eine Ära prägen würden, die in die Geschichtsbücher der Liga eingehen wird, war einige Jahre zuvor nicht zu erwarten. Als der damalige Besitzer Chris Cohan das Team im Juli 2010 verkaufte, hatte er in 15 Jahren seiner Regentschaft lediglich eine Playoff-Teilnahme seines Teams miterleben dürfen. Zwischen 1994 und 2012 gehörte Golden State zu den erfolglosesten Teams der Liga und erreichte nur in der Saison 2006/2007 die heiße Phase der Saison. Dass Cohan trotzdem die damalige Rekordsumme von 450 Millionen US-Dollar für sein Team von Joe Lacob und Peter Guber erhielt, lag an der Lage des in der sogenannten Bay Area beheimateten Teams. Sie gilt als eine der profitabelsten Absatzmärkte Amerikas.

Lacob sagte damals: »Es ist unsere Passion, den Warriors wieder zu Höchstleistungen zu verhelfen und eine Meisterschaftsorganisation aufzubauen, die uns alle in der Bay Area stolz machen wird.« Damit spielte der neue Besitzer auf die frühe Geschichte des Teams an, das gleich in der ers-

Western Conference

Name: Golden State Warriors
Stadt/State: San Francisco/Kalifornien
Liga: Pacific Division/Western Conference
Stadion: Chase Center (18.064 Plätze)
Farmteam: Santa Cruz Warriors
Größte Erfolge: NBA-Champions 1947, 1956, 1975, 2015, 2017, 2018
Bekannteste Spieler: Wilt Chamberlain (Center, 1959 bis 1964), Stephen Curry (Point Guard, seit 2009), Rick Barry (Small Forward, 1965 bis 1967 und 1972 bis 1978), Kevin Durant (Small Forward, 2016 bis 2019), Klay Thompson (Shooting Guard, seit 2011)
Eigentümer: Joe Lacob, Peter Guber
Trainer (Stand Sommer 2019): Steve Kerr
Website: www.nba.com/warriors

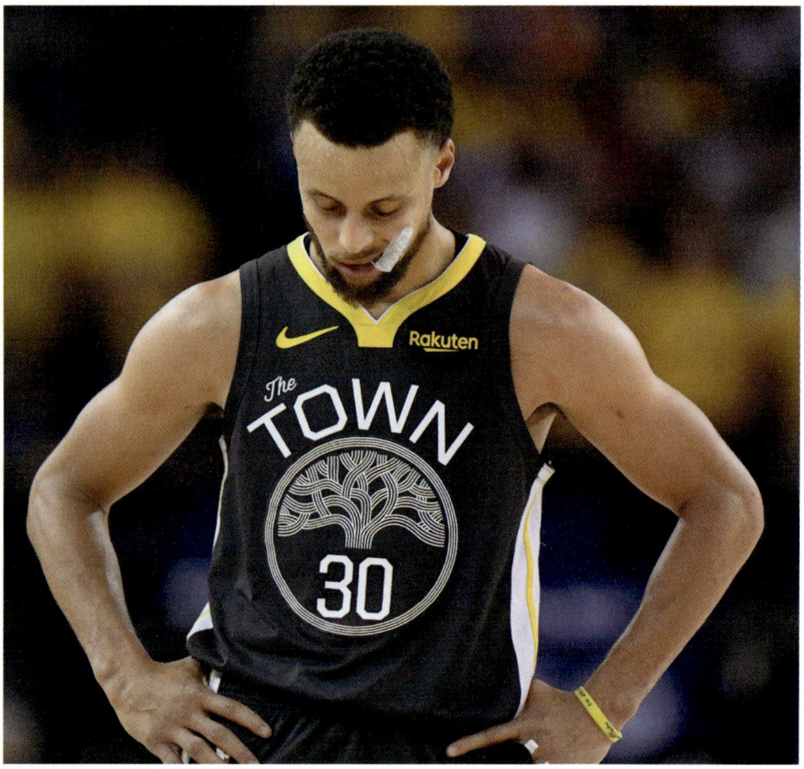

◄ ► Ahnte er da schon, wie alles ausgehen wird? Stephen Curry von den Golden State Warriors am 13. Juni 2019 während des sechsten Spiels der Finalserie gegen die Toronto Raptors. Toronto holte den Titel. Es war zugleich das letzte Spiel der Warriors in der Oracle Arena: Für die Fans gab es ein tolles Rahmenprogramm – aber eben keine Meisterfeier

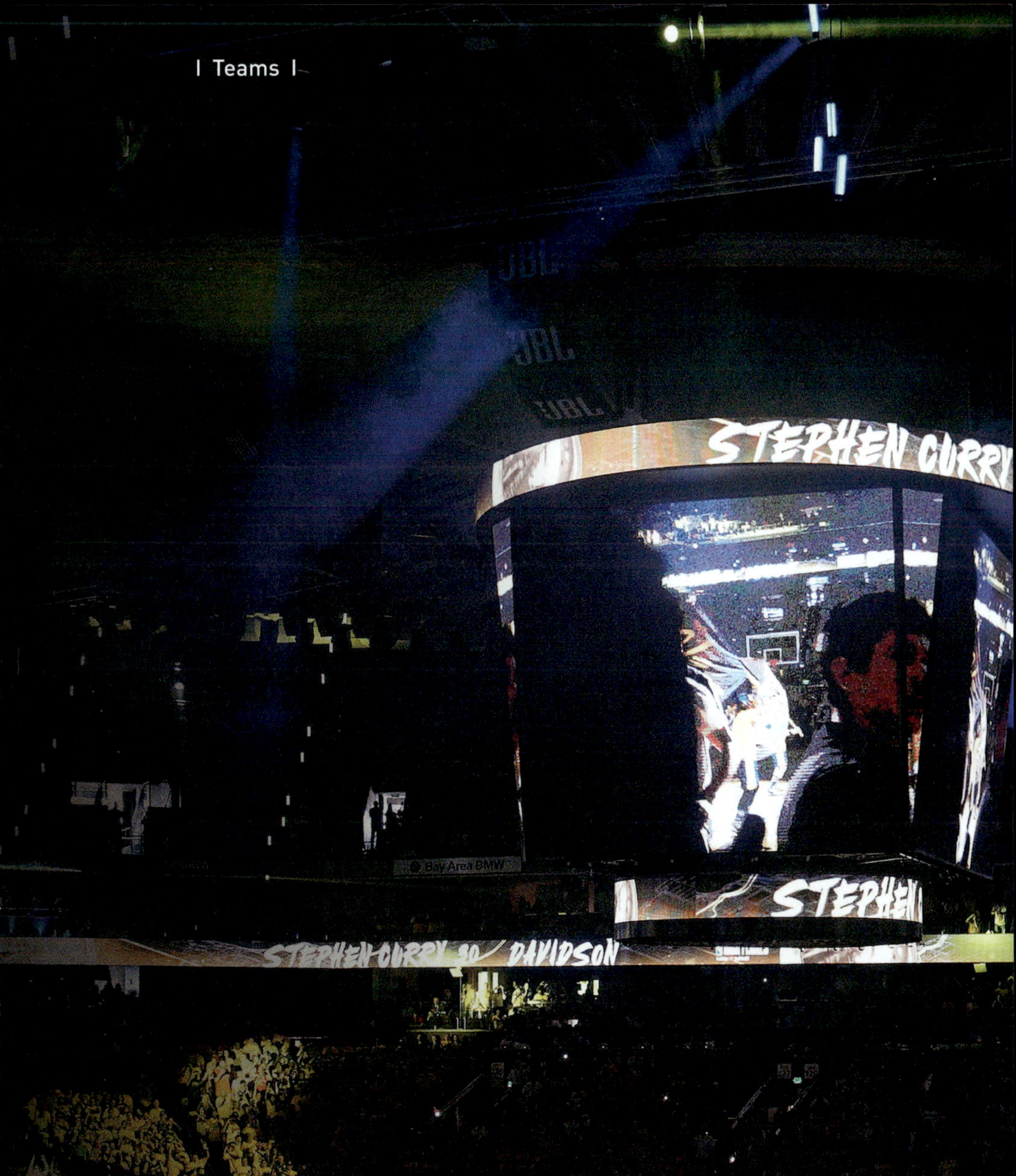

ten Saison nach seiner Gründung die Meisterschaft der BAA, die später in die NBA übergehen sollte, in der Spielzeit 1946/1947 gewann. 1955/1956 folgte die zweite und 1974/1975 die dritte Meisterschaft.

Und Lacob hielt gemeinsam mit Co-Besitzer Guber Wort. Binnen drei Jahren wurde ein Playoff-Team aufgebaut, nach fünf Jahren feierten die Warriors 2015 den ersten Titelgewinn nach 40 Jahren, den insgesamt vierten der Team-Historie. Stephen Curry, der bereits 2009 im Draft ausgewählt worden war, wurde zum Führungsspieler und Topstar aufgebaut. Mit dem 2011 im Draft gepickten Klay Thompson bildete Curry zusammen die »Splash-Brothers«, die für ihre gefährlichen Distanzwürfe bekannt wurden und einen Gegner mit etlichen verwandelten Drei-Punkte-Würfen demoralisieren konnten.

Als Kevin Durant, damaliger Superstar von den Oklahoma City Thunder, am 4. Juli 2016 erklärte, dass er ebenfalls noch zu den Warriors wechseln würde, waren die »Big 4« vereint. Denn neben Curry, Thompson und Durant machte der mittlerweile zum Topspieler gereifte Draymond Green das Star-Ensemble komplett. Gemeinsam gewannen sie in den folgenden beiden Saisons den Titel und machten so die Meisterschaften Nummer fünf und Nummer sechs klar.

Dass ihnen der dritte Titel in Serie in der zurückliegenden Serie versagt blieb, hatte wahrscheinlich auch mit einem unfassbaren Verletzungspech in den Finals zu tun. Zunächst hatte Durant die ersten Spiele gegen Toronto verpasst, ehe sein Comeback in Spiel fünf mit einem Riss der Achillessehne endete. Im entscheidenden sechsten Spiel riss sich dann Thompson das Kreuzband. Während Durant zu den Brooklyn Nets gewechselt ist, soll Thompson mit den Warriors die Erfolgsgeschichte 2019/2020 nach der Rückkehr der Franchise von Oakland nach San Francisco fortführen.

Nach fast 50 Jahren, 1970 war das Team von San Francisco auf die andere Seite der Bay Area nach Oakland umgezogen, kehrt das Team zurück nach Frisco, wo es schon einmal beheimatet war. Seinen Ursprung hat das von Eddie Gottlieb gegründete Team in Philadelphia. Erst 1962 folgte der Umzug nach San Francisco, seit 1971 trägt das Team in Anlehnung an den Goldrausch im 19. Jahrhundert den Namen »Golden State«. In der anstehenden Saison bezieht das Team das nagelneue Chase Center, das 18.064 Zuschauern Platz bieten wird.

Los Angeles Lakers

Zum sechsten Mal in Folge die Playoffs verpasst. Die Los Angeles Lakers befinden sich aktuell mitten in der schlechtesten Phase seit Teambestehen. Denn Misserfolg ist das 1946 als Detroit Gems gegründete Team nicht gewohnt.

Sage und schreibe 33 Mal gewannen die Lakers ihre Division und als 31-maliger Sieger der Conference stand kein Team häufiger in der NBA-Finalserie als die Lakers. Das bedeutet, dass fast jedes zweite Finale der National Basketball Association unter Beteiligung des Teams aus dem US-Sonnenstaat Kalifornien stattfand.

Dass sich die Lakers nicht Rekordmeister nennen dürfen, liegt allein daran, dass sie neun von zwölf Finalserien gegen Rekordmeister Boston Celtics verloren haben. Immer wieder die Boston Celtics, mit denen im Laufe der Jahre die größte Rivalität der Liga entstanden ist. Besonders die Duelle in den 1960er- und 1980er-Jahren elektrisierten die Massen. Dabei ging es häufig auch um Politik. Denn während die Stars der Lakers im Laufe ihrer Geschichte häufig afroamerikanischer Herkunft waren, setzten die Celtics oftmals auf Topspieler mit europäischen Wurzeln.

Der erste Star der Lakers hatte dann aber doch eine helle Hautfarbe: Center George Mikan führte die Lakers, von 1947 bis 1960 in Minneapolis im kalten Minnesota beheimatet, zwischen 1949 und 1954 zu insgesamt fünf Meistertiteln. Aus ihrer Zeit im Norden der Vereinigten Staaten stammt auch der Name Lakers, gilt der US-Bundesstaat Minnesota doch als Land der 10.000 Seen. Dass die Lakers, die auch aufgrund ihrer knallgelben Trikots bekannt sind, nach dem Titel 1954 bis 1972 auf die nächste Meisterschaft warten mussten, hatte dann mit acht Finalniederlagen in der Zwischenzeit zu tun. Mit Point Guard Gail Goodrich und Center Wilt Chamberlain aber gelang die Rückkehr an die Spitze der NBA. Als Chamberlain nach der Niederlage in der Endspielserie 1973 gegen die New York Knicks zurücktrat, suchten die Lakers mehrere Jahre einen würdigen Nachfolger.

Und dieser kam 1976 mit Kareem Abdul-Jabbar, der bis zu seinem Karriereende 1989 in Los Angeles blieb. Durch geschickte Transferaktivitäten gelang es in den Folgejahren zudem, immer wieder in gute Draftpositionen zu kommen. So durfte man 1979 als erstes Team des Draftes seine Wahl treffen und holte Magic Johnson nach Kalifornien. 1982 gelang es mit dem gleichen Schachzug James Worthy ins gelbe Jersey zu lotsen. Als »Showtime-Express«, trainiert von Pat Riley, wurden zwischen 1980 und 1988 fünf weitere Titel gesammelt, ehe die Chicago Bulls die Lakers als dominierendes Team ablösten – Abdul-Jabbar war in Rente gegangen und das Team durch das Karriereende von Magic Johnson nach Bekanntwerden von dessen HIV-Infektion erschüttert.

Kobe Bryant kam 1996 als neuer Hoffnungsträger, Shaquille O`Neal wurde sogleich von General Manager Jerry West mit verpflichtet. Zwar mussten sich die Lakers noch bis zum Rücktritt Jordans bei den Bulls gedulden, doch von 2000 bis 2002 gelang dem aus Chicago geholten neuen Head Coach Phil Jackson mit drei Titeln in Serie die Wiederholung des Threepeats aus den 1950er-Jahren. Für ihn selbst war es der dritte Threepeat als Trainer, zuvor war ihm dies bereits mit den Bulls zweimal gelungen. Die letzten Titel sammelte Los Angeles 2009 und 2010 – noch immer mit Jackson auf der Bank und Bryant auf dem Platz.

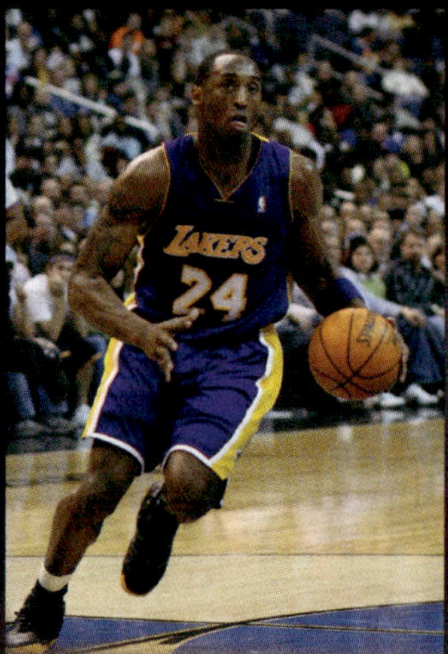

▲ Lange Zeit die prägende Figur bei den Lakers: Kobe Bryant, der von 1996 bis 2016 für das Team aus Los Angeles spielte (Aufnahme vom 3. Februar 2007)

Western Conference

Name: Los Angeles Lakers
Stadt/State: Los Angeles/Kalifornien
Liga: Pacific Division, Western Conference
Stadion: Staples Center (19.060 Plätze)
Farmteam: South Bay Lakers
Größte Erfolge: NBA-Champion 1949, 1950, 1952 bis 1954, 1972, 1980, 1982, 1985, 1987, 1988, 2000 bis 2002, 2009 und 2010
Bekannteste Spieler: Kobe Bryant (Shooting Guard, 1996 bis 2016), Magic Johnson (Point Guard, 1979 bis 1991 und 1996), Kareem Abdul-Jabbar (Center, 1975 bis 1989), Wilt Chamberlain (Center, 1968 bis 1973), Shaquille O`Neal (Center, 1996 bis 2004)
Eigentümer: Jeanie Buss
Trainer (Stand Sommer 2019): Frank Vogel
Website: www.nba.com/lakers

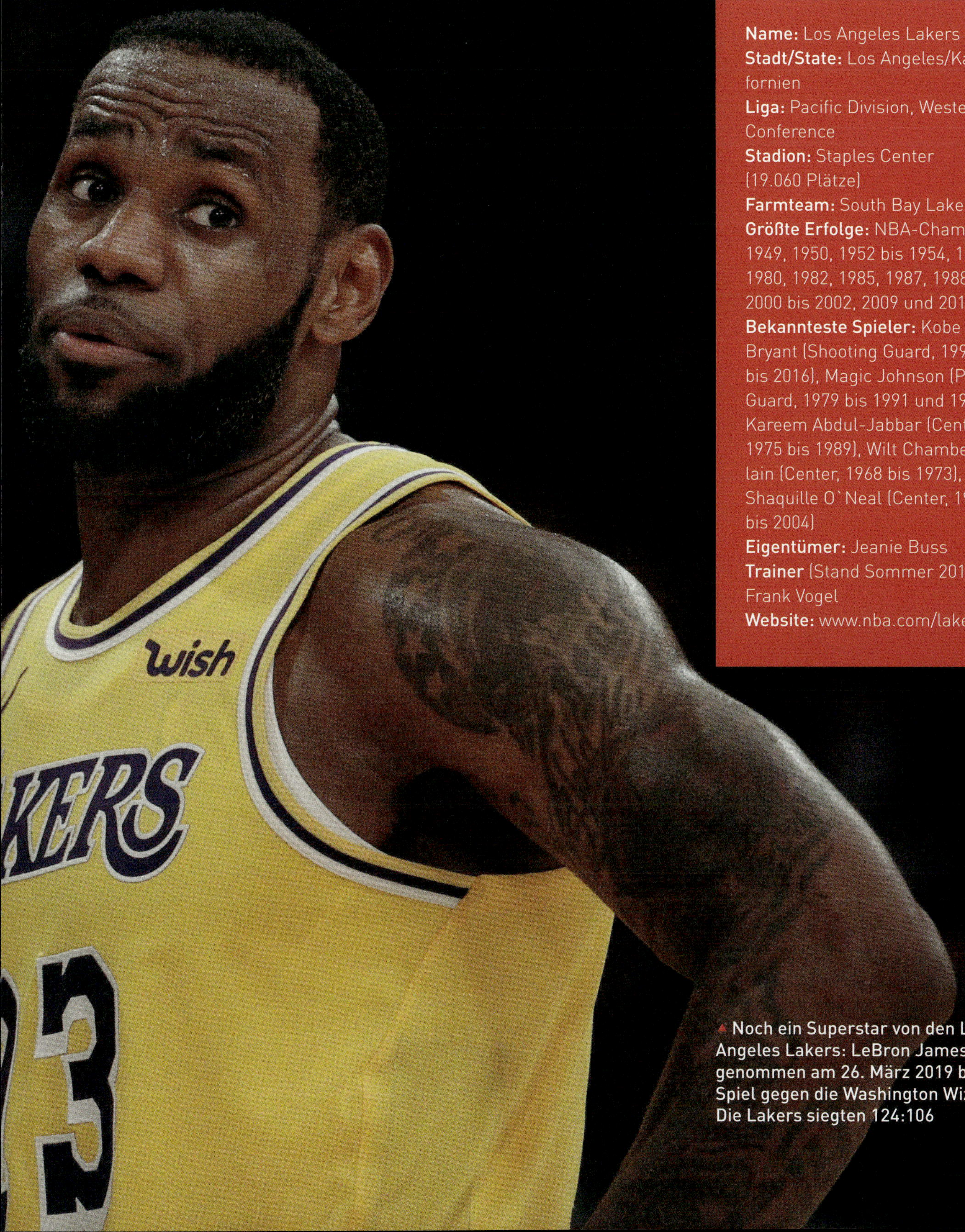

▲ Noch ein Superstar von den Los Angeles Lakers: LeBron James, aufgenommen am 26. März 2019 beim Spiel gegen die Washington Wizards. Die Lakers siegten 124:106

Phoenix Suns

Als die Phoenix Suns am 10. April 2019 ihre Saison mit einer 109:120-Niederlage bei den Dallas Mavericks abschlossen, stand die schlechteste Spielzeit der Teamgeschichte seit 50 Jahren fest.

Nur in ihrer Premieren-Saison, also in der Spielzeit 1968/1969, waren die Suns mit 16 Siegen zu 66 Niederlagen schlechter als in der zurückliegenden Spielzeit mit 19 Siegen und 63 Niederlagen. Seit nunmehr 2010/2011 wartet Phoenix auf eine neue Teilnahme an den Playoffs.

Zwar holten die Suns nie den NBA-Titel, doch gehörten sie von 1975 bis 2010 zu den Dauergästen in den Playoffs, zweimal reichte es für die Finalserie. In diesen 35 Jahren qualifizierte sich Phoenix insgesamt 28 Mal für die Postseason. Ab 1988 wurde das Team dabei immer wieder durch große Namen geführt. Point Guard Kevin Johnson ging ab 1988 für die Suns auf Korbjagd, 1992 stieß Charles Barkley hinzu, der bis 1996 blieb. Danach nahmen Jason Kidd (1996 bis 2001) und Steve Nash (2004 bis 2012) tragende Rollen bei den Suns ein, ehe spätestens mit Nashs Abgang Tristesse im Wüstenstaat Arizona einzog.

Tristesse herrschte auch 1987. Die Staatsanwaltschaft hatte im damaligen April Ermittlungen gegen 13 Personen wegen Kokain-Konsums aufgenommen, darunter die Suns-Spieler James Edwards, Jay Humphries und Grant Grondezick. Der frühere Teamkollege Walter Davis sagte als Kronzeuge in einem Verfahren aus, das unter »Waltergate« bekannt wurde. Allerdings erwiesen sich seine Schilderungen als zu ungenau, so dass es nie zu Verurteilungen kam. Trotzdem erfuhr die Thematik »Drogen im Profisport« landesweite Öffentlichkeit.

Der damalige General Manager Jerry Colangelo befand: »Wir wurden gekreuzigt, in 72 Stunden vor Gericht gestellt, verurteilt und aufgehängt.«

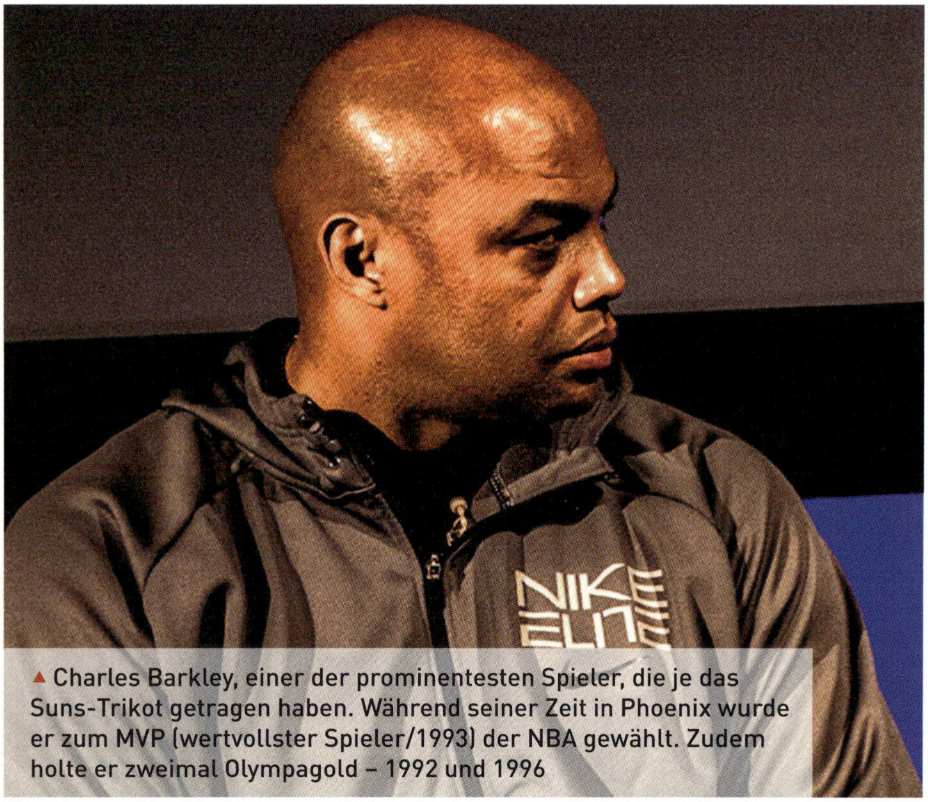

▲ Charles Barkley, einer der prominentesten Spieler, die je das Suns-Trikot getragen haben. Während seiner Zeit in Phoenix wurde er zum MVP (wertvollster Spieler/1993) der NBA gewählt. Zudem holte er zweimal Olympagold – 1992 und 1996

Western Conference

Name: Phoenix Suns
Stadt/State: Phoenix/Arizona
Liga: Pacific Division, Western Conference
Stadion: Talking Stick Resort Arena (18.055 Plätze)
Farmteam: Northern Arizona Suns
Größte Erfolge: Conference-Champion 1976 und 1993
Bekannteste Spieler: Steve Nash (Point Guard, 1996 bis 1998 und 2004 bis 2012), Charles Barkley (Power Forward, 1992 bis 1996), Kevin Johnson (Point Guard, 1987 bis 2000), Paul Westphal (Shooting Guard, 1975 bis 1980 und 1983/1984), Shawn Marion (Small Forward, 1999 bis 2008)
Eigentümer: Robert Sarver
Trainer (Stand Sommer 2019): Monty Williams
Website: www.nba.com/suns

Memphis Grizzlies

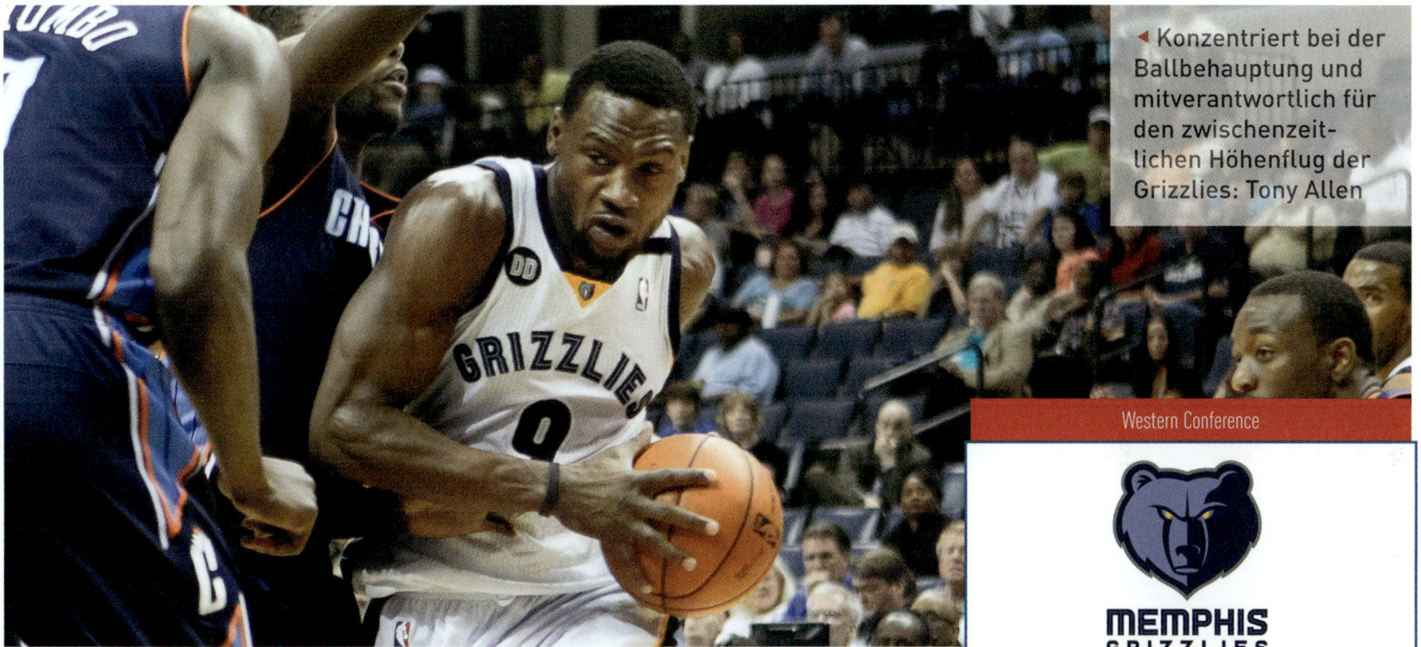

◂ Konzentriert bei der Ballbehauptung und mitverantwortlich für den zwischenzeitlichen Höhenflug der Grizzlies: Tony Allen

Als die Memphis Grizzlies am 29. April 2011 die San Antonio Spurs in der ersten Playoff-Runde mit 99:91 geschlagen hatten, war das Team aus dem US-Bundesstaat Tennessee auf dem vorläufigen Höhepunkt seiner Team-Historie angekommen.

In ihrer zehnten Saison nach ihrem Umzug nach Memphis hatten die Grizzlies endlich zunächst den ersten Playoff-Sieg und dann den ersten Playoff-Heimsieg ihrer Geschichte gefeiert. Am 29. April war der Favoritensturz durch die Grizzlies perfekt – erst zum vierten Mal in der NBA-Geschichte hatte ein an »Acht« gesetztes Team die Nummer eins in der K.o.-Phase der Saison ausgeschaltet.

Während dieser Erfolgsphase machte Memphis unter Head Coach Lionel Hollins mit hartem Defensiv-Basketball auf sich aufmerksam, immer darauf bedacht, den ballführenden Spieler des Gegners möglichst intensiv unter Druck zu setzen. Es war die Zeit, in der Spieler wie Zach Randolph, Marc Gasol und Tony Allen das Team prägten. Zwei Jahre später zogen die Grizzlies dann in die Conference-Finals ein, in denen sie gegen die Spurs allerdings chancenlos waren. Der Einzug ins Finale der Western Conference blieb bis heute dennoch der größte Erfolg.

Gegründet wurden die Grizzlies 1995 im Rahmen der NBA-Expansion nach Kanada. Während die Raptors in Toronto angesiedelt wurden, fanden die Grizzlies in Vancouver ihr Zuhause. Ob es an der mageren Bilanz der Anfangsjahre lag, dass das Team den General Motors Place nicht voll bekam oder die Menschen in der Provinz British Columbia ihr NBA-Team aus anderen Gründen nicht annahmen, kann nur gemutmaßt werden. 2001 jedenfalls wurde der Versuch in Vancouver beendet und die Grizzlies zogen nach Memphis. ⊖

Western Conference

MEMPHIS GRIZZLIES

Name: Memphis Grizzlies
Stadt/State: Memphis/Tennessee
Liga: Southwest Division, Western Conference
Stadion: FedExForum (18.119 Plätze)
Farmteam: Memphis Hustle
Größte Erfolge: NBA-Conference-Finals 2013
Bekannteste Spieler: Zach Randolph (Power Forward, 2009 bis 2017), Marc Gasol (Center, 2008 bis 2019), Pau Gasol (Power Forward, 2001 bis 2008), Shareef Abdur-Rahim (Small Forward, 1996 bis 2001), Tony Allen (Shooting Guard, 2010 bis 2017)
Eigentümer: Robert Pera
Trainer (Stand Sommer 2019): Taylor Jenkins
Website: www.nba.com/grizzlies

Houston Rockets

Als die Chicago Bulls nach dem vorübergehenden Karriereende von Superstar Michael Jordan schwächelten, waren die Houston Rockets zur Stelle. 1994 löste Houston mit Spielern wie Center Hakeem Olajuwon oder Point Guard Sam Cassell den dreifach amtierenden Champion ab und verteidigte ein Jahr später den Titel, ehe die Bulls nach Jordans Comeback sich wieder dreimal in Folge auf den Thron setzten.

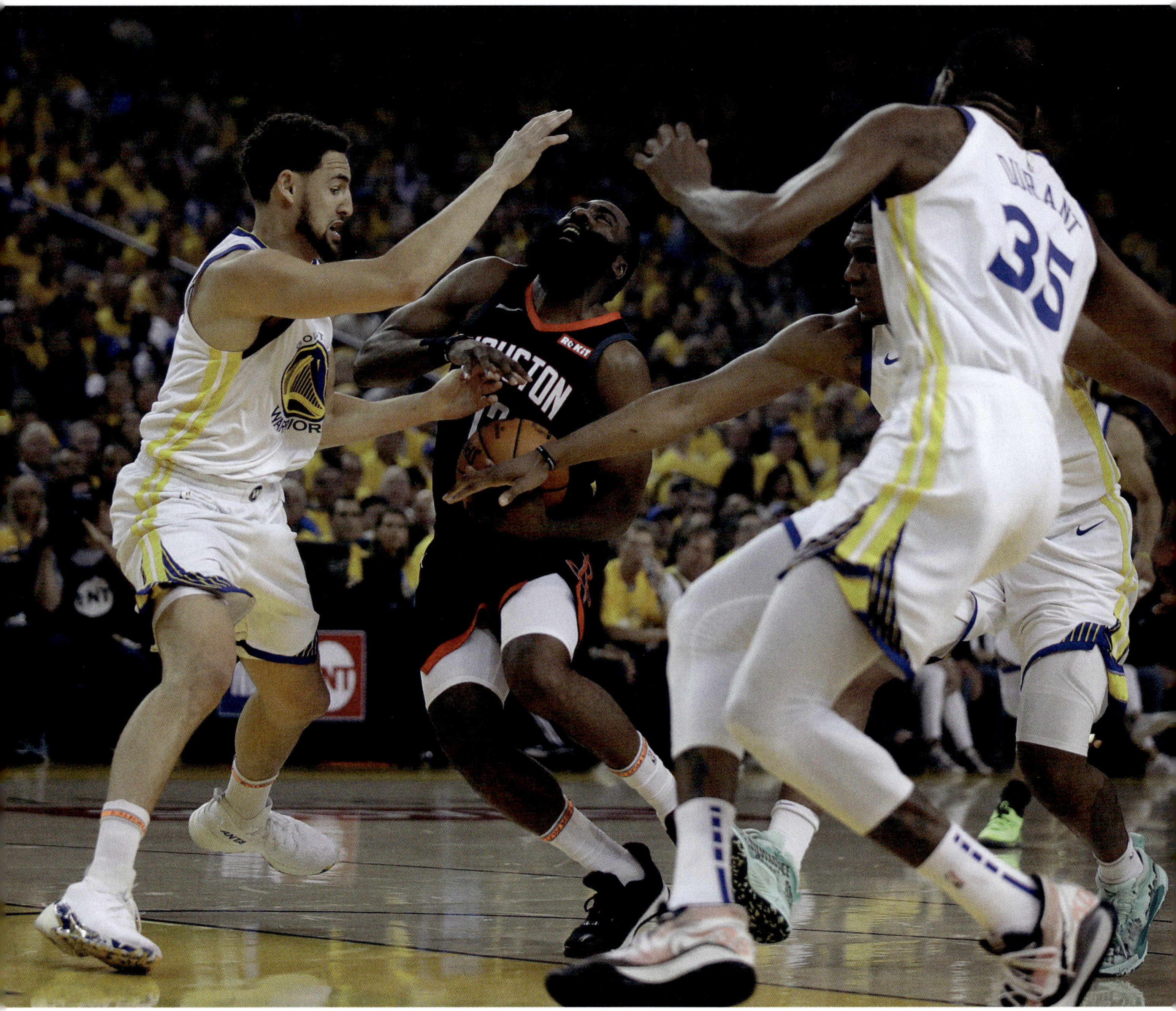

▲ Obwohl James Harden (mitte), Superstar der Houston Rockets, sich hier gegen drei Gegenspieler behauptet, kann er die 99:104-Niederlage im Playoff-Spiel am 8. Mai 2019 gegen die Golden State Warriors nicht verhindern

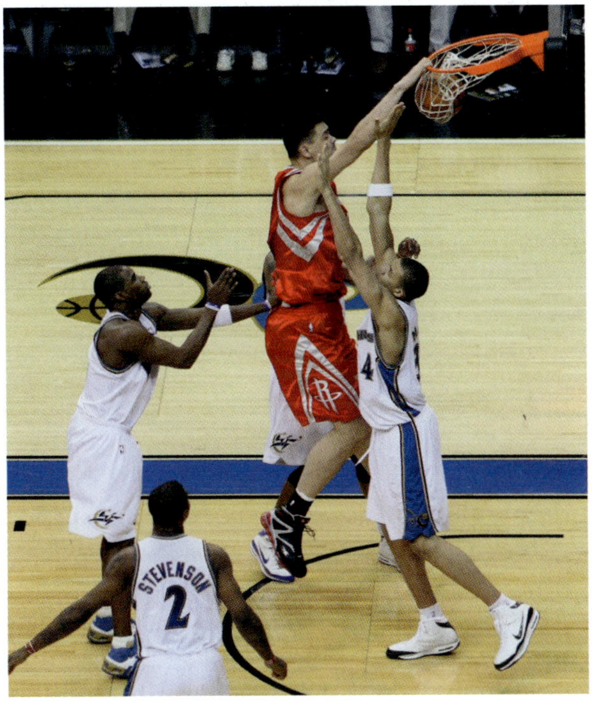

▸ Yao Ming, 2,29 Meter großer früherer Rockets-Center, am 21. November 2008 bei einem Dunking gegen die Washington Wizards-Verteidigung

Western Conference

HOUSTON ROCKETS

Name: Houston Rockets
Stadt/State: Houston/Texas
Liga: Southwest Division, Western Conference
Stadion: Toyota Center (18.023 Plätze)
Farmteam: Rio Grande Valley Vipers
Größte Erfolge: NBA-Champion 1994 und 1995
Bekannteste Spieler: Hakeem Olajuwon (Center, 1984 bis 2001), Moses Malone (Center, 1976 bis 1982), Elvin Hayes (Center, 1968 bis 1972 und 1981 bis 1984), Yao Ming (Center, 2002 bis 2011), James Harden (Point Guard, sei 2012)
Eigentümer: Tilman Fertitta
Trainer (Stand Sommer 2019): Mike D`Antoni
Website: www.nba.com/rockets

Die Rockets, die 1967 in San Diego gegründet wurden und nach ihrem Besitzerwechsel und Umzug nach Houston vier Jahr später das erste in Texas beheimatete NBA-Team wurden, waren mit den beiden Triumphen auf dem Höhepunkt ihrer Geschichte angekommen. Bereits zweimal zuvor, 1981 und 1986, hatte das Team die Finalserie erreicht, beide Versuche aber gegen die Boston Celtics verloren. Gegen die New York Knicks und Orlando Magic lief es dann besser.

Vor allem Olajuwon, 2,13 Meter groß, hatte die Rockets nach seinem Pick in Runde eins des Draftes von 1984 auf ein neues Level gehoben. Während das Team vor Olajuwons Zeit schwankende Leistungen zeigte und zwischen dem Verpassen der Playoffs bis zum Erreichen der Finals nahezu im Jahreswechsel alles möglich war, stabilisierte der gebürtige Nigerianer das Team an der Seite von Ralph Sampson, der seinen Teamkollegen in Körpergröße noch um elf Zentimeter übertrumpfte. Als »Twin Towers« etablierte das Duo die Rockets dreimal in Folge in den Playoffs, ehe Sampson zu den Golden State Warriors weiterzog.

An großen Namen mangelte es in Houston trotzdem nie. Bereits vor Olajuwon hatten Spieler wie Moses Malone oder Elvin Hayes das Rockets-Trikots getragen. Und Olajuwon, der noch bis 2001 bei den Texanern blieb, spielte auch noch mit anderen Superstars zusammen: Shooting Guard Clyde Drexler kam 1995, Power Forward Charles Barkley eine Saison später – Scottie Pippen schloss sich 1998 den Rockets kurzzeitig an.

Als Olajuwon Houston in Richtung Toronto Raptors verließ, suchten Head Coach und Titeltrainer Rudy Tomjanovich sowie General Manager Carroll Dawson nach der ganz großen Lösung: Der Chinese Yao Ming wurde im Draft 2002 an Position eins der ersten Runde verpflichtet. Der 2,29 Meter große Center schloss nach Körpergröße zum Deutsch-Amerikaner Shawn Bradley auf, der damals bei den Dallas Mavericks aktiv war. Nur zwei Spieler in der NBA-Historie waren noch größer: Rumäniens Gheorghe Muresan und Manute Bol aus dem Sudan brachten beide 2,31 Meter auf das Maßband.

Obwohl die Rockets um weitere Top-Spieler wie Tracy McGrady ergänzt wurden und unter Head Coach Rick Adelman Anfang 2008 eine Serie von 22 Siegen hintereinander gelang, war für die Texaner zwischen 1998 und 2008 spätestens in der ersten Playoff-Runde Schluss. Die nachhaltige Rückkehr in die Spitze der Liga gelang erst, als James Harden 2012 für sehr viel Geld von den Oklahoma City Thunder verpflichtet wurde. Der Point Guard erhielt einen Fünfjahresvertrag über 80 Millionen US-Dollar, überzeugt seitdem mit seiner sportlichen Leistung und führte die Rockets zweimal in den vergangenen vier Jahren in die Conference Finals, wo man sich jeweils den schier übermächtigen Golden State Warriors geschlagen geben musste. ⊜

Dallas Mavericks

285 Millionen US-Dollar zahlte Mark Cuban am 4. Januar 2000, um die Mehrheit an den Dallas Mavericks zu übernehmen. Mit dem Software-Milliardär an der Spitze der Franchise sollte das Team aus Texas zu einer der beständigsten des neuen Jahrtausends werden.

Zuvor hatten die Mavs, so die Kurzversion des Namens, zehnmal in Folge die Playoffs verpasst – der letzte Sieg in einem Playoff-Spiel lag sogar 13 Jahre zurück. Ab dem Millenium hingegen folgten zwölf Postseason-Teilnahmen hintereinander.

Natürlich lag der nachhaltige Erfolg aber vor allem an dem Spielerpersonal, das die Mavericks in dieser Spanne auf dem Spielfeld versammelten. Allen voran Power Forward Dirk Nowitzki wurde zum Sinnbild des Erfolges. Der beste deutsche Basketballer aller Zeiten führte sein Team nicht nur andauernd in die Playoffs – 2006 erreichten die Mavericks erstmals in ihrer Historie auch die Finals und fünf Jahre später war das Team endlich an der Spitze der NBA angekommen: Meister nach einem 4:2 in der Finalserie gegen die Miami Heat, gegen die man in den ersten Finals noch den Kürzeren gezogen hatte. Spieler wie Jason Terry oder Jason Kidd gehörten zu den Weggefährten Nowitzkis auf dem Weg zum ersehnten Titel.

Bereits von 1983 bis 1990 hatten die Mavericks, übrigens erst 1980 gegründet, eine erfolgreich Phase. Um Shooting Guard Rolando Blackman, Center Sam Perkins und Power Forward Mark Aguirre wurde eine schlagkräftige Mannschaft aufgebaut, die ihren Höhepunkt 1987 mit dem Erreichen der Conference Finals hatte. Teil dieses Teams war Detlef Schrempf, der wie Nowitzki aus Deutschland kam. Seit 2017 spielt mit Maximilian Kleber ein weiterer Deutscher für die Mavs. ⊖

Western Conference

Name: Dallas Mavericks
Stadt/State: Dallas/Texas
Liga: Southwest Division/ Western Conference
Stadion: American Airlines Center (19.200 Plätze)
Farmteam: Texas Legends
Größte Erfolge: NBA-Meister 2011
Bekannteste Spieler: Dirk Nowitzki (Power Forward, 1999 bis 2019), Mark Agguirre (Power Forward, 1982 bis 1989), Rolando Blackman (Shooting Guard, 1981 bis 1992), Jason Terry (Point Guard, 2004 bis 2012), Detlef Schrempf (Small Forward, 1985 bis 1989)
Eigentümer: Mark Cuban
Trainer (Stand Sommer 2019): Rick Carlisle
Website: www.nba.com/mavericks

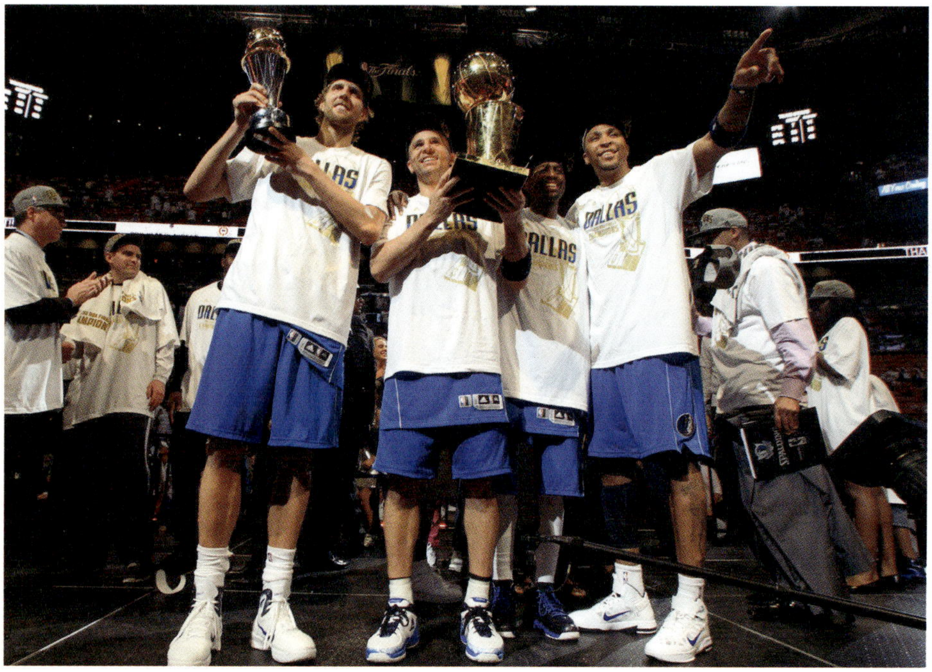

◂ Ja, so sehen Meister aus: Dirk Nowitzki, Jason Kidd, Jason Terry und Shawn Marion von den Dallas Mavericks am 12. Juni 2011 nach dem Gewinn des NBA-Titels gegen die Miami Heat in der American Airlines Arena in Miami, Florida

New Orleans Pelicans

Am 24. Januar 2013 gaben die New Orleans Hornets ihre Umbenennung in New Orleans Pelicans bekannt.

Die Franchise folgte damit ihren Fans, die sich nie mit dem Namen »Hornets« hatten anfreunden können, nachdem das Team – ursprünglich 1988 als »Charlotte Hornets« gegründet – 2001 nach New Orleans umgezogen war. Der Pelikan, das Wappentier des US-Bundesstaates Louisiana, passte da schon viel besser. Kurios: Die mittlerweile in Charlotte beheimateten Bobcats, 2002 gegründet, nahmen daraufhin den nun »freien« Namen der Hornets wieder an – und erbten die Teamgeschichte der Pelicans aus der Zeit vor 2002, wodurch es die Pelicans offiziell erst seit 2002 gibt.

Drei Jahre danach erlebten die heutigen Pelicans ihre einprägsamste Spielzeit. Nachdem Hurrikan Katrina für große Verwüstungen in New Orleans gesorgt hatte, war das Team plötzlich obdachlos. Die Stadt Oklahoma City, die etwa 1.100 Kilometer nordwestlich von New Orleans liegt und zur damaligen Zeit noch kein Team beherbergte, bot sich als Übergangsspielstätte an. Unter dem Namen »New Orleans/Oklahoma City Hornets« spielten die Pelicans dann bis 2007 überwiegend im Ford Center inmitten der neuen Heimat.

Die Saison 2005/2006 war gleichzeitig die Rookie-Spielzeit von Chris Paul, der als bester Spieler der Team-Historie gilt. Mit Paul gab es auch den bisher größten sportlichen Erfolg: 2008 wurde die Division Southwest zum ersten und bislang einzigen Mal gewonnen. In der gleichen Saison erreichte das Team zum ersten Mal das Halbfinale der Western Conference, wo sich New Orleans den San Antonio Spurs in sieben Spielen geschlagen geben musste. Nachdem 2017/2018 noch ein zweites Mal die Vorschlussrunde der Konferenz erreicht wurde, verpassten die Pelicans die Playoffs in der zurückliegenden Saison.

Western Conference

Name: New Orleans Pelicans
Stadt/State: New Orleans/ Louisiana
Liga: Southwest Division, Western Conference
Stadion: Smoothie King Center (18.500 Plätze)
Farmteam: Erie BayHawks
Größte Erfolge: Division-Meister 2008
Bekannteste Spieler: Chris Paul (Point Guard, 2005 bis 2011), David West (Power Forward, 2003 bis 2011), Tyson Chandler (Center, 2006 bis 2009), Peja Stojakovic (Small Forward, 2006 bis 2010), Anthony Davis (Power Forward, 2012 bis 2019)
Eigentümer: Gayle Benson
Trainer (Stand Sommer 2019): Alvin Gentry
Website: www.nba.com/pelicans

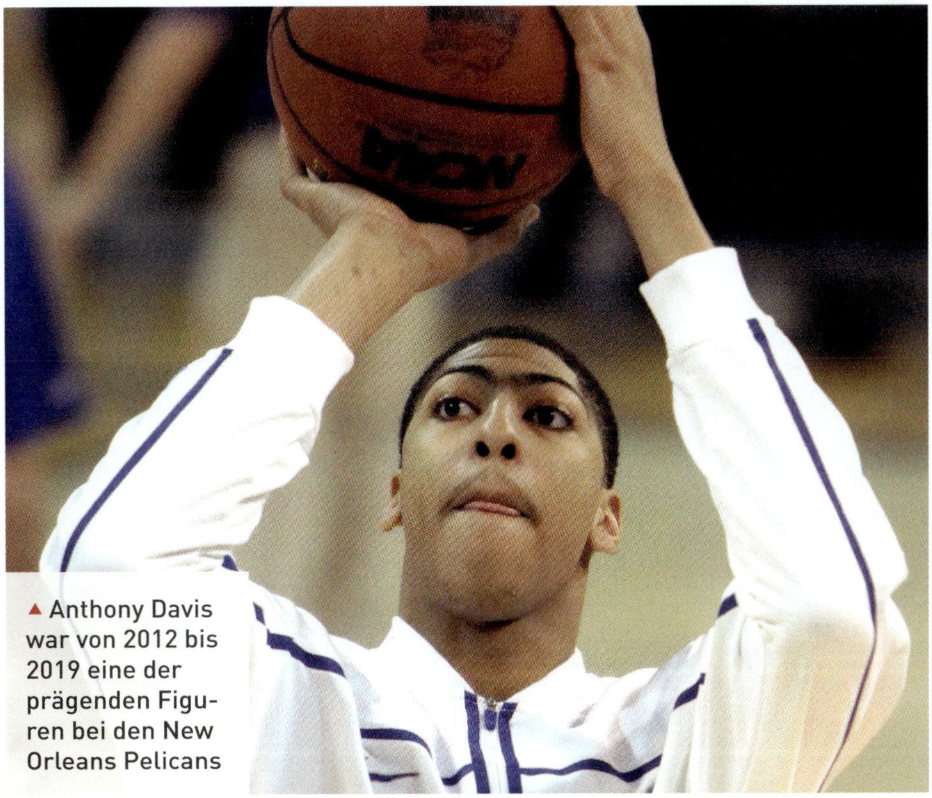
▲ Anthony Davis war von 2012 bis 2019 eine der prägenden Figuren bei den New Orleans Pelicans

San Antonio Spurs

Mit dem Ende der Regular Season 2018/2019 hatten sich die San Antonio Spurs zum 22. Mal in Folge für die Playoffs qualifiziert – und damit einen NBA-Rekord aufgestellt.

Hauptverantwortlich dafür war und ist Gregg Popovich, der seit 1996 als Head Coach bei den Texanern agiert und zu den besten Trainern gehört, die je in der NBA gearbeitet haben.

Popovich erfindet seit seiner Ankunft in San Antonio die Spurs immer wieder neu und lässt eine große Kreativität bei der Auswahl seiner Spieler walten. Ein Fakt, der auch der Situation geschuldet ist, dass die unter seiner Regie erfolgreichen Spurs meist recht spät im Draft dran waren. So versucht der mittlerweile 70-Jährige immer wieder Spieler zu finden, die noch nicht ausgereift sind, aber über eine hohe Spielintelligenz verfügen und charakterlich gefestigt sind.

Dabei schauen er und General Manager R. C. Buford häufig über den Tellerrand der NBA und des College-Basketballs hinaus – und versammeln so auch immer wieder eine hohe Zahl an internationalen Spielern bei den Spurs. Neben elf US-Amerikanern standen auch sieben Spieler aus Europa und Australien im Saisonverlauf im Kader der Spurs. Buford wurde im Sommer zum CEO befördert.

Popovich, der für seine impulsive Art am Spielfeldrand bekannt ist und sich in Interviews gerne wortkarg gibt, folgt, anders als andere Trainer, keiner festen Spielidee, sondern passt System und Taktik immer wieder dem zur Verfügung stehenden Personal an. So spielten die Spurs zu Zeiten, in denen Power Forward Tim Duncan und Center David Robinson das Team als »Twin Towers« prägten, einen konservativen und defensiv orientierten Basketball, während die Spurs nach dem Karriereende von Robinson dann mit Spielern wie Point Guard Tony Parker oder Small Forward Kawhi Leonard offensiv und schnell agierten.

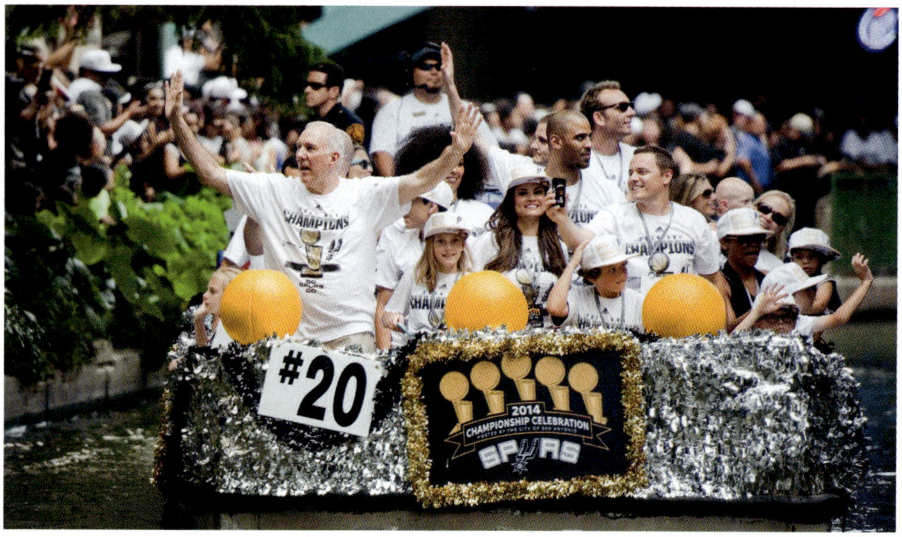

▲ San Antonio Spurs-Trainer Gregg Popovich (links) winkt den Fans zu, lässt sich feiern – für den fünften NBA-Titelgewinn. Das war 2014, wie stets wurde die Spurs-Siegerparade auf Booten abgehalten

Der Erfolg gibt Popovich recht: Zwischen 1999 und 2014 gewann San Antonio fünf NBA-Titel, zwischen 1999 und 2017 holte die Franchise 18 Mal in Folge mindestens 50 Saisonsiege – ebenfalls ein Liga-Rekord. Nebenbei sind die Spurs noch die Trainer-Schmiede der National Basketball Association. Spätere NBA-Head-Coaches wie Mike Budenholzer, Mike Brown, Jacque Vaughn oder P. J. Carlesimo sind ehemalige Assistenztrainer Popovichs.

1967 waren die Spurs als Dallas Chaparrals gegründet worden, seit 1973 spielen sie unter ihrem heutigen Namen. Sie sind das einzige Team der Stadt San Antonio, das in einer der vier großen US-Profiligen MLB, NBA, NFL und NHL aktiv ist. Entsprechend groß ist der Zuschauerzuspruch. 1999 stellten sie im damaligen Alamodome mit 39.554 Zuschauern einen NBA-Finals-Rekord auf, das heutige AT&T Center, das seit 2002 Heimspielstätte ist und 18.418 Fans Platz bietet, ist regelmäßig ausverkauft. Und der Erfolg war auch schon vor Popovich da: In den bisherigen 52 Spielzeiten seit der Teamgründung wurde die Postseason lediglich fünfmal verpasst.

Seit 2003 spielen die Spurs im Februar fast nur auswärts, da das At&T Center regelmäßig durch eine der größten Rodeo Shows der USA blockiert ist. In jeder Saison können die Spurs während dieser Auswärtsserie auf eine positive Sieg-Niederlagen-Bilanz zurückblicken. Legendär sind auch die Meisterfeiern des Teams. Die Siegesparade wurde traditionell auf Booten auf dem San Antonio River abgehalten. ⊖

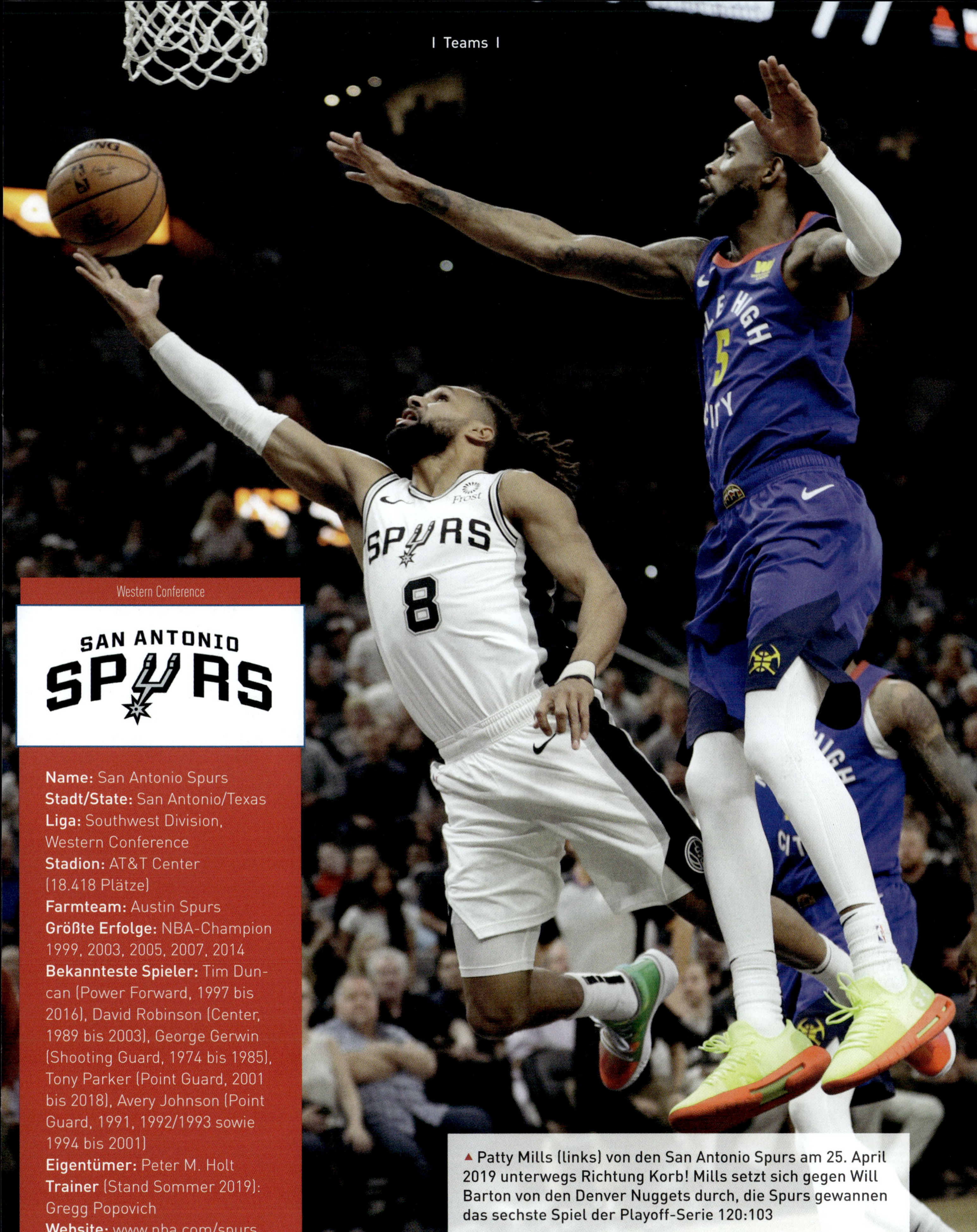

Western Conference

SAN ANTONIO SPURS

Name: San Antonio Spurs
Stadt/State: San Antonio/Texas
Liga: Southwest Division, Western Conference
Stadion: AT&T Center (18.418 Plätze)
Farmteam: Austin Spurs
Größte Erfolge: NBA-Champion 1999, 2003, 2005, 2007, 2014
Bekannteste Spieler: Tim Duncan (Power Forward, 1997 bis 2016), David Robinson (Center, 1989 bis 2003), George Gerwin (Shooting Guard, 1974 bis 1985), Tony Parker (Point Guard, 2001 bis 2018), Avery Johnson (Point Guard, 1991, 1992/1993 sowie 1994 bis 2001)
Eigentümer: Peter M. Holt
Trainer (Stand Sommer 2019): Gregg Popovich
Website: www.nba.com/spurs

▲ Patty Mills (links) von den San Antonio Spurs am 25. April 2019 unterwegs Richtung Korb! Mills setzt sich gegen Will Barton von den Denver Nuggets durch, die Spurs gewannen das sechste Spiel der Playoff-Serie 120:103

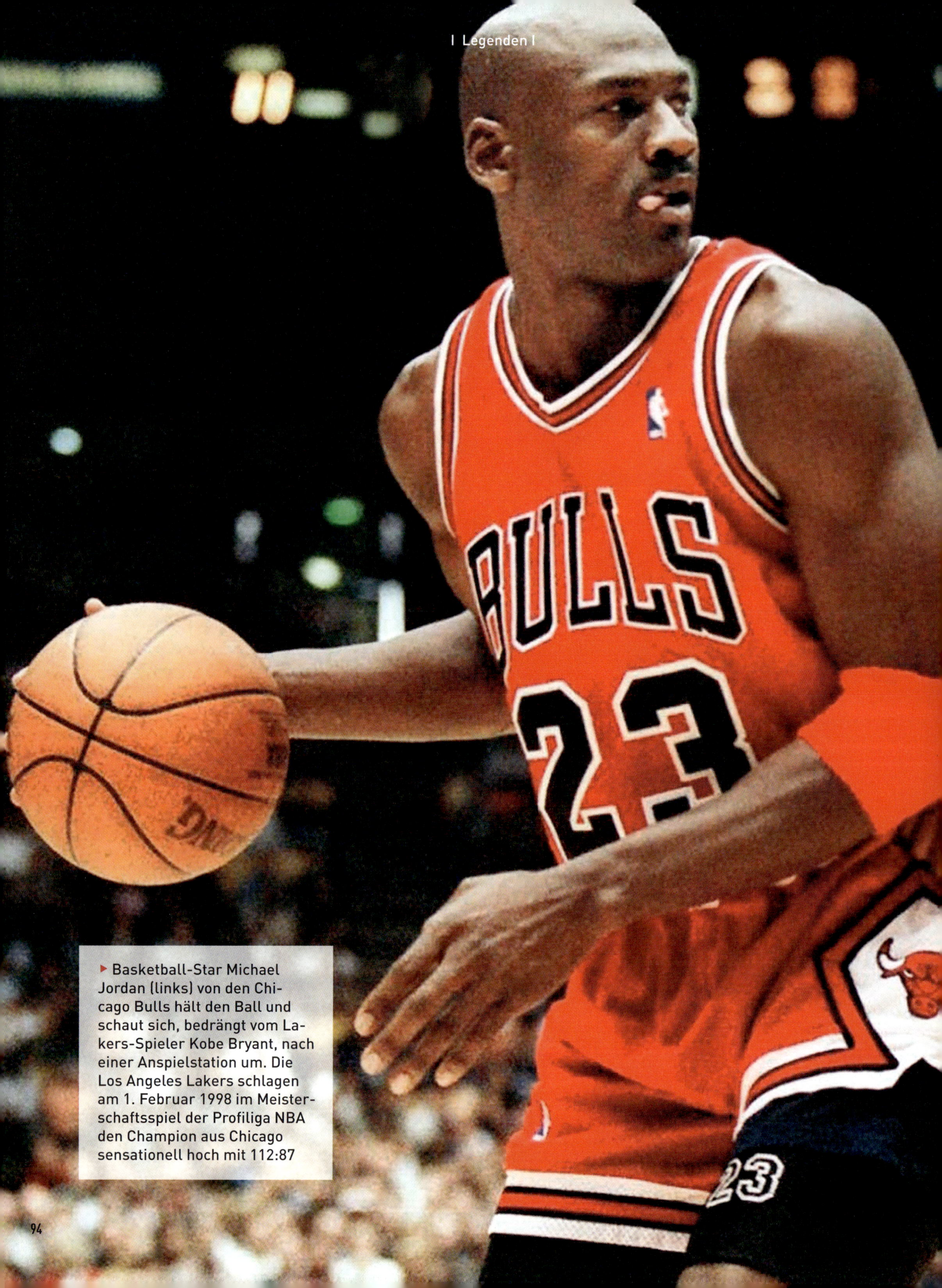

▸ Basketball-Star Michael Jordan (links) von den Chicago Bulls hält den Ball und schaut sich, bedrängt vom Lakers-Spieler Kobe Bryant, nach einer Anspielstation um. Die Los Angeles Lakers schlagen am 1. Februar 1998 im Meisterschaftsspiel der Profiliga NBA den Champion aus Chicago sensationell hoch mit 112:87

Echte Superstars

Im Laufe der Jahrzehnte haben sich in der NBA zahlreiche Spieler in den Vordergrund gespielt – aufgrund ihrer Punkteausbeute, ihrer Verteidigungskünste, ihrer Athletik, ihrer Persönlichkeit. Auf den folgenden Seiten werden die NBA-Superstars vorgestellt

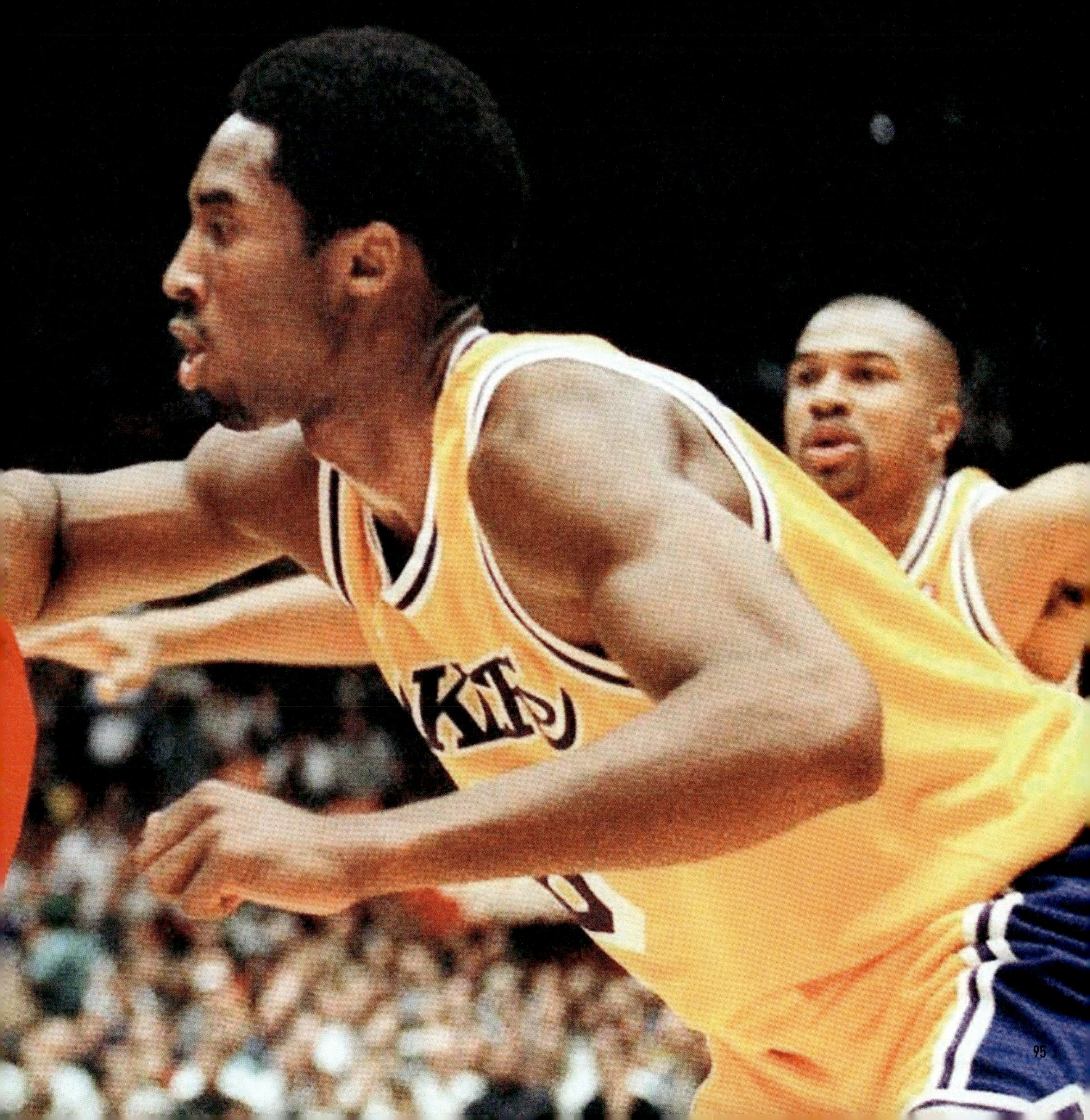

MOSES MALONE

Reisender in der NBA

»Fo, Fo, Fo« – mit diesen berühmten Worten kündigte Moses Malone 1983 einen Durchmarsch ohne Niederlage seiner Philadelphia 76ers in den NBA-Playoffs an. Malone benannte damit die Anzahl der Spiele (jeweils Four/vier), die das Team in den Playoff-Runden (Modus: Best-of-Seven) benötigen wird. Der Center sollte zwar nicht ganz Recht behalten, doch am Ende holte sein Team den Titel gegen die Los Angeles Lakers. Zuvor in den Conference-Finals hatten die Milwaukee Bucks eine Partie gegen die 76ers gewonnen, so dass es nur ein »Fo, Fi, Fo« wurde – also einmal doch fünf (Five) Spiele. In dieser Saison, 1982/1983, war Malone auf dem Höhepunkt seiner Karriere, die 1974 bei den Utah Stars in der American Basketball Association (ABA) angefangen hatte, ehe die Parallel-Liga 1976 mit der NBA fusionierte. Nach dem Titelgewinn 1983 baute die Leistung von Malone allerdings stetig ab und er wurde im weiteren Karriereverlauf zum Reisenden in der NBA und spielte bis 1995 noch für vier andere Teams. Dennoch wurde er von 1978 an bis 1989 insgesamt zwölfmal in Folge ins Allstar-Team berufen.

Sein Talent zu ganz großem Basketball wurde früh erkannt. So schaffte er als erster Spieler überhaupt den Sprung von der Highschool in den Profi-Sport, ohne ein College besucht zu haben. Malone zermürbte seine Gegner mit seinem physischen Spiel und war durch seine Durchsetzungsfähigkeit unter dem Korb einer der besten Rebounder der NBA-Geschichte.

Malone, Vater von drei Söhnen, wurde am 13. September 2015 in einem Hotelzimmer im Rahmen eines Golf-Charity-Turniers tot aufgefunden. Er hatte an Bluthochdruck und Arterienverkalkung gelitten. Er wurde nur 60 Jahre alt und wurde auf dem Friedhof »Memorial Oaks« in Houston, Texas, beigesetzt.

Im Profil

Name: Moses Eugene Malone
Geburtsdatum/-ort: 23. März 1955 in Petersburg/Virginia (gestorben: 13. September 2015 in Norfolk/Virginia)
Position: Center
Größe: 2,08 Meter
Teams: Buffalo Braves (1976), Houston Rockets (1976 bis 1982), Philadelphia 76ers (1982 bis 1986 und 1993/1994), Washington Bullets (1986 bis 1988), Atlanta Hawks (1988 bis 1991), Milwaukee Bucks (1991 bis 1993), San Antonio Spurs (1994/1995)
Besonderes: Erster Spieler, der den Sprung von der Highschool in den Profi-Basketball schaffte. Seine Trikotnummer »2« wird bei den Philadelphia 76ers nicht mehr vergeben. Seine Trikotnummer »24« wird bei den Houston Rockets nicht mehr vergeben.
Erfolge: NBA Champion 1983, NBA Finals MVP 1983, NBA MVP 1979, 1982 und 1983, NBA-Allstar 1978 bis 1989, NBA Rebounding Leader 1979 und 1981 bis 1985.

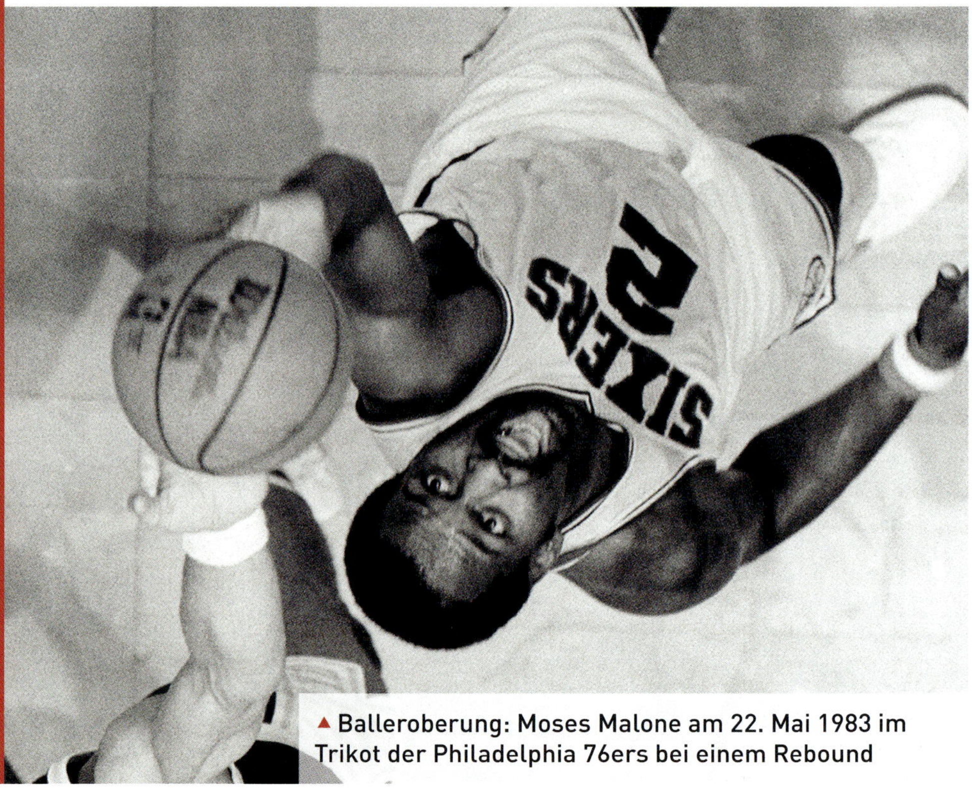

▲ Balleroberung: Moses Malone am 22. Mai 1983 im Trikot der Philadelphia 76ers bei einem Rebound

DENNIS RODMAN

Zwischen Genie und Wahnsinn

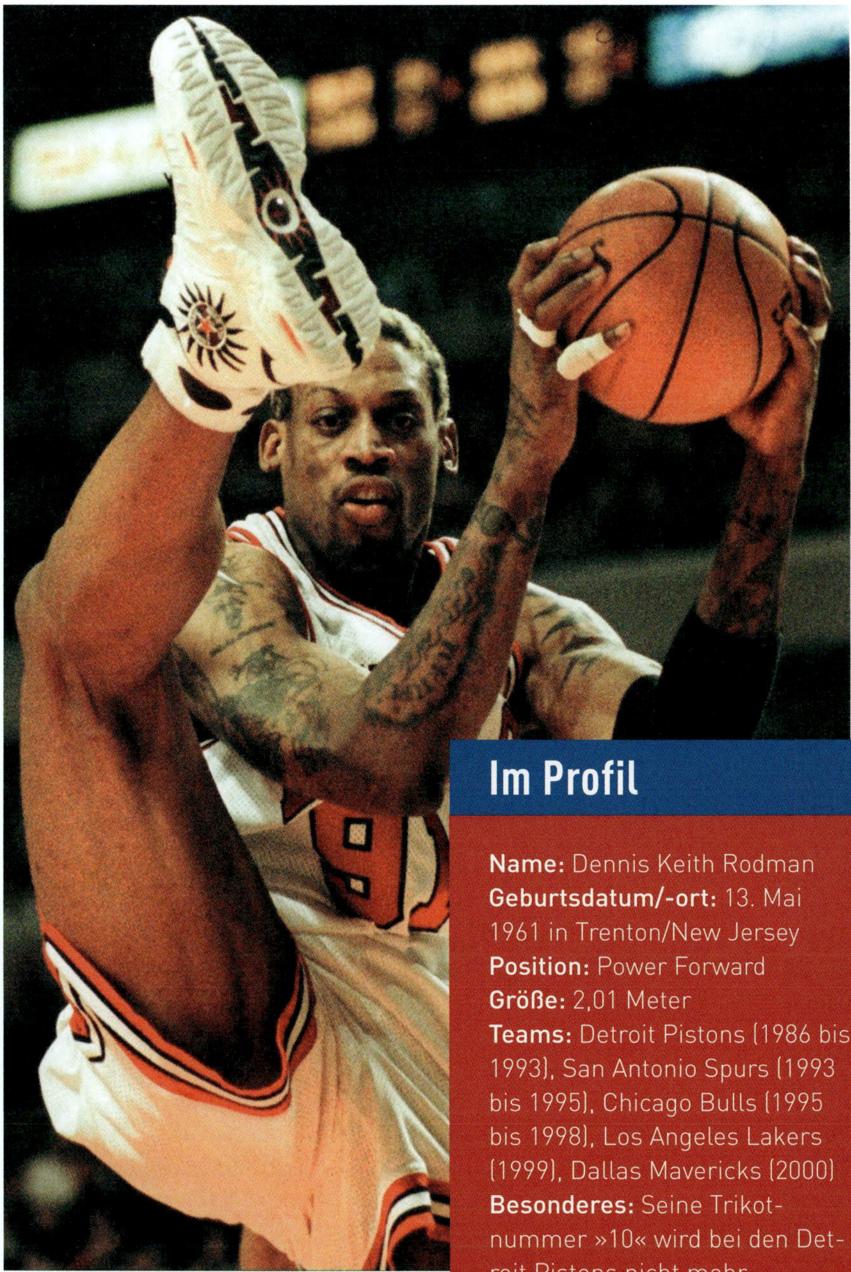

▲ Dennis Rodman im Trikot der Chicago Bulls. Mit dem Team aus der am Lake Michigan gelegenen Stadt holte der Power Forward dreimal hintereinander (1996/97/98) den NBA-Titel, insgesamt kommt Rodman auf fünf Titelgewinne

Im Profil

Name: Dennis Keith Rodman
Geburtsdatum/-ort: 13. Mai 1961 in Trenton/New Jersey
Position: Power Forward
Größe: 2,01 Meter
Teams: Detroit Pistons (1986 bis 1993), San Antonio Spurs (1993 bis 1995), Chicago Bulls (1995 bis 1998), Los Angeles Lakers (1999), Dallas Mavericks (2000)
Besonderes: Seine Trikotnummer »10« wird bei den Detroit Pistons nicht mehr vergeben.
Erfolge: NBA-Meister 1989, 1990, 1996, 1997 und 1998, NBA-Allstar 1990 und 1992, NBA-Defensive Player of the Year 1990 und 1991, NBA Rebounding Champion 1992, 1993, 1994, 1995, 1996, 1997 und 1998.

Bunte Haare, Piercings, Tätowierungen. Nach einem Selbstmordversuch 1993 hatte sich Dennis Rodman neu erfunden. Der schüchterne, zurückhaltende Rodman machte sich selbst zur Kunstfigur und fiel fortan neben der weiterhin starken Leistungen auf dem Parkett auch durch sein schillerndes Äußeres wie durch sein lockeres Mundwerk auf.

Rodman schaffte so den Sprung aus prekären Familienverhältnissen zum fünfmaligen NBA-Champion. Sein Vater Philander Rodman Jr. hatte seine Mutter Shirley früh verlassen und war nach seinen Einsätzen im Vietnam-Krieg mutmaßlich in die Philippinen ausgewandert. Bei der Vorstellung seiner Autobiografie »Bad As I Wanna Be« (1996), trat Dennis Rodman in einem Brautkleid auf. Auch sprach der extrovertierte Superstar davon, das älteste von insgesamt 47 Kindern seines Vaters zu sein, andere Quellen berichten von 29 Kindern mit 16 Frauen. Aufwachsen sollte Dennis allerdings »nur« mit seinen beiden Schwestern Debra und Kim, die beide ebenfalls erfolgreich College- und Profi-Basketball spielten.

Die sportlich beste Phase hatte Rodman, der auch immer wieder Alkoholprobleme hatte, ab der Saison 1995/96, als er mit Stars wie Michael Jordan und Scottie Pippen dreimal hintereinander den NBA-Titel mit den Chicago Bulls holte. Dies war ihm bereits zweimal zuvor mit den Detroit Pistons gelungen. Rodmans Spiel war geprägt von Härte und Durchsetzungsfähigkeit. Gleich in sieben Spielzeiten holte sich der Bad Boy der NBA, der auch den Spitznamen »Menace« (Die Bedrohung) trug, die meisten Rebounds der Liga. Noch während seiner aktiven Basketball-Karriere wagte Rodman einen Seitensprung zum Wrestling, wo er in einigen Kämpfen mit dem legendären Hulk Hogan in einem Team antrat. ⊖

EARVIN »MAGIC« JOHNSON

Magisch ins Allstar-Spiel

Auf einer Pressekonferenz am 7. November 1991 schockte Earvin »Magic« Johnson die Welt. Der NBA-Superstar, der als einer der besten Spieler aller Zeiten gilt, verkündete öffentlich, dass er seine Karriere vorzeitig aufgrund einer Erkrankung beenden werde. Bei einer Routineuntersuchung zur Saison 1991/1992 war das zur Autoimmunkrankheit AIDS führende HI-Virus im Blut des damals 32-Jährigen entdeckt worden.

Zu diesem Zeitpunkt war der Point Guard neben Larry Bird von den Boston Celtics der große Superstar der NBA. Johnson hatte zusammen mit den Los Angeles Lakers, bei denen er seine gesamte Profi-Laufbahn verbrachte, in den 1980er-Jahren fünfmal die NBA-Meisterschaft gewonnen, war dreimal zum MVP der Finalserie ernannt worden und hatte es in insgesamt elf Spielzeiten bis dahin ins Allstar-Spiel geschafft. Überdies hatte Johnson den schnellen und facettenreichen Spielstil der Lakers geprägt. Er war außerordentlich stark in Eins-gegen-Eins-Situationen und antizipierte in Perfektion, was als nächstes passieren würde. Immer wieder setzte er seine Teamkollegen aus Spielsituationen heraus in Szene, in denen diese selbst nicht mit einem Anspiel gerechnet hätten. Er beherrschte den No-Look-Pass ebenso wie die Vorbereitung von Alley-Oops-Spielzügen. Nicht umsonst wurde Johnson gleich viermal in seiner Karriere der NBA Assists Leader.

Jener 7. November ging hingegen auch in die Fernsehgeschichte ein. 2004 gab der US-Sportsender ESPN ein Ranking der unvergesslichsten Sportmomente heraus – und Johnsons Pressekonferenz landete auf Rang sieben. Doch mit der öffentlichen Erklärung war der Durst der Öffentlichkeit noch nicht gestillt. Johnson hatte angegeben, nicht zu wissen, wo er sich angesteckt haben könnte, was Gerüchte über eine mögliche Homosexualität aufkommen ließ, galt HIV zu dieser Zeit doch noch als Krankheit, von der hauptsächlich homosexuelle Männer betroffen wären. Obwohl Johnson in der Folge sexuelle Eskapaden mit mehreren Frauen einräumte, blieb seine Frau Earlitha Kelly, die er nur zwei Monate vor der Pressekonferenz geheiratet und die sich nicht mit der Krankheit infiziert hatte, an seiner Seite. Auch der damals noch ungeborene Sohn Earvin III kam nicht mit der Krankheit infiziert zur Welt.

I am and will always be a Laker for life.

Earvin »Magic« Johnson

Ich bin und bleibe ein Laker, mein Leben lang.

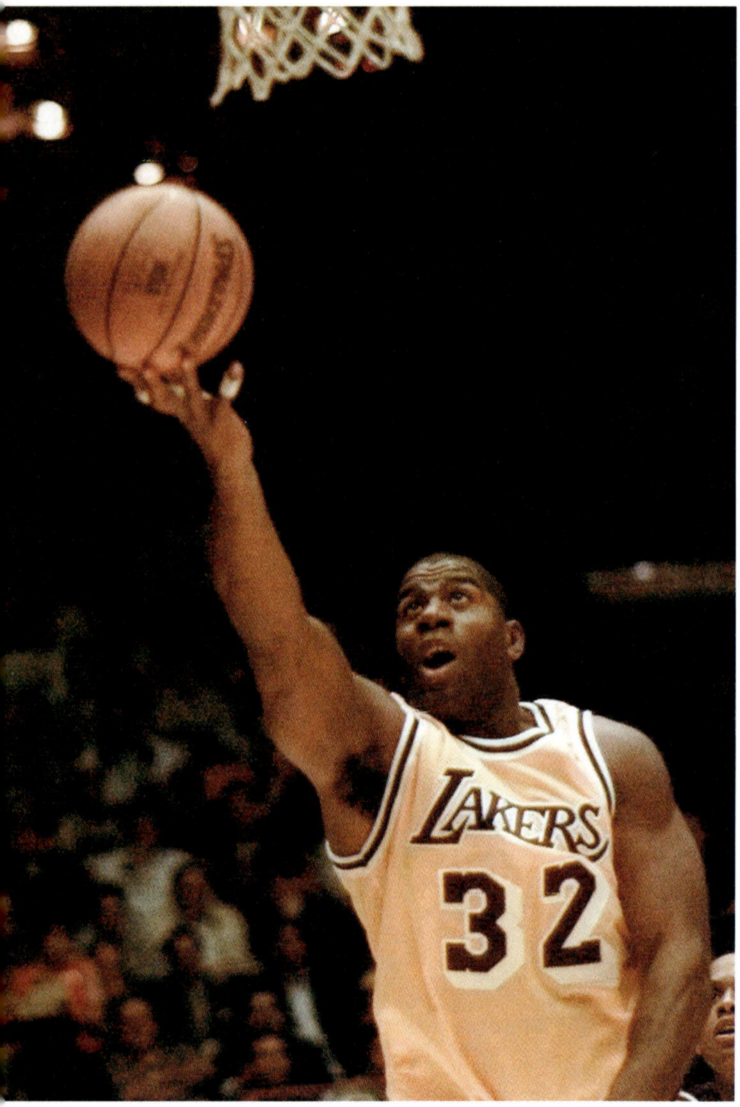

◂ Earvin »Magic« Johnson von den Los Angeles Lakers in seiner Comeback-Saison: Nach mehr als vier Jahren Abwesenheit zeigt er sich am 30. Januar 1996 im Spiel gegen die Golden State Warriors treffsicher

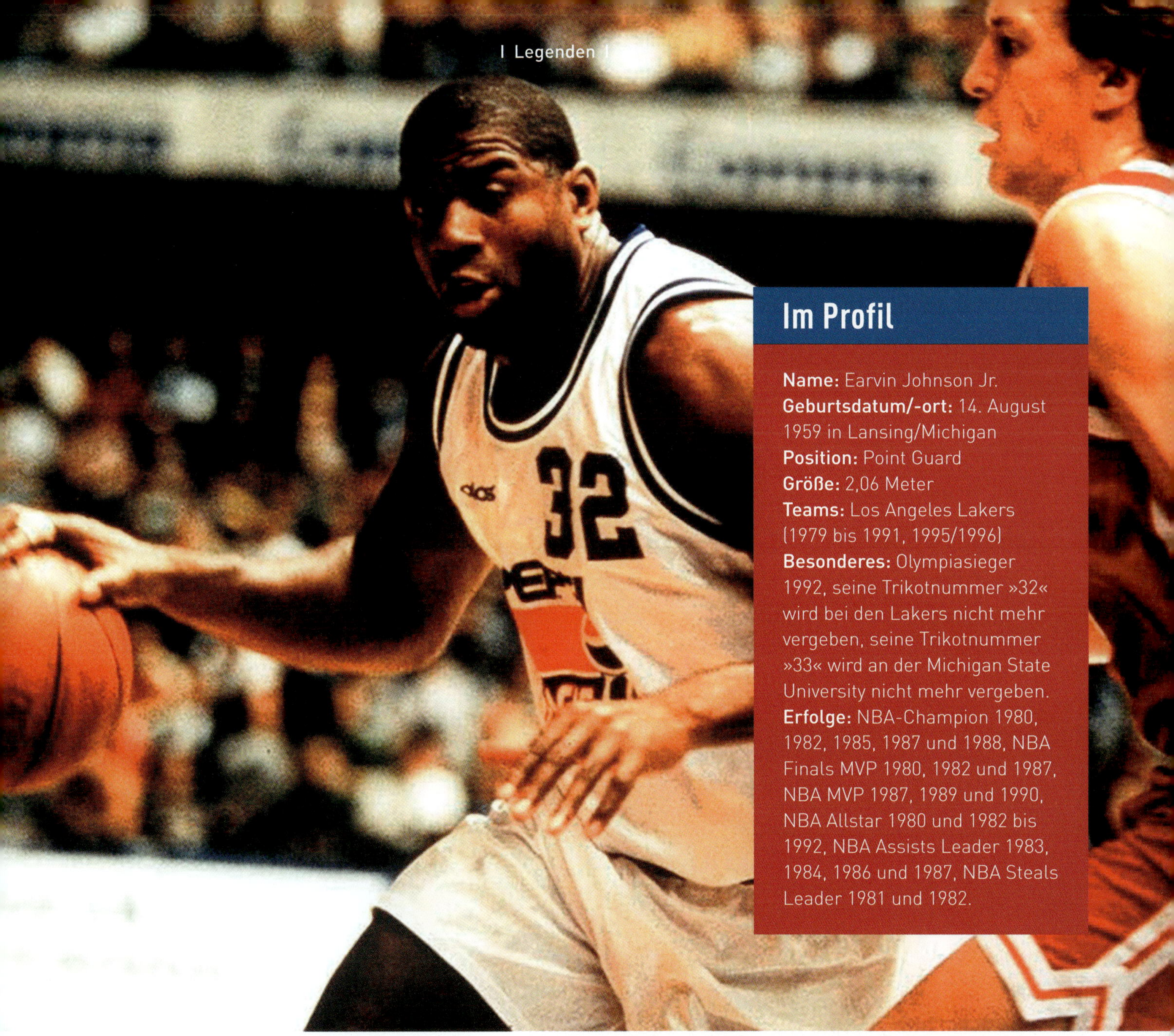

Im Profil

Name: Earvin Johnson Jr.
Geburtsdatum/-ort: 14. August 1959 in Lansing/Michigan
Position: Point Guard
Größe: 2,06 Meter
Teams: Los Angeles Lakers (1979 bis 1991, 1995/1996)
Besonderes: Olympiasieger 1992, seine Trikotnummer »32« wird bei den Lakers nicht mehr vergeben, seine Trikotnummer »33« wird an der Michigan State University nicht mehr vergeben.
Erfolge: NBA-Champion 1980, 1982, 1985, 1987 und 1988, NBA Finals MVP 1980, 1982 und 1987, NBA MVP 1987, 1989 und 1990, NBA Allstar 1980 und 1982 bis 1992, NBA Assists Leader 1983, 1984, 1986 und 1987, NBA Steals Leader 1981 und 1982.

▲ **Auf und neben dem Spielfeld gab sich der Point Guard kämpferisch, so sagte Johnson etwa: »Man kann gewinnen und man kann verlieren – und im Leben wird beides passieren. Aber was ich nicht akzeptieren kann, ist aufgeben«**

In der Zeit nach seinem Karriereende widmete sich Johnson der HIV-Prävention. Er gründete eine Stiftung, die die Bekämpfung der Krankheit unterstützte und schrieb ein Buch mit dem Titel »Unsafe Sex in the Age of AIDS«. Für die Fans blieb Johnson ohnehin ein Held. So wurde er von seinen Anhängern in das Allstar-Spiel 1992 gewählt, obwohl er in dieser Saison kein einziges Spiel bestritten hatte. Ein Ereignis, das weitere Kontroversen auslöste: Einige Mit- und Gegenspieler sorgten sich, dass Johnson sie während des Spiels anstecken könnte. Johnson spielte trotzdem und wurde zum MVP gekürt.

Auch bei den Olympischen Spielen 1992 wurde er von den Fans gefeiert, als er mit dem US-Dream-Team die Goldmedaille gewann. Sein geplantes Comeback in der NBA für die Folgesaison brach er hingegen aufgrund des Widerstands anderer Spieler ab – die Welt war noch nicht soweit. Erst zur Saison 1995/1996 wurde der Traum von der Rückkehr auf den Platz für Johnson Wirklichkeit. Nach 32 Spielen der regulären Saison und vier weiteren Einsätzen während des Playoff-Aus gegen die Houston Rockets beendete Johnson dann endgültig seine Karriere mit den Worten: »Ich höre nun zu meinen Bedingungen auf, davon konnte 1992 bei meinem abgebrochenen Comeback nicht die Rede sein.« Mit den Lakers war Johnson weiter verbunden. Seit Februar 2017 hatte er die Position des »President of Basketball Operations« inne, trat aber im April 2019 zurück. ⊖

SCOTTIE PIPPEN

Der Defensiv-Künstler

Eine ruhmreiche Sportlerlaufbahn nahm ein unglückliches Ende. Als Scottie Pippen am 5. Oktober 2004 sein Karriereende erklärte, hatte er zum ersten Mal in seiner Laufbahn mit seinem Team – in der Saison zuvor – nicht die Playoffs erreicht. Dabei war er 2003 als Hoffnungsträger zu seinen Chicago Bulls zurückgekehrt, mit denen er während seines ersten Aufenthalts in Illinois zwischen 1987 und 1998 sechs Meisterschaften geholt hatte.

Pippen verfügte über ausgezeichnete Defensiv-Qualitäten. Zwischen 1991 und 2000 wurde der Small Forward in zehn aufeinanderfolgenden Spielzeiten ins NBA All-Defensive Team gewählt, 1995 führte der siebenmalige NBA All-Star die Liga in Steals an. Während seine Karriere bis 1993 noch im Schatten von NBA-Legende Michael Jordan verlief, zeigte Pippen insbesondere in den beiden Spielzeiten, in denen Jordan eine Karriere-Pause einlegte, dass auch er ein Team führen kann und ein absoluter Superstar ist.

Der Start in seine Karriere aber verlief holprig. Als jüngstes von zwölf Kindern geboren, war es seinen Eltern Ethel und Preston Pippen nicht möglich, ihren Kindern ein namhaftes College zu finanzieren. So besuchte Pippen die örtliche Hamburg High School und danach die University of Central Arkansas, deren Basketball-Team in der unterklassigen NAIA wenig Aufmerksamkeit genoss. Doch diese Liga dominierte Pippen – und fiel so den NBA-Scouts rechtzeitig zum Draft 1987 auf. Dort wurde er an Position fünf von den Seattle SuperSonics ausgewählt und gleich nach Chicago weitertransferiert, wo seine erfolgreiche Profi-Laufbahn ihren Anfang nehmen sollte. ⊖

Im Profil

Name: Scottie Maurice Pippen
Geburtsdatum/-ort: 25. September 1965 in Hamburg/Arkansas
Position: Small Forward
Größe: 2,01 Meter
Teams: Chicago Bulls (1987 bis 1998), Houston Rockets (1998 bis 1999), Portland Trail Blazers (1999 bis 2003), Chicago Bulls (2003 bis 2004)
Besonderes: Er gewann mit der US-Nationalmannschaft olympisches Gold 1992 und 1996. Seine Trikotnummer »33« wird sowohl bei den Bulls als auch an der University of Central Arkansas nicht mehr vergeben.
Erfolge: NBA-Champion 1991, 1992, 1993, 1996, 1997 und 1998, NBA-Allstar 1990 und 1992 bis 1997, NBA Allstar MVP 1994, NBA Steals Leader 1995.

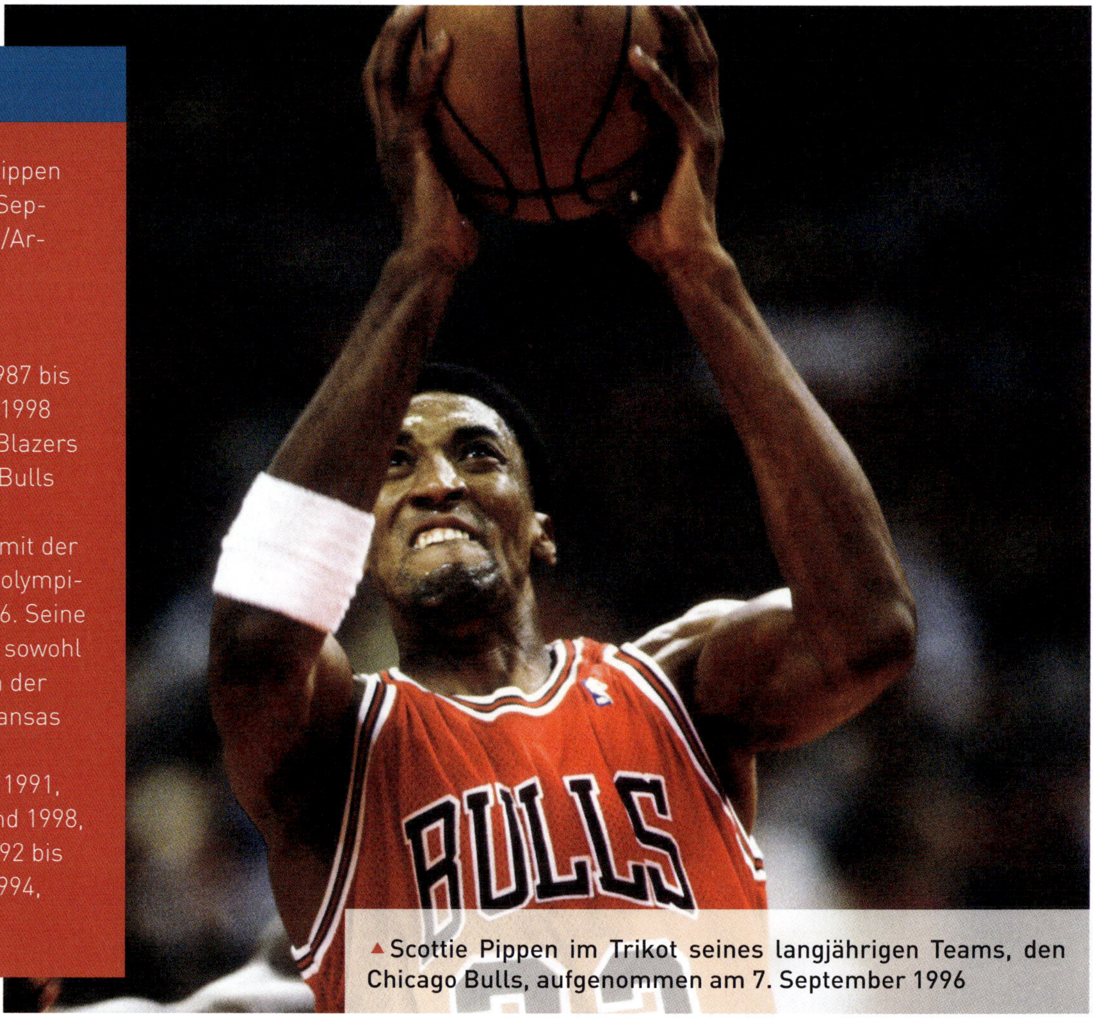

▲ Scottie Pippen im Trikot seines langjährigen Teams, den Chicago Bulls, aufgenommen am 7. September 1996

STEVE NASH

Meister erst als Manager

Als Steve Nash am 21. März 2015 seine Profi-Karriere in der NBA beendete, hatte die Basketball-Welt Gewissheit: Nash, einer der besten Spieler aller Zeiten, trat von der großen Basketball-Bühne ab, ohne je eine Meisterschaft gewonnen zu haben. Dabei hatte der in Südafrika geborene Kanadier so viel Talent und Spielverständnis mitgebracht. Er galt als herausragender Spielmacher und hatte einen äußerst präzisen Wurf. Nicht umsonst führte er die NBA in gleich fünf Spielzeiten als Assists Leader an und wurde zweimal als Liga-MVP ausgezeichnet.

Nachdem er seine College-Karriere mit zwei Conference-Siegen und persönlichen Auszeichnungen beendet hatte und von den Phoenix Suns 1996 gedraftet worden war, bedurfte es allerdings eines Wechsels 1998 zu den Dallas Mavericks, um den Profi-Durchbruch zu schaffen. An der Seite des noch jungen Dirk Nowitzki wurde Nash 2002 zum ersten Mal ins Allstar-Game gewählt, 2003 stand Nash mit den Texanern dann erstmals in seiner Laufbahn in den Conference Finals. Diese sollte er 2006 mit den Suns, zu denen er 2004 zurückgekehrt war, nochmal erreichen – mehr war ihm nicht vergönnt.

Bereits während seiner Karriere trat Nash, dreifacher Familienvater, auch anderweitig sportlich in Erscheinung. Er galt als ausgezeichneter Fußballer und trainierte mit den New York Red Bulls, gemeinsam mit einer Investorengruppe hält er 80 Prozent des spanischen Fußball-Vereins RCD Mallorca. Den Höhepunkt erlebte Nash aber 2010 bei den Winterspielen in Vancouver, als er zu den Schlussläufern mit dem olympischen Feuer in der Hand gehörte. Mit den Titeln sollte es dann doch noch ein gutes Ende geben. Als Player Development Consultant der Golden State Warriors sollte Nash 2017 und 2018 endlich NBA-Champion werden. ⊜

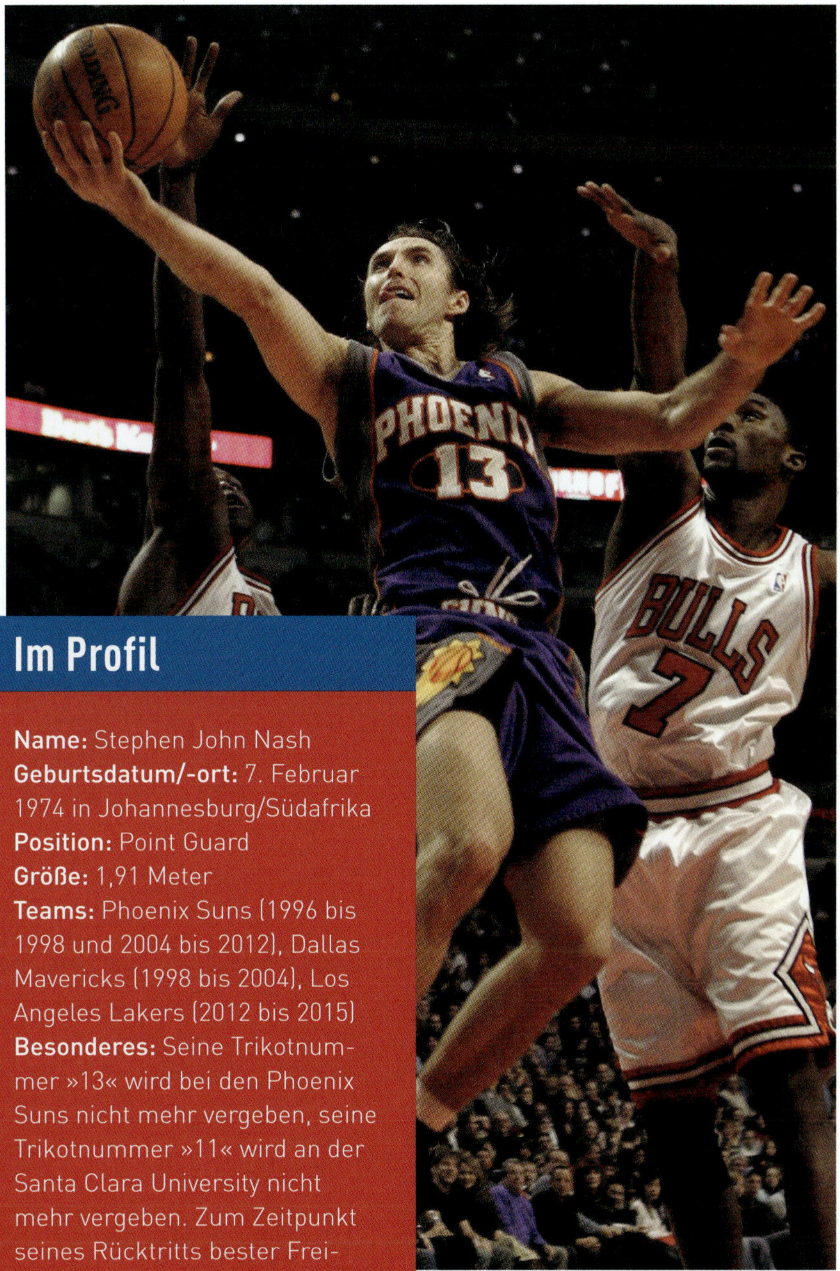

Im Profil

Name: Stephen John Nash
Geburtsdatum/-ort: 7. Februar 1974 in Johannesburg/Südafrika
Position: Point Guard
Größe: 1,91 Meter
Teams: Phoenix Suns (1996 bis 1998 und 2004 bis 2012), Dallas Mavericks (1998 bis 2004), Los Angeles Lakers (2012 bis 2015)
Besonderes: Seine Trikotnummer »13« wird bei den Phoenix Suns nicht mehr vergeben, seine Trikotnummer »11« wird an der Santa Clara University nicht mehr vergeben. Zum Zeitpunkt seines Rücktritts bester Freiwurf-Schütze der Geschichte (90,43 Prozent Trefferquote).
Erfolge: NBA-MVP 2005 und 2006, NBA-Allstar 2002, 2003, 2005 bis 2008, 2010 und 2012, NBA Assists Leader 2005 bis 2007, 2010 und 2011.

▲ Steve Nash von den Phoenix Suns (Nummer 13) setzt sich gegen Ben Gordon und Luol Deng (links) von den Chicago Bulls durch. Das NBA-Spiel am 31. Dezember 2005 in Chicago gewannen die Suns 107:98 in der Verlängerung

MICHAEL »AIR« JORDAN

Der Sportler des Jahrhunderts

»Es gibt Michael Jordan und dann gibt es noch den Rest von uns«, sagte Magic Johnson einst über den besten Spieler, der je in der NBA gespielt hat. Johnson, selbst ein Superstar der Liga, wollte damit das Alleinstellungsmerkmal an der Spitze aller Basketball-Ikonen von Jordan hervorheben. Jordans, kurz »MJ« genannt, spektakuläre Spielweise, seine Fähigkeit bei Slam Dunks förmlich in der Luft zu stehen, brachten dem sechsmaligen Champion mit den Chicago Bulls die Spitznamen »Air Jordan« und »His Airness« ein – und jede Menge Werbeverträge. Mit einem geschätzten Privatvermögen von rund einer Milliarde US-Dollar gehört Jordan zu den 2.000 reichsten Menschen der Welt und gilt als drittvermögendster Afro-Amerikaner auf dem Erdball – nach dem Investor Robert F. Smith und US-TV-Star Oprah Winfrey. 1999 zeichnete ihn der US-Fernsehsender ESPN zum »Sportler des Jahrhunderts« aus und setzte die Legenden Babe Ruth (Baseball) und Muhammad Ali (Boxen) auf die Plätze zwei und drei.

Die Geschichte von Jordan fängt im New Yorker Problemviertel Brooklyn an. Doch anders als viele andere Familien in dieser Gegend ging es den Jordans verhältnismäßig gut. Mutter Deloris arbeitete als Bankerin und Vater James stand in gehobener Position in Lohn und Brot. Bereits als Jordan noch ein Kleinkind war, zog die Familie mit ihren insgesamt drei Söhnen und zwei Töchtern nach Wilmington in North Carolina. Hier besuchte Jordan dann auch die Highschool, probierte sich in Basketball, Baseball und American Football aus, musste aber auf einen Wachstumsschub warten, ehe er zum Topspieler seines Schulteams aufstieg.

Nach seinem Wechsel auf die University of North Carolina kam es 1982 zu einem Moment, den Jordan später als »Schlüsselerlebnis« für seine spätere Karriere bezeichnete: Er setzte den entscheidenden Wurf im College-Finale gegen die Universität von Georgetown mit ihrem späteren NBA-Star Patrick Ewing.

Als dritter Pick des NBA-Drafts von 1984 startete dann seine NBA-Karriere bei den Chicago Bulls, die er als »Rookie of the Year« sofort in die Playoffs führte. Es folgten schnell weitere Höhepunkte. So erzielte er in den Playoffs in seinem zweiten Profi-Jahr gegen die Boston Celtics den bis heute gültigen Postseason-Rekord von 63 Punkten in einem Spiel und wurde von Bostons Larry Bird als »Gott verkleidet als Michael Jordan« geadelt.

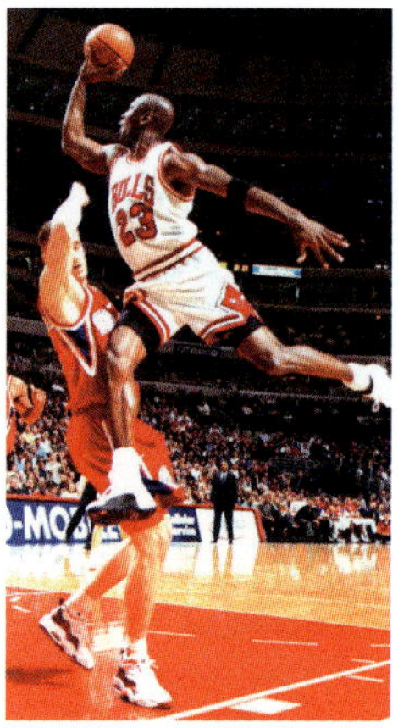

▲ Noch Fragen, woher der Spitzname »Air« für Jordan stammen könnte?

Eine Saison später schaffte er als erst zweiter Spieler nach Wilt Chamberlain eine Saison mit mehr als 3.000 Punkten. 1988 wurde er erstmals zum MVP der National Basketball Association. Allerdings musste Jordan noch bis 1991 warten, ehe er erstmals mit seinen Bulls auch den NBA-Titel gewinnen durfte. Chicago wurde fortan das dominierende Team der 1990er-Jahre mit insgesamt sechs Meisterschaften.

Nach den ersten drei Titeln beendete Jordan 1993 vorübergehend seine Karriere und wechselte mit überschaubarem Erfolg zum Baseball, ehe er 1995 wieder die Schuhe für die Bulls schnürte und die weiteren NBA-Titel sowie etliche Spieler-Rekorde sammelte. Nach seinem zweiten Rücktritt 1999 feierte er 2001 ein erneutes Comeback im Trikot der Washington Wizards, für die er zwischenzeitlich als Team-Manager gearbeitet hatte. Sein Jahresgehalt spendete er zugunsten der Hinterbliebenen der Terroranschläge des 11. Septembers 2001 in New York. Neben seinen Fähigkeiten auf dem Spielfeld verstand Jordan es auch perfekt, sich zu vermarkten. So machte er den bis dahin recht unbedeutende Sportartikelhersteller Nike populär und ließ sich seine Aktivitäten gut bezahlen. Er hatte weitere Deals mit Firmen wie Coca-Cola, Chevrolet, Gatorade oder McDonald's.

Jordan, dreifacher Vater und heutiger Besitzer des NBA-Teams Charlotte Hornets, stellte 2006 noch einen weniger erstrebenswerten Rekord auf: Seine Scheidung mit Juanita Vanoy kostete ihn eine Vergleichszahlung von 168 Millionen US-Dollar und stellte so die bis dahin teuerste Trennung zweier Personen des öffentlichen Lebens dar.

Im Profil

Name: Michael Jeffrey Jordan
Geburtsdatum/-ort: 17. Februar 1963 in New York City/New York
Position: Shooting Guard
Größe: 1,98 Meter
Teams: Chicago Bulls (1984 bis 1993 und 1995 bis 1998), Washington Wizards (2001 bis 2003)
Besonderes: Seine Trikotnummer »23« wird bei den Chicago Bulls, bei den Miami Heat und der University of North Carolina nicht mehr vergeben. Olympischer Goldmedaillengewinner 1984 und 1992.
Erfolge: NBA-Champion 1991 bis 1993 und 1996 bis 1998, NBA Finals MVP 1991 bis 1993 und 1996 bis 1998, NBA MVP 1988, 1991, 1992, 1996, 1998, NBA-All-star 1985 bis 1993, 1996 bis 1998, 2002 und 2003, NBA Rookie of the Year 1985, NBA-Scoring-Champion 1987 bis 1993 und 1996 bis 1998, NBA Steals Leader 1988, 1990 und 1993.

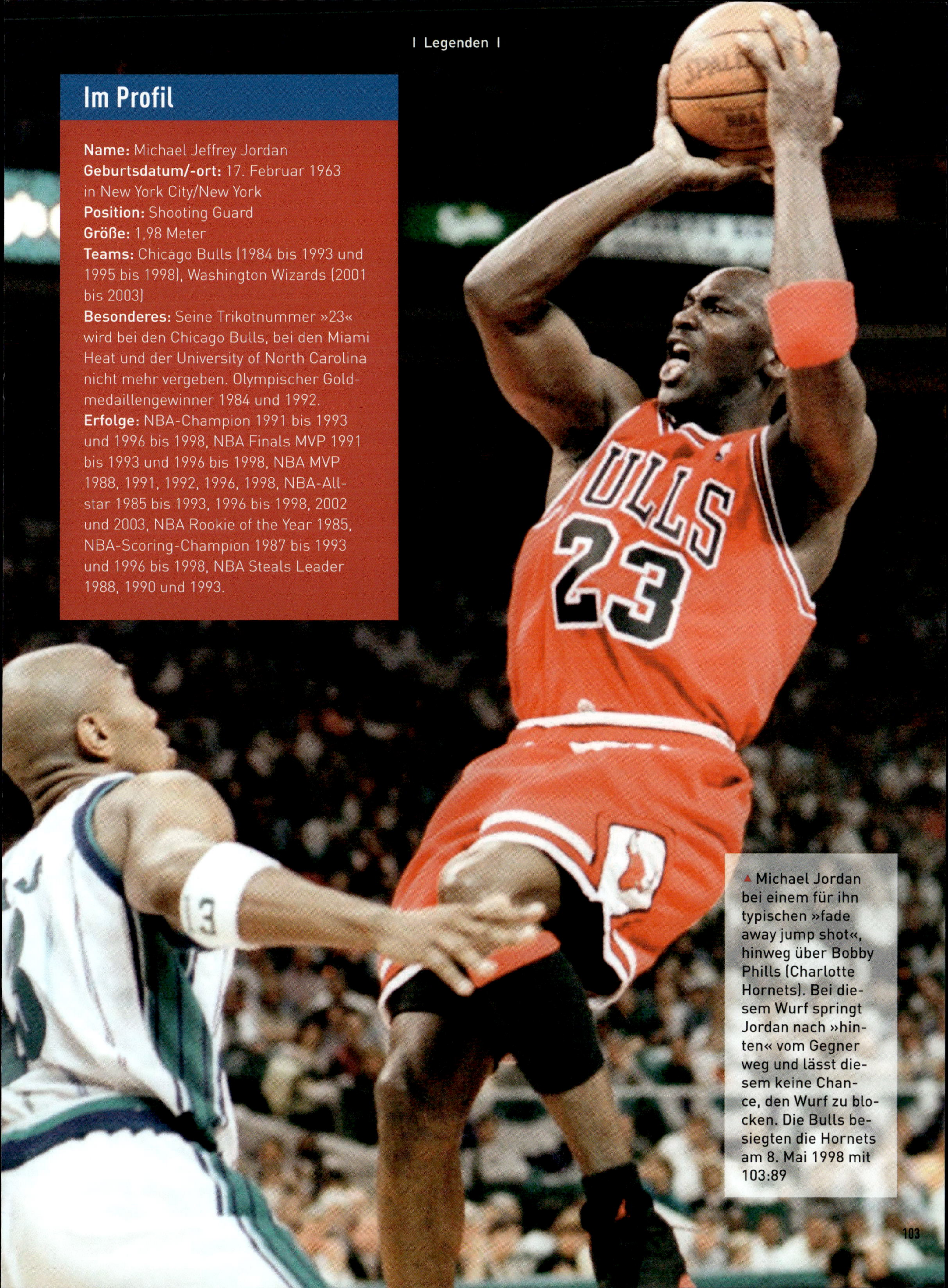

▲ Michael Jordan bei einem für ihn typischen »fade away jump shot«, hinweg über Bobby Phills (Charlotte Hornets). Bei diesem Wurf springt Jordan nach »hinten« vom Gegner weg und lässt diesem keine Chance, den Wurf zu blocken. Die Bulls besiegten die Hornets am 8. Mai 1998 mit 103:89

KARL MALONE

Einziger Makel: Kein Team-Titel

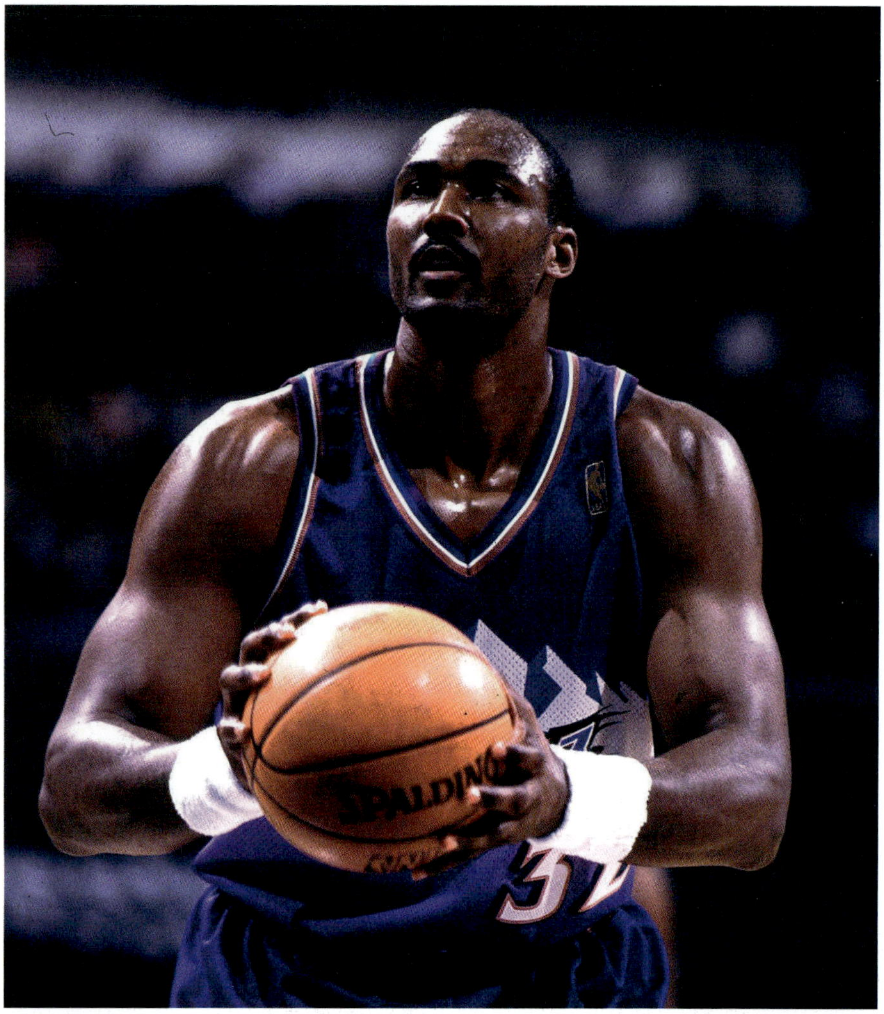

◂ Karl Malone im Utah Jazz-Trikot

Im Profil

Name: Karl Anthony Malone
Geburtsdatum/-ort: 24. Juli 1963 in Summerfield/Louisiana
Position: Power Forward
Größe: 2,06 Meter
Teams: Utah Jazz (1985 bis 2003), Los Angeles Lakers (2003 bis 2004)
Besonderes: Seine Trikotnummer »32« wird bei Utah Jazz und an der Louisiana Tech University nicht mehr vergeben. Er bestritt 1.471 NBA-Spiele als Starter (Rekord), davon 1.395 Spiele als Starter in Folge (Rekord).
Erfolge: NBA MVP 1997 und 1999, NBA-Allstar 1988 bis 1998 und 2000 bis 2002, Olympiasieger 1992 und 1996 mit den USA.

Karl Malone hat 1.476 Spiele in der NBA bestritten, 1.471 Partien davon als Starter. Kein Spieler stand in seiner Karriere häufiger als Stammspieler auf dem Platz als Malone, der 1985 in der ersten Draft-Runde von Utah ausgewählt wurde und fast seine gesamte Karriere bei den Jazz verbrachte. Als Spieler des Teams aus der Wüstenstadt Salt Lake City erreichte Malone 14 Mal das Allstar-Game und wurde zweimal Liga-MVP – einen Mannschaftstitel sollte er allerdings nie holen.

Malone war über fast 20 Jahre die große Konstante in der NBA und wurde aufgrund seiner durchweg starken Performance und seiner Zuverlässigkeit »The Mailman« (Der Briefträger, d. Red.) genannt. Der Power Forward kam über seine Physis und gehörte zu den stärksten Defensiv-Spielern seiner Zeit. Gleichzeitig war der Hobby-Jäger und -Angler aber auch im Angriff treffsicher und wird in der »Ewigen Liste« mit 36.928 erzielten Karriere-Punkten auf Rang zwei hinter Kareem Abdul-Jabbar geführt.

Geheiratet hat Karl Malone seine Kay Kinsey an Heiligabend 1990. Es folgten drei Töchter (Kadee, Kylee, Karlee) und ein Sohn K.J. (Karl Junior). Außerdem ist Malone Vater dreier weiterer Kinder, die er bereits vor seiner Ehe mit anderen Frauen gezeugt hatte. Malone, der in Utah verwurzelt ist und dort Autohäuser, Autoteile-Geschäfte sowie ein Fastfood-Restaurant und ein Eislokal besitzt, engagiert sich politisch durch Wahlkampfspenden und brachte sich persönlich bei einer Organisation ein, die das Waffenrecht unterstützt. ⊖

DETLEF SCHREMPF

Die erste deutsche Legende

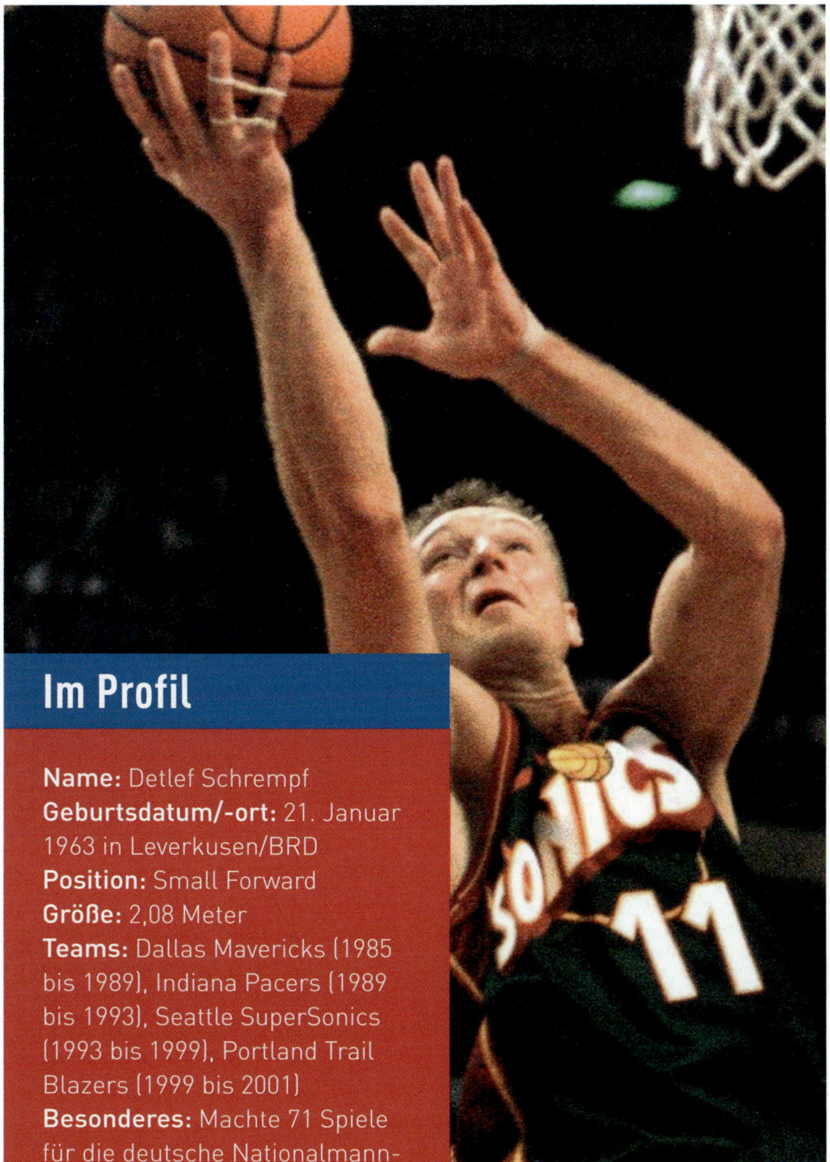

▲ Der Deutsche Detlef Schrempf erlebte seine erfolgreichste NBA-Zeit bei den Seattle SuperSonics, bei denen er von 1993 bis 1999 aktiv war

Im Profil

Name: Detlef Schrempf
Geburtsdatum/-ort: 21. Januar 1963 in Leverkusen/BRD
Position: Small Forward
Größe: 2,08 Meter
Teams: Dallas Mavericks (1985 bis 1989), Indiana Pacers (1989 bis 1993), Seattle SuperSonics (1993 bis 1999), Portland Trail Blazers (1999 bis 2001)
Besonderes: Machte 71 Spiele für die deutsche Nationalmannschaft und nahm mit dieser an den Olympischen Spielen 1984 und 1992 sowie an den Europameisterschaften 1983 und 1985 teil.
Erfolge: NBA-Allstar 1993, 1995 und 1997, NBA-Vizemeister 1996, NBA Sixth Man of the Year (bester Einwechselspieler) 1991 und 1992.

38 Jahre mussten die Basketball-Fans in Deutschland warten, ehe wieder ein deutscher Spieler seine Zelte in der stärksten Liga der Welt aufschlagen sollte. 1947 waren die Karrieren von Charlie Höfer und Frido Frey in der NBA geendet, 1985 sollte ein junger Deutscher aus Leverkusen die Nachfolge antreten. Und Detlef Schrempf kam mit einigen Vorschusslorbeeren zu den Dallas Mavericks, nahm das Team aus Texas den damals 22 Jahre alten Small Forward doch an Position acht des NBA-Draftes unter Vertrag. An Position 17 wurde im gleichen Jahr Schrempfs Landsmann Uwe Blab ebenfalls von den Mavericks ausgewählt.

Während sich Blab nicht nachhaltig in der NBA etablierte, war der Draft vom 18. Juni 1985 in New York für Schrempf der Startschuss in eine außergewöhnliche Karriere. »White Magic« und »Det the Threat«, so seine Spitznamen, galt in seiner Zeit in Dallas, bei den Indiana Pacers, Seattle SuperSonics und Portland Trail Blazers als bester deutscher Basketballer aller Zeiten. Bis 2001 stand Schrempf in insgesamt 1.136 NBA-Spielen der regulären Saison auf dem Feld und erzielte dabei 15.761 Punkte sowie 7.023 Rebounds. Hinzu kamen 114 Playoff-Spiele mit 1.432 Punkten und 565 Rebounds.

Seine erfolgreichste Zeit hatte Schrempf ab 1993 in Seattle. Mit den SuperSonics erreichte er die NBA-Finalserie 1996 gegen die Chicago Bulls und wurde dreimal ins NBA-Allstar-Team berufen. Schrempf, der seinen deutschen Pass nach der Annahme der US-Staatsbürgerschaft abgeben musste, weil er versäumt hatte, eine Doppel-Staatsbürgerschaft zu beantragen, ist mit der ehemaligen Leichtathletin Mary Wagner verheiratet, mit der er zwei gemeinsame Söhne hat. Kennengelernt hatte sich das Paar 1986, als beide im Aktuellen Sportstudio des ZDF zu Gast waren. Heute verwaltet Schrempf Milliardenvermögen als Mitarbeiter der Investment-Firma Coldstream.

SHAQUILLE O'NEAL

Von Beginn an dominant

Am 12. Juni 2002 manifestierte Shaquille O`Neal seinen Namen endgültig in der Liste der besten Akteure, die dieses Spiel jemals gespielt haben. Als erst zweitem Spieler nach Michael Jordan gelang es O`Neal nicht nur dreimal in Folge den NBA-Titel zu gewinnen – gleichzeitig wurde der Center zum dritten Mal hintereinander zum MVP der Finalserie gewählt.

O`Neal, der einen Teil seiner Kindheit in Deutschland verbrachte, war von 1992 bis zu seinem Karriereende knappe zwei Dekaden später eine Urgewalt unter dem Korb – nicht umsonst sammelte er kraftvolle Spitznamen wie »Shaq Attaq« oder »The Green Monster«. Gleich in seiner Rookie-Saison im Trikot der Orlando Magic zerstörte er bei Slam Dunks zwei Körbe, die aus der Verankerung brachen und die Liga dazu veranlassten, zur Folgesaison ligaweit die Stabilität der Verstrebungen zu erhöhen.

Der 1st Overall Draftpick von 1992 bestach durch seine Körperlichkeit und war zu seiner Zeit einer der besten Defensivspieler. Er zeigte aber auch eine unglaubliche Treffsicherheit in der Offensive, in der er den »Drop Step« anwendete, den O`Neal selbst »Black Tornado« nannte. Dabei drehte er sich um einen gegnerischen Verteidiger und nutzte seine Ellbogen, um einen besonders hohen Dunking auszuführen. Seine Trefferquote von 58,2 Prozent wird aktuell nur von drei noch aktiven Spielern übertroffen, zu seinem Karriereende wies niemand eine bessere Quote auf. In gleich zehn seiner Saisons war er der treffsicherste Spieler der NBA.

Doch O`Neal hatte auch eine große Schwäche: Freiwürfe. Dieser Malus veranlasste gegnerische Teams gerne dazu, O`Neal zu foulen, um ihn an die Freiwurflinie zu schicken. Diese Spielweise wurde unter dem Begriff »Hack-a-Shaq« bekannt. Von der Linie verwandelte er nur gut die Hälfte seiner Würfe – die besten Schützen liegen hier bei über 90 Prozent Quote. Ein anderer Wurf, bei dem O`Neal wenig Talent aufwies, war der Versuch jenseits der Drei-Punkte-Linie. Entsprechend selten versuchte er es – in seiner gesamten Karriere nur 22 Mal bei nur einem einzigen Treffer.

Doch auch neben dem Platz war es nie leise um den Superstar. Er war ein humorvoller Interview-Partner, der regelmäßig mit seinen Antworten Spaß verbreitete, aber auch Kontroversen schuf. So befeuerte er die Rivalität seiner Lakers mit den Sacramento Kings, indem er sie stetig »Queens« nannte oder verspottete den Chinesen Yao Ming, als dieser 1997 in die Liga kam, aufgrund seiner Herkunft. Bereits 1993 trat O`Neal auch als Rap-Musiker in Erscheinung und wirkte 1995 als Gast-Musiker an Michael Jackson weltweit bekannten Album »HIStory« mit. Auch der Show- und Kampfsport hatte es ihm schon früh angetan. 1994 übergab er dem Wrestler Hulk Hogan den Championship-Gürtel nach dessen Sieg über Ric Flair in der Wrestling-Liga WCW. 2016, bei Wrestlemania 32, hatte O`Neal dann seinen eigenen Auftritt in der WWE. Zuvor, bereits im Jahre 2000, hatte er das Training als MMA-Fighter aufgenommen, zu einem Kampf kam es aber nie.

»Ich bin eine Kombination aus dem Terminator und Bambi.«

O`Neal, der insgesamt fünf Kinder ehelich sowie unehelich zeugte, fiel 2017 nochmal mit einer Aussage auf, die um die Erde ging. Und um diese ging es auch. In einem Podcast schloss er sich der Meinung von Kyrie Irving, ebenfalls Basketballer, an, der behauptete, dass die Erde »eine Scheibe« sei. O`Neal begründete seine Aussage wie folgt: »Ich bin von Küste zu Küste gefahren und der Scheiß sieht für mich flach aus.« Als die ganze Welt diese merkwürdige Meinung zur Kenntnis genommen hatte, revidierte er seine Aussage in einem weiteren Podcast mit den Worten »Ich hab' nur Spaß gemacht, ihr Idioten.« ⊖

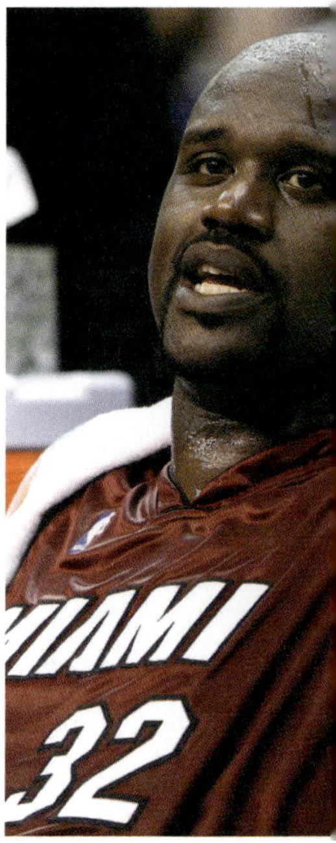

▲ ▶ 32 (Miami) und 34 (Lakers): Zwei von drei Trikotnummern O'Neals, die nicht mehr vergeben werden

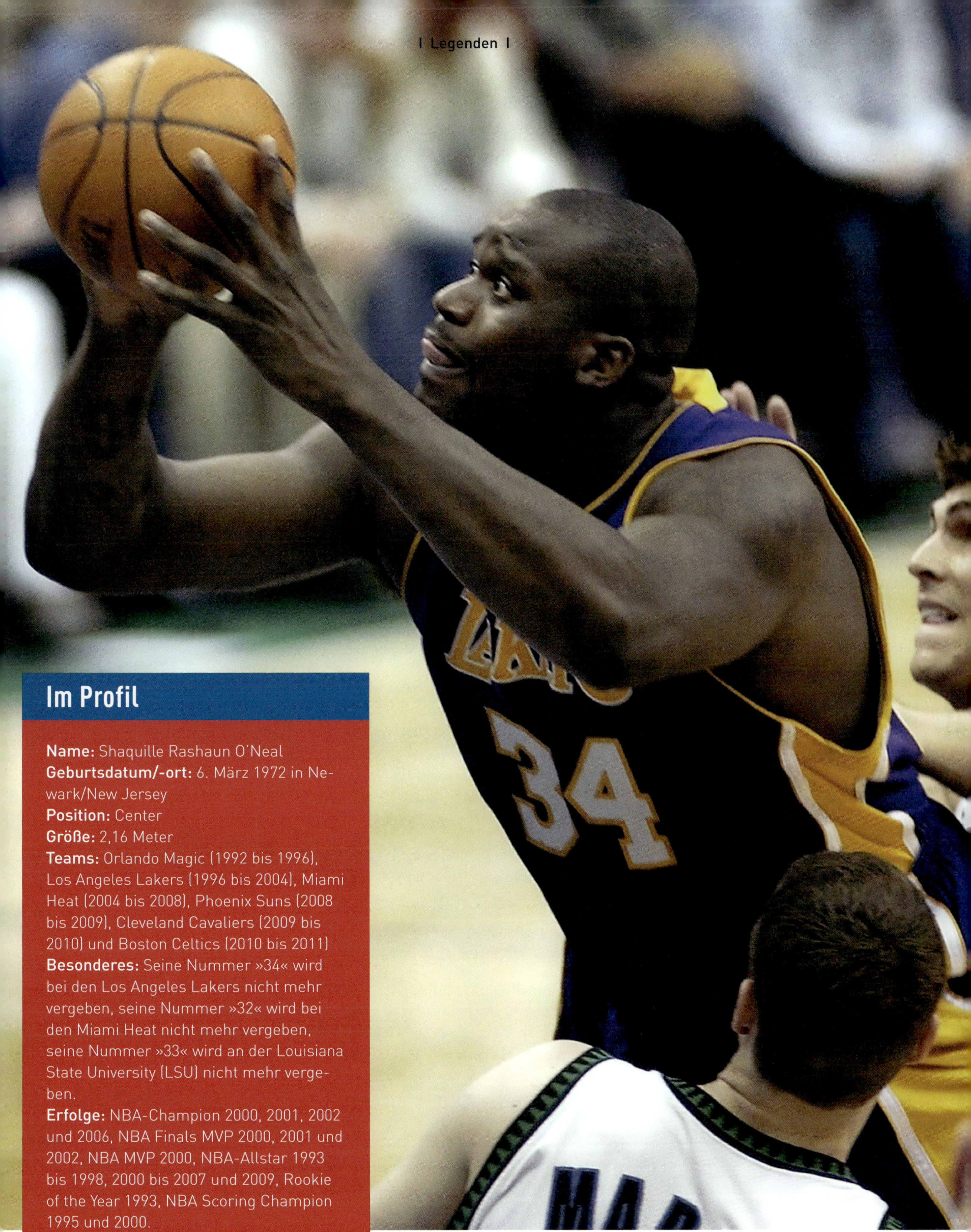

Im Profil

Name: Shaquille Rashaun O'Neal
Geburtsdatum/-ort: 6. März 1972 in Newark/New Jersey
Position: Center
Größe: 2,16 Meter
Teams: Orlando Magic (1992 bis 1996), Los Angeles Lakers (1996 bis 2004), Miami Heat (2004 bis 2008), Phoenix Suns (2008 bis 2009), Cleveland Cavaliers (2009 bis 2010) und Boston Celtics (2010 bis 2011)
Besonderes: Seine Nummer »34« wird bei den Los Angeles Lakers nicht mehr vergeben, seine Nummer »32« wird bei den Miami Heat nicht mehr vergeben, seine Nummer »33« wird an der Louisiana State University (LSU) nicht mehr vergeben.
Erfolge: NBA-Champion 2000, 2001, 2002 und 2006, NBA Finals MVP 2000, 2001 und 2002, NBA MVP 2000, NBA-Allstar 1993 bis 1998, 2000 bis 2007 und 2009, Rookie of the Year 1993, NBA Scoring Champion 1995 und 2000.

BILL RUSSELL

Rekord: Elf Titel in 14 Jahren

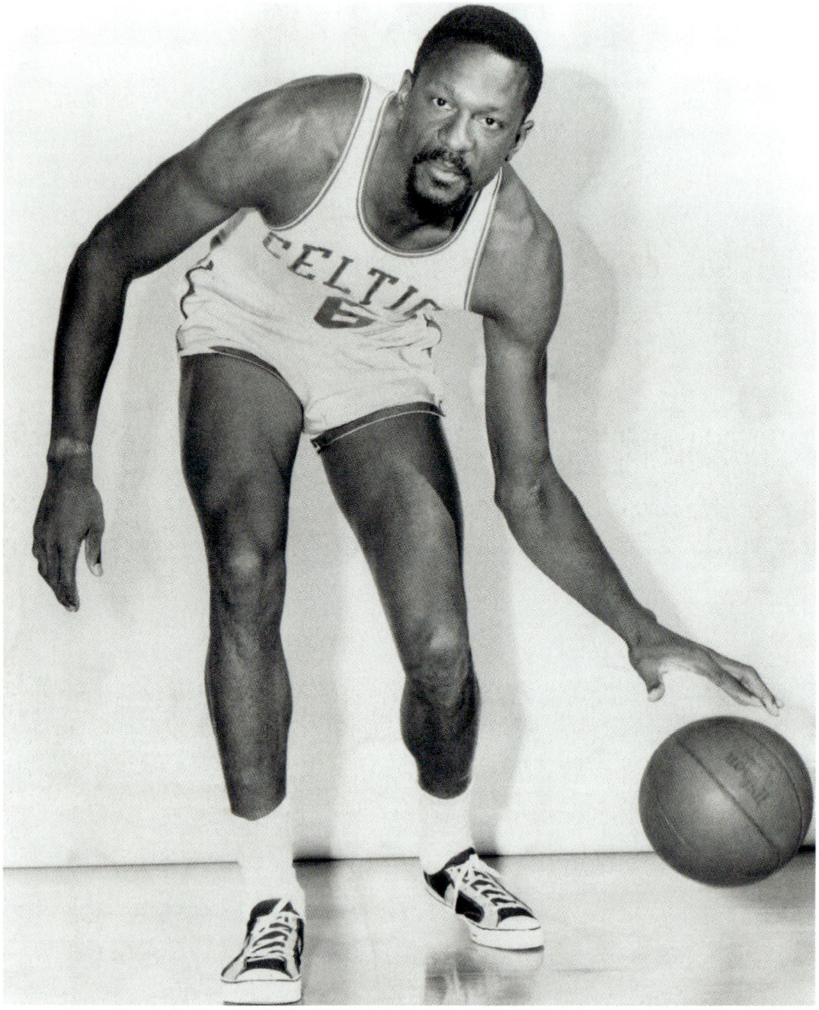

◂ **Bill Russell, amerikanischer Basketball-Hero, in einer Aufname aus den 60er-Jahren**

Im Profil

Name: William Felton »Bill« Russell
Geburtsdatum/-ort: 12. Februar 1934 in Monroe/Louisiana
Position: Center
Größe: 2,07 Meter
Teams: Boston Celtics (1956 bis 1969)
Besonderes: Seine Trikotnummer »6« wird bei den Boston Celtics und an der University of San Francisco nicht mehr vergeben. Kein Spieler wurde häufiger NBA-Meister als Russel (elfmal).
Erfolge: NBA-Champion 1957, 1959 bis 1966, 1968 und 1969, NBA MVP 1958, 1961 bis 1963 und 1965, NBA-Allstar 1958 bis 1969, NBA Rebounding Champion 1958, 1959, 1964 und 1965.

Um den herausragenden Stellenwert von Bill Russell in der NBA zu beschreiben, bedarf es nur eines Hinweises: Er holte elf Meistertitel, davon acht zwischen 1959 und 1966 in Folge! Der in Monroe, Louisiana, geborene Hüne ist der erfolgreichste Basketballspieler aller Zeiten. Dabei spielte der Center nur 14 Jahre Profi-Basketball – alle im Trikot der Boston Celtics. Und das, obwohl er von den St. Louis Hawks 1956 gedraftet worden war und erst nach einem kurz darauf erfolgten Spielertausch in Boston landete.

Doch Russells Karriere ist weitaus mehr, als die Aufzählung seiner sportlichen Erfolge. Russell war ein exzellenter Verteidiger, dem es als erstem Spieler der Historie dauerhaft gelang, ein Spiel aus der Defense heraus zu dominieren. Zudem schaffte es auch nach ihm wohl nie wieder ein Spieler, so gezielt Leistung abzurufen, wenn sein Team sie am meisten benötigte. »Sein Wille zum Sieg macht den Unterschied«, befand sein Teamkollege Bob Cousy einst. Und so schaffte es Russell, zehn entscheidende siebte Playoff-Spiele und ein entscheidendes fünftes Postseason-Duell mit den Celtics allesamt zu gewinnen. Seine Statistiken in diesen Spielen lagen dabei weit über seinen sonstigen Werten.

Russell war dreimal verheiratet, seine letzte Frau verstarb 2009. Einen großen Teil seines Lebens widmete er dem Kampf gegen den Rassismus, unter dem er bereits als Kind zu leiden hatte: Aufgrund rassistischer Anfeindungen war seine Familie einst aus Louisiana weggezogen, um in San Francisco einen Neuanfang zu wagen. 2013 ehrte die Stadt Boston Russell mit einer Statue auf dem City Royal Plaza. ⊖

HAKEEM OLAJUWON

Den Traum gelebt

3830! Kein Spieler in der Geschichte der NBA hat mehr Würfe des Gegners in der regulären Saison geblockt. Hakeem Olajuwon gilt nicht nur aus diesem Grunde als einer der besten Center, die je in der National Basketball Association gespielt haben. Dabei kam der im nigerianischen Lagos geborene Olajuwon erst im Alter von 15 Jahren zum Basketball. Zuvor hatte er Hockey, Handball und Fußball gespielt.

An der University of Houston nahm seine Karriere dann Fahrt auf. Seine Leistungen auf dem College sorgten dafür, dass Olajuwon 1984 an erster Position des Draftes von den Houston Rockets ausgewählt wurde. Die Rockets, bis dahin erst einmal in den NBA-Finals vertreten, hatten in »Hakeem The Dream« jetzt ihren zentralen Spieler für die nächsten 17 Jahre gefunden. Und Olajuwon, dem als einem von nur vier Spielern der NBA-Historie ein Quadruple-Double gelang, glänzte mit exzellenter Fußarbeit und spektakulären Aktionen in Korbnähe. 1986 erreichte Houston dann zum zweiten Mal in seiner Geschichte die NBA-Finals, in denen sie allerdings – wie schon 1981 – den Boston Celtics unterlagen. 1994 und 1995 kam das Team aus Texas gemeinsam mit seinem Superstar dann aber zu seinen beiden ersten – und bislang einzigen – NBA-Meisterschaften.

Olajuwon, der fünf Sprachen spricht und 1996 eine Autobiografie unter dem Namen »Living the Dream« publizierte, ist ein streng gläubiger Moslem, der seinen Geburtsnamen »Akeem« 1991 in die traditionelle Schreibweise »Hakeem« ändern ließ und auch während der NBA-Saison die Regeln des Ramadan einhielt. Das hielt ihn aber nicht davon ab, 1993 US-amerikanischer Staatsbürger zu werden und 1996 mit der Nationalmannschaft der Vereinigten Staaten an den Olympischen Spielen teilzunehmen. ⊖

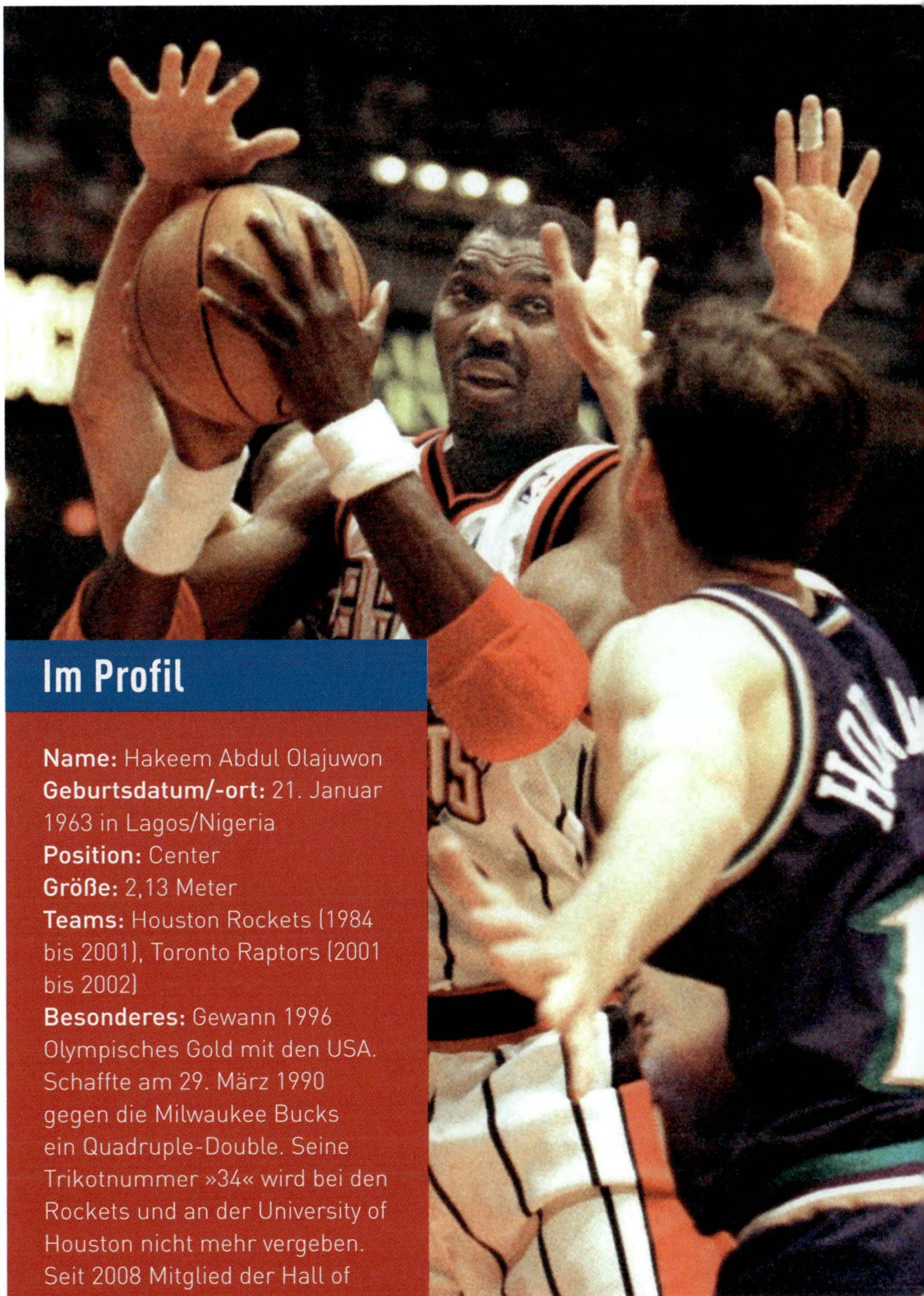

▲ Hakeem Olajuwon (mitte) von den Houston Rockets wird von den Utah Jazz-Spielern Jeff Hornacek (rechts) and Greg Foster bedrängt, kann den Ball dennoch behaupten

Im Profil

Name: Hakeem Abdul Olajuwon
Geburtsdatum/-ort: 21. Januar 1963 in Lagos/Nigeria
Position: Center
Größe: 2,13 Meter
Teams: Houston Rockets (1984 bis 2001), Toronto Raptors (2001 bis 2002)
Besonderes: Gewann 1996 Olympisches Gold mit den USA. Schaffte am 29. März 1990 gegen die Milwaukee Bucks ein Quadruple-Double. Seine Trikotnummer »34« wird bei den Rockets und an der University of Houston nicht mehr vergeben. Seit 2008 Mitglied der Hall of Fame.
Erfolge: NBA-Champion 1994 und 1995, NBA-Allstar 1985 bis 1990, 1992 bis 1997, NBA-MVP 1994, NBA Finals MVP 1994 und 1995, NBA Defensive Player of the Year 1993 und 1994.

LARRY BIRD

Bester Rookie, Spieler, Trainer

Larry Bird senkte sein Haupt und bekam die Olympische Goldmedaille umgehängt. Das Finale der Olympischen Spiele 1992 in Barcelona hatte Bird zuvor mit den USA 117:85 gegen Kroatien gewonnen. Es sollte das letzte Spiel des »Larry Legend« in seiner Karriere gewesen sein. Zu viele Probleme hatte Bird bereits in den Jahren zuvor im Lendenwirbelbereich gehabt, die ihn etliche Spiele verpassen ließen. So aber trat er mit Gold auf einem Höhepunkt seiner Karriere ab.

Diese hatte 1979 bei den Boston Celtics begonnen. Das Team hatte Bird bereits ein Jahr zuvor im Draft an Position sechs ausgewählt, doch der Spieler zog es vor, noch ein Jahr am College zu bleiben und sollte sich auf Drängen seines Beraters 1979 erneut zum Draft anmelden. Nach zähen Verhandlungen unterschrieb Bird dann bei den Celtics doch noch einen Fünfjahresvertrag zu einem Rekordgehalt für einen Rookie von 3,25 Millionen US-Dollar. Die ausgestandene Vertragsunterschrift und die Drohung vonseiten des Spielers, sich erneut zum Draft zu melden, führten später zu einer Regeländerung im Draft- und Vertragsprozedere der NBA.

Dass sich jeder einzelne in Bird investierte Dollar lohnen sollte, zeigte sich gleich in der ersten Saison. Bird führte sein Team auf Anhieb in die Conference-Finals und wurde vor Magic Johnson zum Rookie of the Year ausgezeichnet. Dabei wirkte der 2,06 Meter große Forward häufig behäbig, was er aber durch eine große Antizipationsfähigkeit egalisierte. Hinzu kam seine Fähigkeit zu Treffern aus der Distanz, seine Spielaufbauqualitäten, seine Kaltschnäuzigkeit in spielentscheidenden Situationen und sein enorm großes Selbstvertrauen, das er häufig durch Trash-Talk auf dem Feld zum Ausdruck brachte.

Auch wenn Trainer-Legende Red Auerbach ihn schlichtweg als »besten Basketballspieler aller Zeiten« bezeichnete, war Bird sogar noch mehr. Das Fernduell mit seinem großen Rivalen Magic Johnson, der ebenfalls 1979 seine erste Profi-Saison spielte, verhalf der NBA zu einem wahren Aufschwung. Dreimal gewann Bird mit Boston den NBA-Titel in den 1980er-Jahren, fünfmal gelang das Johnson mit Los Angeles. Es war die Dekade der Duelle Celtics gegen die Lakers, Bird gegen Johnson, ja sogar »Weiß« gegen »Schwarz«, die die Massen elektrisierte. Bird trug gar den Spitznamen »Große, weiße Hoffnung« in einem Sport, der hauptsächlich von Afro-Amerikanern dominiert wurde.

Zum Ende seiner Karriere hatte Bird neben den Meisterschaften mit den Celtics auch zweimal die Auszeichnung zum besten Spieler der

Im Profil

Name: Larry Joe Bird
Geburtsdatum/-ort: 7. Dezember 1956 in West Baden Springs/Indiana
Position: Small Forward/Power Forward
Größe: 2,06 Meter
Teams: Boston Celtics (1979 bis 1992)
Besonderes: Seine Trikotnummer »33« wird bei den Boston Celtics und an der Indiana State University nicht mehr vergeben. Gewann 1992 als Teil des US-Dream-Teams die Olympische Goldmedaille.
Erfolge: NBA-Champion 1981, 1984 und 1986, NBA-Finals-MVP 1984 und 1986, NBA-MVP 1984 bis 1986, NBA-Allstar 1980 bis 1988 und 1990 bis 1992, NBA Rookie of the Year 1980.

»It doesn't matter who scores the points, it's who can get the ball to the scorer.« Larry Bird

Frei übersetzt: Es geht nicht um den, der die Körbe erzielt sondern um denjenigen, der ihn anspielt.

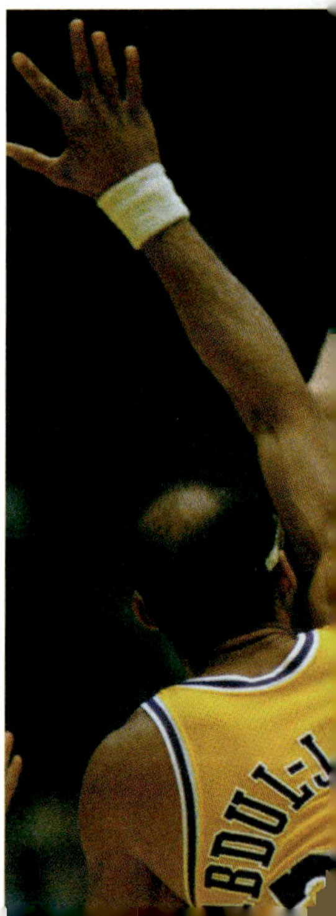

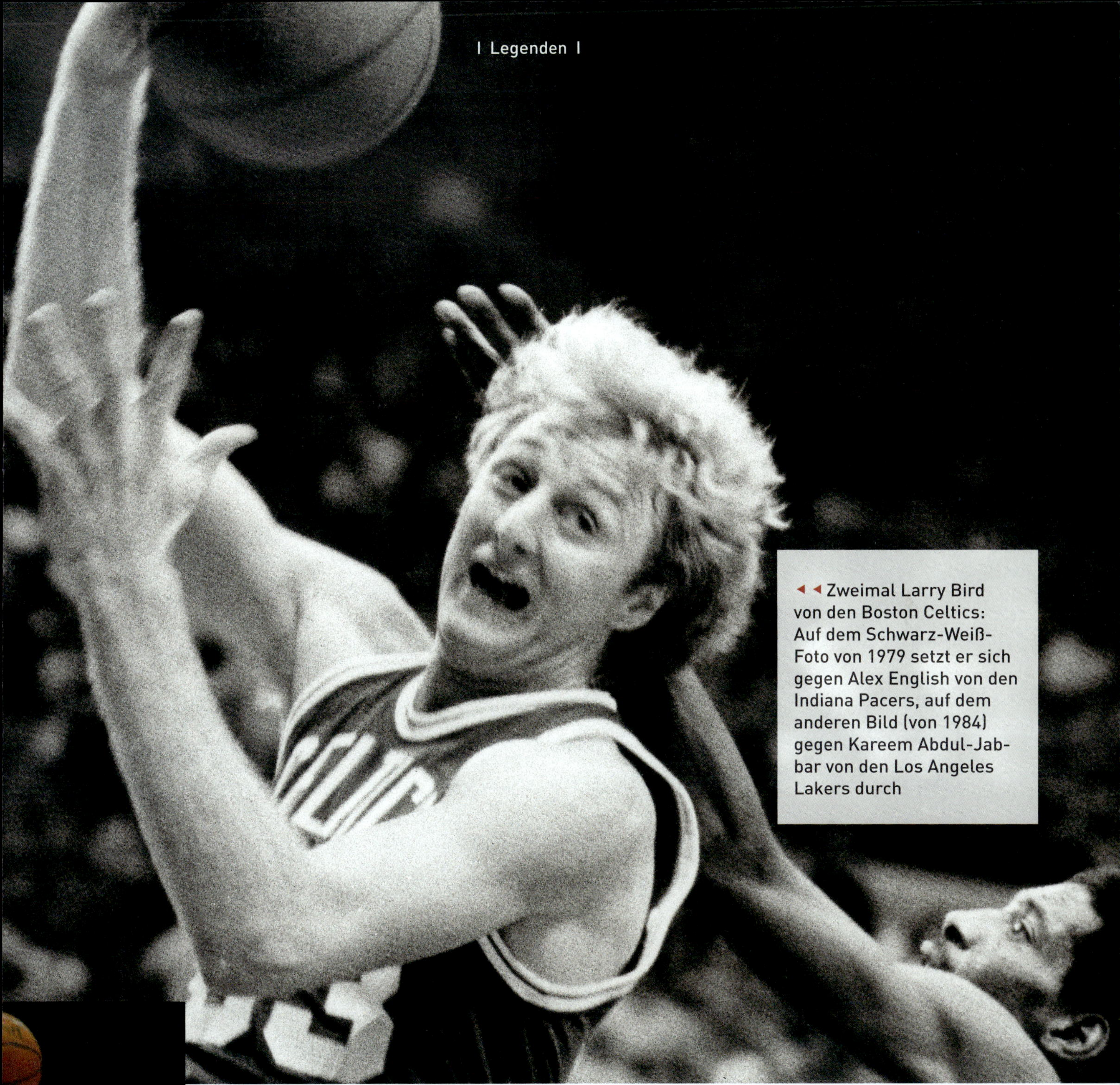

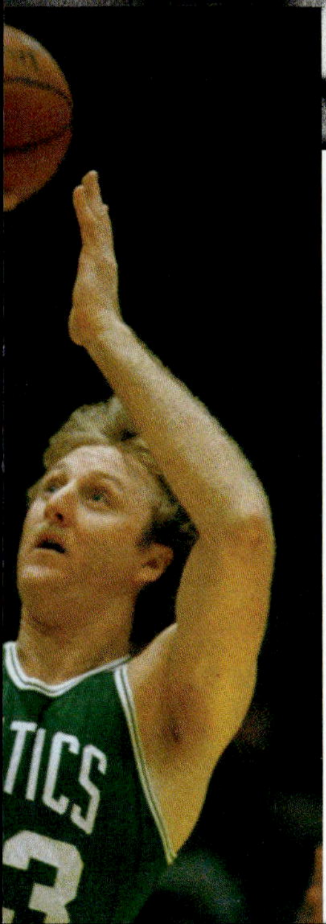

◄◄ Zweimal Larry Bird von den Boston Celtics: Auf dem Schwarz-Weiß-Foto von 1979 setzt er sich gegen Alex English von den Indiana Pacers, auf dem anderen Bild (von 1984) gegen Kareem Abdul-Jabbar von den Los Angeles Lakers durch

Finalserie gewonnen, dreimal die Ehrung zum besten Spieler der Saison und war zwölfmal in das Allstar-Spiel berufen worden. Nach seiner Karriere war er von 1997 bis zum Jahr 2000 Trainer und von 2003 bis 2012 Funktionär bei den Indiana Pacers. Beide Rollen übte er mit Erfolg aus und wurde sowohl zum »Trainer des Jahres« (1998) als auch zum »Offiziellen des Jahres« (2012) gewählt. Er ist die einzige Person in der NBA-Geschichte, die diese Auszeichnungen gemeinsam mit denen aus seiner aktiven Karriere hält. Bird ist seit 1989 mit Dinah Mattingly verheiratet, mit der er zwei Kinder adoptiert hat. Aus seiner ersten Ehe mit Schulfreundin Janet Condra hat Bird, der in einer Großfamilie mit sechs Kindern im 2000-Seelen-Dorf French Licks, Indiana, aufwuchs, eine leibliche Tochter. Er durchlebte eine schwierige Kindheit in ärmlichen Verhältnissen und musste den Suizid seines Vaters verkraften, was er selbst als »Antrieb« für seine spätere Karriere bezeichnete. ⊖

CHARLES BARKLEY

Sir Charles: Kein Vorbild

»Ich war ziemlich umstritten, aber ich bedauere nur eine Sache – das Spucken«, sagte Charles Barkley im Rückblick auf seine außergewöhnliche Karriere. Der Power Forward war während seiner aktiven Zeit für seine Aggressivität auf dem Spielfeld bekannt, ein Spieler, der »statt das Spiel richtig zu spielen«, um jeden Preis gewinnen wollte.

Barkley, auch unter dem Spitznamen »Sir Charles« bekannt, war im NBA-Draft 1984 an fünfter Position von den Philadelphia 76ers ausgewählt worden und avancierte im Laufe seiner Karriere zum Basketball-Rebellen, der nie ein Idol für andere sein wollte. Man solle »aufhören, Kindern zu sagen, dass sie zu jemandem aufblicken sollen, zu dem sie nicht werden können«, erklärte Barkley im Anschluss an eine nationale Debatte, die er mit einem Nike-Werbespot unter dem Titel »Ich bin kein Vorbild« angestoßen hatte. Dabei betonte Barkley: »Ich schaffe keine Kontroversen. Sie sind da, lange bevor ich meinen Mund aufmache. Ich mache nur auf sie aufmerksam.«

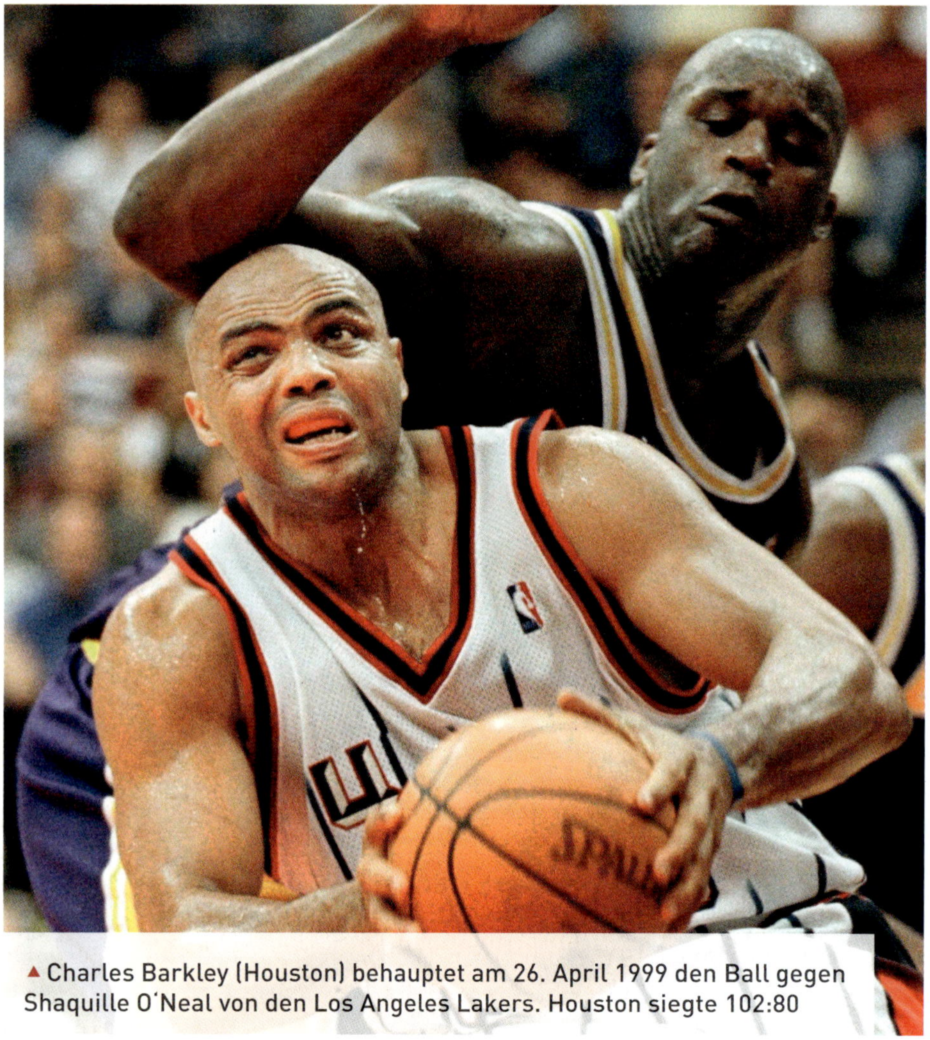

▲ Charles Barkley (Houston) behauptet am 26. April 1999 den Ball gegen Shaquille O'Neal von den Los Angeles Lakers. Houston siegte 102:80

Im Profil

Name: Charles Wade Barkley
Geburtsdatum/-ort: 20. Februar 1963 in Leeds/Alabama
Position: Power Forward
Größe: 1,97 Meter
Teams: Philadelphia 76ers (1984 bis 1992), Phoenix Suns (1992 bis 1996), Houston Rockets (1996 bis 2000)
Besonderes: Seine Trikotnummer »34« wird weder bei den 76ers, den Suns oder am Auburn-College nochmals vergeben. Barkley ist zweimal in die Naismith Memorial Basketball Hall of Fame aufgenommen (einmal für seine Karriere, einmal als Mitglied des US-Dream-Teams von 1992).
Erfolge: NBA-Allstar (1987 bis 1997), NBA-MVP 1993, NBA Rebounding Leader 1987, Olympiasieger 1992 und 1996.

Barkley war bei den Fans extrem beliebt, auch wenn ein pöbelnder Bürger wie 1997 schon mal durch die Glasfront einer Bar befördert wurde – und trotz seiner Spielsucht, die ihn nach eigener Aussage über zehn Millionen US-Dollar gekostet habe. Und da wäre noch die Sache mit dem Bedauern: 1991 war Barkley von einem Zuschauer während eines Spiels rassistisch beleidigt worden. Daraufhin versuchte Barkley nach der Person zu spucken, traf aber ein kleines Mädchen, was ihm eine mediale Schelte einbrachte. Doch Barkley entschuldigte sich und entwickelte eine Freundschaft zu dem Mädchen und dessen Familie. ⊖

TIM DUNCAN

Aus Angst vor Haien in die NBA

Hätte Hurrikan Hugo im September 1989 nicht das einzige große Schwimmbecken in Saint Croix auf den Amerikanischen Jungferninseln zerstört, Tim Duncan wäre vermutlich nie Basketball-Profi geworden. Der bekennende Fan des Renaissance-Zeitalters strebte wie seine Schwestern Cheryl und Tricia eine Karriere als Schwimmer an, doch nach dem Wirbelsturm wurde das Training ins offene Meer verlegt – und die Angst vor einer Hai-Attacke ließ Duncan dann mit 13 Jahren zum Basketball greifen. Eine Menge renommierte Universitäten dürften sich einige Jahre später geärgert haben, dass sie das Talent von der abgelegenen Insel nicht erkannt hatten. So war es die kleine Wake Forest University, bei der der Power Forward und Center zum besten Rebounder der College-Geschichte aufstieg.

Duncans Spielstil war unspektakulär, er war sicherer Werfer, Passer und guter Verteidiger zugleich, glänzte mit Spielübersicht und zeigte Demut vor dem Spiel. Seine gesamte Profikarriere von 19 Jahren verbrachte Duncan, den das Sport-Magazin Sports Illustrated 1999 als »langweilig« bezeichnete, bei den San Antonio Spurs, bildete mit dem legendären David Robinson das Duo »Twin Towers«, gewann insgesamt fünf Meisterschaften und wurde 15 Mal ins Allstar-Team berufen. Sein Trainer Gregg Popovich sagte über Duncan: »Man hat Timmy nie gesehen, wie er sich auf die Brust geschlagen hat, als wäre er der erste Mensch, der einen Basketball gedunkt hat – so wie es manch andere Spieler heutzutage tun.« Mit Duncan waren die Spurs Dauergast in den Playoffs, so dass »The Big Fundamental«, so sein Spitzname in Anlehnung an seine Allrounder-Qualitäten, zum Karriereende die NBA-Rekordlisten in Blocks in Playoff-Spielen und Playoff-Spielminuten anführte.

Noch während seiner Spieler-Laufbahn gründete Duncan eine Stiftung, die soziale Projekte auf den Jungferninseln unterstützt, sich aber auch in der Krebsforschung einsetzt. Seit seiner Basketball-Rente betreibt der dreifache Vater ein Auto-Tuning-Geschäft in San Antonio.

Im Profil

Name: Timothy Theodore Duncan
Geburtsdatum/-ort: 25. April 1976 in Saint Croix/Amerikanische Jungferninseln
Position: Power Forward/Center
Größe: 2,11 Meter
Teams: San Antonio Spurs (1997 bis 2016)
Besonderes: Seine Trikotnummer »21« wird bei den Spurs und an der Wake Forest University nicht mehr vergeben. Kein Spieler hat mehr Playoff-Minuten gespielt (9.152), kein Spieler hat mehr Blocks in Playoff-Spielen gesetzt (555). Kein Spieler hat mehr Double-Doubles (Punkte und Rebounds) erzielt (840).
Erfolge: NBA-Meister 1999, 2003, 2005, 2007 und 2014, NBA-Finals-MVP 1999, 2003 und 2005, NBA-MVP 2002 und 2003, NBA-Allstar 1998, 2000 bis 2011, 2013 und 2015, NBA Rookie of the Year 1998, Olympischer Bronzemedaillen-Gewinner 2004 mit den USA.

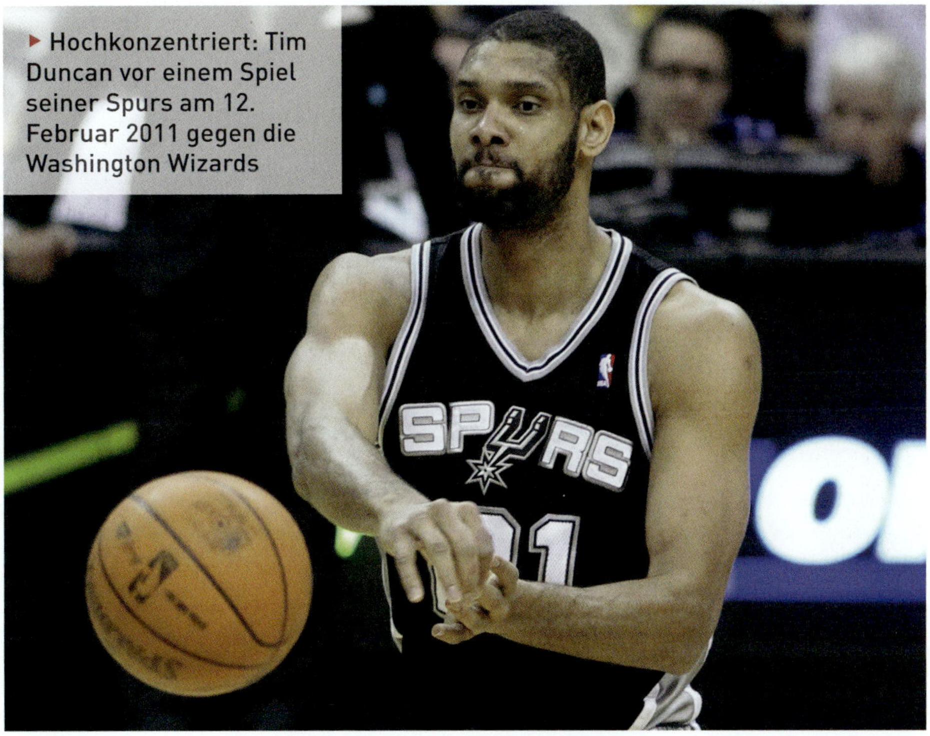

▸ Hochkonzentriert: Tim Duncan vor einem Spiel seiner Spurs am 12. Februar 2011 gegen die Washington Wizards

KAREEM ABDUL-JABBAR

Loblied des Präsidenten

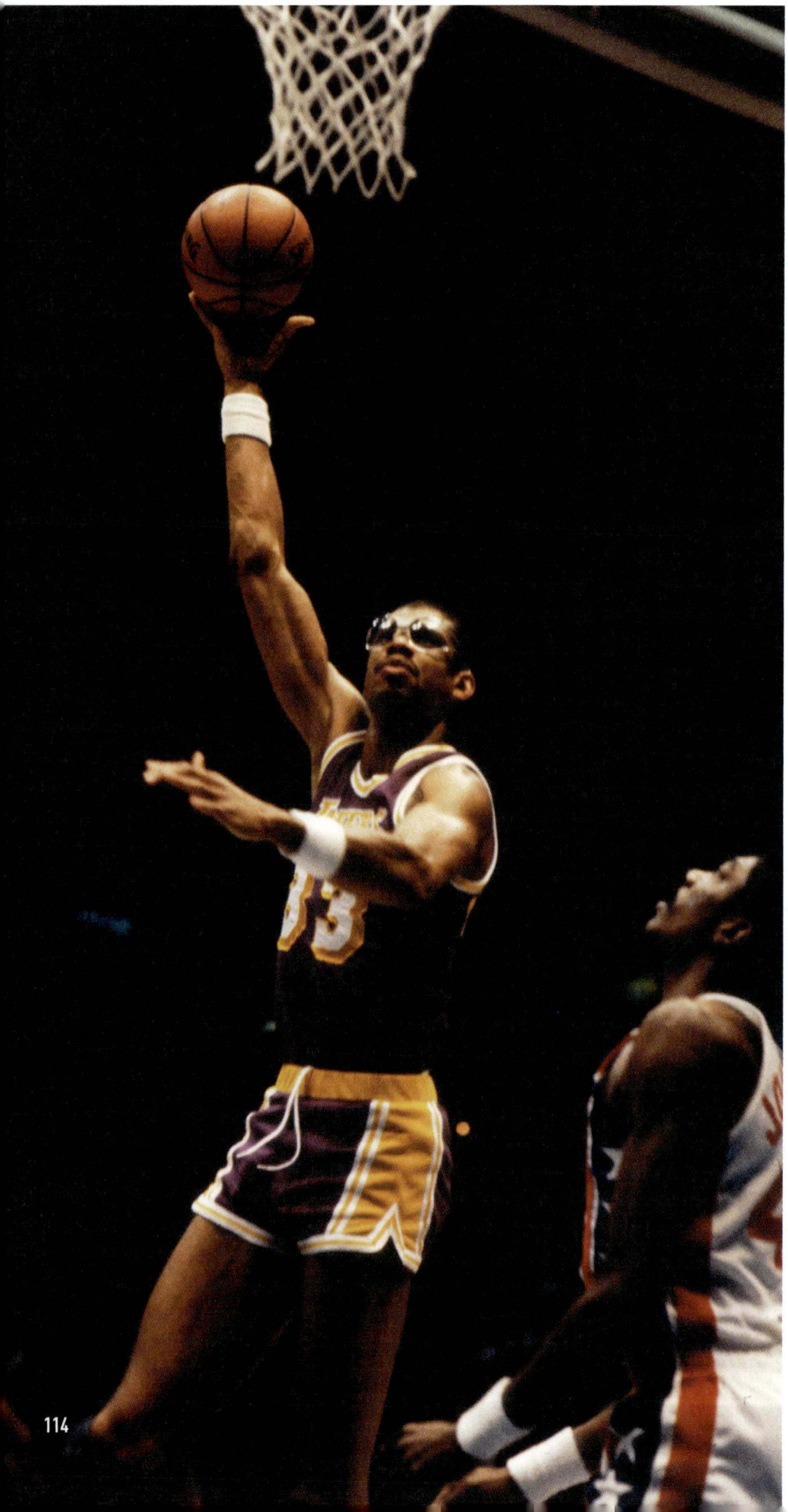

»Körperlich, intellektuell, spirituell – Kareem ist einzigartig«, sagte Barack Obama, der 44. Präsident der USA, über Kareem Abdul-Jabbar am 22. November 2016. Und verlieh dem damals 69-Jährigen im Weißen Haus die »Presidential Medal of Freedom«, eine der beiden höchsten zivilen Auszeichnungen der Vereinigten Staaten. »Der Grund, aus dem wir Kareem ehren, ist mehr als nur eine Brille und der Skyhook. Er setzte sich für seinen muslimischen Glauben ein, als es nicht einfach oder beliebt war und kann mit außerordentlicher Eloquenz über Patriotismus schreiben«, so der damalige Präsident weiter.

1968, kurz vor dem Beginn seiner Profikarriere, war Abdul-Jabbar aus der katholischen Kirche ausgetreten und zum Islam konvertiert. Infolgedessen legte er drei Jahre später seinen Geburtsnamen Ferdinand Lewis Alcindor Jr. ab und nannte sich fortan Kareem Abdul-Jabbar. Der Name, mit dem er bis zu seinem Karriereende in der NBA Liga-Geschichte schreiben sollte. Und das hatte sich angebahnt: Bereits zu seiner College-Zeit an der University of California (UCLA) hatte die NCAA (College-Liga) den Dunking zeitweise verboten, um eine allzu große Dominanz durch den Hünen zu verhindern.

Denn Dunkings waren zu dieser Zeit die Spezialität Alcindors, maß er doch bereits im achten Schuljahr 2,04 Meter Körpergröße und nutzte seine physische Überlegenheit so schon an der Highschool. Aus der Not des Verbots machte Alcindor aber eine Tugend und perfektionierte den »Skyhook«, ein sehr schwer zu verteidigender Hakenwurf, der in seiner Profikarriere sein Markenzeichen wurde – neben der Taucherbrille, die Abdul-Jabbar trug, um seine Augen vor den Fingern seiner Gegenspieler im Kampf unter dem Korb zu schützen.

Direkt unter jenem Korb war der Center zuhause – und wurde zum Superstar der NBA. Sechs Meisterschaften, 19 Allstar-Spiele und neun Liga-Rekorde zu seinem Karriereende 1989, darunter die mit 38.387 meisten erzielten Punkte der NBA-Historie, sind Zeugnis einer exorbitanten Laufbahn. Aber Abdul-Jabbar ist mehr als nur ein außerordentlich guter Basketballer. In seinem Buch »My Life« beschrieb »Magic« Johnson, mit dem Abdul-Jabbar ab 1979 zusammen bei den Lakers spielte, seinen Teamkollegen als den intelligentesten und geheimnisvollsten Spieler, den er je kennengelernt habe.

Dabei verzichtete Abdul-Jabbar gerne auf mediale Aufmerksamkeit, war immer hochkonzentriert, las die großen US-Tageszeitungen in der Umkleidekabine, während seine Kollegen herumalberten und ignorierte allzu gerne Journalisten und deren Anfragen. Doch es lief nicht alles gut in seinem Leben: 1973 wurden zwei Erwachsene und fünf Kinder bei einem islamistischen Attentat (Hanafi Massaker) in einem Haus, welches im Besitz des NBA-Stars war, umgebracht. Seine Ehe mit Habiba Abdul-Jabbar, geboren als Janice Brown, wurde 1978 nach sieben Ehejahren geschieden. 1983 verlor er seine geliebte und wertvolle Jazzplattensammlung sowie seine Bibliothek bei einem Brand, später wurde er von einem findigen Finanzmanager fast um sein gesamtes Vermögen gebracht. 2009 wurde bekannt, dass Abdul-Jabbar an Leukämie erkrankt sei – eine Krankheit, die er 2011 als besiegt erklärte.

Im Profil

Name: Kareem Abdul-Jabbar (geb. Ferdinand Lewis Alcindor Jr.)
Geburtsdatum/-ort: 16. April 1947 in New York City/New York
Position: Center
Größe: 2,18 Meter
Teams: Milwaukee Bucks (1969 bis 1975), Los Angeles Lakers (1975 bis 1989)
Besonderes: Abdul-Jabbar hält noch immer sechs NBA-Karriere-Rekorde: Meiste Punkte (38.387), meiste Spielminuten (57.446), meiste Spiele mit mindestens zehn Punkten (1.509), meiste Körbe (15.837), meiste Würfe (28.307) und meiste Fouls (4.657). Seine Trikotnummer »33« wird weder bei den Lakers noch bei den Bucks oder der UCLA noch vergeben.
Erfolge: NBA-Meister 1971, 1980, 1982, 1985, 1987 und 1988, NBA-Allstar 1970 bis 1977 und 1979 bis 1989, NBA-Finals-MVP 1971 und 1985, NBA-MVP 1971, 1972, 1974, 1976, 1977 und 1980 (mit diesen sechs Ehrungen damit Rekordhalter), NBA Rookie of the Year 1969/70, meiste NBA-Punkte 1971 und 1972, meiste NBA-Rebounds 1976, meiste NBA-Blocks 1975, 1976, 1979 und 1980.

◂ ▾ Kareem Abdul-Jabbar, die legendäre Nummer 33. Legendär aber auch sein »Skyhook« (Hakenwurf) sowie die von ihm bei den Basketball-Spielen getragene Taucherbrille

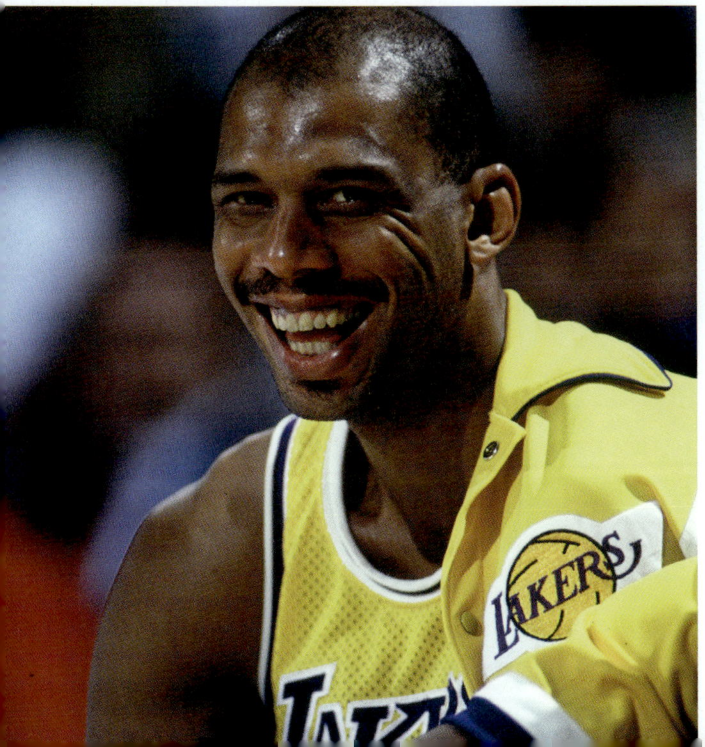

Trotz all dieser Schicksals- und Rückschläge blieb Abdul-Jabbar stets ein Vorbild – auf und neben dem Platz. Nach seiner Laufbahn wurde er Bestseller-Autor, schrieb unter anderem ein Buch über eine aus Afro-Amerikanern bestehenden Einheit im zweiten Weltkrieg. Er trat als Kultur- und Gesellschaftskritiker in Erscheinung, stieß öffentliche Debatten in Rassen- und Religionsfragen an und nannte den Menschenrechtsaktivisten Malcolm X sein Idol. Nebenbei spielte er ab 1972 in verschiedenen Filmen und US-Serien als Gastschauspieler mit. 2012 wurde Abdul-Jabbar zudem von der damaligen US-Außenministerin Hillary Clinton zum Kulturbotschafter der Vereinigten Staaten ernannt. Seit dem gleichen Jahr erinnert eine lebensgroße Statue unweit des Staples Centers, der Spielstätte der Lakers, an den Superstar.

WILT CHAMBERLAIN

Nur er: Dreistellig

Am 2. März 1962 stellte Wilt Chamberlain vermutlich einen Rekord für die Ewigkeit auf. Der Center der San Francisco Warriors erzielte im Spiel gegen die New York Knicks exakt 100 Punkte – ein Wert, der seitdem nie wieder auch nur annähernd erreicht wurde (Kobe Bryant kam 2006 einmal auf 81 Punkte). Mit den Philadelphia 76ers und später den Los Angeles Lakers gewann Chamberlain zudem insgesamt zweimal die NBA-Meisterschaft.

Trotz seiner enormen Größe von 2,16 Metern war Chamberlain sehr beweglich und schnell. So war er einer der ersten Spieler in der Liga-Geschichte, der ein Spiel in der Offensive alleine dominieren konnte. Er war so herausragend in seinen Fähigkeiten, dass die NBA immer wieder Regeln veränderte, um die Dominanz des ehemaligen Mitglieds der Basketball-Showtruppe Harlem Globetrotters einzudämmen. Sein Einfluss auf das Spiel und die Regeln war daher enorm.

Chamberlain gilt außerdem als der erste Großverdiener der Liga-Geschichte, der als erster Spieler über 100.000 US-Dollar im Jahr verdiente und seine finanziellen Möglichkeiten nach außen auch gerne zeigte. Auch die Frauenwelt lag dem überzeugten Single und Partygänger zu Füßen. Nach eigenen Berechnungen soll er mit mehr als 20.000 Frauen das Bett geteilt haben. 1999, kurz bevor er einer Herzinsuffizienz erlag, gab Chamberlain dazu allerdings eine geläuterte Aussage ab: »An alle Männer da draußen, die denken, dass es cool ist, tausend verschiedene Frauen zu haben: Ich habe in meinem Leben herausgefunden, dass es befriedigender ist, eine Frau tausend Mal zu haben.«

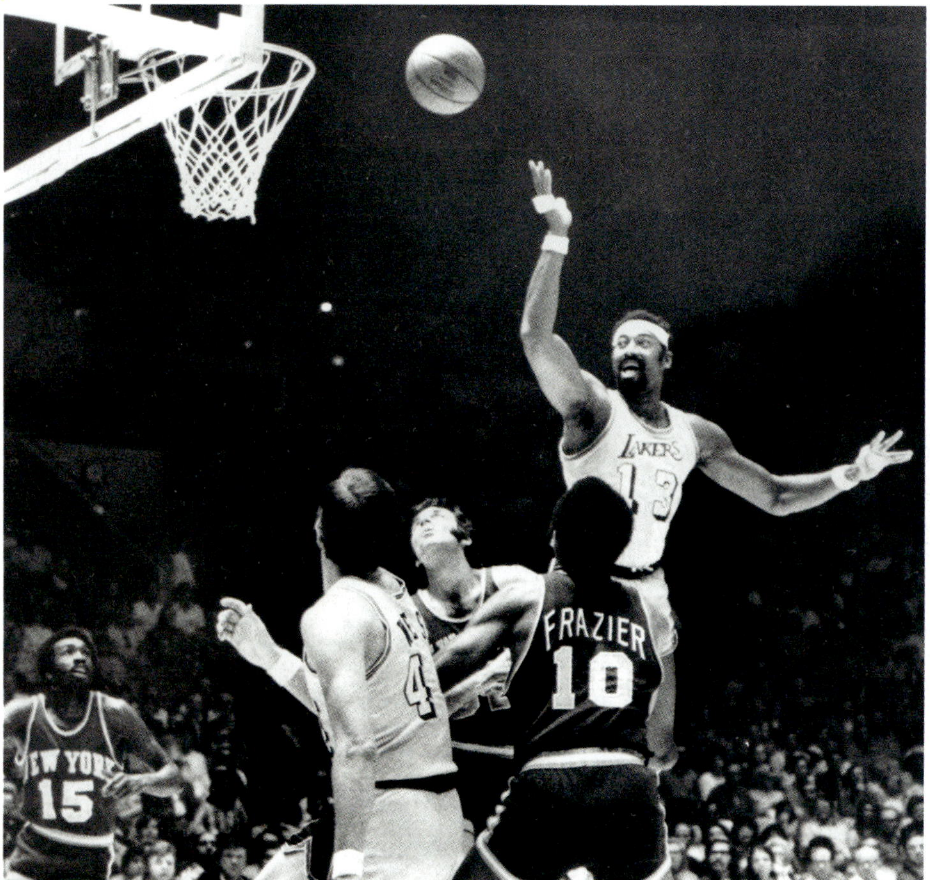

▲ Elegant hochgestiegen: Wilt Chamberlain von den Los Angeles Lakers (Nummer 13) am 30. April 1972 beim Korbwurf gegen die New York Knicks

Im Profil

Name: Wilton Norman »Wilt« Chamberlain
Geburtsdatum/-ort: 21. August 1936 in Philadelphia/Pennsylvania (gest. am 12. 10.1999 in Los Angeles/Kalifornien)
Position: Center
Größe: 2,16 Meter
Teams: Philadelphia/San Francisco Warriors (1959 bis 1965), Philadelphia 76ers (1965 bis 1968), Los Angeles Lakers (1968 bis 1973)
Besonderes: Erzielte 100 Punkte in einem Spiel (Rekord), seine Trikotnummer »13« wird bei den Golden State Warriors (früher San Francisco Warriors), Philadelphia 76ers, Los Angeles Lakers und an der University of Kansas nicht mehr vergeben. Pro Spiel stand er 45 Minuten und 48 Sekunden im Schnitt auf dem Feld (Rekord).
Erfolge: NBA-Champion 1967 und 1972, NBA Finals MVP 1972, NBA MVP 1960 und 1966 bis 1968, NBA-Allstar 1960 bis 1969 und 1971 bis 1973, NBA Rookie of the Year 1960, NBA Scoring Champion 1960 bis 1966, NBA Rebounding Champion 1960 bis 1963, 1966 bis 1969 und 1971 bis 1973, NBA Assists Leader 1968.

JOHN STOCKTON

Rekorde für die Ewigkeit

Trotz seiner geringen Körpergröße von nur 1,85 Metern gehört John Stockton zu den größten Stars, die jemals in der NBA gespielt haben. Er war ein herausragender Aufbauspieler und gleichzeitig einer der besten Verteidiger, wenn es darum ging, dem Gegner den Ball abzunehmen. So führt der Erstrundenpick aus dem Jahre 1984 der Utah Jazz mit Abstand die ewigen Bestenlisten in Assists und Steals an.

In Utah bildete er gemeinsam mit Karl Malone ein kongeniales Duo, das unter der Bezeichnung »Stockalone« berühmt wurde und gemeinsam 1.412 Spiele der Regular Season auf dem Platz stand. Berühmt wurde auch der Pick-an-Roll-Spielzug, den beide im Zusammenspiel zur Perfektion brachten. Bei diesem Vorstoß blockt der nicht ballführende Angreifer den Laufweg des Verteidigers, der den Ballführer deckt, wodurch der Ballführer in eine gute Wurfposition kommt. Ebenfalls war Stockton für sein hartes Spiel bekannt, wodurch ihm das Spielen von »Old School«-Basketball nachgesagt wurde. Auch in Sachen Mode war Stockton vom alten Schlag: Als fast alle Basketballer der NBA längst schon knielange Sporthosen auf dem Feld trugen, lief Stockton noch immer in kurzen Shorts, die dann »Stocktons« genannt wurden, auf.

Als er seine Karriere 2003 nach 19 Jahren bei den Jazz titellos beendete, veranstaltete sein Team eine Rücktritts-Zeremonie. Zudem wurde die Straße vor dem damaligen Delta Center, in dem die Jazz ihre Heimspiele austrugen, in »John Stockton Drive« umbenannt. Der zweimalige Olympiasieger mit den USA ist mit seiner Frau Nada Stepovich Vater von insgesamt sechs Kindern. Sohn Michael spielt seit 2017 in der Basketball-Bundesliga für die BG Göttingen. ⊖

Im Profil

Name: John Houston Stockton
Geburtsdatum/-ort: 26. März 1962 in Spokane/Washington
Position: Point Guard
Größe: 1,85 Meter
Teams: Utah Jazz (1984 bis 2003)
Besonderes: Gewann Olympisches Gold 1992 und 1996 mit den USA. Seine Trikotnummer »12« wird bei den Utah Jazz und an der Gonzaga University nicht mehr vergeben. Er hält die NBA-Rekorde für die meisten Assists (15.806) und Steals (3.265).
Erfolge: NBA-Allstar 1989 bis 1997 und 2000, NBA Assists Leader 1988 bis 1996, NBA Steals Leader 1989 und 1992.

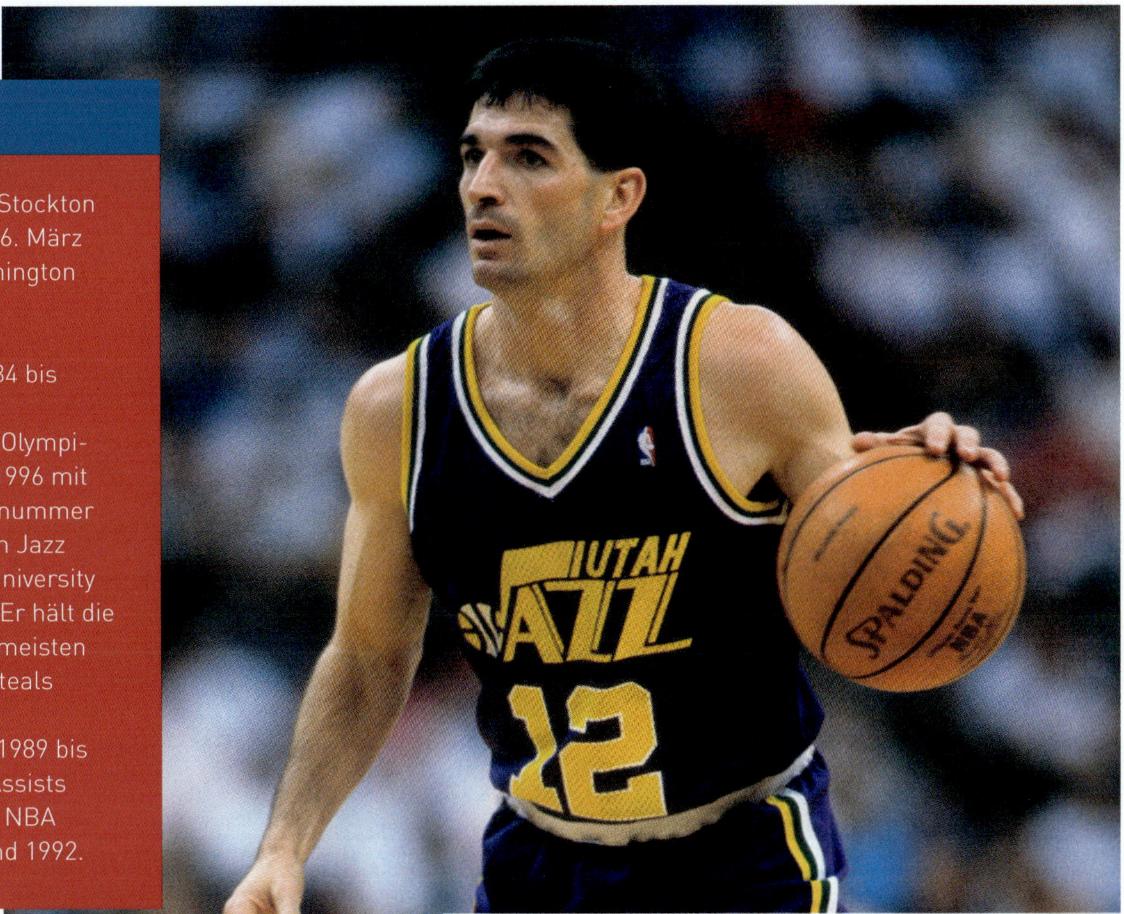

▲ John Stockton, fotografiert am 09. April 1996 in Utah

KOBE BRYANT

Würfe in und neben den Korb

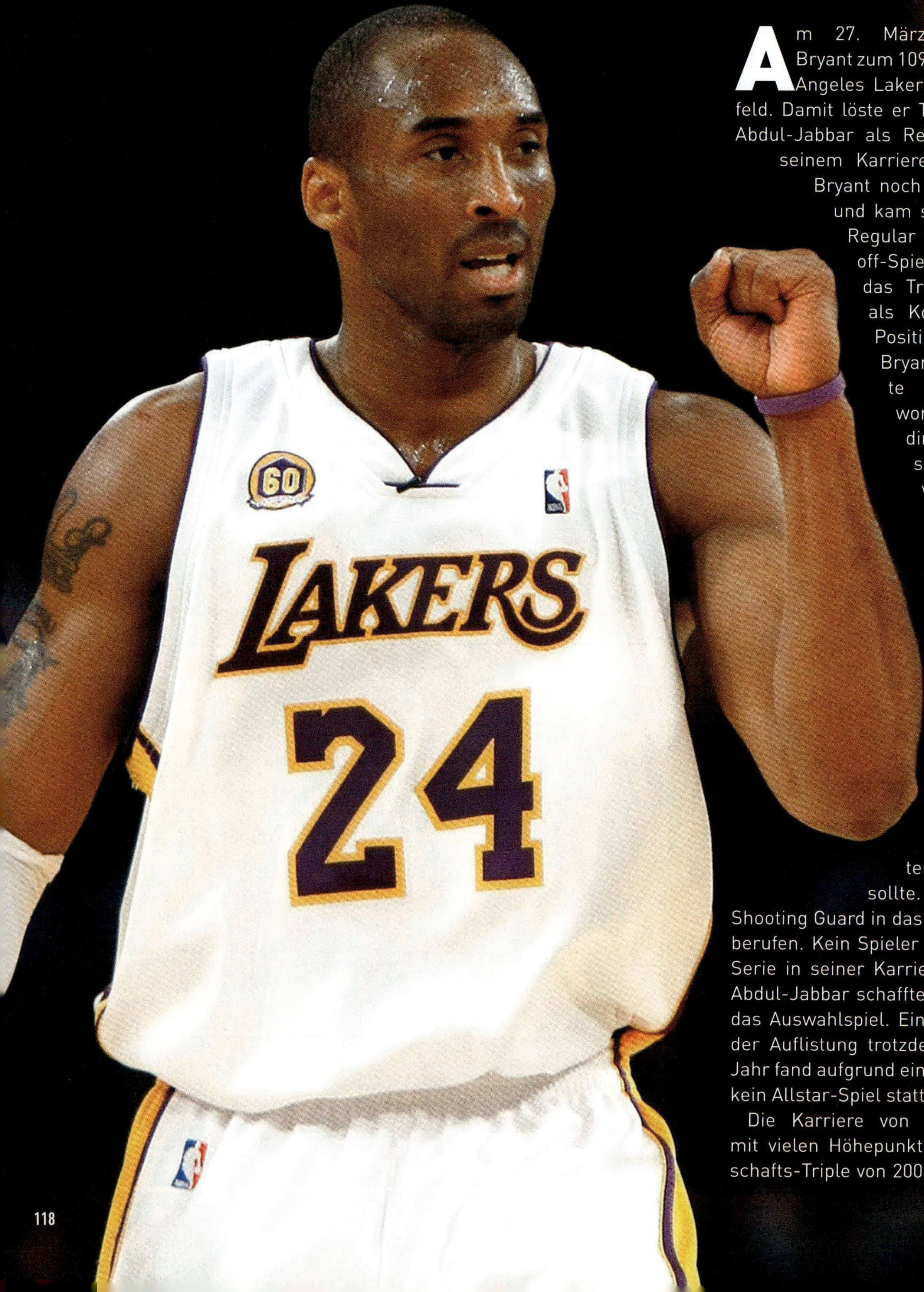

Am 27. März 2011 stand Kobe Bryant zum 1094. Mal im Trikot der Los Angeles Lakers auf dem Basketballfeld. Damit löste er Team-Legende Kareem Abdul-Jabbar als Rekordhalter ab. Bis zu seinem Karriereende 2016 sammelte Bryant noch 252 weitere Spiele an und kam so auf 1346 Spiele der Regular Season und 220 Playoff-Spiele – kein Spieler trug das Trikot der Lakers öfter als Kobe Bryant. 1996, an Position 13 des Draftes, war Bryant von den Charlotte Hornets ausgewählt worden, für die er allerdings nie ein Spiel bestreiten sollte. Schon vor der Auswahl der Hornets hatten sich beide Teams darauf geeinigt, dass Bryant sofort nach Los Angeles wechseln würde.

Und so startete die große Karriere von Bryant in der Saison 1996/1997 in den gelben Farben der Lakers, mit denen er insgesamt fünf Meisterschaften gewinnen sollte. 18 Mal wurde der Shooting Guard in das Allstar Game der NBA berufen. Kein Spieler kann auf eine längere Serie in seiner Karriere zurückblicken, nur Abdul-Jabbar schaffte es einmal häufiger in das Auswahlspiel. Eine Lücke findet sich in der Auflistung trotzdem: 1999 – in diesem Jahr fand aufgrund eines Lockouts allerdings kein Allstar-Spiel statt.

Die Karriere von Bryant war gespickt mit vielen Höhepunkten, wie dem Meisterschafts-Triple von 2000 bis 2002 gemeinsam mit Center Shaquille O`Neal und Trainer Phil Jackson. Es gab später zwei weitere Meisterschaften (2009 und 2010) sowie 2008 und 2012 jeweils die Goldmedaille bei den Olympischen Spielen von Peking sowie London. Aber es gab auch die individuellen Highlights, wie das Spiel am 22. Januar 2006 gegen die Toronto Raptors, in dem Bryant 81 Punkte erzielte oder die Serie im März 2007 von vier Spielen hintereinander, in denen Bryant jeweils mehr als 50 Punkte auf die Anzeigetafel brachte.

Der Spielstil von Bryant wird häufig mit dem von Michael Jordan verglichen. Wie der Superstar der Chicago Bulls verfügte auch Bryant über eine starke Fußarbeit, die ihn immer einen Weg um seine Gegner finden ließ. Bekannt ist Bryant auch dafür, viele Spiele in den Schlusssekunden entschieden zu haben. Wenn es um den letzten Wurf einer engen Partie ging, nahm Bryant die Verantwortung gerne auf sich – oder konnte er nicht anders? Neben all seinen Fähigkeiten als starker Werfer galt Bryant auch als Egoist auf dem Feld, der häufig selbst warf und den besser postierten Mitspieler übersah. Kein Spieler in der Liga-Historie warf so auch öfter neben den Korb als eben Bryant. Sein Image als Bösewicht war Bryant aber eher Ansporn als Blockade.

Sein Coach Jackson beschrieb Bryant, der sich auch selbst den Namen »Black Mamba« gab, in seinem Buch »The Last Season: A team in search of its soul« als untrainierbar, warf ihm Arroganz sowie Unreife vor. 2003 sah Bryant sich mit Vorwürfen einer Vergewaltigung durch eine Hotelangestellte konfrontiert, die im Prozess ihre Aussage allerdings zurückzog. Trotzdem hatte auch das private Image des Superstars Schaden erlitten und etliche Sponsoren hatten zwischenzeitlich die Zusammenarbeit mit Bryant beendet.

Das Talent war Bryant dabei wahrlich in die Wiege gelegt worden. Sein Vater Joe Bryant war bereits Basketball-Profi gewesen und seine Mutter Pamela Cox hatte die Los Angeles Sparks, ein Frauen-Basketball-Profiteam, trainiert. Einen Teil seiner Kindheit verbrachte Bryant in Italien und ist seitdem Fan des AC Mailand. Seit 2001 ist Kobe Bryant mit Vanessa Laine verheiratet, wonach der Kontakt zu seinem Vater abbrach, der etwas gegen die lateinamerikanischen Wurzeln der Braut hatte. Im Januar 2019 gab das Paar bekannt, dass Vanessa mit der mittlerweile vierten Tochter schwanger ist.

Im Profil

Name: Kobe Bean Bryant
Geburtsdatum/-ort: 23. August 1978 in Philadelphia/Pennsylvania
Position: Shooting Guard
Größe: 1,98 Meter
Teams: Los Angeles Lakers (1996 bis 2016)
Besonderes: Bryants Trikotnummern »8« und »24« werden bei den Los Angeles Lakers nicht mehr vergeben (er wechselte zur Saison 2006/2007 die Trikotnummer). Gewann 2008 in Peking und 2012 in London Olympisches Gold mit den USA.
Erfolge: NBA-Champion 2000 bis 2002, 2009 und 2010, NBA Finals MVP 2009 und 2010, NBA MVP 2008, NBA Allstar 1998 und 2000 bis 2016, NBA Scoring Champion 2006 und 2007.

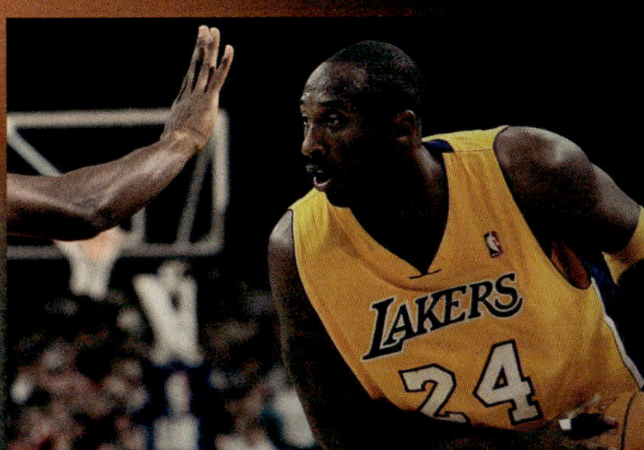

◄ ► Kobe Bryant in Jubelpose und bei einem dynamischen Antritt, jeweils im Trikot seines einzigen Teams, den Los Angeles Lakers

DIRK NOWITZKI

Er hat die NBA verändert

»Ich kann relativ gut einen Ball in ein Körbchen reinschmeißen«, beschrieb Dirk Nowitzki einst sein größtes Talent und fügte gleich an, dass er wisse, dass es wichtigere Dinge im Leben gibt, die Menschheit größere Errungenschaften zu verzeichnen hat. Nowitzki, der »Dunking Deutschman«, »Dirkules«, das »German Wunderkind« und welche Spitznamen er noch so alle trägt, zeichnet neben all seinen Fähigkeiten auf dem Basketball-Parkett vor allem eins aus: Er hat sich nie selbst erhöht, ist immer der bescheidene Junge aus Würzburg geblieben, der trotz eines Millionengehaltes als Mittdreißiger bei Heimatbesuchen noch Taschengeld von seiner Mutter Helga bekam. »Es ist schon surreal

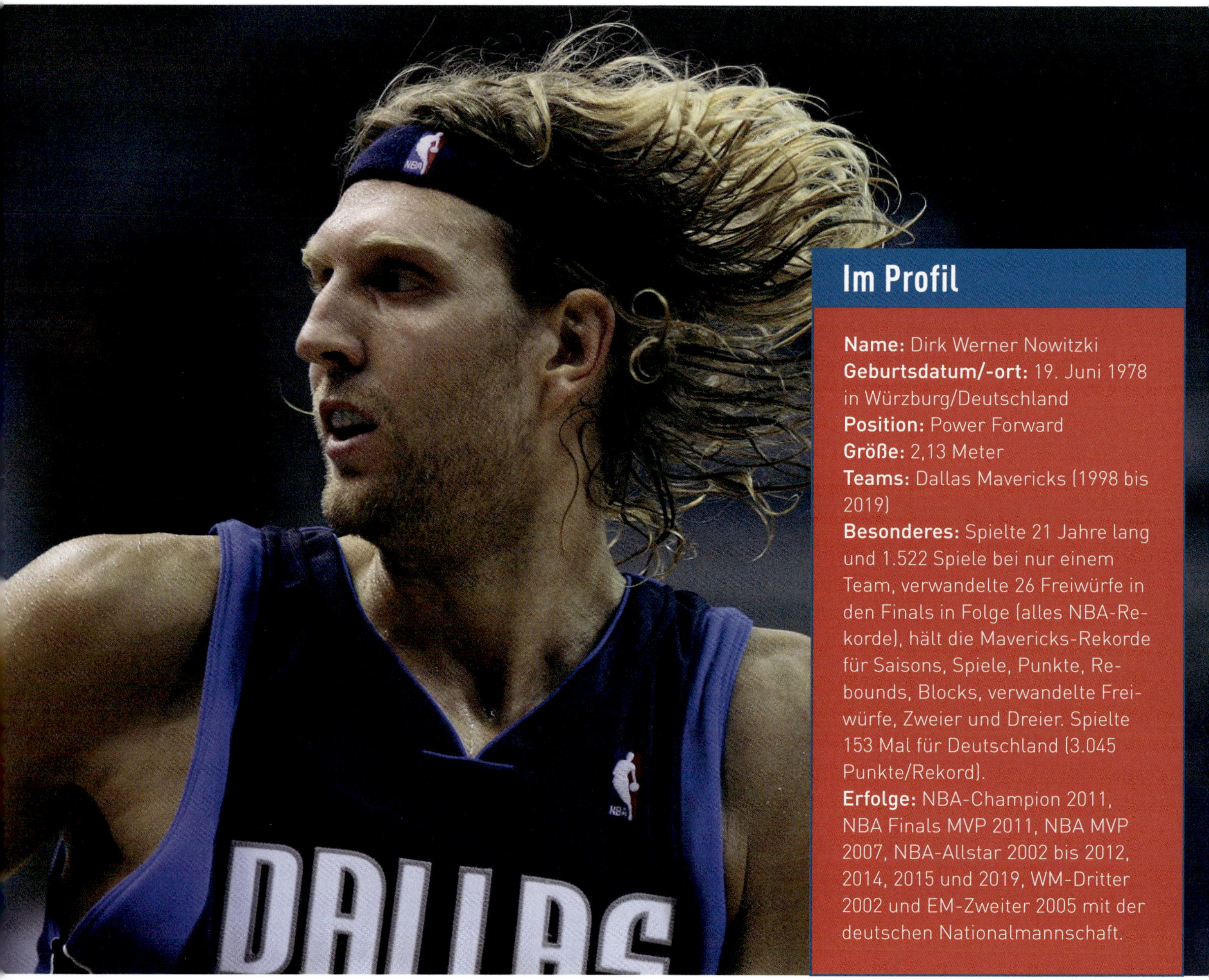

Im Profil

Name: Dirk Werner Nowitzki
Geburtsdatum/-ort: 19. Juni 1978 in Würzburg/Deutschland
Position: Power Forward
Größe: 2,13 Meter
Teams: Dallas Mavericks (1998 bis 2019)
Besonderes: Spielte 21 Jahre lang und 1.522 Spiele bei nur einem Team, verwandelte 26 Freiwürfe in den Finals in Folge (alles NBA-Rekorde), hält die Mavericks-Rekorde für Saisons, Spiele, Punkte, Rebounds, Blocks, verwandelte Freiwürfe, Zweier und Dreier. Spielte 153 Mal für Deutschland (3.045 Punkte/Rekord).
Erfolge: NBA-Champion 2011, NBA Finals MVP 2011, NBA MVP 2007, NBA-Allstar 2002 bis 2012, 2014, 2015 und 2019, WM-Dritter 2002 und EM-Zweiter 2005 mit der deutschen Nationalmannschaft.

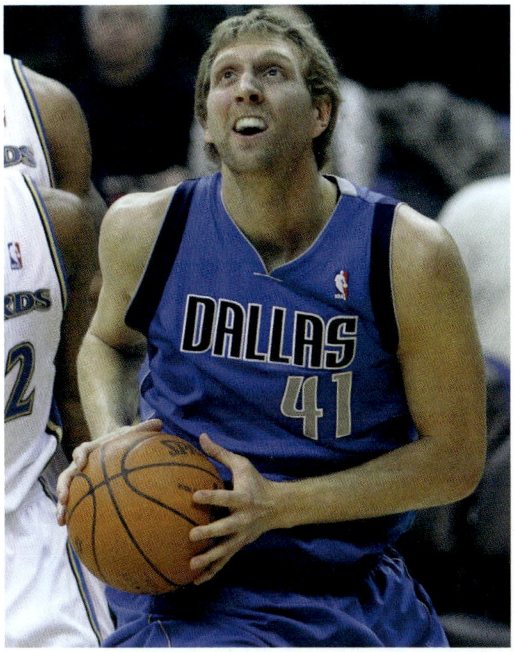

◂ Den Korb im Blick: Dirk Nowitzki bei einem Spiel »seiner« Mavericks gegen die Washington Wizards am 26. Februar 2011

»Money isn't something I play for. I want to compete. I want to win.«

Dirk Nowitzki

Frei übersetzt: Ich spiele nicht wegen des Geldes. Ich mag den Wettkampf. Ich möchte gewinnen.

manchmal, dass Leute von mir Autogramme und Bilder wollen, weil ich ein bisschen den Ball ins Netz schmeißen kann«, bekräftigte Nowitzki noch einmal.

Szenenwechsel: Am 10. April 2019 gewannen die Dallas Mavericks gegen die Phoenix Suns ein eher unwichtiges Spiel mit 120:109 – beide Mannschaften hatten das Rennen um die Playoff-Tickets längst verloren. Doch dann, kurz nach Spielende wurde es gespenstig ruhig im American Airlines Center in Dallas – und dunkel. Unter »Dirk«-Rufen der 19.200 Zuschauer erklang der Song »Time of your life« der Band »Green Day« und auf den Videotafeln wurden so viele Bilder, Sequenzen und Meilensteine aus Nowitzkis Karriere dargestellt, dass jeder Mavericks-Fan das Gefühl hatte, Zeuge eines historischen Basketball-Moments zu werden. Bilder seines Draftes von 1998, der Titelgewinn mit den Mavericks 2011 und viele weitere Körbe und Momente. Kurz darauf ging das Licht in der Arena wieder an. Die NBA-Legenden Larry Bird und Charles Barkley standen auf dem Parkett. Und dann schritt Dirk Nowitzki hinzu, nahm ein Mikrofon in die Hand und verkündete mit Tränen in den Augen das, was die Zuschauer in der Halle längst wussten: sein Karriereende. »Das war mein letztes Heimspiel, so, wie ihr das erwartet habt«, sagte der 2,13 Meter große Hüne. Zuvor hatte Nowitzki all seine Klasse nochmal gezeigt, obwohl ihm bei jedem einzelnen schwerfälligen Schritt über das Feld das gehobene Sportleralter von 40 Jahren anzusehen war, und 30 Punkte zum Sieg über Phoenix beigetragen.

◂ Damals noch mit langer Mähne: Der Deutsche Dirk Nowitzki am 9. Oktober 2009 im Verizon Center in Washington, D.C.

Danach folgte noch ein letztes Auswärtsspiel mit seinem Team in San Antonio. Damit hatte Nowitzki, der beste deutsche Basketballer aller Zeiten, seine großartige Laufbahn tatsächlich beendet. Nach 21 Spielzeiten, 1.522 Spielen, 51.368 Minuten, 31.560 Punkten und eben der NBA-Meisterschaft 2011, auf die er so viele Jahre hingearbeitet hatte. Nowitzki ging damit aber nicht nur als einer der besten Spieler in die Liga-Geschichte ein, sein Erbe wird auch nach seiner aktiven Zeit auf den NBA-Feldern zu sehen sein. Hünen, wie er, waren zu seinem Karrierebeginn vor allem unter dem Korb zuhause. Es war Nowitzki, der den Amerikanern zeigte, dass man auch mit einer enormen Körpergröße ein starker Schütze aus der Ferne sein kann. Nur zehn Spieler in der Liga-Vergangenheit haben häufiger einen Dreier verwandelt – heute, zu Nowitzkis Karriereende, muss auch ein großer NBA-Spieler einen sicheren Fernwurf haben. Und die Tür für ausländische Talente hatte er nebenbei ebenfalls noch weit aufgestoßen.

Und trotz all des Ruhmes ist Nowitzki der geblieben, der er 1999 war, als er von Oberfranken in die weite Welt hinauszog: intelligent, freundlich, reflektierend, sympathisch. Die NBA hat ihn nicht verändert, aber Nowitzki hat die NBA verändert. Auch privat hat Nowitzki, der eine Stiftung zu Förderung von Jugendlichen führt, sein Glück gefunden. Seit 2010 ist er mit der Schwedin Jessica Olsson zusammen, die er am 4. August 2012 heiratete. 2013 kam die erste gemeinsame Tochter zur Welt, zwei Söhne sollten 2015 und 2016 folgen. ⊖

Regelkunde & Taktisches

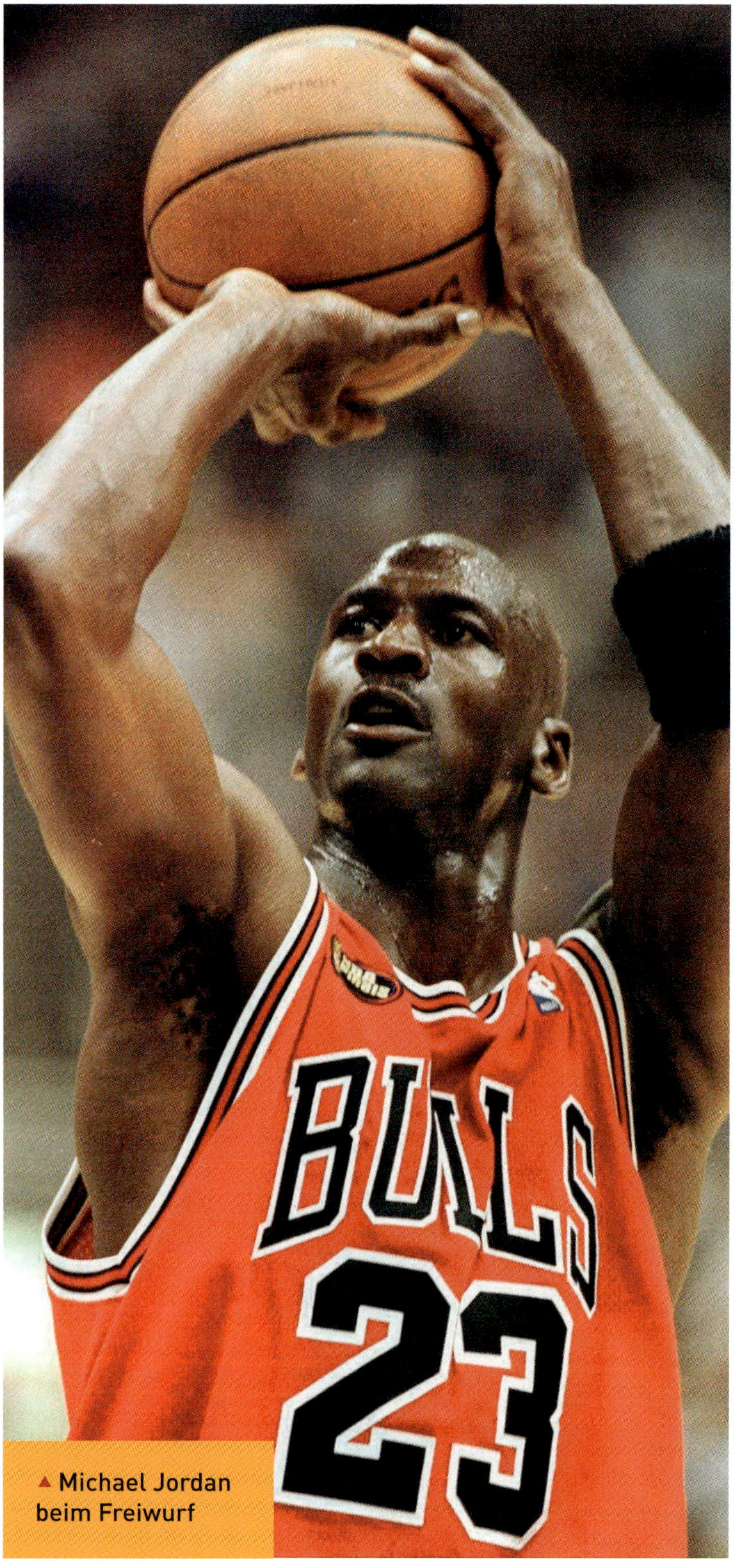

▲ Michael Jordan beim Freiwurf

Regeln

Im Grunde muss der Ball nur in den Korb, je nach Spielsituation und Entfernung gibt es dafür einen, zwei oder drei Punkte. Die NBA-Regeln in Kurzform:

Spieldauer: Vier mal zwölf Minuten, bei Unentschieden geht es in die Overtime von fünf Minuten. Die Overtime wiederholt sich so oft, bis ein Sieger feststeht.

Spieleröffnung: Via Sprungball – wer den Ball erobert hat das erste Angriffsrecht und erhält auch im letzten Viertel zuerst den Ball. Im zweiten und dritten Viertel geht der Ball zuerst ans andere Team.

Zeit für einen Angriff: 24 Sekunden, nach bereits fünf Sekunden muss man in der gegnerischen Hälfte sein. Ist man einmal in des Gegners Hälfte, darf man den Ball nicht zurück in die eigene Hälfte spielen.

Auszeiten: Jedes Team hat sieben Auszeiten zu je 75 Sekunden. In den letzten drei Minuten dürfen nur zwei Timeouts je Team genommen werden.

Freiwürfe: Gibt es nach dem fünften Teamfoul je Spielviertel sowie bei jedem Foul bei einem Wurfversuch oder wenn der ballführende Spieler erkennbar auf dem direkten Weg zum Korb war. In den letzten zwei Spielminuten kommt es nach dem zweiten Teamfoul zu einem Freiwurf.

Platzverweise: Ein Spieler wird nach dem sechsten eigenen Foul des Feldes verwiesen. Oder nach dem zweiten technischen Foul. Oder nach einem disqualifizierenden Foul.

Punkte: Für einen Treffer nach einem Freiwurf gibt es einen Punkt, für einen Treffer aus dem Spiel heraus zwei Punkte. Für einen Treffer aus dem Spiel heraus jenseits der Drei-Punkte-Linie entsprechend drei Punkte.

Auswechslungen: Beim Basketball dürfen Spieler nahezu beliebig oft ein- und ausgewechselt werden. Einzige Voraussetzung: Das Spiel muss unterbrochen sein.

Divisionen und Saisonverlauf: Eine NBA-Saison zählt 82 Spiele in der regulären Saison. Die 30 NBA-Teams sind dabei in sechs Divisionen zu je fünf Teams aufgeteilt. Jeweils drei Divisionen bilden eine Conference. Von den 15 Teams jeder Conference qualifizieren sich jeweils die besten acht Mannschaften für die Playoffs. In den drei Runden – First Round, Conference Semifinals und Conference Finals – wird der Sieger jeder Conference ermittelt. Die beiden Conference-Sieger treffen dann in den NBA-Finals aufeinander. In sämtlichen Runden wird der Sieger in einem Best-of-Seven-Modus ermittelt.

Starting Five

Zu einem NBA-Team gehören 15 Spieler, aber nur fünf von ihnen stehen – in ebenso vielen verschiedenen Positionen – gleichzeitig auf dem Feld. Doch wer hat welche Aufgabe?

Point Guard (PG)

Der Point Guard ist im sogenannten Backcourt zuhause, agiert also sowohl in Angriff wie Verteidigung nicht in Korbnähe. Er ist für gewöhnlich der kleinste Spieler der Mannschaft und der Spielgestalter, der im Prinzip jeden Angriff einleitet. Den Point Guard zeichnen vor allem sein Spielverständnis und seine Passfähigkeiten aus. Er ist in der Regel aber auch sehr flink und verfügt in der modernen NBA auch über einen guten Fernwurf. Stephen Curry, Damian Lillard oder Kyrie Irving gehören zu den besten Spielern auf dieser Position.

Shooting Guard (SG)

Auch der Shooting Guard ist zumeist im Backcourt unterwegs. Wie sein Name schon sagt, ist er vor allem für das Schießen (Werfen) zuständig und sollte somit der Spieler mit der höchsten Trefferquote seiner Mannschaft sein. Er ist normalerweise etwas größer als der Point Guard, sollte ansonsten aber über ähnliche Stärken verfügen. Zu den aktuell bekanntesten Spielern auf dieser Position gehören James Harden, Klay Thompson und Jimmy Butler.

Small Forward (SF)

Der Small Forward ist die Allzweckwaffe seines Teams und gehört zum sogenannten Frontcourt. Er muss aus der Distanz ebenso gut werfen können, wie er seine Stärken auch in Korbnähe haben sollte. Entweder, um

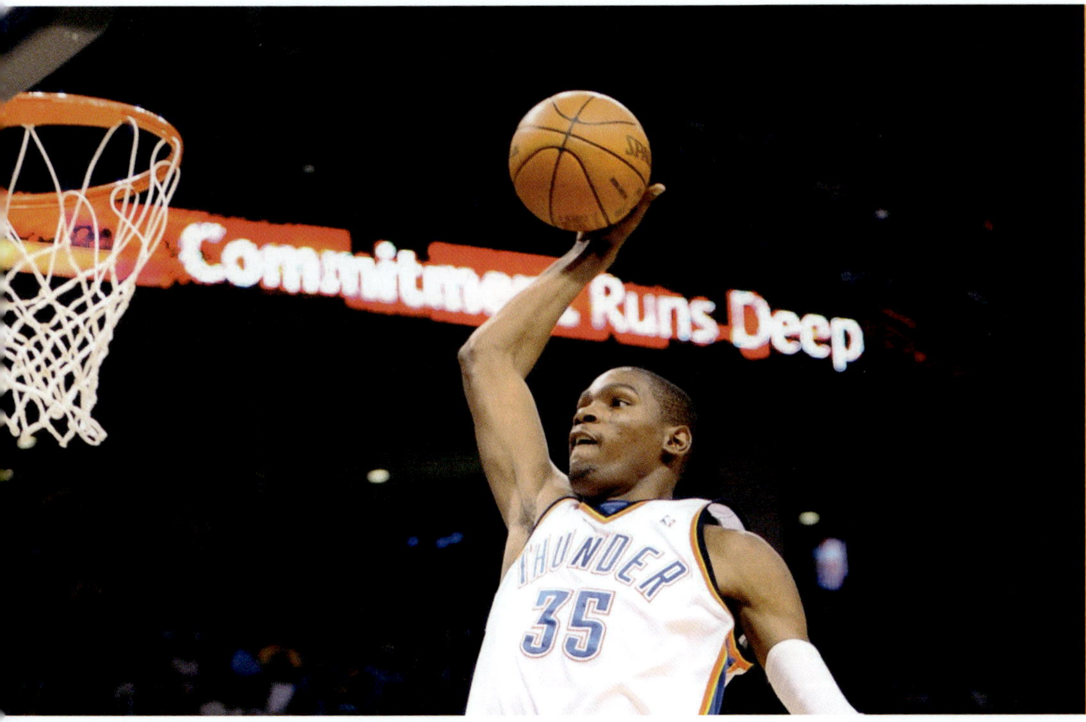

◂ Kevin Durant springt ab zum Dunking.
Dunk (oder Dunking) ist ein Korbwurf, bei dem der Basketball von oben in den Korb »hineingestopft« wird

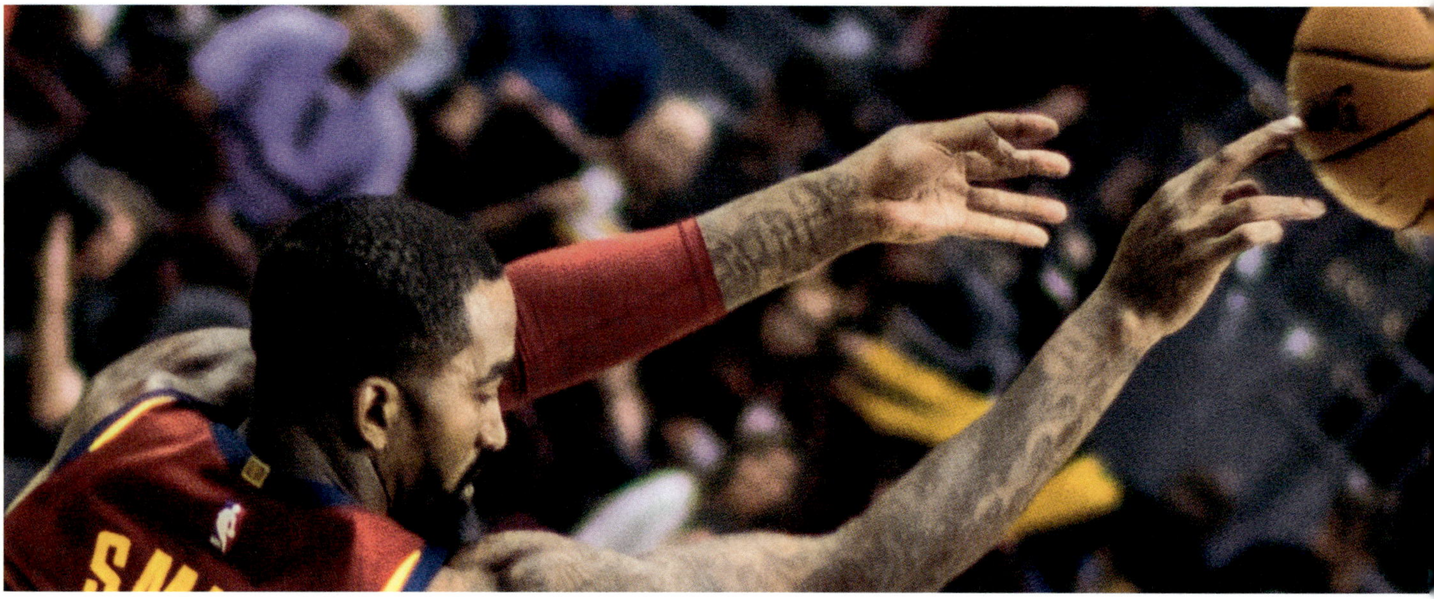

den Ball einfach zu versenken, bei Rebounds zur Stelle zu sein – oder in der Defensive gut verteidigen zu können. Wichtig sind vor allem die Athletik und die Durchsetzungsfähigkeit. LeBron James, Kawhi Leonard oder Kevin Durant bekleiden diese Position aktuell nahezu in Perfektion.

Power Forward (PF)

Im Frontcourt ist auch der Power Forward angesiedelt. Neben einer guten Athletik und gehobener Durchsetzungsfähigkeit ist der Power Forward auch vor allem ein physisch präsenter Spieler. Er ist groß und kraftvoll, aber noch immer schlaksig genug, um in der Verteidigung auch kleine, wendige Spieler verteidigen zu können. Auf beiden Forward-Positionen (also SF und PF) ist ein präziser Wurf aus mittlerer Entfernung, wie auch der Fernwurf, immer wichtiger geworden. Dirk Nowitzki ist ein Paradebeispiel für das, was ein Power Forward können muss.

Center (C)

Spieler der Center-Position gehören wohl zu den bekanntesten aus der NBA-Vergangenheit. Der Center ist ein Kraftpaket und muss sich in direkter Nähe zum Korb behaupten, Körbe erzielen, Würfe verteidigen, Rebounds holen. In der Regel spielt der Center mit dem Rücken zum Korb, um den Ball abzuschirmen und sich beim Wurf Richtung Korb zu drehen – oder den Ball für einen Mitspieler abzulegen. Je besser zusätzlich der Wurf des Centers und seine Beweglichkeit sind, desto begehrter ist er im NBA-Kosmos. Aktuell sind Anthony Davis, Joel Embiid oder Nikola Jokic die bekanntesten.

Viele Möglichkeiten für die Trainer

Grundsätzlich aber gilt es flexibel zu sein, um auch auf andere Positionen ausweichen zu können. Power Forwards und Center können meist beide Positionen spielen, die Guards untereinander tauschen. Der Small Forward kann sowohl in Shooting-Guard-Position rücken, wie auch in die des Power Forwards. Je nach Spielsituation gibt es auch spezielle Formationen, in der etwa mehrere große Spieler eingesetzt werden, wenn der Gegner zu viele Rebounds holt. In Rückstand wird gerne auf Spieler vertraut, die gut von der Drei-Punkte-Linie sind, dann kann ein zweiter, nomineller Shooting Guard anstatt des Small Forwards spielen. Gegen unbewegliche Gegner stehen auch schon mal zwei nominelle Point Guards auf dem Feld. Ein besonders dominanter gegnerischer Center wird auch gerne mit einem zweiten Center verteidigt.

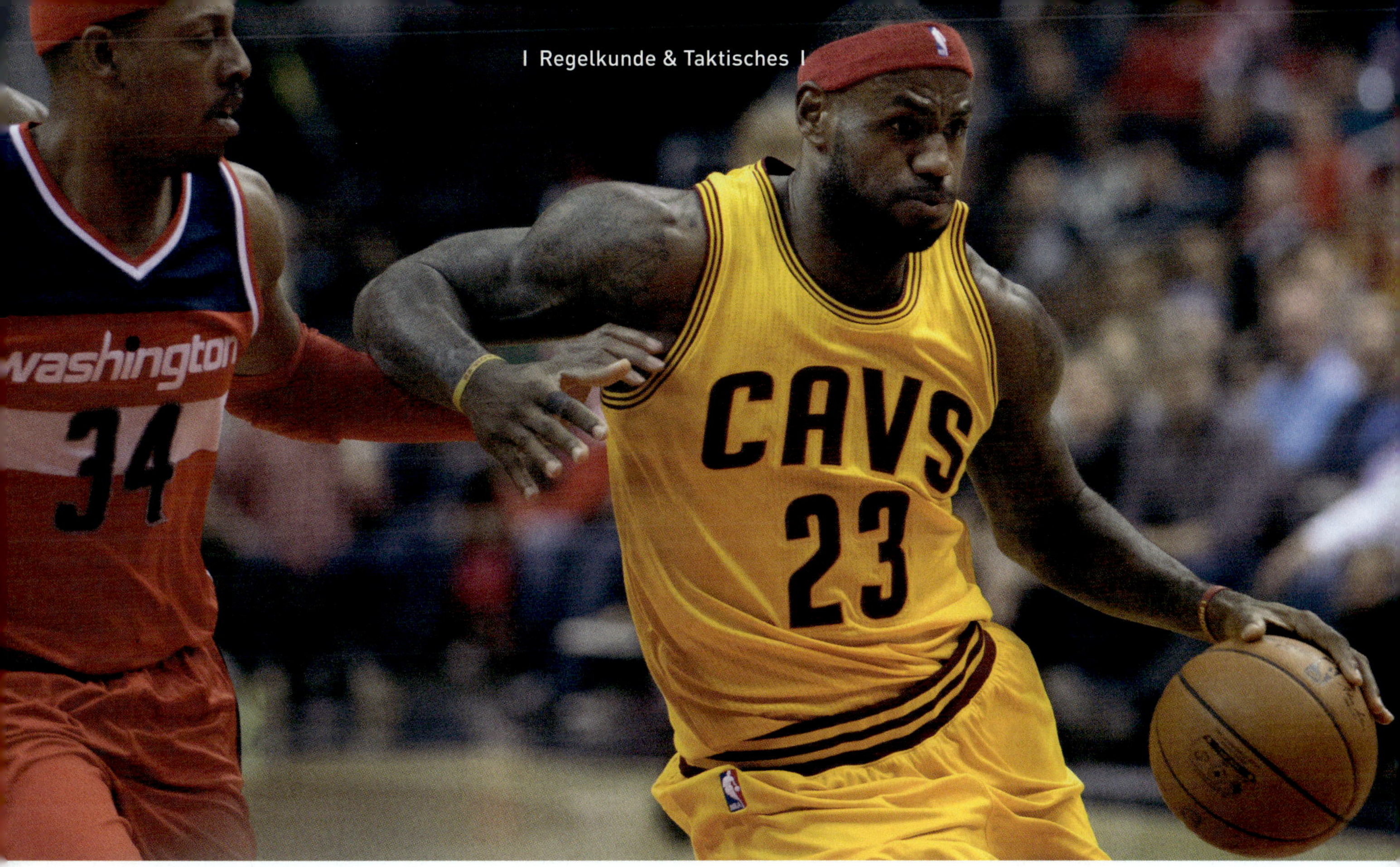

Taktiken

Angriff: Grundsätzlich wird zwischen zwei Angriffsvarianten entschieden, dem Set Play und der Transition. Beim Set Play wird ein geordneter Spielaufbau bevorzugt. Nach Balleroberung dribbelt der ballführende Spieler in Ruhe nach vorne und wartet, bis sich die Mitspieler in ihre Stammposition bewegt haben. Natürlich mit dem Nachteil, dass sich auch die Verteidigung bis dahin positioniert hat. Bei der Transition wird hingegen versucht, bei Ballbesitz möglichst schnell zum Korberfolg zu kommen. Welches System der Head Coach wählt, hängt von verschiedenen Faktoren ab, etwa Spielermaterial und Spielstand.

Spielzüge: Neben einstudierten Spielzügen, die Bewegungsrouten der gesamten Mannschaft beinhalten, gibt es auch einzelne Spielzüge, die von nur zwei Spielern gleichzeitig ausgeführt werden. Der bekannteste und am häufigsten angewandte Spielzug ist dabei das »Pick and Roll«. Hierbei passiert der ballführende Spieler einen Teamkollegen so, dass dieser zum Blocker des den ballführenden Spieler attackierenden Gegenspielers wird. Der ballführende Spieler hat danach für kurze Zeit entweder einen freien Weg zum Korb oder freie Wurfbahn und kann ungehindert zum Abschluss kommen.

Verteidigung: Auch in der Defensive gibt es prinzipiell zwei Verteidigungsmöglichkeiten, die Mann-gegen-Mann- sowie die Zonen-Verteidigung. Bei der Zonen-Verteidigung ist jeder Verteidiger für einen bestimmten Raum des Spielfeldes zuständig. Die Abwehrvariante erfordert viel Spielverständnis und Koordination in den Schnittstellen. Die Manndeckung ist hingegen deutlich lauf- und kraftintensiver, letztendlich aber einfacher auszuführen.

Varianten: Häufig kommen aber auch Abwandlungen dieser Verteidigungsschemata zum Einsatz. Die »Box-and-one«-Defensive verteidigt mit vier Spielern im Raum, während ein Gegenspieler, meist ein aus dem gegnerischen Team herausstechender Akteur, in Manndeckung genommen wird. Bestimmte Spielsituationen erfordern zudem spezielle Taktiken. Bei der »Hack-a-Shaq«-Taktik wird ein Gegenspieler mit schwacher Freiwurfquote gezielt gefoult. In den Schlusssekunden eines Spiels kommt es ebenso zu vermehrten Fouls, da die zurückliegende Mannschaft durch ein Foul die Spieluhr anhalten kann und so nach den Freiwürfen, bestenfalls Fehlversuche, schnell wieder in eigenen Ballbesitz kommt. ⊖

Deutsche Hoffnungsträger

Maximilian Kleber (Power Forward, Dallas Mavericks)

2012 wagte Maximilian Kleber einen ersten Anlauf in der NBA und meldete sich zum Draft an, zog seine Teilnahme aber später zurück. Zwei Jahre später dann der zweite Anlauf des am 29. Januar 1992 in Würzburg geborenen Power Forwards – unter den NBA-Teams fand Kleber aber keine Berücksichtigung. Stattdessen musste er seine Karriere nochmal in Europa fortsetzen und war erstmal auf Teamsuche, mit den S.Oliver Baskets aus Würzburg war er soeben aus der deutschen BBL abgestiegen. Über Obradoiro CAB (Spanien) und FC Bayern München Basketball schaffte der deutsche Nationalspieler den Sprung in die NBA 2017 dann im dritten Versuch.

An der Seite von Dirk Nowitzki, der ebenfalls aus Würzburg stammt, war Kleber bei den Dallas Mavericks in seinen ersten beiden Spielzeiten Ergänzungsspieler, dem es allerdings gelang, seine Einsatzzeiten in seiner zweiten Saison im Vergleich zu seiner ersten zu erhöhen. In der zurückliegenden Spielzeit stand der 2,11 Meter große Hüne mit dem Spitznamen »Maxi« im Schnitt 21,2 Minuten pro Spiel auf dem Feld und kam dabei auf 6,8 Punkte, 4,6 Rebounds und 1,0 Assists. Am 10. Juli 2019 unterzeichnete Kleber einen Vierjahresvertrag über 35,9 Millionen US-Dollar, 25 Millionen davon als Garantie.

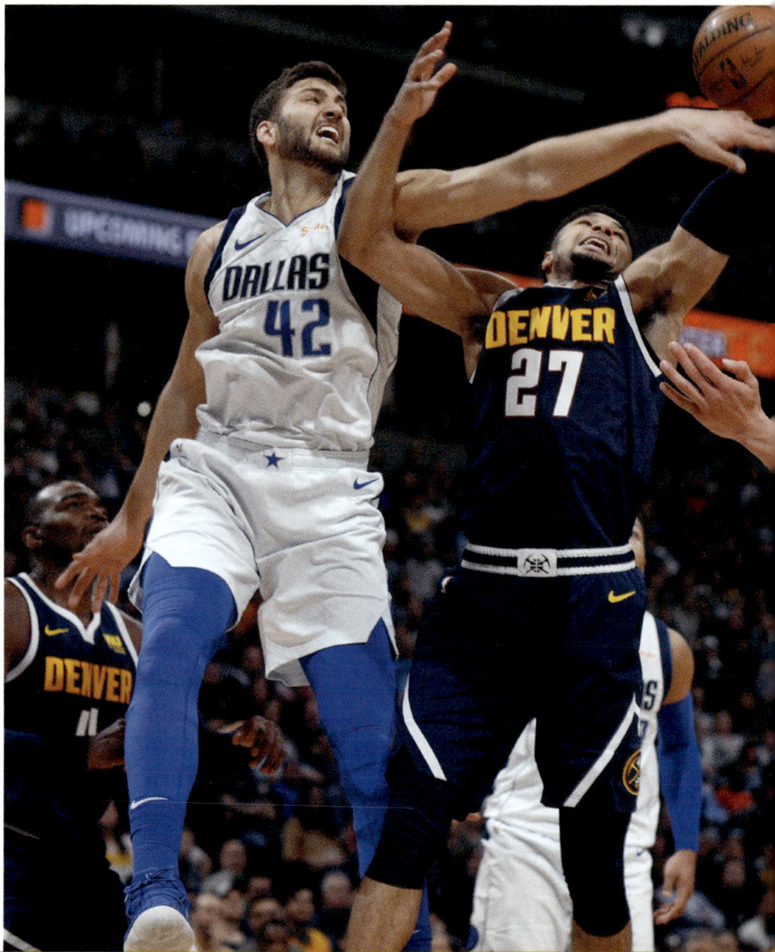

▲ Maximilian Kleber von den Dallas Mavericks (links) blockt hier einen Wurf von Jamal Murray (Denver Nuggets). Das Spiel am 14. März 2019 in Denver konnten allerdings die Nuggets mit 100:99 knapp für sich entscheiden

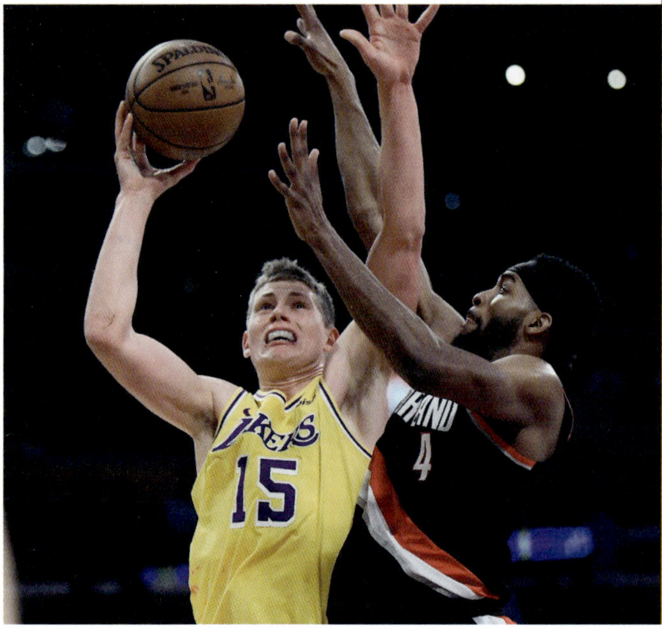

◂ Heimvorteil nicht genutzt: Die Los Angeles Lakers, damals noch mit Moritz Wagner (links, im Kampf um den Ball mit Maurice Harkless von den Portland Trail Blazers zu sehen), mussten sich am 9. April 2019 den Trail Blazers 101:104 geschlagen geben

Daniel Theis (Power Forward, Boston Celtics)

Erstmals NBA-Luft schnupperte Daniel Theis im Sommer 2014, als er in der NBA Summer League für das Team der Washington Wizards spielte. Da hatte Theis, geboren am 4. April 1992 in Salzgitter, gerade eine Topsaison im Trikot des BBL-Teams Ratiopharm Ulm gespielt und was als bester »Young Player« der höchsten deutschen Spielklasse ausgezeichnet worden. Bereits ein Jahr vor dieser bemerkenswerten Spielzeit hatte Theis am NBA-Draft teilgenommen, war allerdings nicht gepickt worden. Ab der Saison 2015 spielte Theis dann für Brose Bamberg in der Basketball-Bundesliga und wurde dreimal in Folge Deutscher Meister, gewann zudem 2015 den deutschen Supercup und 2017 den deutschen Pokal sowie die individuelle Auszeichnung als bester Verteidiger der Liga.

Am 20. Juli 2017 wurde Theis' Traum von der NBA dann wahr und er nahm ein Angebot der Boston Celtics an. Für den Rekordmeister debütierte Theis am 18. Oktober 2017 gegen die Milwaukee Bucks. Theis ist 2,03 Meter groß und hat einen sicheren Wurf. Bei den Celtics ist der Niedersachse, der in seiner Zeit in den USA auf bisher 14,3 Minuten Spielzeit im Schnitt sowie 5,5 Punkte, 3,9 Rebounds und 1,0 Assists kommt, Ergänzungsspieler. Im vergangenen Juli erhielt Theis in Boston einen neuen Zweijahresvertrag über zehn Millionen US-Dollar.

Moritz Wagner (Power Forward, Washington Wizards)

Moritz Wagner wechselte bereits im Alter von 18 Jahren in die Vereinigten Staaten, wo er den klassischen, amerikanischen Weg einschlug: Über den College-Basketball einen Zugang in den Profisport finden. Der Power Forward spielte drei Jahre für die Michigan Wolverines an der University of Michigan, die eines der erfolgreichsten Sportprogramme auf College-Niveau betreibt. In seinem letzten Jahr für die Wolverines war Wagner mit 16 Punkten im Schnitt der beste Korbschütze seiner Mannschaft und nahm kurz darauf am NBA-Draft teil. Die Los Angeles Lakers wählten Wagner an Position 25 der ersten Runde aus.

Eine Knieverletzung warf den deutschen Nationalspieler, 2,11 Meter groß, in der Vorbereitung zurück, so dass er an der Seite seines deutschen Landsmann Isaac Bonga, der im gleichen Draft in Runde

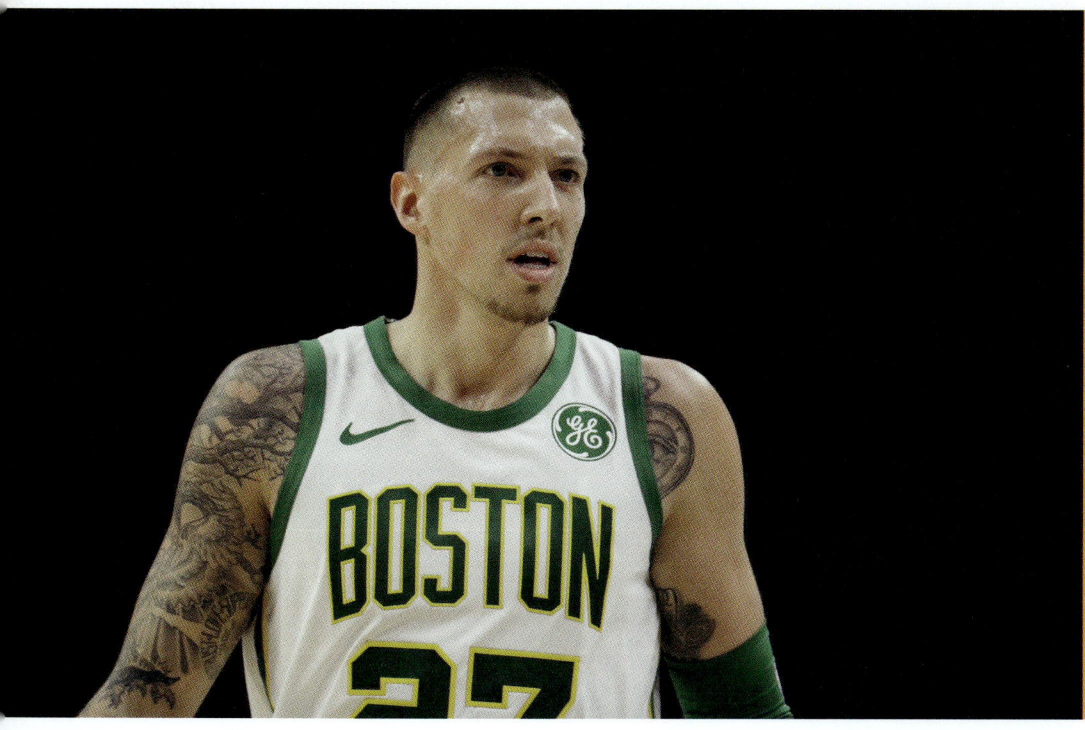

◂ Von Bamberg nach Boston: Daniel Theis hat in der NBA Fuß gefasst, spielt für Boston Celtic

zwei ebenfalls von den Lakers ausgewählt worden war, im Farmteam der Lakers debütierte. Am 17. November 2018 feierte Wagner mit einem Kurzeinsatz dann seine Premiere in der NBA. Sein bestes Spiel hatte der am 26. April 1997 in Berlin geborene Wagner am 9. März dieses Jahres gegen die Boston Celtics. Bei der 107:120-Niederlage stand Wagner über 34 Minuten auf dem Feld, länger als jeder andere Spieler von Los Angeles, und kam auf seinen Karriere-Höchstwert von 22 Punkten. Im zurückliegenden Sommer wurde Wagner im Paket mit Bonga und Teamkollege Jemerrio Jones zu den Washington Wizards abgegeben, wo er bis 2022 unter Vertrag steht. Moritz Wagners jüngerer Bruder Franz, 17 Jahre alt, spielt seit diesem Jahr ebenfalls an der University of Michigan und hofft, seinem Bruder einmal in die NBA folgen zu können.

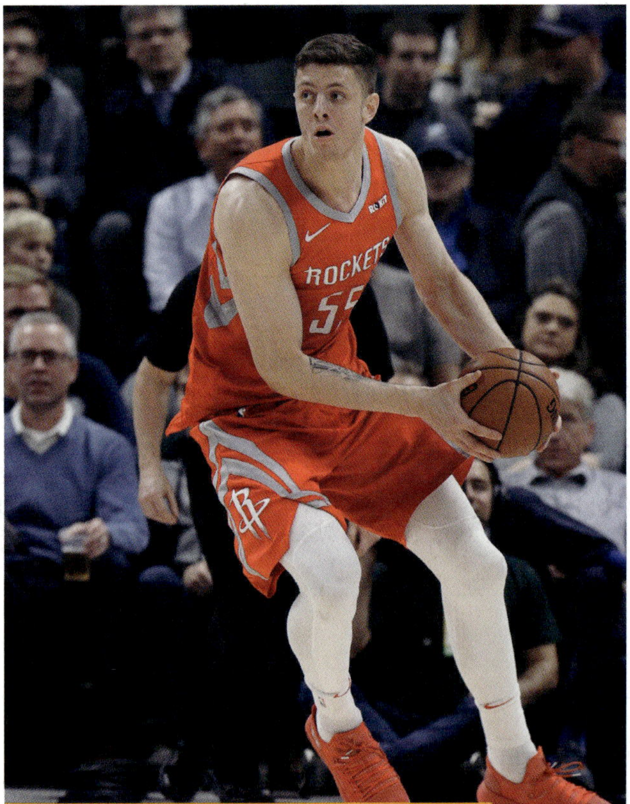

▲ Isaiah Hartenstein kam in der Saison 2018/2019 für die Houston Rockets zu sporadischen NBA-Einätzen

Isaiah Hartenstein (Power Forward, Houston Rockets)

Isaiah Hartenstein wurde am 5. Mai 1998 in Eugene im Bundesstaat Oregon geboren. Sein aus Deutschland stammender Vater Florian Hartenstein arbeitete zur damaligen Zeit als Basketball-Trainer an der University of Oregon. Im Alter von zehn Jahren kehrte Florian gemeinsam mit seiner amerikanischen Frau und Sohn Isaiah nach Deutschland zurück. Über die Jugend des MTV Gießen landete Isaiah bei den Young Dragons aus Quakenbrück im Emsland, für deren BBL-Team, die Artland Dragons, er 2015 spielte. Über Zalgiris Kaunas/Litauen, wo er Meister und Pokalsieger wurde, landete Hartenstein mit dem 43. Pickrecht des Drafts von 2017 bei den Houston Rockets in der NBA, die ihn zunächst eine Saison in ihr Farmteam, die Rio Grande Valley Vipers, steckten. 2018/2019 war Hartenstein dann in der NBA aktiv und kam zu sporadischen Einsätzen. Sein Vertrag läuft noch bis 2021 und bringt ihm bis dahin insgesamt 3,9 Millionen US-Dollar ein.

Isaac Bonga (Point Guard, Washington Wizards)

Isaac Bonga wurde am 8. November 1999 in Neuwied am Rhein geboren und gilt als großes Basketball-Talent auf der Point-Guard-Position, für die er mit 2,06 Metern eine ungewöhnliche Größe aufweist und Vergleiche zu Ben Simmons von den Philadelphia 76ers zieht. Bonga, der kongolesische Vorfahren hat, spielte bis 2018 bei den Skyliners Frankfurt in der BBL und wurde von dort zu den Los Angeles Lakers in die NBA gedraftet, wofür die Skyliners eine Ablösesumme in Höhe von 650.000 Euro erhielten. Die Lakers ließen Bonga zunächst in ihrem Farmteam, die South Bay Lakers, reifen, für die Bonga zum besten Spieler avancierte. Ende des Jahres 2018 holten die Lakers ihren Spieler dann in die NBA, wo Bonga, der mit vollständigem Namen Isaac Evolue Etue Bofenda Bonga heißt, am 7. Dezember 2018 als jüngster Spieler der Liga sein Debüt feierte. Im Sommer wurde Bonga gemeinsam mit Moritz Wagner dann von den Lakers zu den Washington Wizards transferiert. Dort unterzeichnete er einen Dreijahresvertrag über 4,08 Millionen US-Dollar. ⊖

Anmerkung: Ende Juli 2019 wurde bekannt, dass auch Shooting Guard David Krämer (geboren am 14.1.1997) in die NBA gewechselt ist – von Ratiopharm Ulm zu den Phoenix Suns.

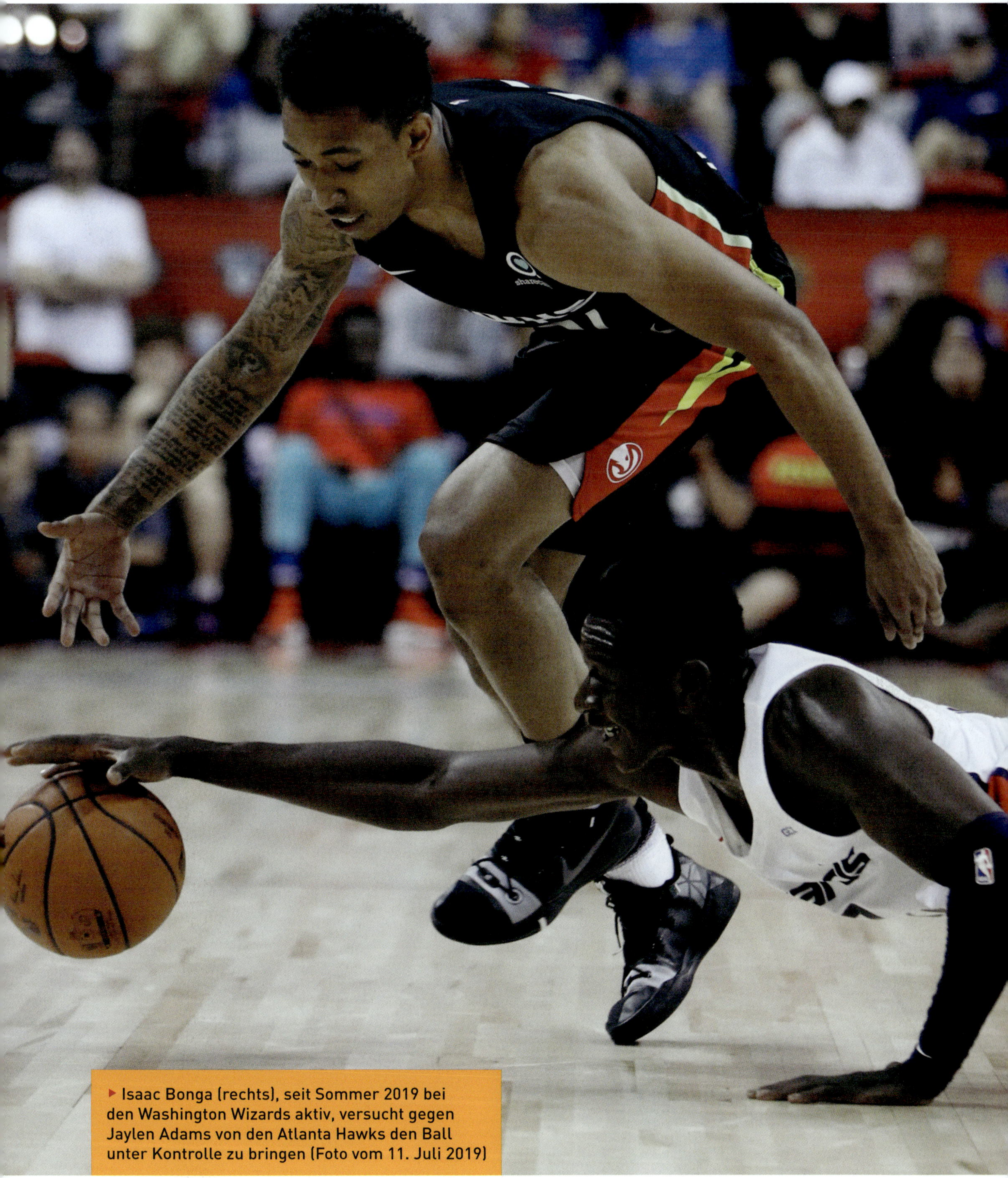

▸ Isaac Bonga (rechts), seit Sommer 2019 bei den Washington Wizards aktiv, versucht gegen Jaylen Adams von den Atlanta Hawks den Ball unter Kontrolle zu bringen (Foto vom 11. Juli 2019)

Slam Dunk Contest

Sie drehen Pirouetten, führen den Ball im Sprung unter ihren Beinen entlang und schleudern ihn hinter dem Rücken in den Korb. Wenn eine Handvoll NBA-Profis beim Allstar-Weekend zum Slam Dunk Contest antritt, geht es höchst spektakulär zu.

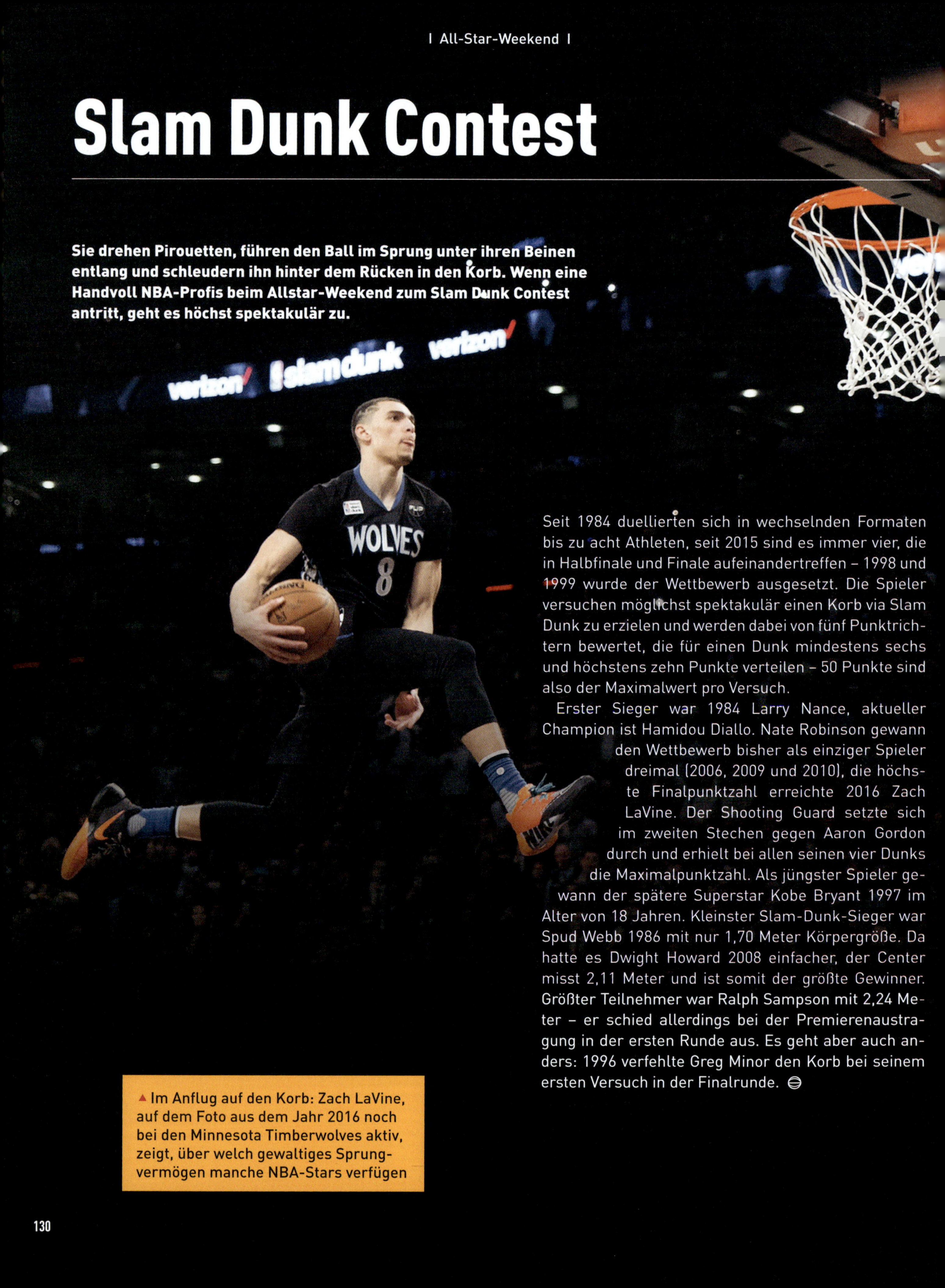

Seit 1984 duellierten sich in wechselnden Formaten bis zu acht Athleten, seit 2015 sind es immer vier, die in Halbfinale und Finale aufeinandertreffen – 1998 und 1999 wurde der Wettbewerb ausgesetzt. Die Spieler versuchen möglichst spektakulär einen Korb via Slam Dunk zu erzielen und werden dabei von fünf Punktrichtern bewertet, die für einen Dunk mindestens sechs und höchstens zehn Punkte verteilen – 50 Punkte sind also der Maximalwert pro Versuch.

Erster Sieger war 1984 Larry Nance, aktueller Champion ist Hamidou Diallo. Nate Robinson gewann den Wettbewerb bisher als einziger Spieler dreimal (2006, 2009 und 2010), die höchste Finalpunktzahl erreichte 2016 Zach LaVine. Der Shooting Guard setzte sich im zweiten Stechen gegen Aaron Gordon durch und erhielt bei allen seinen vier Dunks die Maximalpunktzahl. Als jüngster Spieler gewann der spätere Superstar Kobe Bryant 1997 im Alter von 18 Jahren. Kleinster Slam-Dunk-Sieger war Spud Webb 1986 mit nur 1,70 Meter Körpergröße. Da hatte es Dwight Howard 2008 einfacher, der Center misst 2,11 Meter und ist somit der größte Gewinner. Größter Teilnehmer war Ralph Sampson mit 2,24 Meter – er schied allerdings bei der Premierenaustragung in der ersten Runde aus. Es geht aber auch anders: 1996 verfehlte Greg Minor den Korb bei seinem ersten Versuch in der Finalrunde.

▲ Im Anflug auf den Korb: Zach LaVine, auf dem Foto aus dem Jahr 2016 noch bei den Minnesota Timberwolves aktiv, zeigt, über welch gewaltiges Sprungvermögen manche NBA-Stars verfügen

Celebrity Game und Challenges

Ehe das Allstar-Wochenende sonntags zu seinem Höhepunkt in Form des Allstar Games gelangt, haben vorher bereits etliche Events unter dem Dach dieser NBA-Veranstaltung stattgefunden.

Das gesamte Wochenende ist dem Entertainment gewidmet und bietet neben dem Allstar Game und dem spektakulären Slam Dunk Contest sowie dem Three-Point Shootout noch weitere kleinere Highlights.

Traditionell freitags findet das Celebrity Game statt. Dann treffen Sänger, Schauspieler, ehemalige Athleten anderer Sportarten und weitere Prominente auf dem Parkett aufeinander. Erstmals ausgetragen wurde das Promi-Duell 2003 und in jedem Jahr wird auch ein MVP gewählt. Dabei konnte der US-Comedian Kevin Hart schon viermal den Titel des wertvollsten Spielers abräumen. International bekanntester MVP dürfte der kanadische Pop-Sänger Justin Bieber sein, der 2011 ausgezeichnet wurde.

Bei der Skills Challenge, die ebenfalls seit 2003 im Programm ist, treten die Spieler in mehreren Runden gegeneinander an und müssen ihre besondere Geschicklichkeit unter Beweis stellen. Dribbeln, passen, werfen – aktueller Champion ist Jayson Tatum von den Boston Celtics, der sich im Finale gegen Trae Young von den Atlanta Hawks durchsetzte.

Bei der Rookie Challenge treffen Rookies und Sophomores (Spieler, die in ihrem zweiten NBA-Jahr sind) in einem Basketball-Spiel aufeinander. Dabei gibt es seit 2015 ein besonderes Format, in dem jeweils ein US-amerikanisches und ein Team aus internationalen NBA-Jungstars aufeinander trifft. Das »Team World« führt nach fünf Austragungen mit 3:2 Siegen. Erstmals fand die Rookie Challenge 1994 statt. ⊖

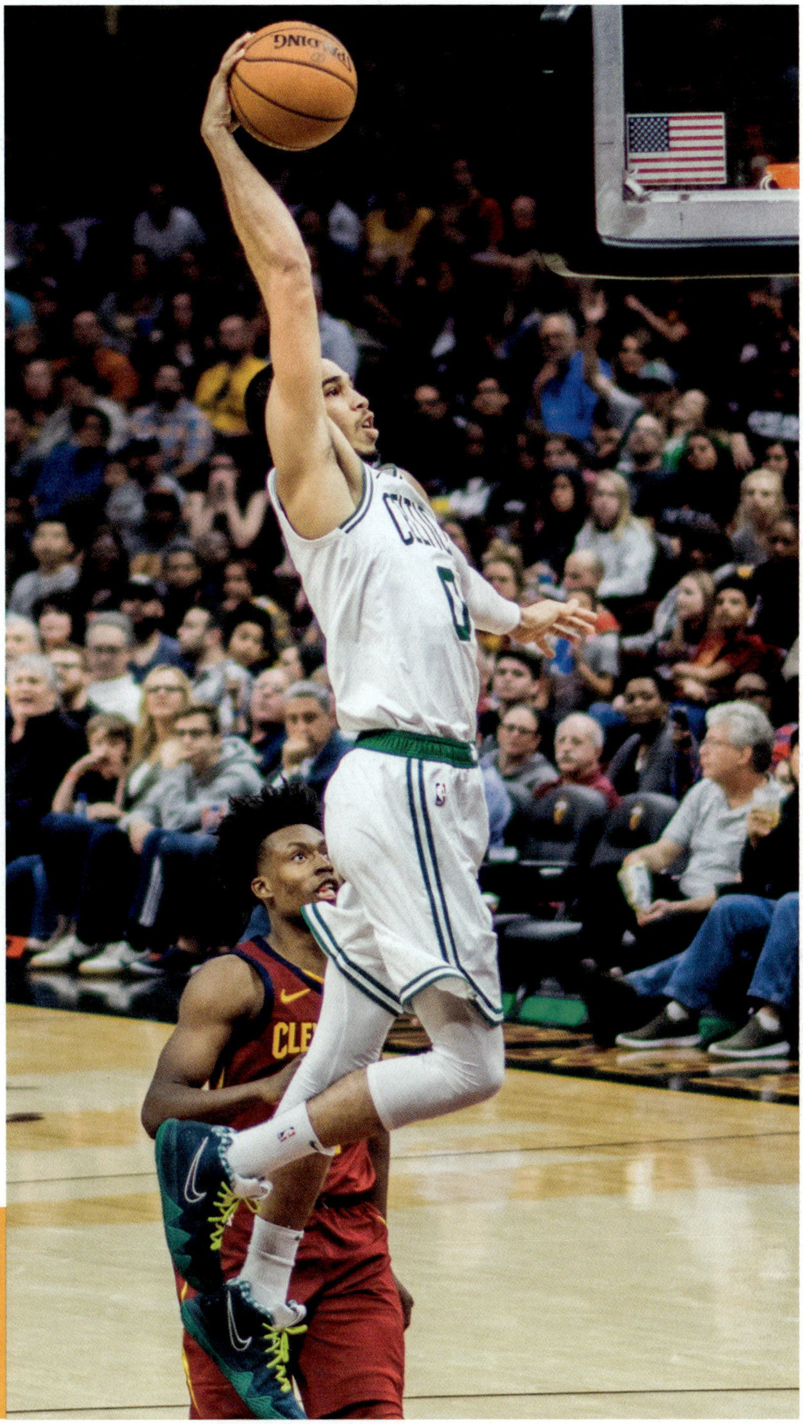

▲ Hoch, höher, Jayson Tatum: Der am 3. März 1998 geborene NBA-Nachwuchsstar – Spieler bei Boston Celtic und zweifacher Junioren-Weltmeister – ist aktueller Champion der Skill Challenge

Three-Point-Shootout

Larry Bird traf wie am Fließband. Gleich die ersten drei Austragungen des Three-Point-Shootouts, das während des Allstar-Weekends seit 1986 ausgetragen wird, gewann der Superstar der Boston Celtics.

Eine Auswahl der besten Dreier-Schützen einer jeden Saison liefern sich dann einen spannenden Wettbewerb, bei dem es darum geht, innerhalb von 60 Sekunden möglichst viele Drei-Punkte-Würfe von insgesamt 25 möglichen Versuchen, ausgeführt von fünf unterschiedlichen Positionen, zu verwandeln. Da der letzte ausgeführte Wurf von jeder Position doppelt zählt und jeder Spieler eine Position bestimmen darf, von der alle Würfe doppelt gewertet werden, gibt es maximal 34 Punkte einzufahren. In den Anfangsjahren nahmen jeweils acht Spieler am Wettschießen, das rundenbasiert ausgetragen wird, teil, 2003 wurde die Teilnehmerzahl auf sechs reduziert, ab 2017 waren es wieder acht, ehe es im zurückliegenden Shootout dann zehn Spieler waren.

Wie Bird gewann auch Craig Hodges insgesamt dreimal und stellte dabei sogar Rekorde auf. So traf er 1986 insgesamt 21 von 25 Würfen einer Runde, 1991 verwandelte er 19 Bälle in Folge – ebenfalls historische Bestmarke. Devin Booker holte sich 2018 den Rekord für die meisten Punkte: insgesamt 28. Dirk Nowitzki gewann 2006 den Wettbewerb, bis heute der am größten gewachsene Sieger – der Würzburger misst 2,13 Meter. Einen Negativrekord stellte ebenfalls ein deutscher Teilnehmer auf: 1988 schied Detlef Schrempf mit dem Tiefstwert von nur fünf Punkten aus und befindet sich dennoch in bester Gesellschaft – Michael Jordan brachte es 1990 ebenfalls auf nur fünf Punkte. Ein einziges Mal, 1989, nahm ein Spieler teil, der nie in der NBA aktiv war. Der damalige Sowjetrusse und heutige Litauer Rimas Kurtinaitis schied allerdings frühzeitig aus. ⊖

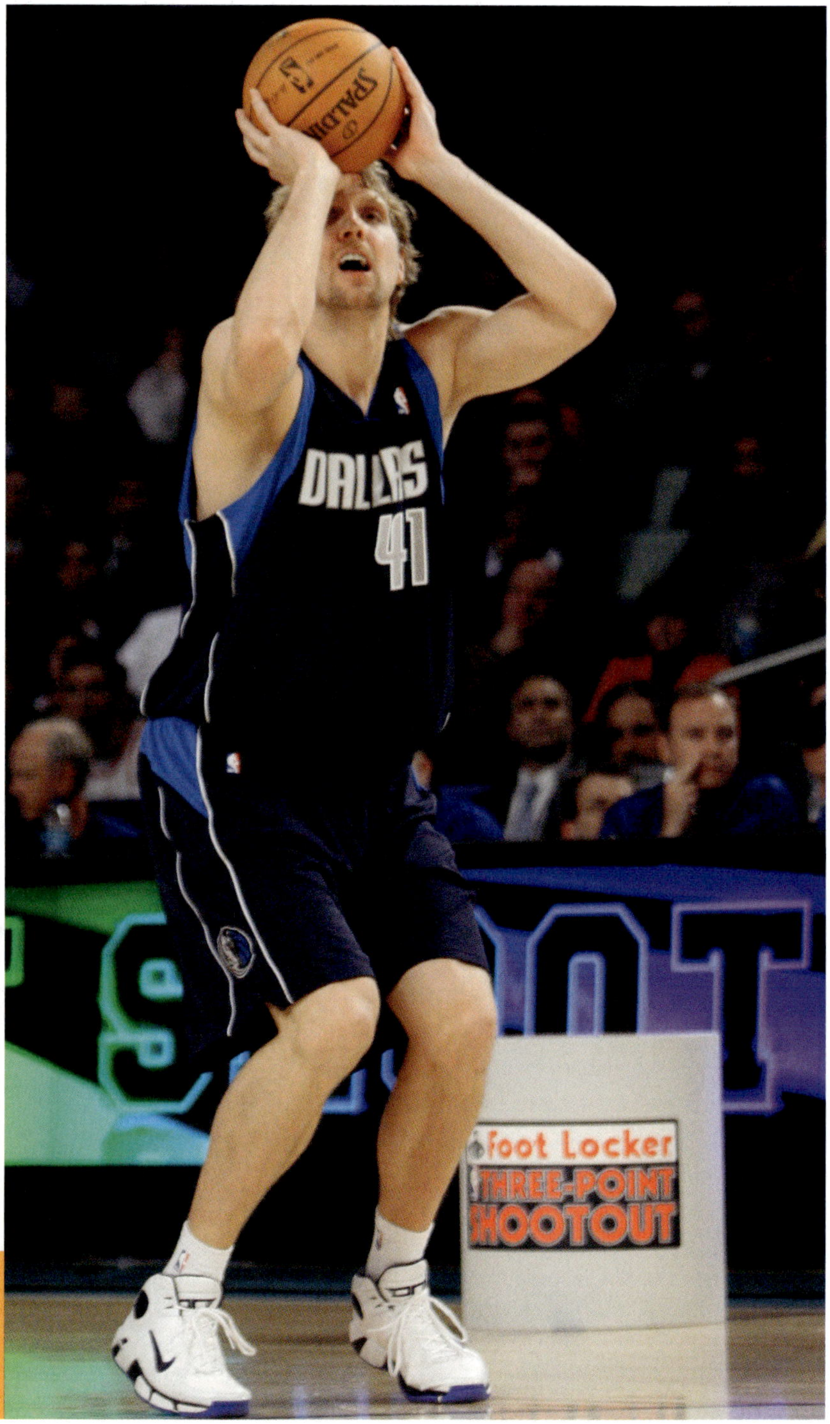

▸ Ein Deutscher beim Three-Point-Shootout: Dirk Nowitzki von den Dallas Mavericks, hier beim Wettbewerb vom 16. Februar 2008, hat den Wettkampf 2006 gewonnen

Allstar Game

Immer im Februar versammelt die NBA ihre besten und schillerndsten Athleten zum Allstar Weekend – einer Veranstaltung mit einer Reihe von Show-Elementen, wie dem Slam Dunk Contest, dem Celebrity Game, dem Three Point Shootout und schließlich dem Höhepunkt: dem Allstar Game.

Wer am Show-Spiel teilnehmen darf, ermitteln Fans, Trainer und Medienvertreter in einer Wahl. Dabei vereinnahmen die Fans 50 Prozent der Stimmen, Trainer und Medienvertreter jeweils 25 Prozent. Gewählt werden die fünf Starter pro Team, jede Position wird einfach besetzt. Die restlichen sieben Plätze je Team werden dann von den 30 Head Coaches ausgesucht. Auch hier muss jede Position einmal besetzt werden, die beiden übrigen Wahlmöglichkeiten werden positionsunabhängig verwendet.

Eine große Änderung in der Bestimmung der beiden aufeinander treffenden Teams fand 2018 statt. Erstmals seit der Einführung des Events 1951 traten dabei nicht zwei Auswahlen der jeweiligen Conferences aufeinander, erstmals entstammten nur die Team-Kapitäne aus den beiden unterschiedlichen Konferenzen. Kapitän wurde, wer die meisten Stimmen im ersten Wahlgang eingesammelt hatte. Die Kapitäne wählten dann, wie wahrscheinlich aus jedem Schulunterricht bekannt, die Spieler für ihre Mannschaften aus dem gesamten zuvor zusammengestellten Allstar-Pool aus.

So traf am 18. Februar 2018 im Staples Center von Los Angeles das »Team Lebron« (James) auf das »Team Stephen« (Curry). In der zurückliegenden Austragung am 17. Februar 2019 spielte das »Team Lebron« im Spectrum Center von Charlotte dann gegen das »Team Giannis« (Antetokounmpo). Das nächste Allstar Game findet am 16. Februar 2020 im United Center der Chicago Bulls statt. Einen Zuschauerrekord stellte das Allstar Game 2010 auf, das im Football-Stadion der Dallas Cowboys ausgetragen wurde: 108.713 Besucher sahen das 141:139 der East-Allstars um Superstar Dwyane Wade. ⊖

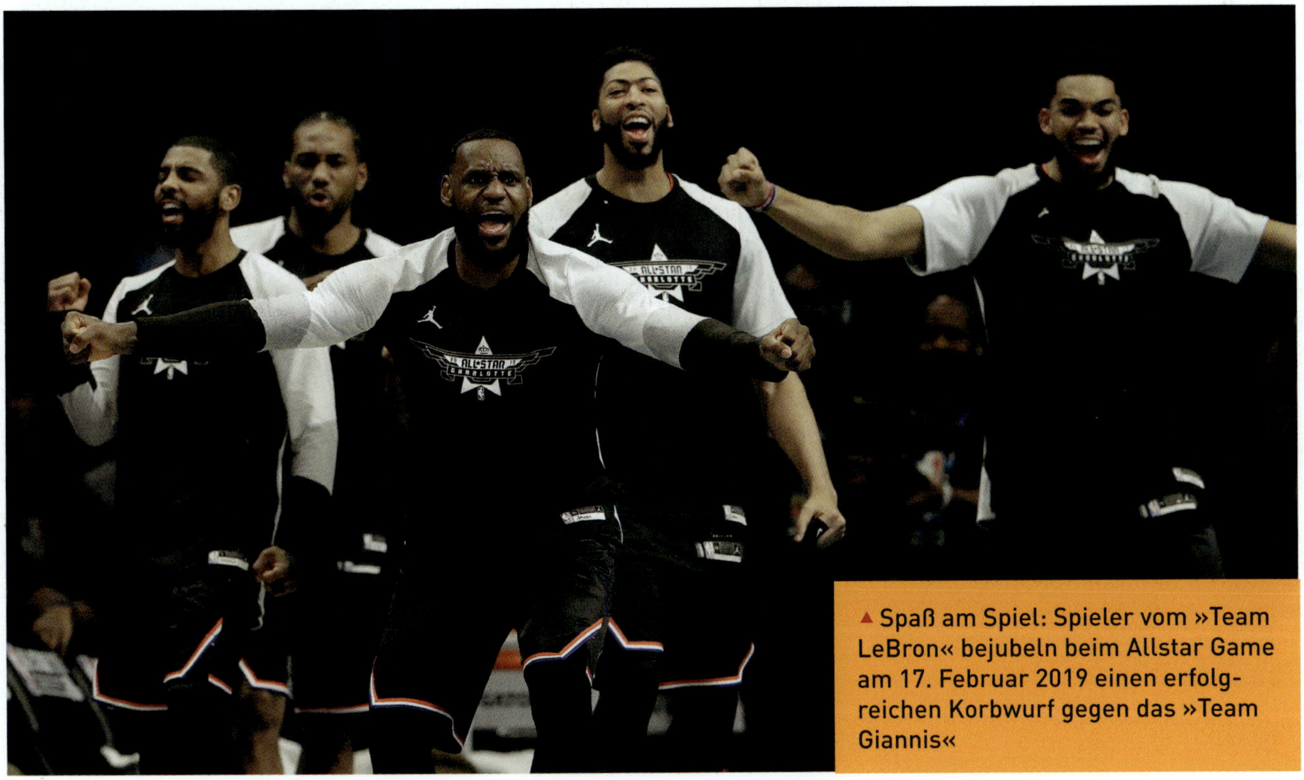

▲ Spaß am Spiel: Spieler vom »Team LeBron« bejubeln beim Allstar Game am 17. Februar 2019 einen erfolgreichen Korbwurf gegen das »Team Giannis«

Zahlen, Daten, Rekorde

Die Amerikaner »haben es mit den Zahlen«. Und so werden über die Spieler, die in der NBA aktiv sind oder waren, zahlreiche Statistiken geführt. Die interessantesten und bemerkenswertesten von ihnen sind hier aufgelistet.

Meiste Spiele		
1	Robert Parish	1.611
2	Kareem Abdul-Jabbar	1.560
3	Dirk Nowitzki	1.522
4	John Stockton	1.504
5	Vince Carter*	1.481
6	Karl Malone	1.476
7	Kevin Garnett	1.462
8	Kevin Willis	1.424
9	Jason Terry	1.410
10	Tim Duncan	1.392

Meiste Minuten		
1	Kareem Abdul-Jabbar	57.446
2	Karl Malone	54.852
3	Dirk Nowitzki	51.367
4	Kevin Garnett	50.412
5	Jason Kidd	50.116
6	Elvin Hayes	50.000
7	Kobe Bryant	48.643
8	Wilt Chamberlain	47.859
9	John Stockton	47.766
10	Reggie Miller	47.620

Meiste Punkte		
1	Kareem Abdul-Jabbar	38.387
2	Karl Malone	36.928
3	Kobe Bryant	33.643
4	LeBron James*	32.543
5	Michael Jordan	32.292
6	Dirk Nowitzki	31.560
7	Wilt Chamberlain	31.419
8	Shaquille O`Neal	28.596
9	Moses Malone	27.409
10	Elvin Hayes	27.313

Meiste Dreier		
1	Ray Allen	2.973
2	Reggie Miller	2.560
3	Stephen Curry*	2.483
4	Kyle Korver*	2.351
5	Jason Terry	2.282
6	Vince Carter*	2.229
7	Jamal Crawford	2.220
8	Paul Pierce	2.143
9	James Harden*	2.025
10	Jason Kidd	1.988

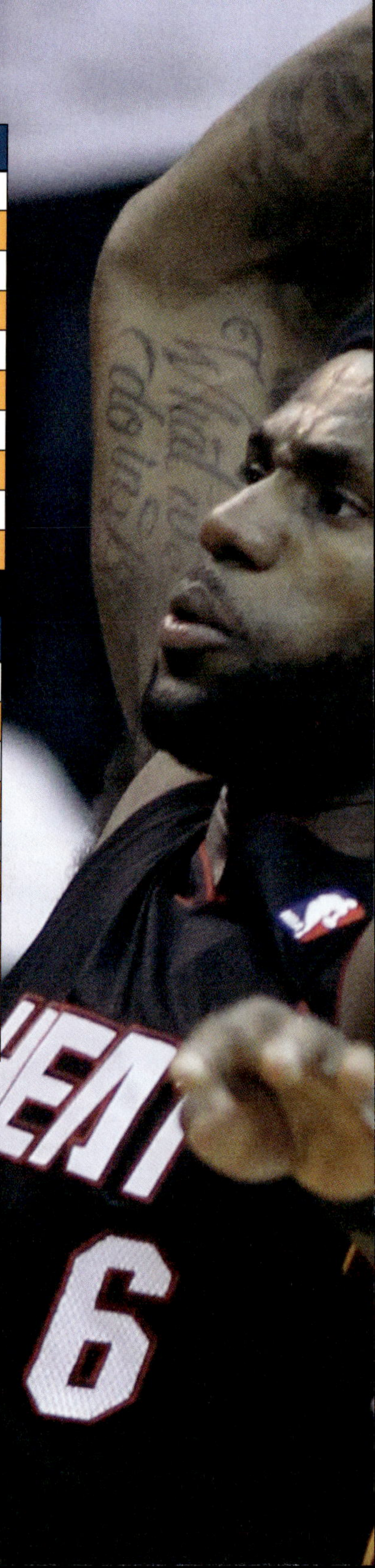

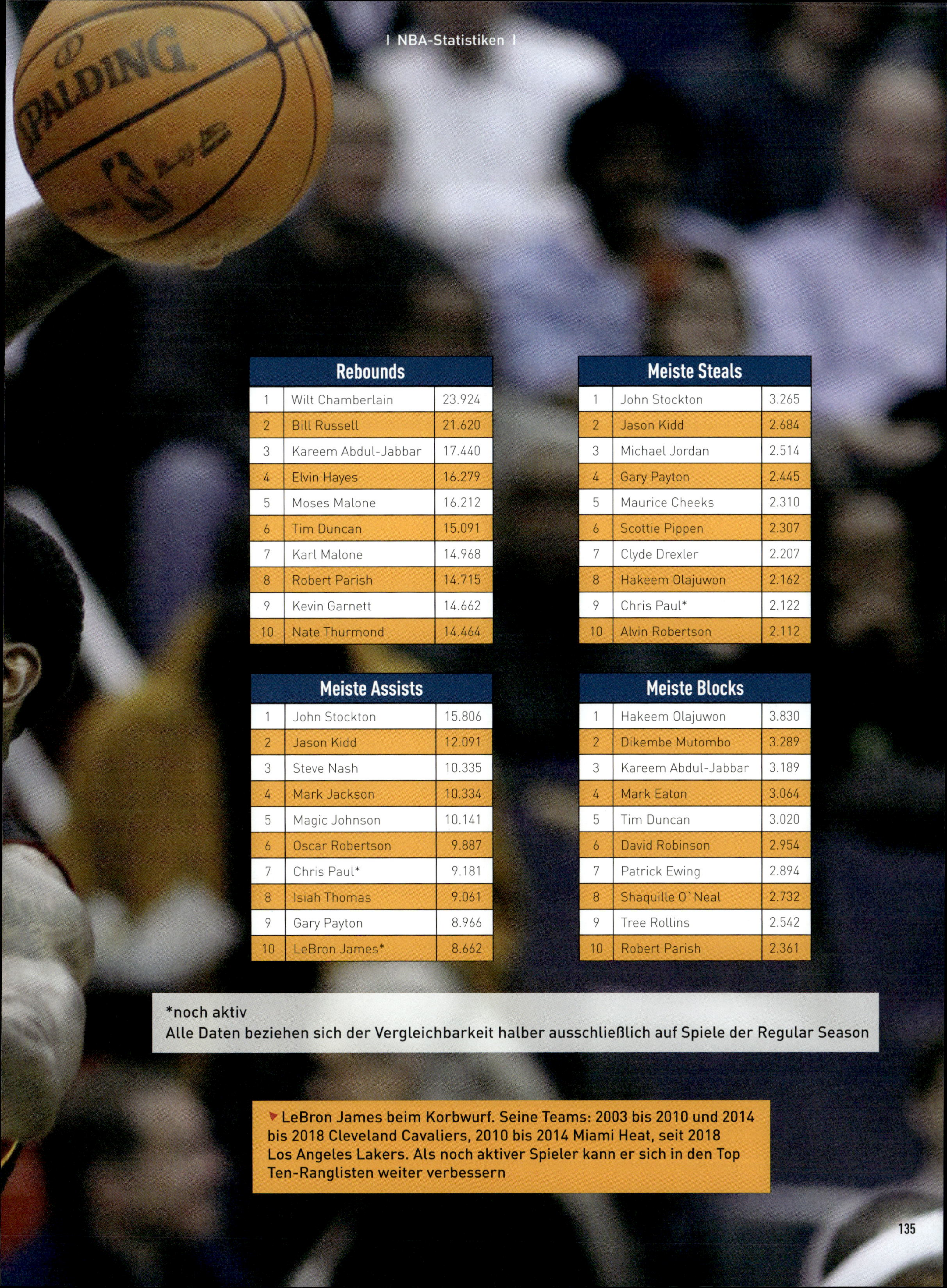

Rebounds		
1	Wilt Chamberlain	23.924
2	Bill Russell	21.620
3	Kareem Abdul-Jabbar	17.440
4	Elvin Hayes	16.279
5	Moses Malone	16.212
6	Tim Duncan	15.091
7	Karl Malone	14.968
8	Robert Parish	14.715
9	Kevin Garnett	14.662
10	Nate Thurmond	14.464

Meiste Steals		
1	John Stockton	3.265
2	Jason Kidd	2.684
3	Michael Jordan	2.514
4	Gary Payton	2.445
5	Maurice Cheeks	2.310
6	Scottie Pippen	2.307
7	Clyde Drexler	2.207
8	Hakeem Olajuwon	2.162
9	Chris Paul*	2.122
10	Alvin Robertson	2.112

Meiste Assists		
1	John Stockton	15.806
2	Jason Kidd	12.091
3	Steve Nash	10.335
4	Mark Jackson	10.334
5	Magic Johnson	10.141
6	Oscar Robertson	9.887
7	Chris Paul*	9.181
8	Isiah Thomas	9.061
9	Gary Payton	8.966
10	LeBron James*	8.662

Meiste Blocks		
1	Hakeem Olajuwon	3.830
2	Dikembe Mutombo	3.289
3	Kareem Abdul-Jabbar	3.189
4	Mark Eaton	3.064
5	Tim Duncan	3.020
6	David Robinson	2.954
7	Patrick Ewing	2.894
8	Shaquille O`Neal	2.732
9	Tree Rollins	2.542
10	Robert Parish	2.361

*noch aktiv
Alle Daten beziehen sich der Vergleichbarkeit halber ausschließlich auf Spiele der Regular Season

▼ LeBron James beim Korbwurf. Seine Teams: 2003 bis 2010 und 2014 bis 2018 Cleveland Cavaliers, 2010 bis 2014 Miami Heat, seit 2018 Los Angeles Lakers. Als noch aktiver Spieler kann er sich in den Top Ten-Ranglisten weiter verbessern

Die NBA-Finals

1946/47:	Philadelphia Warriors vs. Chicago Stags	4:1*	
1947/48:	Baltimore Bullets vs. Philadelphia Warriors	4:2*	
1948/49:	Minneapolis Lakers vs. Washington Capitols	4:2*	
1949/50:	Minneapolis Lakers vs. Syracuse Nationals	4:2	
1950/51:	Rochester Royals vs. New York Knicks	4:3	
1951/52:	Minneapolis Lakers vs. New York Knicks	4:3	
1952/53:	Minneapolis Lakers vs. New York Knicks	4:1	
1953/54:	Minneapolis Lakers vs. Syracuse Nationals	4:3	
1954/55:	Syracuse Nationals vs. Fort Wayne Pistons	4:3	
1955/56:	Philadelphia Warriors vs. Fort Wayne Pistons	4:1	
1956/57:	Boston Celtics vs. St. Louis Hawks	4:3	
1957/58:	St. Louis Hawks vs. Boston Celtics	4:2	
1958/59:	Boston Celtics vs. Minneapolis Lakers	4:0	
1959/60:	Boston Celtics vs. St. Louis Hawks	4:3	
1960/61:	Boston Celtics vs. St. Louis Hawks	4:1	
1961/62:	Boston Celtics vs. Los Angeles Lakers	4:3	
1962/63:	Boston Celtics vs. Los Angeles Lakers	4:2	
1963/64:	Boston Celtics vs. San Francisco Warriors	4:1	
1964/65:	Boston Celtics vs. Los Angeles Lakers	4:1	
1965/66:	Boston Celtics vs. Los Angeles Lakers	4:3	
1966/67:	Philadelphia 76ers vs. San Francisco Warriors	4:2	
1967/68:	Boston Celtics vs. Los Angeles Lakers	4:2	
1968/69:	Boston Celtics vs. Los Angeles Lakers	4:3	MVP: Jerry West (Lakers)
1969/70:	New York Knicks vs. Los Angeles Lakers	4:3	MVP: Willis Reed (Knicks)
1970/71:	Milwaukee Bucks vs. Baltimore Bullets	4:0	MVP: Lew Alcindor (Bucks)
1971/72:	Los Angeles Lakers vs. New York Knicks	4:1	MVP: Wilt Chamberlain (Lakers)
1972/73:	New York Knicks vs. Los Angeles Lakers	4:1	MVP: Willis Reed (Knicks)
1973/74:	Boston Celtics vs. Milwaukee Bucks	4:3	MVP: John Havlicek (Celtics)
1974/75:	Golden State Warriors vs. Washington Bullets	4:0	MVP: Rick Barry (Warriors)
1975/76:	Boston Celtics vs. Phoenix Suns	4:2	MVP: Jo Jo White (Celtics)
1976/77:	Portland Trail Blazers vs. Philadelphia 76ers	4:2	MVP: Bill Walton (Trail Blazers)
1977/78:	Washington Bullets vs. Seattle SuperSonics	4:3	MVP: Wes Unseld (Bullets)
1978/79:	Seattle SuperSonics vs. Washington Bullets	4:1	MVP: Dennis Johnson (SuperSonics)
1979/80:	Los Angeles Lakers vs. Philadelphia 76ers	4:2	MVP: Magic Johnson (Lakers)
1980/81:	Boston Celtics vs. Houston Rockets	4:2	MVP: Cedric Maxwell (Celtics)
1981/82:	Los Angeles Lakers vs. Philadelphia 76ers	4:2	MVP: Magic Johnson (Lakers)
1982/83:	Philadelphia 76ers vs. Los Angeles Lakers	4:0	MVP: Moses Malone (76ers)
1983/84:	Boston Celtics vs. Los Angeles Lakers	4:3	MVP: Larry Bird (Celtics)

1984/85: Los Angeles Lakers vs. Boston Celtics	4:2	MVP: Kareem Abdul-Jabbar (Lakers)
1985/86: Boston Celtics vs. Houston Rockets	4:2	MVP: Larry Bird (Celtics)
1986/87: Los Angeles Lakers vs. Boston Celtics	4:2	MVP: Magic Johnson (Lakers)
1987/88: Los Angeles Lakers vs. Detroit Pistons	4:3	MVP: James Worthy (Lakers)
1988/89: Detroit Pistons vs. Los Angeles Lakers	4:0	MVP: Joe Dumars (Pistons)
1989/90: Detroit Pistons vs. Portland Trail Blazers	4:1	MVP: Isiah Thomas (Pistons)
1990/91: Chicago Bulls vs.Los Angeles Lakers	4:1	MVP: Michael Jordan (Bulls)
1991/92: Chicago Bulls vs. Portland Trail Blazers	4:2	MVP: Michael Jordan (Bulls)
1992/93: Chicago Bulls vs. Phoenix Suns	4:2	MVP: Michael Jordan (Bulls)
1993/94: Houston Rockets vs. New York Knicks	4:3	MVP: Hakeem Olajuwon (Rockets)
1994/95: Houston Rockets vs. Orlando Magic	4:0	MVP: Hakeem Olajuwon (Rockets)
1995/96: Chicago Bulls vs. Seattle SuperSonics	4:2	MVP: Michael Jordan (Bulls)
1996/97: Chicago Bulls vs. Utah Jazz	4:2	MVP: Michael Jordan (Bulls)
1997/98: Chicago Bulls vs. Utah Jazz	4:2	MVP: Michael Jordan (Bulls)
1998/99: San Antonio Spurs vs. New York Knicks	4:1	MVP: Tim Duncan (Spurs)
1999/00: Los Angeles Lakers vs. Indiana Pacers	4:2	MVP: Shaquille O`Neal (Lakers)
2000/01: Los Angeles Lakers vs. Philadelphia 76ers	4:1	MVP: Shaquille O`Neal (Lakers)
2001/02: Los Angeles Lakers vs. New Jersey Nets	4:0	MVP: Shaquille O`Neal (Lakers)
2002/03: San Antonio Spurs vs. New Jersey Nets	4:2	MVP: Tim Duncan (Spurs)
2003/04: Detroit Pistons vs. Los Angeles Lakers	4:1	MVP: Chauncey Billups (Pistons)
2004/05: San Antonio Spurs vs. Detroit Pistons	4:3	MVP: Tim Duncan (Spurs)
2005/06: Miami Heat vs. Dallas Mavericks	4:2	MVP: Dwyane Wade (Heat)
2006/07: San Antonio Spurs vs. Cleveland Cavaliers	4:0	MVP: Tony Parker (Spurs)
2007/08: Boston Celtics vs. Los Angeles Lakers vs.	4:2	MVP: Paul Pierce (Celtics)
2008/09: Los Angeles Lakers vs. Orlando Magic	4:1	MVP: Kobe Bryant (Lakers)
2009/10: Los Angeles Lakers vs. Boston Celtics	4:3	MVP: Kobe Bryant (Lakers)
2010/11: Dallas Mavericks vs. Miami Heat	4:2	MVP: Dirk Nowitzki (Mavericks)
2011/12: Miami Heat vs. Oklahoma City Thunder	4:1	MVP: LeBron James (Heat)
2012/13: Miami Heat vs. San Antonio Spurs	4:3	MVP: LeBron James (Heat)
2013/14: San Antonio Spurs vs. Miami Heat	4:1	MVP: Kawhi Leonard (Spurs)
2014/15: Golden State Warriors vs. Cleveland Cavaliers	4:2	MVP: Andre Iguodala (Warriors)
2015/16: Cleveland Cavaliers vs. Golden State Warriors	4:3	MVP: LeBron James (Cavaliers)
2016/17: Golden State Warriors vs. Cleveland Cavaliers	4:1	MVP: Kevin Durant (Warriors)
2017/18: Golden State Warriors vs. Cleveland Cavaliers	4:0	MVP: Kevin Durant (Warriors)
2018/19: Toronto Raptors vs. Golden State Warriors	4:2	MVP: Kawhi Leonard (Raptors)

Der MVP (Most Valuable Player/wertvollster Spieler) des jeweiligen Finales wurde erstmals zur Saison 1968/69 gewählt.

*Finalserie der NBA-Vorreiterliga BAA

Ewige Rivalitäten

Immer wieder ist es in der NBA-Historie dazu gekommen, dass gleich mehrere Ausnahmespieler zur gleichen Zeit in der Liga um Titel kämpften.

Nicht selten duellierten sich dabei die Superstars über etliche Jahre, ganze epochale Fehden entstanden. Bill Russell und Wilt Chamberlain machten 1969 den historischen Anfang aller Rivalitäten. Es war die Hochphase, in der die Boston Celtics und die Los Angeles Lakers seit nahezu einer Dekade den Titel unter sich ausmachten, immer mit den Celtics als Sieger. In den Finals 1969 beschimpfte Boston-Star Russell dann Lakers-Legende Chamberlain als »Quitter« (umgangssprachlich für jemanden, der schnell aufgibt) – beide sollten 20 Jahre lang kein Wort mehr miteinander wechseln.

In den 1980er-Jahren entstand zwischen Magic Johnson und Larry Bird eine neue, nachhaltige Rivalität. Erneut waren es zwei Star-Spieler der Lakers und Celtics, was die Duelle dieser Teams bis heute zur größten Rivalität zweier Teams macht. Johnson und Bird beließen es aber bei den sportlichen Duellen – und hatten zu jeder Zeit Respekt voreinander. Das US-Magazin »Bleacher Report« schrieb, dass die NBA ein »besserer Ort wäre«, würden alle Rivalitäten so fair verlaufen. Auf Isiah Thomas ist Bird hingegen nicht so gut zu sprechen. Der Star der Detroit Pistons warf Bird vor, nur aufgrund seiner weißen Hautfarbe so populär zu sein. 2003 rächte sich Bird, als er Sportdirektor der Indiana Pacers wurde: Umgehend feuerte er Isiah Thomas, den damaligen Head Coach.

Thomas, ohnehin eine streitbare Person, führte auch mit Michael Jordan seine Privatfehde. Beide hatten in mehreren harten Playoff-Spielen der 1990er-Jahre eine Antipathie füreinander entwickelt. Doch erneut ging Thomas als Verlierer aus einer Rivalität hervor. Als Thomas Mitglied des US-Dream-Teams von 1992 werden sollte, kündigte Jordan seinen Rückzug aus der Auswahl an. Rod Thorn, der das Team damals zusammenstellte, entschied sich für Jordan und machte damit mutmaßlich alles richtig.

In der jüngeren Vergangenheit war das Duell zwischen Kobe Bryant und LeBron James stets von besonderer Rivalität geprägt. Zwischen 2003 und 2016 waren sie die Topstars der Liga. Doch während Bryant 2010 zum fünften Mal NBA-Champion wurde, stand

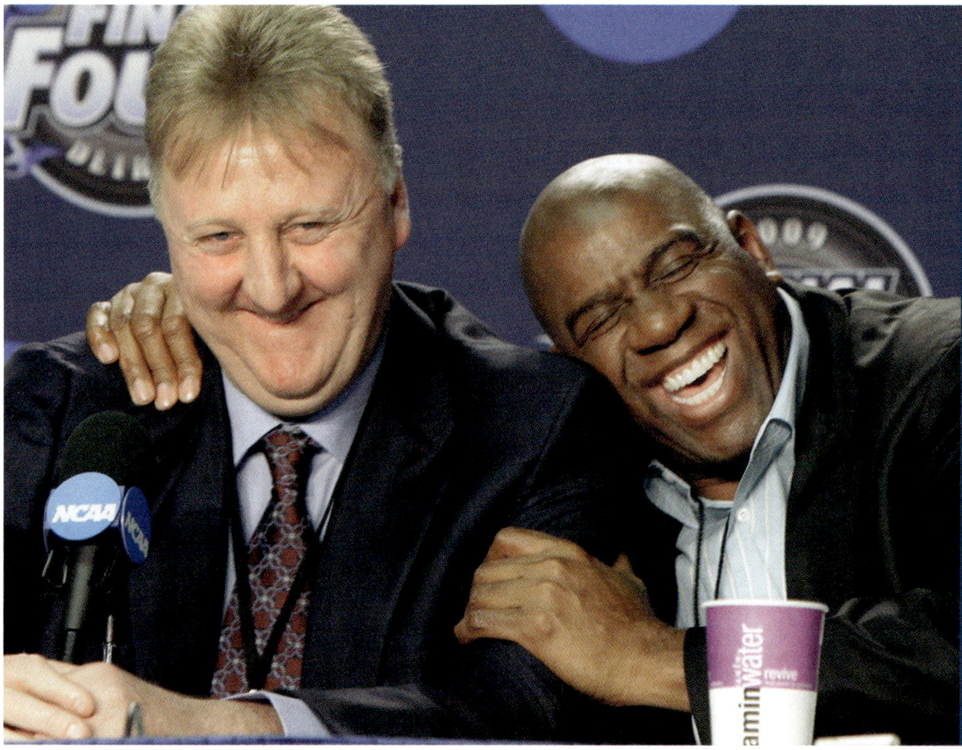

◂ Rivalitäten – und wie man sie (aus-)leben kann: Während sich Earvin »Magic« Johnson (rechts), und Larry Bird sowohl als Aktive als auch bei späteren Treffen (Foto vom 6. April 2009) stets respektierten und fair und freundschaftlich miteinander umgingen, …

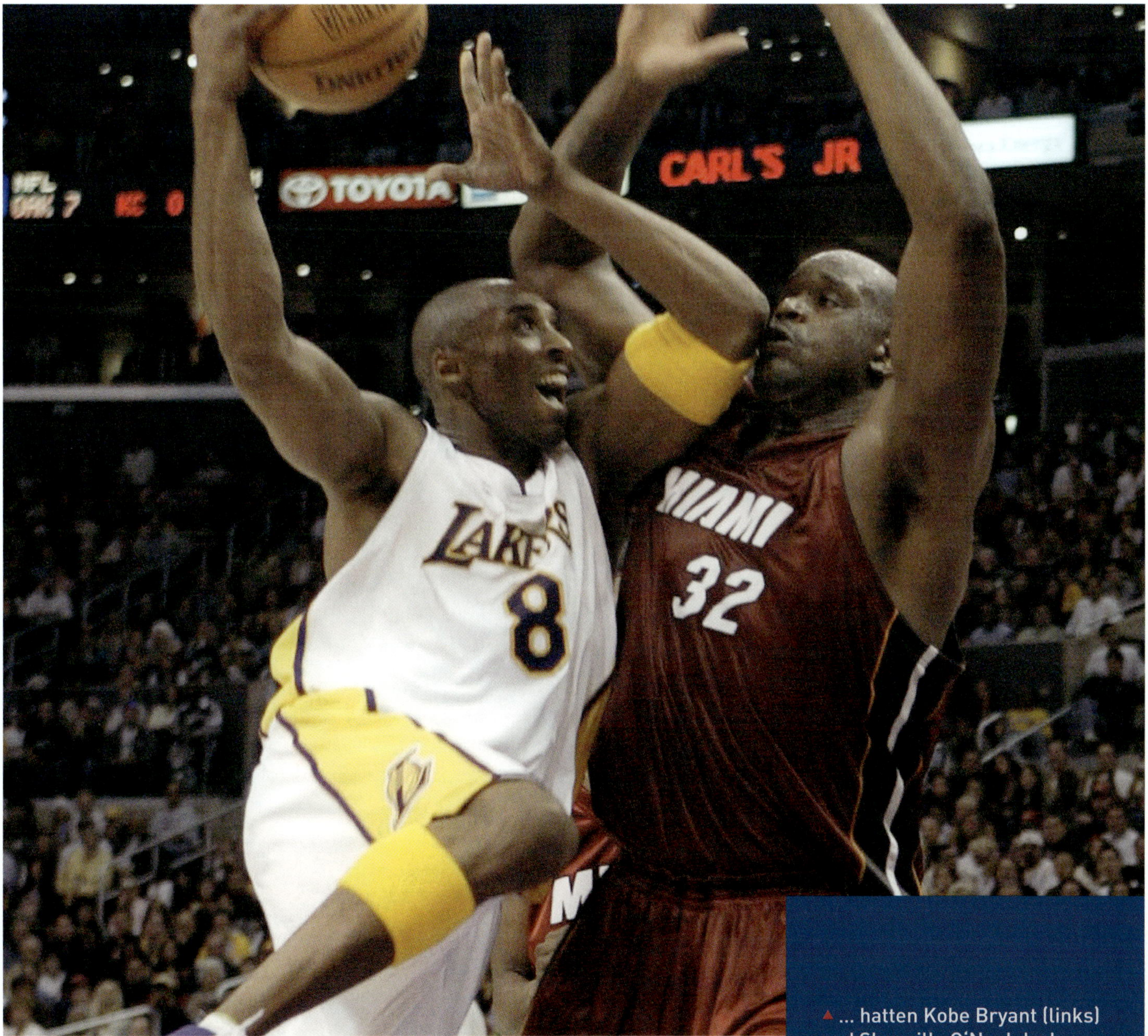

▲ ... hatten Kobe Bryant (links) und Shaquille O'Neal doch eher Probleme miteinander – nicht nur als Gegner auf dem Feld (hier bei einem Spiel vom 25. Dezember 2004 zwischen Miami und den Lakers): Auch als die beiden Teamkameraden bei den Los Angeles Lakers waren, lässt sich ihr Umgang miteinander eigentlich nur so beschreiben: Verbunden in herzlicher Abneigung!

James noch immer ohne Titel da. Bis zu Bryants Karriereende kam allerdings kein weiterer, eigener Titel hinzu, während James dreimal abräumte. Manchmal muss man auch gar nicht in verschiedenen Mannschaften spielen, um sich nicht leiden zu können. Denn auch mit Shaquille O`Neal verband Bryant eine auffallende Abneigung. Zwischen 2000 und 2002 gewannen die Lakers, durch dieses Duo angeführt, dreimal die NBA-Meisterschaft. Dennoch war die Umkleidekabine der Lakers zu klein, als dass beide hätten nebeneinander friedlich koexistieren können. Immer wieder hatte O`Neal seinen Mitspieler in der Presse kritisiert, was Bryant dazu veranlasste, seinem Teamkollegen öffentlich zu unterstellen, »fett und unförmig« zum Trainingsbeginn erschienen zu sein. 2004 endete die gemeinsame Zeit dann: O`Neal bat um einen Wechsel und unterschrieb bei den Miami Heat, Bryant verlängerte seinen Vertrag in Los Angeles. ⊖

Höchst effizient: »Big Shot Rob«

Er gehörte nie zu den Topstars der NBA und sammelte doch besondere Momente und Titel. Robert Horry war zwischen 1992 und 2008 als Power Forward für insgesamt vier verschiedene NBA-Teams aktiv. Und obwohl er einen Großteil seiner Karriere nur Ergänzungsspieler war, der selten länger als 20 Minuten pro Spiel auf dem Feld stand, wurde er gebraucht, wenn es in die Crunchtime wichtiger Spiele ging. Die NBA zählt acht Playoff-Spiele in Horrys Karriere, in der er für die entscheidenden Punkte zugunsten seiner Mannschaft verantwortlich war, wodurch er sich den Spitznamen »Big Shot Rob« aneignete.

Auch Horrys Titelsammlung ist bemerkenswert. Siebenmal gewann er mit seinen Teams den NBA-Titel, ohne dabei auch nur ein einziges Mal zu Allstar-Ehren gekommen zu sein. Kein Spieler, der nicht das Trikot der Boston Celtics in den 1960er-Jahren trug, holte so viele Meisterschaften. Und noch etwas Historisches schaffte Horry: Gemeinsam mit John Salley ist Horry der einzige Spieler, der seine Titel mit drei verschiedenen Teams holte – zweimal mit den Houston Rockets, dreimal mit den Los Angeles Lakers und zwei weitere Male mit den San Antonio Spurs.

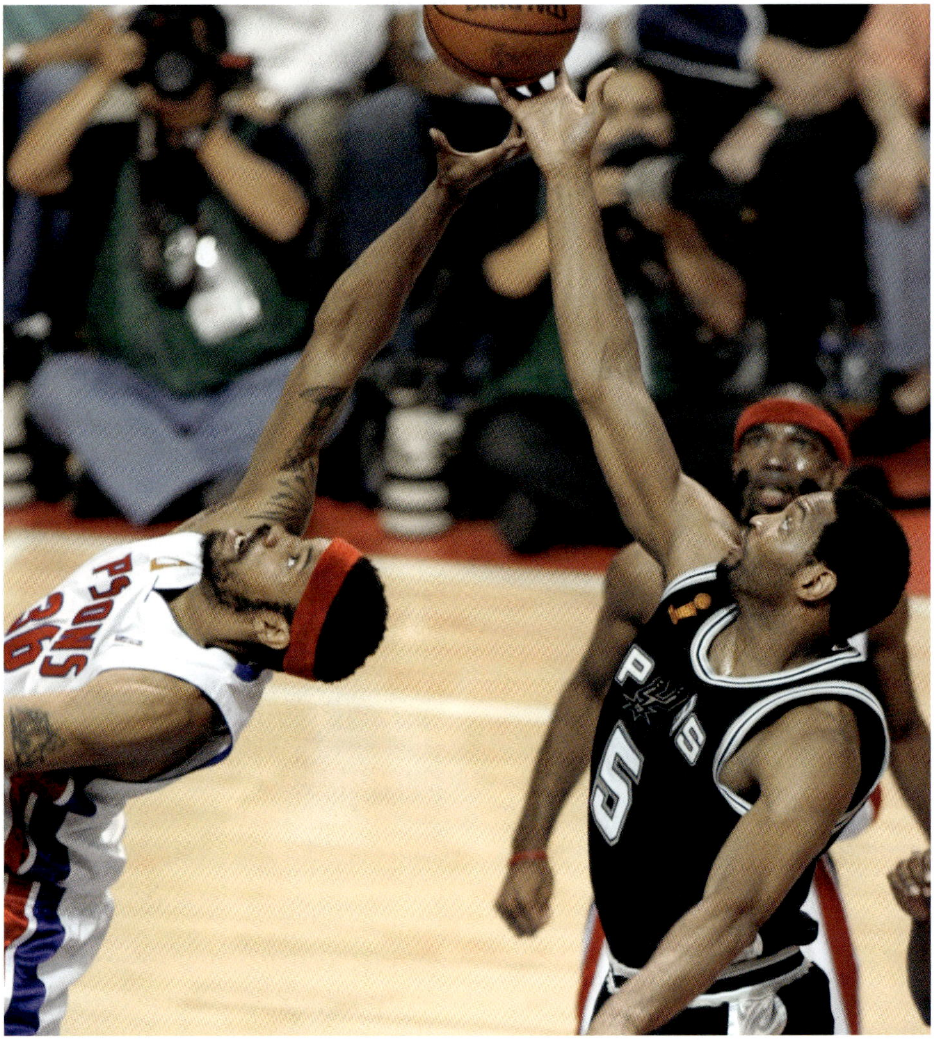

◄ Robert Horry von den San Antonio Spurs (Nummer 5), hier, am 14. Juni 2005 im Kampf um den Ball mit Rasheed Wallace (Detroit Pistons), holte in seiner Karriere sieben Mal den NBA-Titel

Fehlwurfserie eines Superstars

Einer der besten Spieler aller Zeiten stellte einen unrühmlichen Rekord auf. Am 8. Dezember 2000 musste Shaquille O`Neal im Spiel seiner Los Angeles Lakers gegen die Seattle SuperSonics nach Fouls elf Würfe von der Freiwurflinie nehmen. Der damals 28-Jährige traf dabei kein einziges Mal in den Korb und stellte so einen unfreiwilligen Rekord auf. Seine Schwäche an der Freiwurflinie, in Spielen traf er in seiner Karriere nur 52,7 Prozent seiner Versuche, erklärte der Center mit mentalen Problemen, im Training würde seine Quote bei etwa 80 Prozent liegen.

»Ich bin Superman. Das einzige, was Superman töten kann, ist Kryptonit. Aber Kryptonit gibt es nicht«

Shaquille O`Neal

Skandal 1994: Scottie Pippen verweigert Einsatz

Scottie Pippen war in der Saison 1993/1994 gerade aus dem Schatten von Michael Jordan getreten und hatte die Chicago Bulls in die Playoffs geführt, da leistete er sich eine Kontroverse, die in der Folge fast zu seinem vorzeitigen Ende bei seinem Team geführt hätte. Der eigentlich als Teamplayer bekannte Pippen hatte im dritten Duell der Best-of-Seven-Serie in den Conference Semifinals gegen die New York Knicks nicht verkraftet, dass Bulls-Trainer Phil Jackson mit nur noch 1,8 Sekunden auf der Uhr beim Stand von 102:102 Rookie Toni Kukoc den entscheidenden Wurf zugedacht hatte. Pippen verweigerte daraufhin seinen Einsatz bei diesem wichtigen Spielzug der Bulls. Mit Wut ging Pippen in die restlichen Spiele und zeigte in Partie sechs den eindrucksvollsten Spielzug seiner Karriere. Mit einem Dunking über Knicks-Star Patrick Ewing hinweg, bei dem dieser zu Fall kam, führte Pippen sein Team ins entscheidende siebte Spiel – das allerdings verloren ging.

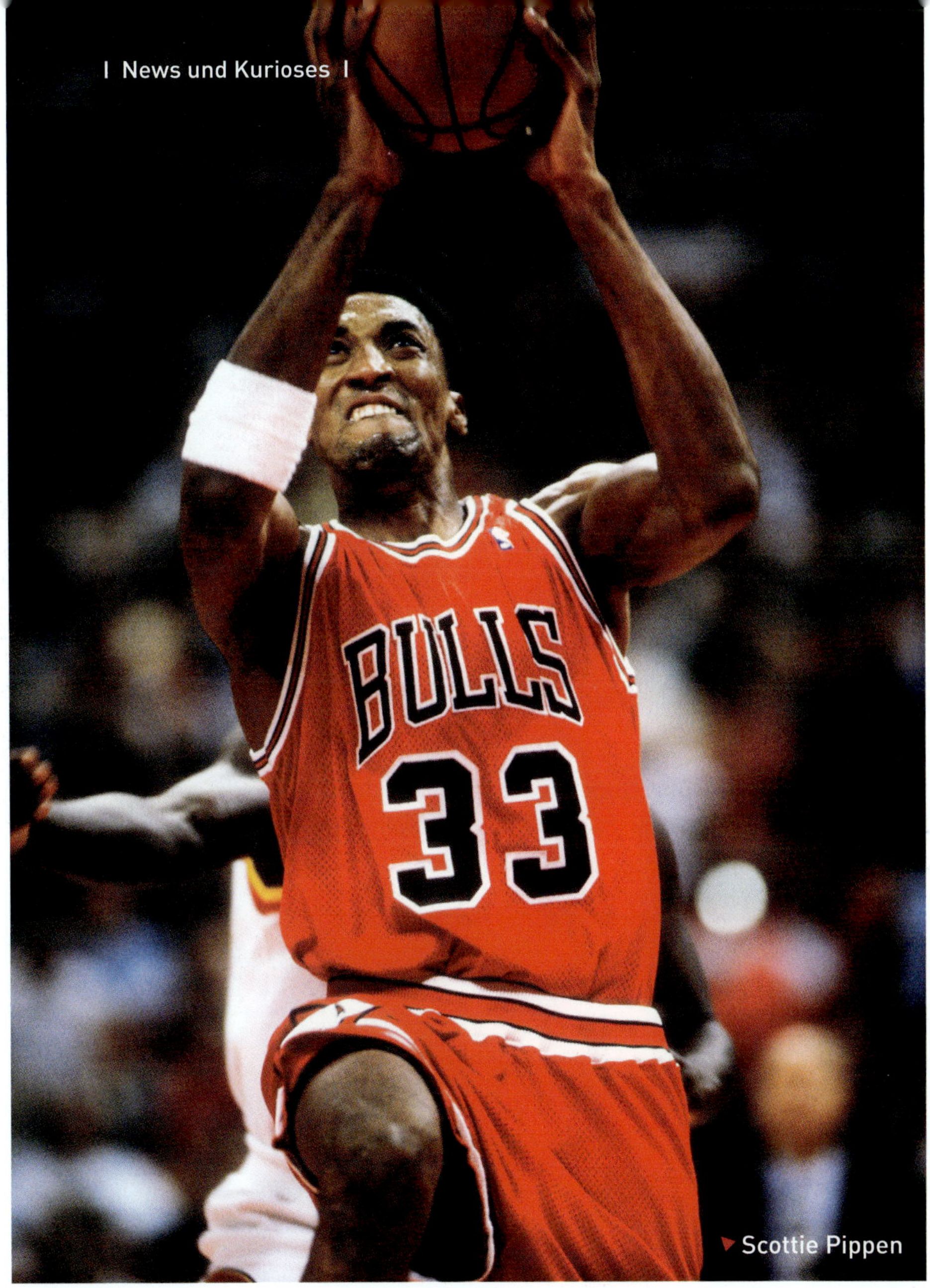

Scottie Pippen

»Die Chemie im Team muss stimmen, wenn man ernsthaft etwas gewinnen will«

Scottie Pippen

Zion Williamson – das nächste große Ding?

Zion Williamson gilt als größtes Talent seit Anthony Davis 2012 im Draft ausgewählt wurde. Und prompt wurde der 2,01 Meter große Forward im zurückliegenden Draft auch als allererster Spieler ausgerechnet von den New Orleans Pelicans ausgewählt, die einen Nachfolger für den gerade zu den Los Angeles Lakers gewechselten Davis suchten. Williamson hatte – als Freshman, also in seiner ersten College-Saison – gleich alle wichtigen Auszeichnungen des College-Basketballs gewonnen, inklusive der Naismith-Trophäe, die jährlich an den besten College-Spieler ausgegeben wird. Nach Kevin Durant und Davis war Williamson erst der dritte Freshman, der die Naismith Trophy gewann.

Die Vorbilder von Williamson sind Kobe Bryant und Dirk Nowitzki, da beide ihre gesamte Karriere bei einem Team verbracht haben, gleiches hat Williamson bei den Pelicans vor. Seinen ersten Ausrüstervertrag mit »Jordan Brand« hat der 19-Jährige ebenfalls schon unterzeichnet. Die Vertragsdetails wurden nicht bekannt, allerdings hatten Mitbewerber bis zu zehn Millionen US-Dollar pro Jahr für eine Partnerschaft geboten – und waren nicht zum Zuge gekommen …

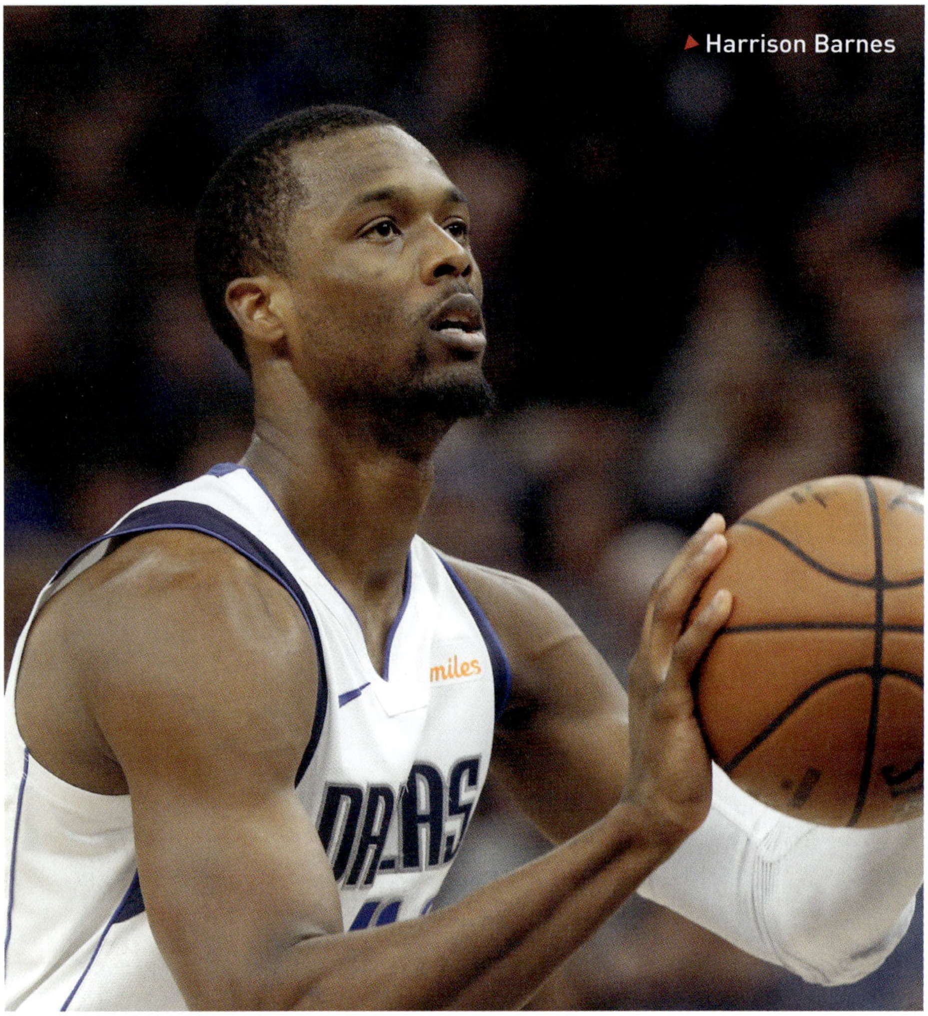

Harrison Barnes

Bulls: Keine 50 Punkte

Mit 82:49 besiegten die Miami Heat die Chicago Bulls. Das Spiel vom 10. April 1999 ging in die Geschichtsbücher ein, denn niemals zuvor hatte ein Team in der NBA weniger als 50 Punkte auf das Scoreboard gebracht. Es war der Höhepunkt der schwächsten Bulls-Saison aller Zeiten, als das Team aus der Windy City nur 13 Spiele gewann und die Playoffs als dreifacher Titelverteidiger krachend verpasste. Spieler wie Michael Jordan oder Scottie Pippen waren eben nicht so einfach zu ersetzen gewesen.

Immerhin hatten die 82 Punkte Miamis dafür gesorgt, dass dem Spiel der Rekord für die wenigsten Punkte beider Teams verwehrt blieb. Diesen halten – im Zeitalter der Shot-Clock – die Boston Celtics und die Milwaukee Hawks, die 1955 beim 62:57 gemeinsam nur 119 Punkte erzielten. Das niedrigste Ergebnis überhaupt gab es 1950, als die Minneapolis Lakers die Fort Wayne Pistons mit 19:18 schlugen.

Harrison Barnes – während des Spiels getradet

Drei Viertel lang hatte Harrison Barnes am 7. Februar 2019 in der Partie seiner Dallas Mavericks gegen die Charlotte Hornets im normalen Umfang mitgespielt, im letzten Viertel saß er draußen – der damals 26-Jährige musste geschont werden, durfte sich nicht verletzen. Denn dem Small Forward war etwas Einzigartiges passiert, was die Liga zumindest für einen Moment aufwühlen sollte: Barnes war mitten im Spiel zu den Sacramento Kings getauscht worden.

In der NBA ist es üblich, dass Spieler ohne ihr Mitwirken getauscht werden können, und zwar – innerhalb bestimmter »Transferfenster« – zu jeder Zeit. Dennoch war ein Wechsel während eines Spiels ein vollkommen neuer Vorgang.

Auch seine Teamkollegen, darunter Dirk Nowitzki, mit dem Barnes befreundet ist, erfuhren noch während des Spiels, was sich in den Geschäftsräumen zugetragen hatte. Nach der Begegnung, die die Mavericks trotzdem 99:93 gewannen, hatten noch nicht alle Spieler die Kabine verlassen, als Vereins-Mitarbeiter den Spind Barnes` räumten. Für Barnes erhielt Dallas die Spieler Zach Randolph und Justin Jackson.

»Ich bin dankbar, dass meine Erfahrung als Basketball-Spielerin, unabhängig von meinem Geschlecht, wertgeschätzt wird«

Becky Hammon

Patty Mills von den San Antonio Spurs bespricht sich am 2. April 2019 mit Assistenztrainerin Becky Hammon. Ihre Tipps scheinen geholfen zu haben – die Spurs gewannen das Duell gegen die Atlanta Hawks in San Antonio 117:111

NBA-Trainerbänke: Frauen auf dem Vormarsch

Becky Hammon machte 2014 bei den San Antonio Spurs den Anfang. Die heute 42-Jährige gehörte als Aktive selbst zu den besten Spielerinnen und wurde von Head Coach Gregg Popovich als Co-Trainerin engagiert. In der Sommerpause durfte sie die Nachwuchstalente der Spurs in der Summer League sogar hauptamtlich betreuen – und gewann prompt diesen Wettbewerb. Popovich sagte damals: »Der ganze Er-Sie-Vergleich passt überhaupt nicht. In erster Linie ist sie Trainerin, ihr Geschlecht spielt gar keine Rolle.«

So sehen es seitdem immer mehr Teams der nordamerikanischen Profiliga. Auf Hammon folgte Nancy Liebermann zwischen 2015 und 2017 bei den Sacramento Kings, und Kristi Toliver gehörte 2018/2019 zum Trainerstab der Washington Wizards. In der kommenden Saison werden neben Hammon, die noch immer bei den Spurs ist, sechs weitere Frauen Kommandos in den Trainings der NBA-Teams geben: Jenny Boucek (Dallas Mavericks), Karen Stack-Umlauf (Chicago Bulls), Natalie Nakase (Los Angeles Clippers), Lindsey Harding (Philadelphia 76ers), Lindsay Gottlieb (Cleveland Cavaliers) und Kara Lawson (Boston Celtics).

Extreme Unterschiede: Die Größten und der Kleinste in der NBA

Körpergrößen jenseits der Zwei-Meter-Marke sind in der NBA Normalität. Der Sudanese Manute Bol und der Rumäne Gheorghe Muresan setzten dem Ganzen aber die Krone auf. Mit jeweils 2,31 Metern sind sie die größten Spieler, die je in der NBA gespielt haben. Bol, der der ethnischen Gruppe der »Dinka« angehörte, war zwischen 1985 und 1995 für mehrere Teams der National Basketball Association aktiv. Er verstarb 2010 am Stevens-Johnson-Syndrom. Muresan, dessen Körpergröße aus einer Wachstumsstörung resultiert, spielte zwischen 1995 und 2000 für die Washington Bullets und New Jersey Nets. Der größte, aktuell aktive Spieler ist Boban Marjanovic mit 2,21 Metern von den Philadelphia 76ers. Der kleinste NBA-Profi aller Zeiten ist Muggsy Bogues, der nur 1,60 Meter vor den Größenmesser brachte. Er spielte zwischen 1987 und 2001 für vier verschiedene NBA-Teams. Kurios: In der Saison 1987/1988 spielten Bol und Bogues gemeinsam für die Washington Bullets. Die Größendifferenz des kleinsten und größten Spielers der NBA-Historie betrug 71 Zentimeter. Der kleinste aktive Spieler ist derzeit Isaiah Thomas von den Denver Nuggets mit 1,75 Meter.

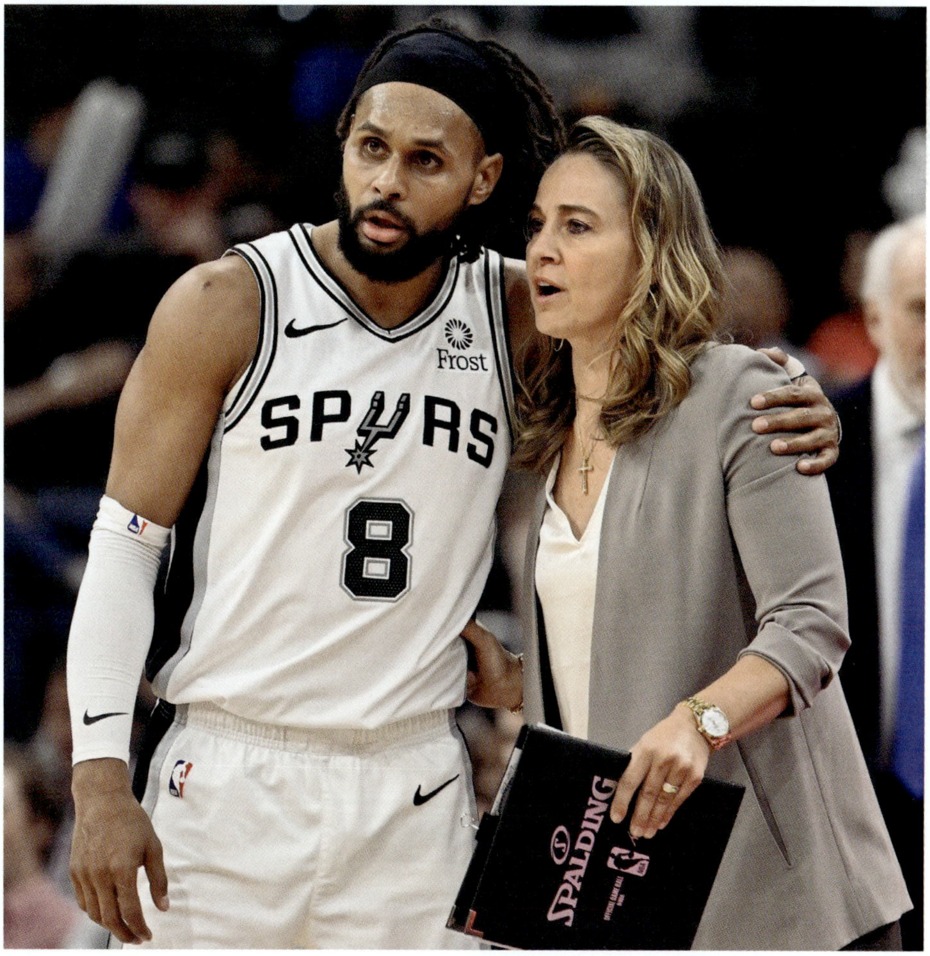

30 Jahre sind nicht genug

Eric Torpy ist großer Fan von NBA-Legende Larry Bird. Soweit nicht ungewöhnlich. Doch Torpy gab eine besonders skurrile Liebesbekundung an sein Idol ab. Torpy ist nämlich auch schwer kriminell, hatte einen bewaffneten Raubüberfall begangen und seine Schusswaffe zweimal mit Tötungsabsicht abgefeuert. So sah es ein Gericht in Oklahoma im Oktober 2005 und verurteilte Torpy zu 30 Jahren Gefängnis. Torpy aber bat Richter Ray Elliott, seine Strafe auf 33 Jahre zu erhöhen und begründete das Ansinnen damit, dass er großer Larry-Bird-Fan sei und dieser die Trikotnummer 33 getragen habe. Elliott kam der Bitte nach und Torpy war »so glücklich, wie er nur sein konnte«, wie Elliott amerikanischen Medien gegenüber bestätigte.

Heat schicken Jordans Nummer in Rente

Dass Trikotnummern verdienter Spieler eines Teams bei seinem Team nicht mehr vergeben werden, wenn der betreffende Spieler seine Karriere beendet hat, ist soweit nichts Außergewöhnliches. Die Miami Heat vergeben jedoch die Nummer 23 zu Ehren von NBA-Legende Michael Jordan nicht mehr, obwohl der Superstar nie auch nur ein einziges Spiel für die Heat bestritten hat. Für Miami sind Jordans Verdienste und sein Einfluss auf die Popularität des Sports so groß, dass die Organisation diese Entscheidung im April 2003, kurz nach dem endgültigen Karriereendes Jordans bei den Washington Wizards, traf.

Blazers nur halb so gut

»Alles begann mit unserer Defense in der ersten Halbzeit«, sollte Larry Bird, Head Coach der Indiana Pacers, am 27. Februar 1998 sagen. Da hatte Indianapolis soeben etwas Historisches geschafft und die Portland Trail Blazers ratlos zurückgelassen. Erstmals und zum bis dato einzigen Mal in der NBA-Geschichte hatte ein Team mehr als doppelt so viele Punkte erzielt, wie der Gegner. Die Pacers gewannen mit 124:59 und setzten eine Duftmarke auf dem Weg in die Playoffs, der erst in den Conference-Finals endete. Trotz des Spielverlaufs für die Geschichtsbücher erreichte auch Portland am Ende der Regular Season die K.o-Phase.

OLYMPISCHE SPIELE 1992

Basketball-Festtage

Bei den Olympischen Spielen 1992 setzte sich Rod Thorn, damals als Vizepräsident für das operative Geschäft der NBA zuständig, ein Denkmal.

Nachdem die Amateurklausel des Internationalen Olympischen Komitees weggefallen war, verfolgte Thorn als »Dream-Team-Scout« einen Plan: Er wollte eine US-Nationalmannschaft voller Superstars zu den Olympischen Sommerspielen entsenden und die NBA so auf einer weltweiten Bühne bekannter machen.

Er fragte zunächst Michael Jordan, den Superstar der Chicago Bulls, doch holte sich vorerst eine Absage ein. Jordan war bereits 1984 mit der rein aus College-Spielern zusammengestellten US-Mannschaft Olympiasieger geworden. Bei Magic Johnson und Larry Bird hatte Thorn mehr Erfolg. Die beiden Superstars suchten einen letzten Höhepunkt, um ihre Karrieren würdig zu beenden. Nach den Zusagen von Johnson und Bird sagten auch Jordan und etliche weitere Superstars der damaligen Zeit zu.

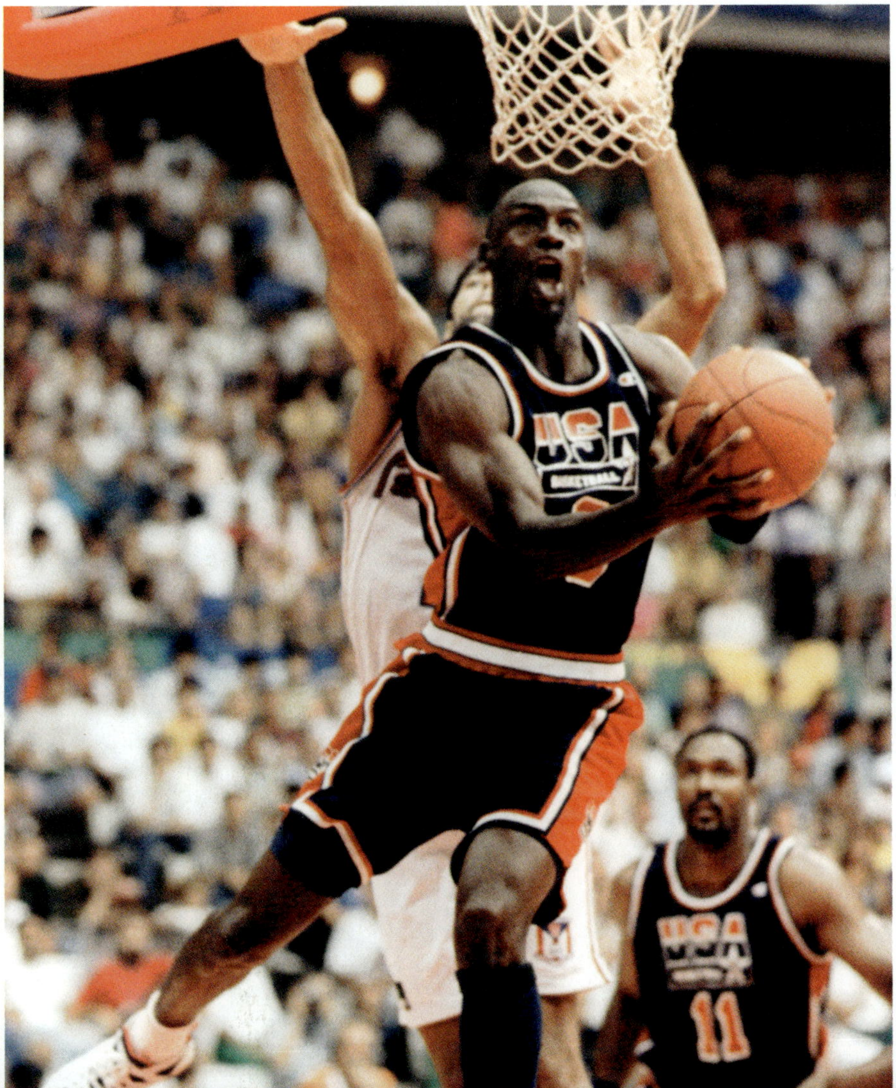

▲ NBA-Superstar Michael Jordan – hier im Spiel des US-Teams gegen Puerto Rico – hat 1992 in Barcelona an den Olympischen Spielen teilgenommen

Die Medien erfanden für die Star-Spieler-Auswahl den Namen »Dream Team«, und, wie nicht anders zu erwarten, dominierte die Mannschaft von Head Coach Chuck Daly das Olympische Basketball-Turnier nach Belieben. Die Partien der US-Boys waren nicht nur Basketball-Spiele, es waren Festtage dieser Sportart und kurbelten die Popularität der NBA binnen kürzester Zeit an. Zehn Jahre sollte die Nationalmannschaft der USA, die trotz wechselnder Kader ihren Kosenamen behielt, in der Folge ungeschlagen bleiben, ehe der Mythos »Dream Team« bei der enttäuschenden Weltmeisterschaft 2002 mit Platz sechs zum Erliegen kam.

Zum Dream Team von 1992 gehörten: Charles Barkley, Larry Bird, Clyde Drexler, Patrick Ewing, Magic Johnson, Michael Jordan, Karl Malone, Chris Mullin, Scottie Pippen, David Robinson und John Stockton. Als zwölfter Spieler wurde Christian Laettner nominiert, der als bester College-Spieler des damaligen Jahrgangs galt und den Universitäten-Basketball repräsentieren sollte. Das Trainerteam bestand aus Chuck Daly, Lenny Wilkens, P.J. Carlesimo und Mike Krzyzewski. ⊖

Eine echte Regel-Revolution

Doch kein Foul? War der gegnerische Spieler vor dem erfolgreichen Korb nicht im Aus? Erstmals werden die Head Coaches der 30 NBA-Teams in der kommenden Saison die Möglichkeit haben, Schiedsrichterentscheidungen via »Challenge« nochmal überprüfen zu lassen.

Was in anderen Ligen wie der National Football League längst Routine ist, ist eine kleine Basketball-Revolution.

Allerdings geht die NBA bei der Einführung des Video-Beweises behutsam vor. Lediglich einmal pro Spiel darf die »Challenge« von jedem Team angewendet werden. Dabei ist unerheblich, ob die Überprüfung erfolgreich war oder nicht. Neben der Überprüfung von Fouls oder ob sich ein Spieler im Aus befunden hat, darf die neue Regel auch bei »Goaltending« angewendet werden – also beim irregulären Blocken eines Balles, der bereits seinen höchsten Punkt der Flugkurve überwunden hat. Ein so verteidigter Wurf wird wie ein Treffer gewertet. In den letzten beiden Minuten eines Spiels sowie in einer Verlängerung werden allerdings nur noch Foul-Entscheidungen überprüft.

Der Head Coach muss zur Anwendung der Regel zunächst eine Auszeit nehmen und dann den Schiedsrichtern signalisieren, dass er eine Video-Überprüfung anfordert. Damit eine Entscheidung von den Schiedsrichtern geändert wird, muss sich der Gegenstand der Überprüfung klar beweisen lassen. Neben den Trainern haben zusätzlich auch die Videoassistenten im »Replay Center« die Möglichkeit, bei der Feststellung, ob es sich um einen Zwei- oder Drei-Punkte-Wurf gehandelt hat sowie bei der Überprüfung der Einhaltung der 24-Sekunden-Angriffsregel, ins Spielgeschehen einzugreifen.

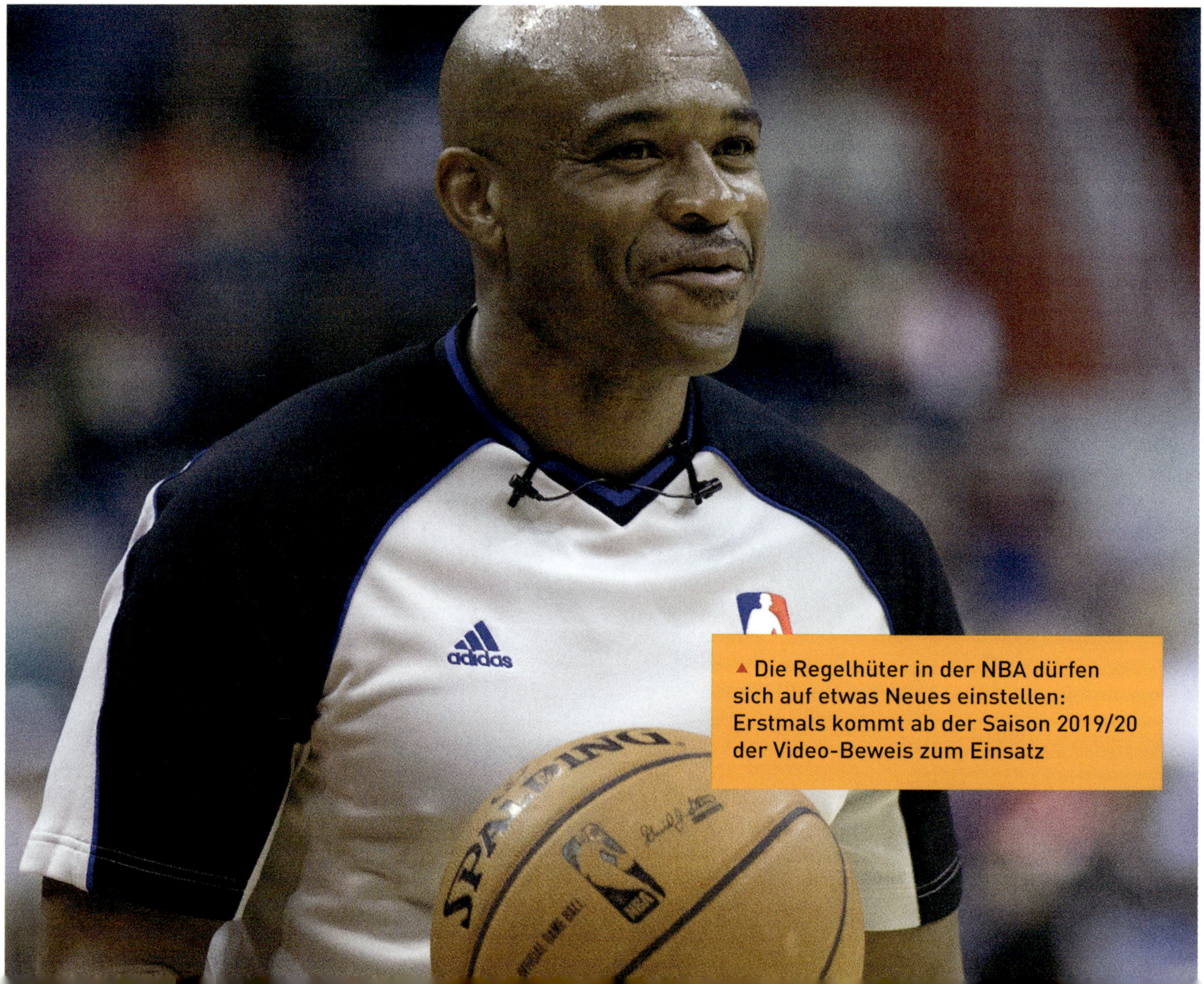

▲ Die Regelhüter in der NBA dürfen sich auf etwas Neues einstellen: Erstmals kommt ab der Saison 2019/20 der Video-Beweis zum Einsatz

Neu: Die Halle in San Francisco

In keiner anderen US-Sportart sitzt der Fan so nah dran an seinen Superstars. Häufig kommt es sogar zu Körperkontakt, wenn einer der Spieler bei einer Aktion auf dem Feld das Gleichgewicht verliert und in der ersten Zuschauerreihe landet.

Auf derlei Nähe mussten die Basketball-Fans in San Francisco knappe 50 Jahre, seit 1971, verzichten. Oder den Weg zur Halle ins benachbarte Oakland antreten, um »ihre« Golden State Warriors live zu sehen.

Das wird sich ab dem 24. Oktober 2019 ändern. Dann wird das neue Chase Center im Osten der Stadt San Francisco mit dem ersten Heimspiel der neuen Saison gegen die Los Angeles Clippers eingeweiht. Zuvor gibt es am 5. Oktober bereits ein Preseason-Spiel gegen die Los Angeles Lakers. Bereits am 6. September wird die neue Spielstätte, die 18.064 Fans Platz bietet und deren Spatenstich am 17. Januar 2017 erfolgte, mit einem Konzert der Band Metallica eröffnet.

Ob das Chase Center die Beliebtheit des Amway Centers von Orlando Magic erreichen wird? Das Stadion in Orlando wurde bei einer Fan-Umfrage 2018 zur beliebtesten NBA-Spielstätte gewählt. Die Gründe für Platz eins: Das Center liegt mitten in der Innenstadt von Orlando, hat unzählige Restaurants im direkten Umfeld sowie Spielräume für Kinder. Zudem ist der HD-Anzeigewürfel der größte der NBA.

Die größte Arena steht derweil in Illinois, heißt United Center, bietet Platz für 20.917 Zuschauer und ist Heimat der Chicago Bulls. Bereits 1994 erbaut, ist das Center etwas in die Jahre gekommen und gehört nicht mehr zu den top-modernen Arenen der Liga. Trotzdem ist der Besuch der Halle für alle eingefleischten NBA-Fans ein Muss, gilt die Michael-Jordan-Statue vor dem Eingang doch geradezu als Pilgerstätte. ⊖

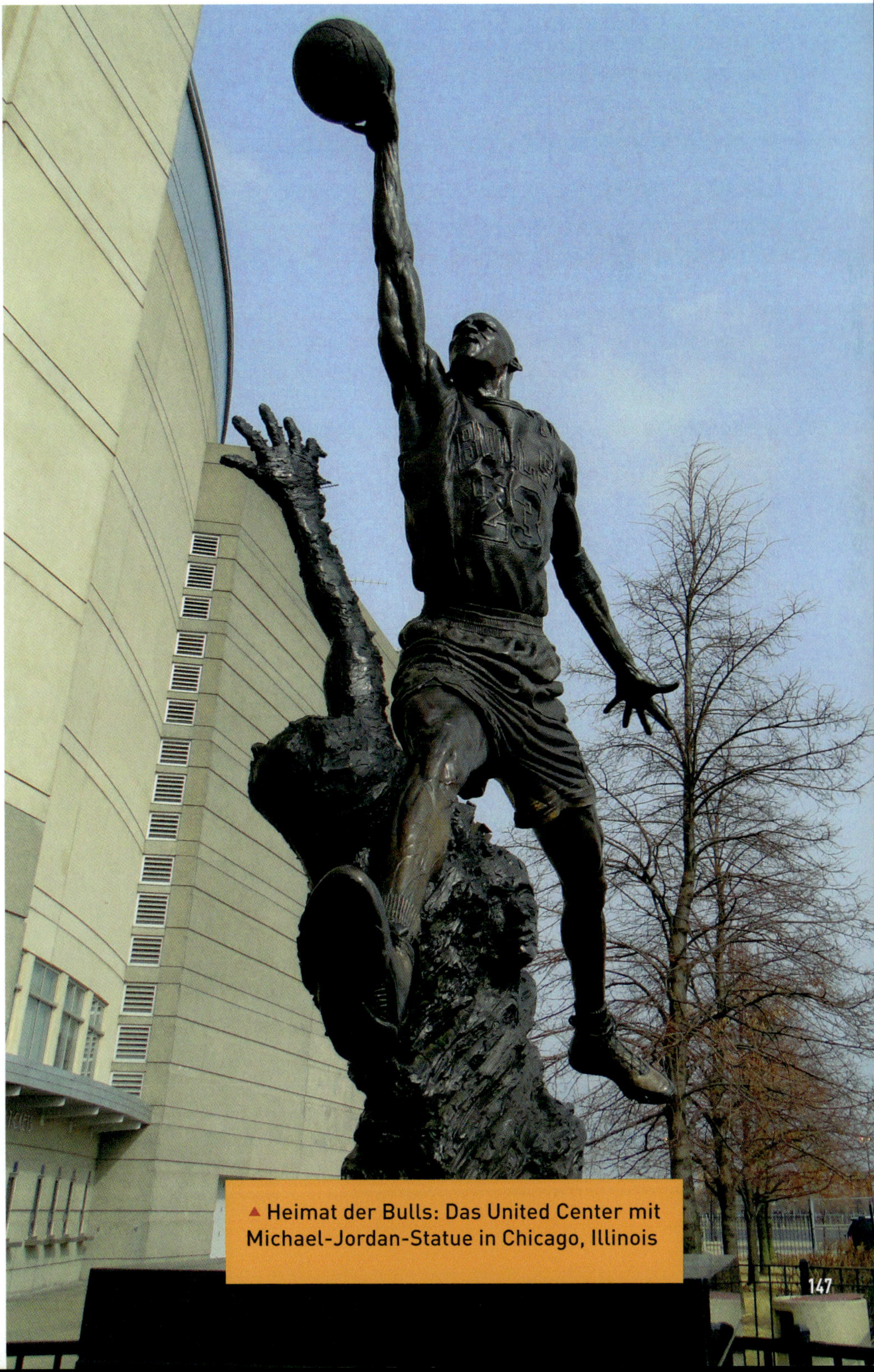

▲ Heimat der Bulls: Das United Center mit Michael-Jordan-Statue in Chicago, Illinois

Basketball – wie alles begann

1:0! Am 20. Januar 1892 trafen in Springfield, im US-Bundesstaat Massachusetts, zwei Studententeams der YMCA Training School aufeinander, um gegeneinander ein neues Spiel zu spielen, bei dem es darum ging, einen Ball in einen Korb zu werfen.

Jedes Team verfügte über neun Spieler, als Spielgerät fungierte ein Fußball und ein Behälnis für Obst, ein Pfirsichkorb, der in zufälliger Höhe vom damaligen Hausmeister Pop Stabbins angebracht worden war, galt als Ziel. Zur Mitte der Spielzeit gelang William R. Chase der einzige Treffer – der erste Korb in der offiziellen Geschichte des Basketballs. Der Pfirsichkorb war übrigens in 3,05 Meter Höhe angebracht – diese Höhe ist bis heute geblieben.

Bereits weit vor Christus sollen die Olmeken, ein von 1.500 bis 400 Jahre vor Christus in Mexiko beheimatetes Volk, ein dem Basketball ähnliches Spiel gespielt haben. Auch den Azteken und der Maya-Kultur wird ein Spiel nachgesagt, bei dem es darum ging, Treffer mittels Wurf auf ein rundes Ziel zu machen. Allerdings sollen diese anstatt eines Balles die enthaupteten Schädel ihrer besiegten Feinde als Spielgerät genutzt haben.

Genau den gegenteiligen Ansatz, nämlich ein möglichst körperschonendes Spiel zu spielen, verfolgte James Naismith 1891. Der kanadische Arzt war als Lehrer an der besagten YMCA Training School, also einer Schule des amerikanischen Ablegers des Christlichen Vereins junger Männer, angestellt und versuchte, einen Wettkampf zu entwickeln, den seine Studenten in den Wintermonaten in der Halle ausüben konnten. Zudem sollte es ein Sport sein, der möglichst wenig Verletzungsrisiko in sich barg, weswegen Naismith analysierte, dass die meisten Mannschaftssportarten auf einer horizontalen Ebene ausgetragen wurden und es deshalb besonders physisch zuging.

So entstand die Idee, das Ziel über den Köpfen der Spieler anzubringen. Um Einflussnahme von außen zu vermeiden, wurde hinter dem Pfirsichkorb ein Brett angebracht. Schnell formulierte Naismith 13 Regeln, die zum Teil noch heute Anwendung finden. Die Spielregeln waren dazu ausgelegt, ein schnelles Spiel zu schaffen und Zweikämpfe zu vermeiden. 2010 wurde das Original-Schriftstück, auf dem die 13 Regeln niedergeschrieben waren, in einer Auktion für insgesamt 4,34 Millionen US-Dollar versteigert.

Die niedrige Trefferquote des Premierenspiels war zunächst der Regelfall, was das neue Spiel aber nicht davor schützte, populär zu werden. Bereits ein gutes Jahr nach der Partie in Springfield, am 22. März 1893, fand am Smith College in Massachusetts das erste Spiel zweier Frauen-Mannschaften statt. Senda Berenson Abbott hatte die 13 Naismith-Regeln als Grundlage verwendet, um das Spiel für Frauen anzupassen.

Wenige Tage später wurde dann das erste Duell zweier Teams von unterschiedlichen Colleges ausgetragen. Das Geneva College gewann am 8. April 1893 dabei gegen New Brighton YMCA. Knappe drei Jahre später wurde die Anzahl der Spieler pro Mannschaft bereits auf fünf reduziert und die Wertigkeit von Punkten wurde unterschieden. Ein Freiwurf nach einem Foul galt noch immer einen Punkte, für einen Treffer aus dem Spiel heraus gab es zwei Punkte. Das erste Spiel in diesem Modus, am 18. Janu-

Genau den gegenteiligen Ansatz, nämlich ein möglichst körperschonendes Spiel zu spielen, verfolgte James Naismith 1891

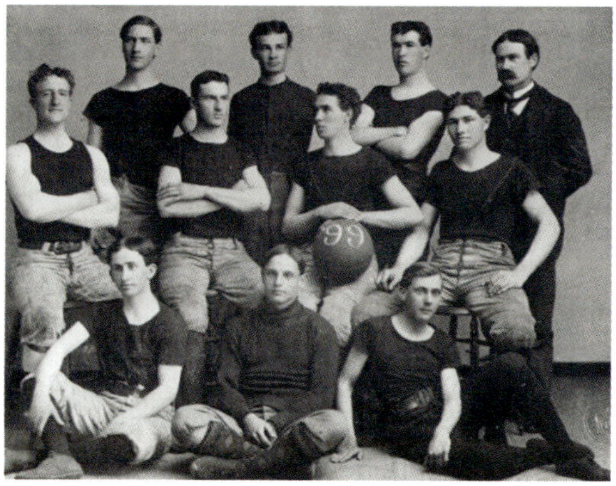

◂ 1899, das erste Basketballteam der Universität Kansas. Trainer und Basketball-Pionier James Naismith ist hinten rechts zu sehen

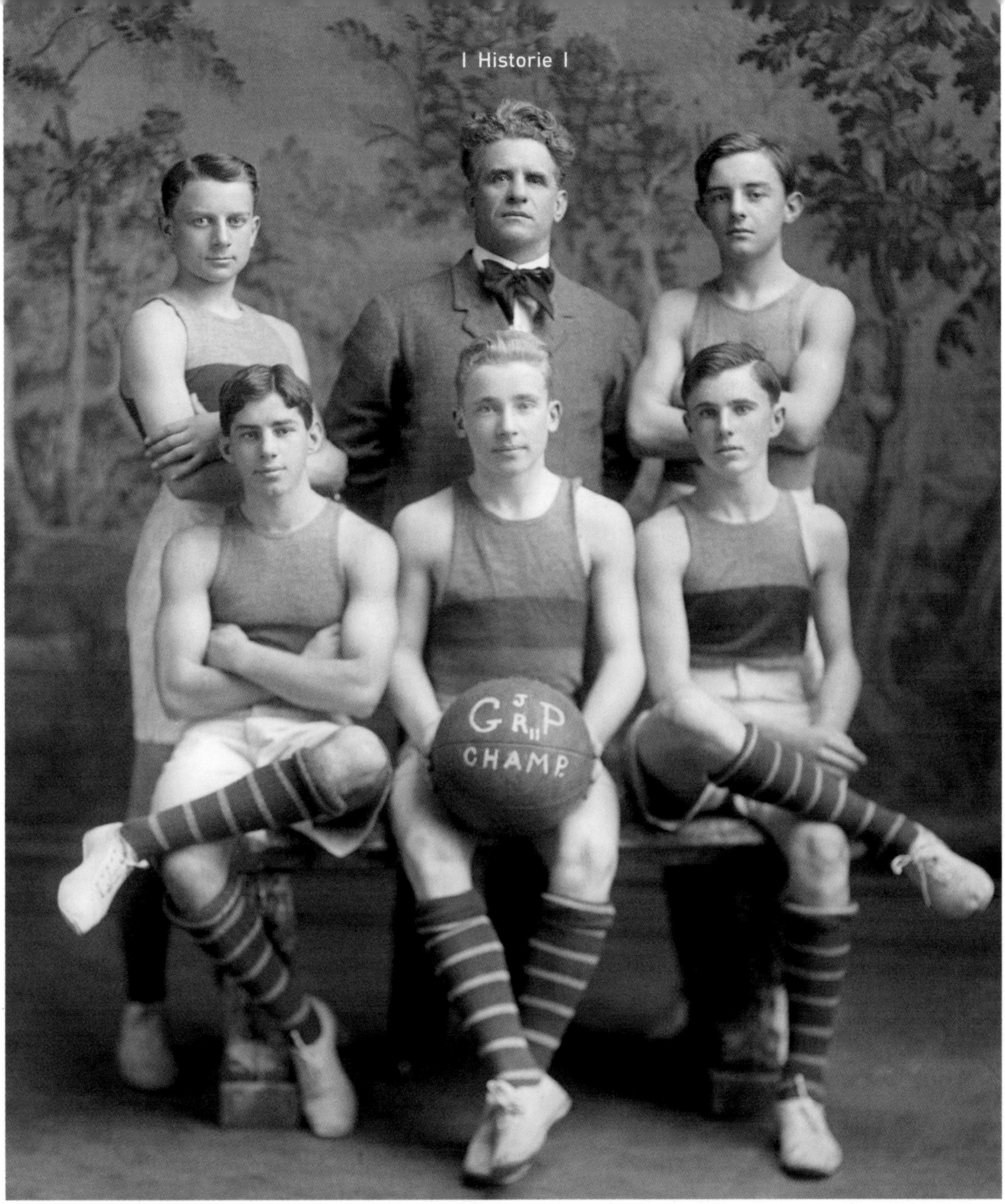

▲ **Das Georgetown Junior Preps Basketball Team, circa 1905**

ar 1896 ausgetragen, gewann die University of Chicago mit 15:12 gegen die University of Iowa.

In New York, Boston oder Philadelphia, in den größeren Städten im Bereich der US-Ostküste, bildeten sich zu dieser Zeit dann auch die ersten regionalen Amateurligen. Manches Mal nahmen Teams auch größere Reisen auf sich, um gegen Teams aus anderen regionalen Ligen anzutreten. Da diese Spiele Zuschauer anlockten, war es sogar möglich, den Spielern Geld für ihre Teilnahme zu zahlen. Am 7. November 1896 kam es so zum Duell zwischen Trenton YMCA und Brooklyn YMCA. Jeder teilnehmende Spieler bekam eine Gage von 15 US-Dollar. Fred Cooper erhielt sogar 16 Dollar und war somit bestbezahlter Spieler. Dieses Spiel, das mit 15:1 für Trenton endete, gilt somit als erstes Profi-Spiel.

Eine der 13 Ursprungs-Regeln hatte dabei einen fatalen Fehler in sich. Da diejenige Mannschaft den Ball erhielt, wenn dieser ins Aus gegangen war, die den Ball zuerst erreichte, fanden außerhalb des Spielfeldes häufig wilde Wettrennen um den Ball statt. Nicht selten wurden dabei Zuschauer in Mitleidenschaft gezogen. Die Lösung lag scheinbar nahe, verschärfte das Problem aber nur. Damit der Ball das Spielfeld erst gar nicht mehr verlassen konnte, wurde ein Drahtgeflecht an den Auslinien entlang aufgebaut, meist ein sogenannter

Hühnerdraht. Barney Sedran, ein Spieler der New York Whirlwinds beschrieb die Auswirkungen auf das Spiel, das mittlerweile den Spitznamen »Käfigspiel« trug, wie folgt: »Die meisten von uns hatten ständig Schnittwunden und der Court war mit Blut bedeckt.«

Anfang des 20. Jahrhunderts gab es in der New England Basketball League einen historischen Meilenstein für die Sportart. Der Afro-Amerikaner Bucky Lew bekam als erster farbiger Spieler die Erlaubnis, am Spielbetrieb teilzunehmen. In dieser Zeit bildeten sich dann die ersten auch später noch bekannten Mannschaften. Die Buffalo Germans, die sich bereits 1895 gegründet hatten, wurden 1903 Sieger einer panamerikanischen Meisterschaft und führten den Basketball bei den Olympischen Spielen 1904 als Demonstrationssportart vor. Später, zwischen 1908 und 1911 sollten die Germans 111 Spiele in Folge gewinnen. New York Celtics, New York Renaissance und Cleveland Rosenblums, allesamt Teams, die später in die Hall of Fame aufgenommen wurden, hießen weitere bekannte Teams, die das Spiel mittlerweile mit einem Ball austrugen, der einem Volleyball ähnelte. Die Hall of Fame wurde übrigens 1959 geschaffen, trägt den Namen »James Naismith« und befindet sich in Springfield.

Die Hall of Fame wurde übrigens 1959 geschaffen, trägt den Namen »James Naismith« und befindet sich in Springfield

1925 wurde dann die American Basketball League (ABL) von Joseph Carr, dem damaligen Präsidenten der Eishockeyliga NHL, gegründet. Die Drahtumrandungen der Spielfelder wurden durch Seile ersetzt und das Brett hinter dem Korb war nun verpflichtender Bestandteil eines Spielfeldes. Neun Gründungsmitglieder hatte die damalige Liga, deren Teilnehmerzahl sich in Folge der Weltwirtschaftskrise zum Ende der 1920er-Jahre auf fünf reduzierte. Schließlich stellte die ABL ihren Spielbetrieb nach der Saison 1930/1931 auch vorübergehend wieder ein.

1933 machte die ABL weiter, die Käfige um die Spielfelder verschwanden und die Regel, dass die Mannschaft Ballbesitz bekommt, die den Ball nicht als letztes berührt hat, wurde eingeführt. Die ABL bekam 1937 mit der National Basketball League (NBL) Konkurrenz. Bereits von 1898 bis 1903 hatte eine regionale Liga den Namen NBL getragen und sechs Teams aus Philadelphia und New Jersey in sich beheimatet, hatte aber mit der späteren NBL nichts zu tun. In den 1930er-Jahren hatte es der Basketball endlich auch ins olympische Programm geschafft. Ausgerechnet bei den Nazi-Spielen von Berlin 1936 feierte der Basketball seine olympische Premiere.

1946 wurde mit der Basketball Association of America (BAA) eine weitere Liga ins Leben gerufen, die am 3. August 1949 mit der NBL zur heutigen National Basketball Association (NBA) fusionierte. Die ABL wurde in der Folge zu einer niedrigeren »Minor League« erklärt, während die NBA zur großen »Major League« emporstieg. Seitdem wird Basketball-Geschichte in der NBA geschrieben. Historische Rivalitäten wie die zwischen den Los Angeles Lakers und den Boston Celtics entwickelten sich, Superstars erlangten erst landesweite und spätestens mit dem fortschreitenden Internet-Zeitalter weltweite Bekanntheit. Und so ist Basketball heute ein beliebter Sport rund um den Planeten. ⊖

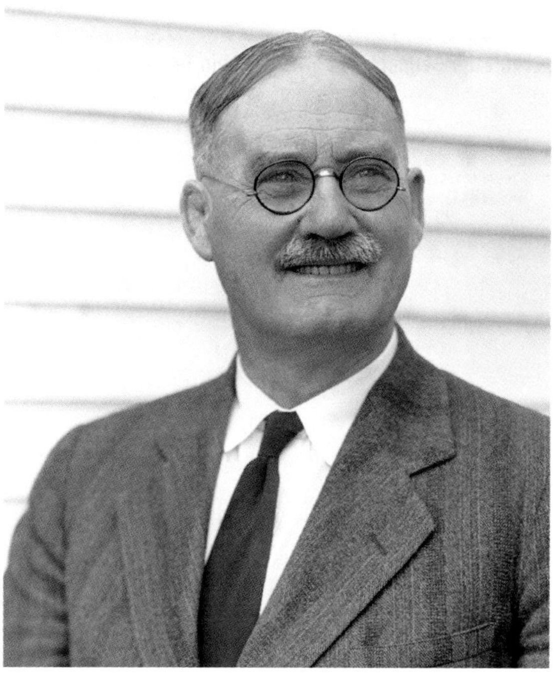

▸ **Formulierte bereits 1891 Basketball-Regeln, die zum Teil heute noch Anwendung finden: Dr. James Naismith, hier auf einer Aufnahme aus dem Jahr 1939**

Die Original Naismith-Regeln von 1891

1. Der Ball kann mit einer oder beiden Händen in eine beliebige Richtung geworfen werden.

2. Der Ball kann in jede Richtung mit einer oder beiden Händen geschlagen werden (niemals mit der Faust).

3. Ein Spieler kann nicht mit dem Ball rennen. Der Spieler muss ihn von der Stelle werfen, an der er ihn fängt. Wenn er versucht anzuhalten, wird einem Spieler, der den Ball beim Laufen fängt, Rechnung getragen.

4. Der Ball muss in den Händen gehalten werden. Die Arme oder der Körper dürfen nicht zum Halten des Balls verwendet werden.

5. Der Gegner darf nicht geschultert, gehalten, gedrückt, zum Stolpern gebracht oder in irgendeiner Weise geschlagen werden. Der erste Verstoß eines Spielers gegen diese Regel gilt als Foul, der zweite Verstoß disqualifiziert ihn bis zum nächsten Treffer. Lag die offensichtliche Absicht vor, den Gegenspieler zu verletzen, ist kein Ersatz erlaubt.

6. Als Foul gilt, den Ball mit der Faust zu schlagen sowie alles, was gegen die Regeln 3, 4 und 5 verstößt.

7. Wenn eine Mannschaft drei aufeinanderfolgende Fouls begeht, ohne dass der Gegner in der Zwischenzeit einen Treffer erzielt, zählt dies wie ein Treffer für den Gegner.

8. Ein Treffer wird erzielt, wenn der Ball vom Spielfeld in den Korb geworfen oder geschlagen wird und dort bleibt. Ein Verteidiger darf das Ziel nicht berühren. Wenn der Ball auf den Rändern liegt und der Gegner den Korb bewegt, zählt es als Treffer.

9. Wenn der Ball das Spielfeld verlässt, wird er von der Person, die ihn zuerst berührt, in das Spielfeld geworfen. Er hat das Recht, den Ball fünf Sekunden lang unbehelligt zu halten. Im Streitfall wirft der Schiedsrichter den Ball direkt ins Feld. Der Einwurf darf fünf Sekunden dauern. Wenn der Spieler den Ball länger hält, erhält der Gegner den Ball. Wenn ein Team das Spiel verzögert, muss der Schiedsrichter ein Foul gegen dieses Team werten.

10. Der Umpire (Feld-Schiedsrichter) nimmt die Fouls zur Kenntnis und benachrichtigt den Referee (Ober-Schiedsrichter), wenn drei Fouls hintereinander begangen wurden. Er hat die Befugnis, Spieler gemäß Regel 5 außer Gefecht zu setzen.

11. Der Schiedsrichter beurteilt den Ball und entscheidet, wann der Ball im Spiel ist, auf welcher Seite er sich befindet, und hält die Zeit ein. Er entscheidet, wann ein Treffer erzielt wurde, und berücksichtigt die Treffer mit allen anderen dem Schiedsrichter zugeteilten Pflichten.

12. Die Spielzeit beträgt zweieinhalb Minuten mit fünf Minuten Pause dazwischen.

13. Die Mannschaft, die in dieser Zeit die meisten Treffer erzielt, wird zum Sieger erklärt. Im Falle eines Unentschiedens kann das Spiel mit Zustimmung der Kapitäne fortgesetzt werden, bis ein weiterer Treffer erzielt wird.

Glossar

Airball: Wurf, der weder Brett noch Ring berührt.

Alley Oop: Pass zu einem Mitspieler in Korbnähe, der vom Passfänger in der Luft per Korbleger oder häufiger per Dunk verwandelt wird.

Ankle Breaker: Der ballführende Spieler bringt seinen Gegenspieler durch eine schnelle Bewegung ins Straucheln oder zu Fall.

And One: Zusätzlicher Freiwurf, den ein Spieler nach einem an ihm begangenem Foul trotz Treffer erhält.

Assist: Passvorlage zu einem Spieler, der den Ball erfolgreich im Korb unterbringt.

Backcourt: Zusammenfassende Bezeichnung für die Spielpositionen Point Guard und Shooting Guard.

Block (auch Shotblock): Wegschlagen des Balles durch einen Verteidiger beim Wurfversuch des Angreifers.

Brick: Wurf, der von Ring oder Brett abprallt ohne eine Chance auf einen Treffer zu haben.

Buzzer Beater: Erfolgreicher Wurf kurz vor Ertönen der Schlusssirene, der das Spiel zugunsten des Teams des Werfers entscheidet oder in die Verlängerung führt.

Center: Zentrale, meist in Korbnähe befindliche Spielposition.

Crossover: Dribbel-Bewegung, die mit einem Kreuzschritt und einem Handwechsel gleichzeitig beginnt.

Crunch-Time: Schlussminuten einer spannenden Begegnung.

Double Dribble: Regelverstoß des ballführenden Spielers, wenn er, nachdem er den Ball nach einem Dribbling aufgenommen hat, erneut dribbelt.

Double Team: Zwei Verteidiger decken einen Angreifer.

Double: Das Erreichen eines zweistelligen Wertes in einer statistischen Kategorie durch einen Spieler (etwa zehn Rebounds).

Double-Double: Das Erreichen von zwei zweistelligen Werten in zwei statistischen Kategorien durch einen Spieler.

Downtown: Spieler, der sich weit außerhalb einer geeigneten Wurfposition befindet.

Drei-Punkte-Linie: Spielfeldmarkierung, von der es für einen von außerhalb geworfenen Korb drei Punkte gibt.

Dribbling: Art der Ballführung, bei der der Ball mit der Hand auf den Boden geschlagen wird.

Dunking (auch Dunk oder Slam Dunk): Korberfolg, bei der der ballführende Spieler den Ball meist spektakulär direkt von oben durch den Korb schleudert.

Fade-away: Das Verlagern des Körperschwerpunktes nach hinten während der Wurfbewegung. Dadurch ist der Wurf schwerer zu verteidigen, allerdings auch anspruchsvoller zu werfen.

Fast Break: Tempogegenstoß nach Eroberung des Balles mit dem Ziel eines schnellen Korberfolgs.

Field Goal: Erfolgreicher Wurf aus dem laufenden Spiel heraus, der je nach Entfernung zwei oder drei Punkte bringt.

Floater: Ansatzloser Wurf, bei dem der Ball eine hohe Flugkurve zurücklegt.

Flopping: Das Vortäuschen eines Fouls durch den Gegenspieler.

Forward: Zusammenfassender Begriff für die Spielpositionen Power Forward und Small Forward.

Fouls/Persönliches: Als »Persönliches Foul« versteht man das regelwidrige absichtliche oder unabsichtliche Berühren des Gegenspielers bei laufendem Spiel. Beispielsweise beim Blocken als Defensivfoul oder Werfen als Offensivfoul. Beim sechsten »Persönlichen Foul« innerhalb eines NBA-Spiels wird der Spieler vom Spiel ausgeschlossen. Außerhalb der NBA reichen fünf »Persönliche Fouls« zum Spielausschluss.

Technisches: Als »Technisches Foul« versteht man einen unsportlichen Regelverstoß. Beispielsweise das Provozieren des Gegners oder das Reklamieren nach einer Schiedsrichterentscheidung – zusammenfassend: Disziplinlosigkeiten jeglicher Art. Beim zweiten »Technischen Foul« innerhalb eines Spiels wird der Spieler vom Spiel ausgeschlossen.

Unsportliches: Als »Unsportliches Foul« gilt das absichtliche Stoppen eines Gegenspielers ohne Chance auf einen Ballgewinn und die Inkaufnahme einer Verletzung des Gegners. Beim zweiten »Unsportlichen Foul« innerhalb eines Spiels wird der Spieler vom Spiel ausgeschlossen.

Disqualifizierendes: Als »Disqualifizierendes Foul« gilt der Einsatz übertriebener Härte wie Tätlichkeiten oder das Beschimpfen des Schiedsrichters. Das Begehen eines »Disqualifizierenden Fouls« führt zum sofortigen Spielausschluss des Spielers.

Free Throw (Freiwurf): Ein von der Freiwurflinie ausgeführter Wurf ohne Verteidigungsmöglichkeit für den Gegner in Folge eine Foulspiels. Ein erfolgreicher Freiwurf bringt einen Punkt.

Frontcourt: Zusammenfassende Bezeichnung für die Spielpositionen Small Forward, Power Forward und Center.

Garbage-Time: Schlussminuten einer längst durch große Punktedifferenz entschiedenen Begegnung.

Goaltending: Irreguläres Blocken eines Balles, der bereits seinen höchsten Punkt der Flugkurve überwunden hat. Ein durch Goaltending verteidigter Wurf wird wie ein Treffer gewertet.

Guard: Zusammenfassende Bezeichnung für die Spielpositionen Point Guard und Shooting Guard.

Hack-a-Shaq: Defensivtaktik, bei der ein Spieler mit schlechter Freiwurfquote gezielt absichtlich gefoult wird. Benannt nach Shaquille O'Neal.

Hook Shot: Wurftechnik mit ausgestrecktem Arm, bei der der Ball in einer Bogenbewegung Richtung Korb geworfen wird.

In-n-out: Ein Ball, der schon fast im Korb war, überraschend aber wieder hinausspringt.

Jump Ball: Methode zur Bestimmung des Ballbesitzes am Anfang eines Spieles sowie bei Situationen, in denen der Ballbesitz zuvor keiner Mannschaft zuerkannt werden konnte.

Jump Shot: Häufig eingesetzte Wurftechnik, bei der der ballführende Spieler in die Luft springt, um den Ball vom höchsten Punkt des Sprunges aus zu werfen.

Lay up: Zusammenfassende Bezeichnung für verschiedene Wurfarten, bei denen der Ball aus kurzer Entfernung in den Korb gelegt wird.

MVP – Most Valuable Player: Wertvollster Spieler eines Spiels oder Saisonabschnitts, der durch eine Wahl bestimmt wird.

No Ball Area: Imaginäre Zone in unmittelbarer Nähe zum Korb, aus der der ballführende Spieler ferngehalten werden soll.

Pick bzw. Pick and Roll (auch Screen): Durch das Stellungsspiel oder die Laufroute eines zweiten Angriffsspielers wird der ballführende Spieler so freigeblockt, dass der direkte Gegenspieler des Ballführenden diesen nicht stören kann. Diese Art des Blocks ist Teil des im Basketball oft eingesetzten Spielzugs »Pick and roll«.

Point Guard: Spielposition. Ein Point Guard fungiert als Aufbauspieler seiner Mannschaft.

Power Forward: Spielpositionen in Korbnähe.

Press Defense: Verteidigungstaktik, bei der die angreifenden Spieler bereits im Spielaufbau attackiert werden.

Rebound: Aufnahme eines abprallenden Balles vom Korb oder Ring.

Run and Gun: Taktik, bei der die angreifende Mannschaft versucht zum Korberfolg zu kommen, ehe sich die Verteidigung positioniert hat.

Sixth Man: Spieler, der nicht zur Startformation gehört, aber ähnlich viel Spielzeit erhält, wie die fünf Starter.

Steps (auch Traveling): Regelverstoß, bei der der ballführende Spieler zu viele Schritte ohne Dribbling vollzieht. In der Folge erhält der Gegner den Ball.

Shooting Guard: Spielposition, bei der vor allem von jenseits der Drei-Punkte-Linie versucht wird, den Korb zu treffen.

Small Forward: Spielposition, meist Hybrid aus allen Positionen.

Starting Five: Aufstellung zu Spielbeginn. Die Starting Five besteht aus Center, Power Forward, Small Forward, Point Guard und Shooting Guard.

Steal: Wenn es gelingt, dem ballführenden Spieler den Ball wegzunehmen oder wenn ein Pass abgefangen wird.

Tip-In (auch Put-Back): Korberfolg, der durch das Antippen des sich auf dem Ring kreisenden oder springenden Balles zustande kommt.

Transition: Übergang von Offensive zu Defensive und umgekehrt nach Wechsel des Ballbesitzes.

Triple-Double: Das Erreichen von drei zweistelligen Werten in drei statistischen Kategorien durch einen Spieler.

Triple Threat Position: Körperhaltung des ballführenden Spielers, aus der ein Wurf, ein Pass oder ein Dribbling entstehen kann.

Turnover: Ballverlust der angreifenden Mannschaft.

Two Possession Game: Ein Rückstand von vier bis sechs Punkten, der durch zwei erfolgreiche Würfe aufgeholt werden kann.

Transfer-Beben

Ein historisches Transfer-Beben erschütterte in der zurückliegenden Offseason die NBA. Gleich mehrere Superstars wechselten innerhalb weniger Tage ihre Teams.

Allen voran die Brooklyn Nets sorgten für Aufsehen, als sie Kevin Durant von den Golden State Warriors loseisten. Mit Durant fanden auch Kyrie Irving von den Boston Celtics und DeAndre Jordan von den New York Knicks den Weg in den New Yorker Stadtteil Brooklyn.

Bei den Los Angeles Lakers ärgerte sich Superstar LeBron James darüber, dass sein Team das Rennen um den amtierenden Champion Kawhi Leonard verlor. Dass dieser sich von den Toronto Raptors aus ausgerechnet dem Stadtrivalen Los Angeles Clippers anschloss, machte das Dilemma perfekt. Immerhin gelang es den Lakers kurz darauf, Anthony Davis von den New Orleans Pelicans zu verpflichten – auch nicht schlecht. Bei den Clippers wiederum freut sich Leonard auf Paul George, vormals Oklahoma City Thunder, als neuen Teamkollegen. ⊖

Die wichtigsten Transfers

Kevin Durant wechselte von den Golden State Warriors zu den Brooklyn Nets

Kyrie Irving wechselte von den Boston Celtics zu den Brooklyn Nets

DeAndre Jordan wechselte von den New York Knicks zu den Brooklyn Nets

Kawhi Leonard wechselte von den Toronto Raptors zu den Los Angeles Clippers

Paul George wechselte von den Oklahoma City Thunder zu den Los Angeles Clippers

Anthony Davis wechselte von den New Orleans Pelicans zu den Los Angeles Lakers

Russell Westbrook wechselte von den Oklahoma City Thunder zu den Houston Rockets

Chris Paul wechselte von den Houston Rockets zu den Oklahoma City Thunder

Kemba Walker wechselte von den Charlotte Hornets zu den Boston Celtics

Al Horford wechselte von den Boston Celtics zu den Philadelphia 76ers

D`Angelo Russell wechselte von den Brooklyn Nets zu den Golden State Warriors

Jimmy Butler wechselte von den Philadelphia 76ers zu den Miami Heat

Andre Iguodala wechselte von den Golden State Warriors zu den Memphis Grizzlies

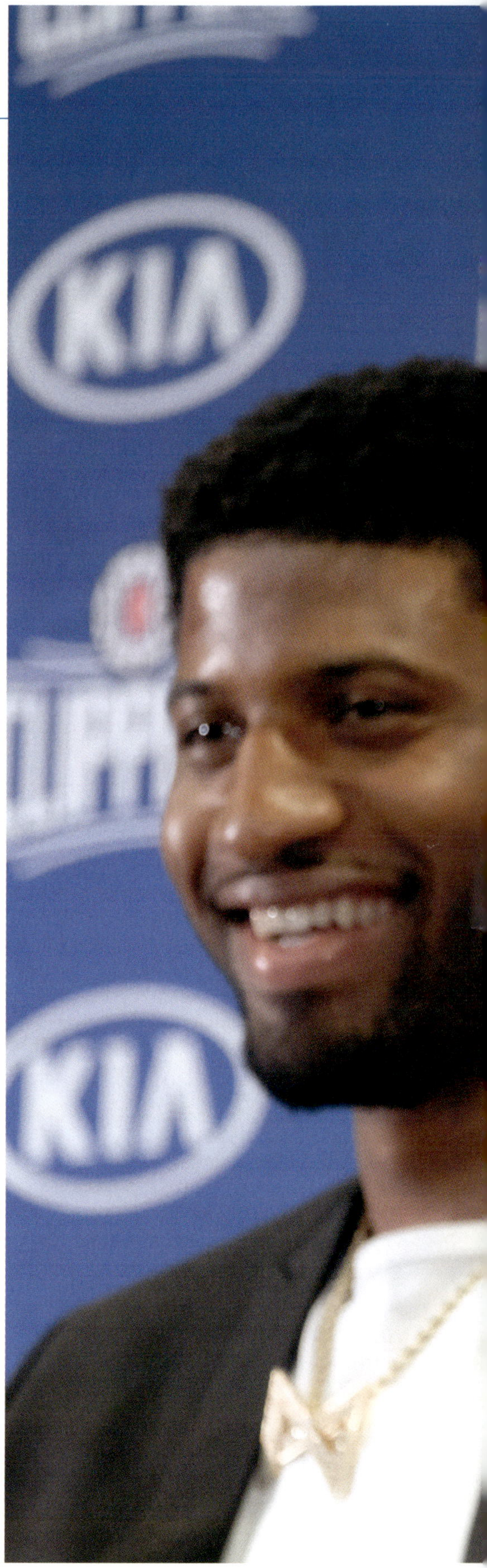

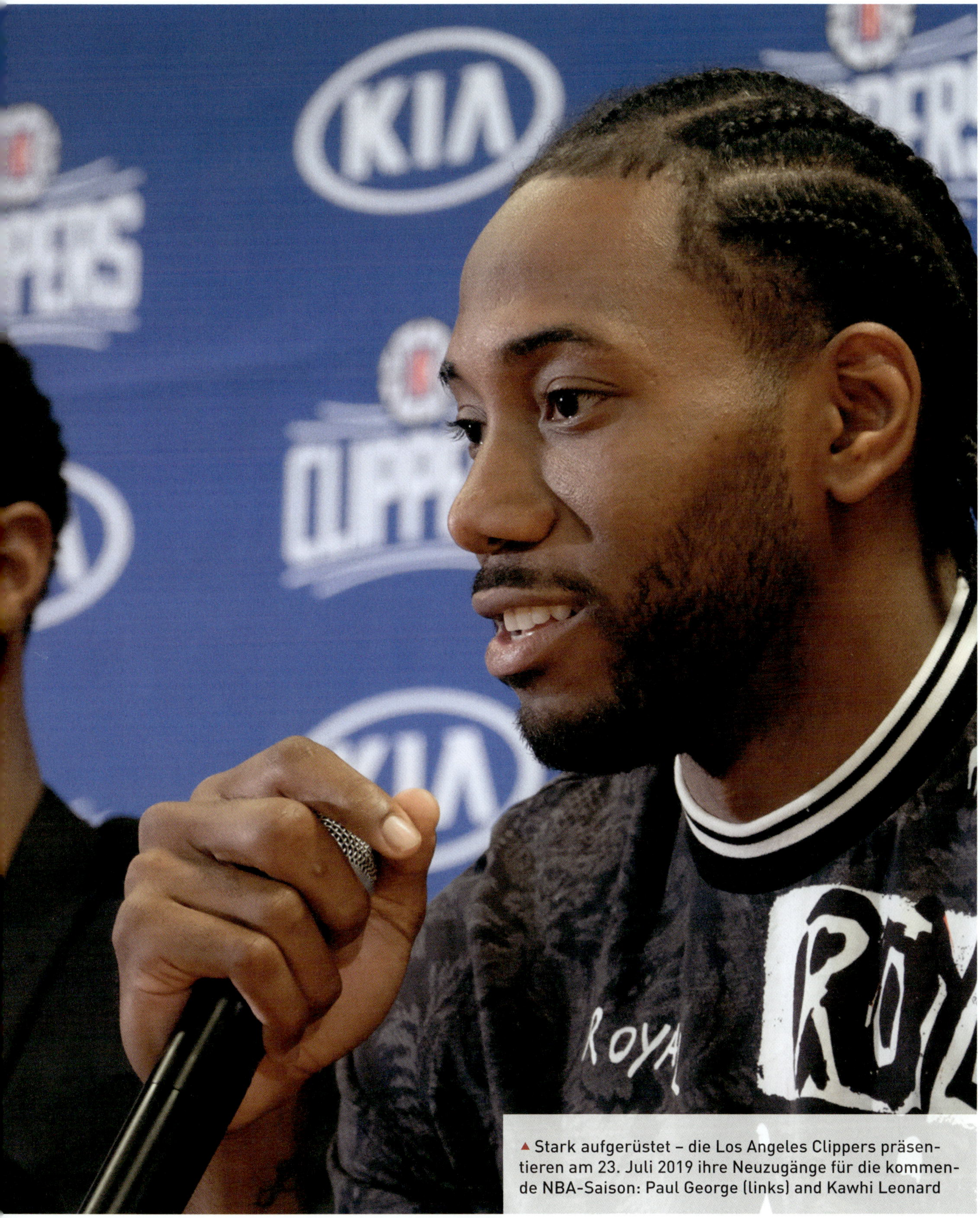

▲ Stark aufgerüstet – die Los Angeles Clippers präsentieren am 23. Juli 2019 ihre Neuzugänge für die kommende NBA-Saison: Paul George (links) and Kawhi Leonard

Wer holt den Titel?

In den vergangenen Jahren war die Favoritenrolle der National Basketball Association klar zugewiesen. Die Golden State Warriors dominierten mit den Star-Spielern Stephen Curry, Klay Thompson und Kevin Durant ihre Conference.

Doch Durant hat das Team aus der Bay Area verlassen und Thompson wird nach seinem Kreuzbandriss erst im Frühjahr 2020 zurückerwartet. Geblieben ist Point Guard Stephen Curry, dem D'Angelo Russell als Neuverpflichtung zur Seite gestellt wird. Die Warriors werden es in der kommenden Saison sicherlich schwieriger haben, spätestens aber in den Playoffs sollte das Team wieder in alle Überlegungen mit einbezogen werden.

Aus der Western Conference hoffen die Los Angeles Lakers auf eine Rückkehr in die Playoffs, die sie zuletzt in der Saison 2012/2013 erreichten. Dafür hat das Traditions-Team aus der Stadt der Engel mit Power Forward Anthony Davis von den New Orleans Pelicans, Center DeMarcus Cousins, der in seinem Jahr bei den Warriors nicht zurecht kam, und Shooting Guard Danny Green aus Toronto mächtig aufgerüstet. Superstar LeBron James hofft nicht nur auf eine Rückkehr in die Postseason sondern auf seinen vierten NBA-Titel.

Konkurrenz droht den Lakers dabei vor allem aus der eigenen Stadt. Die Los Angeles Clippers haben eine gefestigte Mannschaft, die in den vergangenen acht Jahren siebenmal die Playoffs erreicht hat, um einige Superstars ergänzt. Von 2019-Titelträger Toronto Raptors wurde Kawhi Leonard verpflichtet, der große Lust verspürt, mit einem dritten NBA-Team seinen dritten Titel zu holen – nach den Erfolgen mit Toronto und San Antonio (2014). Neben Leonard wurde noch Paul George von den Oklahoma City Thunder verpflichtet.

Eine spannende Mischung bilden auch die Houston Rockets, die als viertes Team aus dem Westen auf einen Einzug in die Finalserie hoffen. Das Duo aus James Harden und seinem Kumpel Russell Westbrook katapultiert die Rockets in den Kreis der Mitfavoriten. Die Denver Nuggets, Portland Trail Blazers und San Antonio Spurs dürfen zumindest Playoff-Ambitionen hegen, während die Oklahoma City Thunder wohl erstmals seit der Spielzeit 2014/2015 um ein Playoff-Ticket zittern müssen.

Titelverteidiger Toronto Raptors kommt aus der Eastern Conference und startet nach den Abgängen von Kawhi Leonard und Danny Green nicht als Topfavorit. Womöglich wird das Team aus Kanada sogar um die Playoffs lange kämpfen müssen. Das macht den Weg frei für etliche weitere Teams, die in der anstehenden Saison in die Finals kommen könnten, wenngleich die Leistungsdichte an der Spitze im Westen größer scheint.

Die Milwaukee Bucks um Superstar Giannis Antetokounmpo visieren nach dem Aus in den Conference Finals der Vorsaison den nächsten Schritt an. Auch die Philadelphia 76ers dürfen nicht aus den Überlegungen für eine mögliche Teilnahme an den Finals ausgelassen werden. Zwar muss Philadelphia nach dessen Abgang zu den Miami Heat auf Jimmy Butler verzichten, doch mit Al Holford stößt ein erfahrener Spieler zu den aufstrebenden Stars Joel Embiid und Ben Simmons hinzu.

Die Zeichen auf Neuanfang haben die Brooklyn Nets gesetzt, doch scheint die Aufnahme in den Favoritenkreis noch etwas zu früh, vor allem weil der hinzugenommene Superstar Kevin Durant einen Großteil der Saison verletzt verpassen wird. Mit Kyrie Irving und DeAndre Jordan sollte es aber in die Playoffs gehen, um die sich auch die Boston Celtics, Detroit Pistons, Indiana Pacers und die Miami Heat zunächst bewerben. ⊖

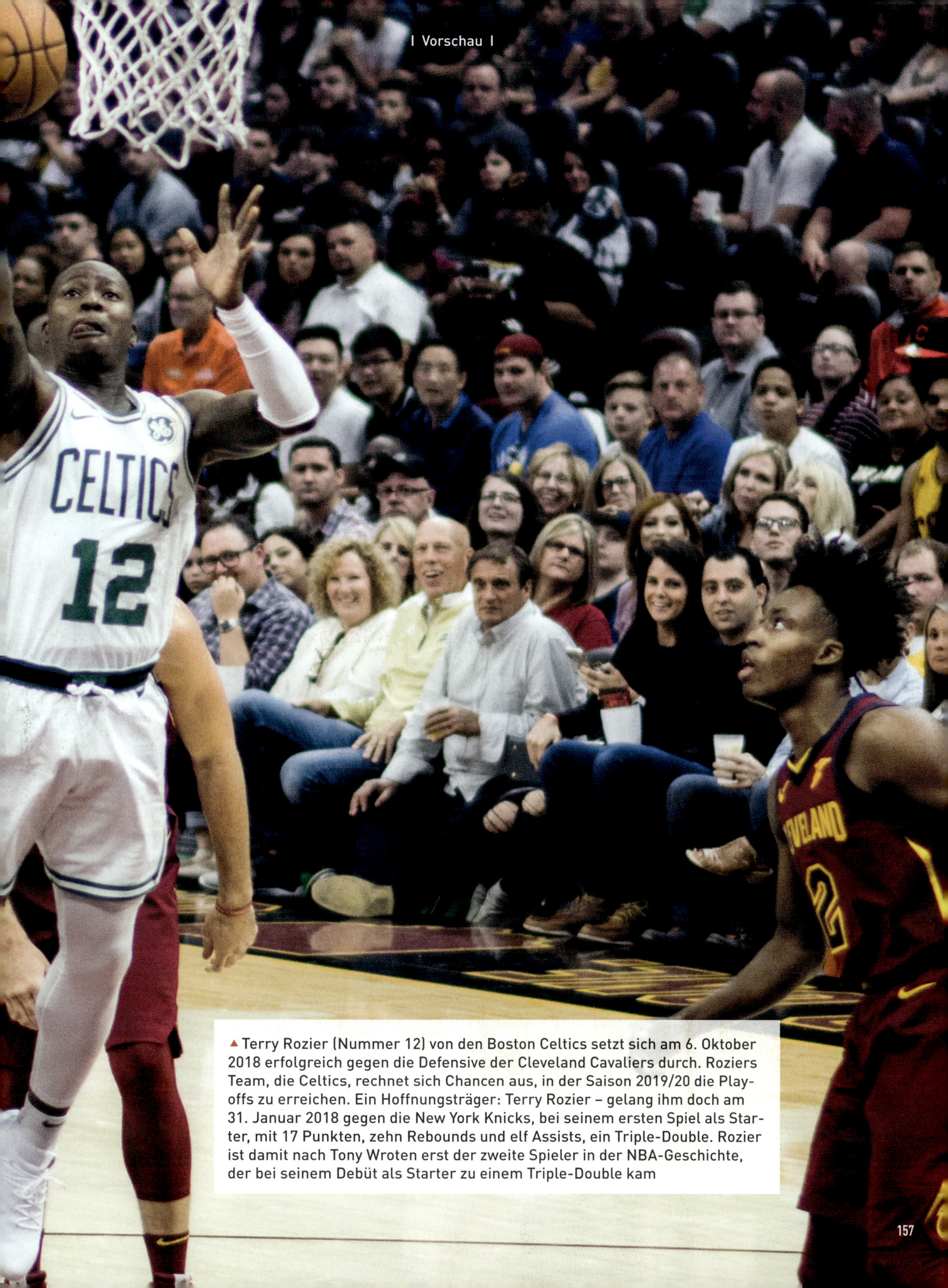

▲ Terry Rozier (Nummer 12) von den Boston Celtics setzt sich am 6. Oktober 2018 erfolgreich gegen die Defensive der Cleveland Cavaliers durch. Roziers Team, die Celtics, rechnet sich Chancen aus, in der Saison 2019/20 die Playoffs zu erreichen. Ein Hoffnungsträger: Terry Rozier – gelang ihm doch am 31. Januar 2018 gegen die New York Knicks, bei seinem ersten Spiel als Starter, mit 17 Punkten, zehn Rebounds und elf Assists, ein Triple-Double. Rozier ist damit nach Tony Wroten erst der zweite Spieler in der NBA-Geschichte, der bei seinem Debüt als Starter zu einem Triple-Double kam

Maxi Kleber: Der Traum NBA

Mit dem Wechsel in die NBA ist mein absoluter Kindheitstraum in Erfüllung gegangen. Basketball ist für mich nicht einfach nur ein Job, es ist zugleich mein Hobby, Leidenschaft und ein großer Teil meines Lebens. Als Kind habe ich mich immer an meinen älteren Bruder und einen Kumpel gehängt und bin mit ihnen zum Basketballtraining gegangen. Das Interesse am geilsten Sport der Welt wurde schon früh geweckt. Über Stationen in der Jugend bei der TG Veitshöchheim, SC Heuchelhof und der TG Würzburg kam ich schließlich zu den s.Oliver Baskets, wo meine Karriere dann so richtig begann.

Mit den s.Oliver Baskets Würzburg konnten wir von der 3. Liga bis in die 1. Bundesliga durchmarschieren, was deutschlandweit für erste Aufmerksamkeit sorgte. Um mich auf die Zettel von internationalen Scouts zu bringen, meldete ich mich 2012 für den NBA-Draft an, zog aber zurück, weil es dafür noch zu früh gewesen wäre. Zwei Jahre später, als ich für die Nationalmannschaft debütierte, startete ich noch mal einen Versuch. Leider hatte ich in der Zeit mit einer Knieverletzung zu kämpfen. So war ich zwar enttäuscht, als ich 2014 im Draft nicht gezogen wurde, doch es überraschte mich nicht wirklich.

Nach einer Saison in Spanien bei Obradoiro CAB kam dann der Wechsel nach München zum FC Bayern. Dort konnte ich noch mal wichtige Erfahrungen sammeln und mich in den Fokus der Scouts spielen. Nachdem ich zweimal knapp gescheitert war, hat es dann doch geklappt mit meinem NBA-Traum – die Dallas Mavericks verpflichteten mich. Meine Freude war erst noch etwas zurückhaltend, erst als die Tinte meiner Unterschrift trocken war, kam die große Euphorie.

In Dallas hatte ich das Glück mit Dirk Nowitzki eine Legende an meiner Seite zu haben, der die Liga wie kein Zweiter kennt. Bei der Eingewöhnung hat mir das sehr geholfen. Ich bin schon etwas früher als geplant nach Texas geflogen, um möglichst viel von Dirk zu lernen. Wir haben uns ausgiebig unterhalten und viel zusammen trainiert, um meinen Start so reibungslos wie möglich zu machen – dafür bin ich ihm sehr dankbar. Zwei Jahre später bei seinem letzten Spiel hautnah dabei zu sein war schon der Wahnsinn. Andere Leute kamen extra von weit angereist und haben viel Geld für ein Ticket gezahlt und ich durfte als Teamkollege an diesem einzigartigen Moment teilhaben.

Wenn man dann die Reaktionen der Fans und auch der Gegner sieht, wird einem erst so richtig bewusst, welchen Einfluss Dirk auf diesen Sport hatte. In Deutschland kriegt man das gar nicht so richtig mit, wie sehr er in Amerika und speziell in Dallas geliebt wird und wie sehr er mit seiner Spielweise den Basketball geprägt hat.

Um es in die NBA zu schaffen, ist viel harte Arbeit und Geduld, aber auch Glück nötig. Glück deshalb, um überhaupt die Chance zu bekommen, sich in der besten Basketballliga der Welt zu beweisen. Diese Chance gilt es dann zu nutzen. In der NBA angekommen ist es gerade für jemanden, der

... der Transfersommer war einfach der verrückteste überhaupt

Maxi Kleber, am 29. Januar 1992 in Würzburg geboren, spielt seit 2017 für die Dallas Mavericks. Im Juli 2019 hat er dort einen neuen Vierjahres-Vertrag unterschrieben, dotiert mit 35,9 Millionen US-Dollar. In den Fokus spielte sich der Power Forward beim Team »s.Oliver Baskets«: Mit dem Klub aus Würzburg, für den er von 2009 bis 2014 aktiv war, schaffte Kleber den Durchmarsch von der Regionalliga bis in die Bundesliga, 2014 debütierte er auch bei der deutschen Nationalmannschaft. Mit seinem NBA-Team Dallas Mavericks trifft Maxi Kleber in der besten Basketball-Liga der Welt auf die weltweit besten Spieler – zu denen er längst selbst gehört.

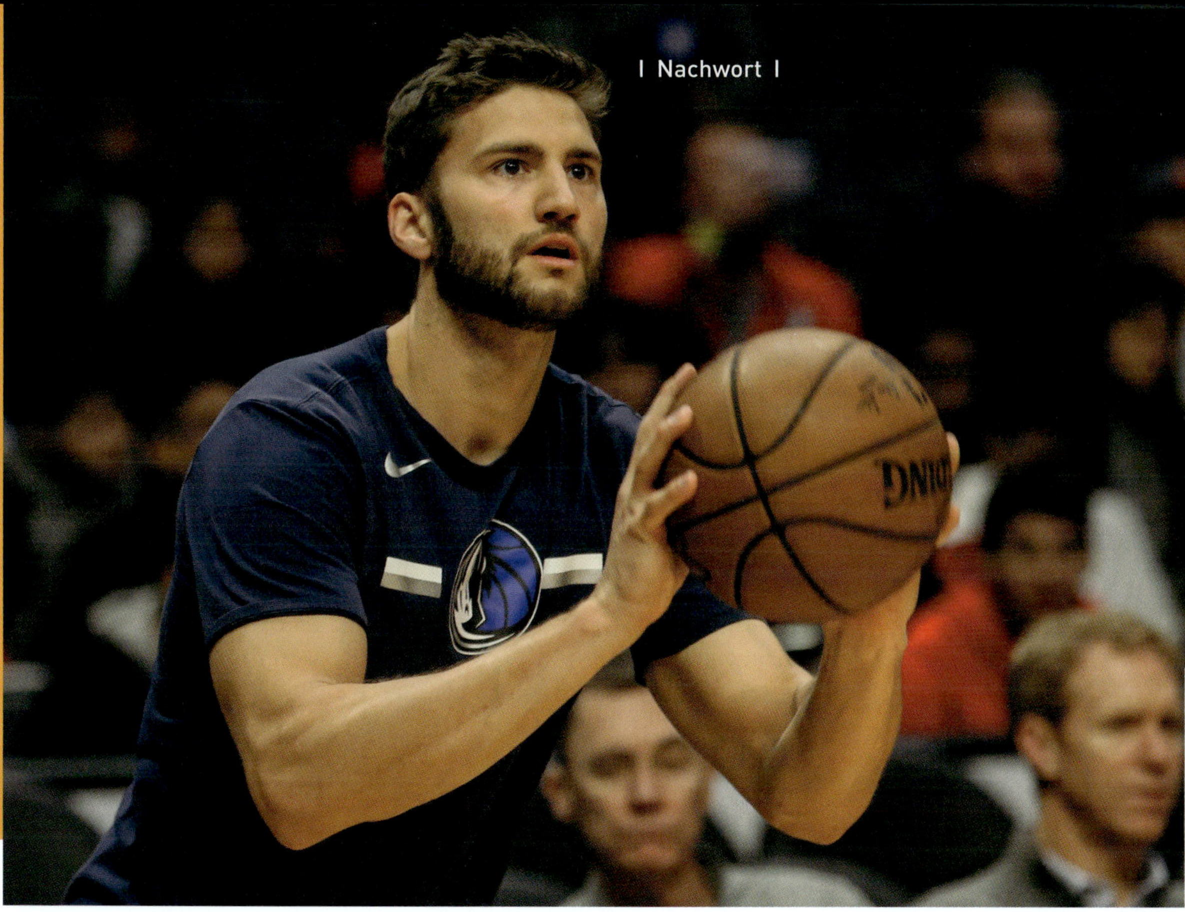

◂ Maxi Kleber geht in der NBA für die Dallas Mavericks auf Punktejagd

aus einer europäischen Liga kommt, eine Umstellung. Das Spielfeld ist ein ganzes Stück größer, was mehr Platz in der Zone bedeutet und die Verteidigung dadurch erschwert. Außerdem ist an der Spitze deutlich mehr Talent zu finden als in anderen Ligen. Hier haben selbst die großen Jungs einen guten Wurf von außen und ein extrem gutes Ballhandling. Im Vergleich zu Europa, wo der Ball viel mehr bewegt wird, ist das Spielsystem in den USA mehr auf das 1-gegen-1 ausgelegt.

Und dann wäre auch noch das mit den vielen Spielen. 82 Spiele allein in der Regular Season ist schon eine echte Hausnummer. Gerade für einen Rookie ist das eine große Umstellung. Neulinge fallen da regelmäßig im Dezember und Januar in ein kleines Leistungsloch. So erging es auch mir in meinem ersten Jahr. Man fühlt sich erschöpft – körperlich und mental – und hat das Gefühl, als wäre man immer eine halbe Sekunde langsamer als sonst.

Bei so vielen Spielen bleibt dann während der Saison nicht viel Zeit zum Trainieren, wenn man alle zwei, drei Tage spielt und quer durch die USA reisen muss. In Dallas haben wir dafür ein spezielles Punktesystem. Jeder Spieler muss in einer Woche auf eine bestimmte Anzahl an Punkten kommen. Wer viel Spielzeit bekommt, hat bereits automatisch mehr Punkte. Wer weniger spielt, muss das mit mehr Individualtraining ausgleichen. So wird geregelt, dass kein Spieler über- oder unterbelastet wird.

Mein Spitzname: »Not Luka«

Mit dem Karriereende von Dirk Nowitzki gilt es natürlich eine große Lücke zu füllen. Wir haben ein sehr junges und talentiertes Team und mit Kristaps Porzingis und Luka Dončić zwei potentielle All Stars. Luka hat in seiner Rookieseason einen regelrechten Hype ausgelöst, dem auch ich zum Opfer fiel. Auf Auswärtsfahrten kam es nicht selten vor, dass Fans, die mich für Luka hielten, auf mich zurannten, um ein Autogramm zu ergattern. Dann musste ich sie enttäuschen und ihnen sagen: »I'm not Luka.« Unser Shooting Coach hat diesen Spaß so weit getrieben, dass er mir ein T-Shirt mit dieser Aufschrift drucken ließ, was mir zugleich den Spitznamen »Not Luka« verpasst hat.

Es wird interessant, wie wir uns in der kommenden Saison schlagen werden. Wir haben eine sehr homogene Truppe und im Vergleich zur letzten Saison einige Puzzleteile dazugewonnen – die Chemie stimmt. Trotzdem wird es, gerade in der Western Conference, für uns extrem schwierig, etwas Zählbares mitzunehmen, der Transfersommer war einfach der verrückteste überhaupt. Viele All Stars haben ihr Team gewechselt und die Liga so ausgeglichen wie schon lange nicht mehr gemacht.

Mit den Dallas Mavericks wollen wir einen Playoff-Platz erreichen, was sehr schwierig, aber nicht unmöglich werden wird. Vielleicht können wir für eine Überraschung sorgen. Die Fans dürfen sich jedenfalls auf ein echtes Spektakel mit spannenden Spielen, viel Kampf und jeder Menge Leidenschaft freuen. ⊖

Euer Maxi Kleber

Impressum

Originalausgabe

1. Auflage 2019

Herausgeber: riva-Verlag, Münchner Verlagsgruppe, Nymphenburger Str. 86, D-80636 München

Autor: Markus Schulz, Remscheid

Realisation: Gerhard Brauer, Klaus Winter, TPD Medien GmbH, München, www.tpd.de

Umschlaggestaltung: Marc-Torben Fischer, München

Druck: Florjancic Tisk d.o.o., Slowenien

Printed in the EU

ISBN: 978-3-7423-0987-7

Weitere Informationen zum Verlag finden Sie unter www.riva-verlag.de
Beachten Sie auch unsere weiteren Verlage unter www.m-vg.de

Bildnachweis:
Umschlag: Imago Images, shutterstock/Kwok Design; Seite: 2–3: TPD; Seite 4: Erik Drost; Seite 5: Keith Allison; picture alliance / AP Photo; Seite 6–7: Erik Drost; Seite 8–9: Antonio Fucito; Seite: 10–11: picture alliance / AP Images; Seite 12–13: Keith Allison; Seite 14–15: Erik Drost; Seite 16: Keith Allison; Seite 17: Erik Drost; Seite 18–19: picture alliance / AP Images; Seite 20–21: picture alliance / AP Photo; picture alliance/AP Photo; Seite 22–23: picture alliance / AP Photo; Keith Allison; Seite 24–25: Aaron; Keith Allison; Mark J. Sebastian; Seite 26–27: picture alliance / AP Images; Seite 28–29: SD Dirk; picture alliance / AP Photo; Seite 30–31: picture alliance / AP Images; Seite 32–33: picture alliance / newscom; Seite 34–35: picture alliance / AP Images; Seite 36–37: Keith Allison; Seite 38–39: Erik Drost; Seite 40–41: Keith Allison; picture alliance / AP Images; Seite 42–43: picture alliance / ZUMA Press; Picasa; Keith Allison; Seite 44–45; picture alliance / Daniel Reinhardt / dpa; picture alliance / newscom; Seite 46–47: picture alliance / AP Images; Seite 48–54: Keith Allison; 55: picture alliance / AP Photo; Seite 56–57: picture alliance / newscom; Seite 58–59: (c) dpa - Sportreport; Keith Allison; Seite 60–61: (c) dpa - Sportreport; Erik Drost; Seite 62–63: KA Sports Photos Keith Allison; picture alliance / empics; Seite 65: picture alliance / AP Photo; Seite 66–67: picture alliance / empics; picture alliance / AP Photo; Seite 68–69: (c) dpa - Sportreport; OPEN Sports; Seite 70–71: Erik Drost; picture alliance / AP Photo; Seite 72–73: picture alliance / AP Photo; Seite 74–75: picture alliance / AP Photo; Seth Werkheiser; Seite 76–77: Keith Allison; (c) dpa - Sportreport; Seite 78–79: Keith Allison; picture alliance / AP Photo; Seite 80–81: (c) dpa - Sportreport; Keith Allison; Seite 82–83: picture alliance / AP Photo; Seite 84–85: picture alliance / AP Images; Keith Allison; Seite 86–87: Andreas Ivarsson; Sean Davis; Seite: 88–89: picture alliance / AP Photo; Keith Allison; Seite 90–91: Danny Bollinger; Dennis Adair ; Seite 92–93: (c) dpa; picture alliance / AP Photo; Seite 94–95: (c) dpa - Sportreport; Seite 96–97: (c) dpa - Sportreport; Seite 98–99: picture alliance/AP Images; Picture-Alliance / Photoshot; Seite 100–101: picture alliance / HJS-Sportfotos; picture alliance / AP Photo; Seite 102–103: (c) dpa - Fotoreport; (c) dpa - Sportreport; Seite 104–105: picture-alliance / ASA; (c) dpa - Sportreport; Seite 106–107: picnic.com; Keith Allison; (c) dpa - Sportreport; Seite 108–109: picture alliance / Everett Collection; (c) dpa; Seite 110–111: picture alliance / AP Images; Seite 112–113: (c) dpa - Sportreport; Keith Allison; Seite 114–115: picture alliance / Icon SMI; Seite 116–117: picture alliance / AP Photo; picture alliance / HJS-Sportfotos; Seite 118–119: picture alliance / Everett Collection; Zennie Abraham; Seite 120–121: Keith Allison; Seite 122–123: (c) dpa - Sportreport; (c) dpa; Seite 124–125: Erik Drost; Keith Allison; Seite 126–129: picture alliance / AP Photo; Seite 130–131: picture alliance / AP Images; Erik Drost; Seite 132–133: (c) epa-Bildfunk; picture alliance / AP Images; Seite 134–135: Keith Allison; Seite 136–137: Erik Drost; Seite 138–139: picture alliance / AP Photo; (c) dpa - Report; Seite 140–141: (c) dpa - Report; picture alliance / HJS-Sportfotos; Seite 142–143: picture alliance / AP Images; Seite 144–145: TPD; (c) dpa - Sportreport; Seite 146–147: Keith Allison; Amy Meredith; Seite 148–149: University of Kansas Medical Center; picture alliance / Glasshouse Images; Seite 150–151: picture alliance / AP Photo; TPD; Seite 152–153: Erik Drost; Seite 155–156: picture alliance / AP Images; Seite 156–157: Erik Drost; Seite 159: picture alliance / newscom